So kannst du mit dem Buch arbeiten:

1 Blaue Aufgaben

behandeln alle wichtigen Inhalte eines Kapitels. Du solltest sie
auf jeden Fall bearbeiten.

1 Grüne Aufgaben

sind etwas einfacher. Wenn du diese Aufgaben machst, fällt dir die Lösung
der blauen Aufgaben leichter. Sie helfen dir zum Beispiel, einen Text erst einmal
zu verstehen. Diese Aufgaben kannst du manchmal auch überspringen.

1 Rote Aufgaben

sind etwas schwieriger und manchmal ganz schön knifflig. Du kannst sie
zusätzlich bearbeiten, um noch mehr zu einem Thema zu erfahren.

1 Wahlaufgaben

bieten zwei unterschiedliche Aufgaben zum selben Thema an. Hier kannst du
selbst zwischen den grünen **a** und den roten **b** Aufgaben auswählen.

Die Glühbirne verweist auf einen **Tipp** unten auf der Seite.

Tipp

Ein **Tipp** gibt dir Hilfestellung, wenn du bei einer Aufgabe nicht weiterkommst.
Versuche zunächst aber immer, eine Aufgabe selbstständig zu lösen.

Lernbox

In den **Lernboxen** findest du Regeln, grundlegendes Wissen und zentrale Methoden.
Hier kannst du alles Wichtige zum Thema nachlesen und nachschlagen.

In diesem Kapitel …

Kästen mit der Überschrift „**In diesem Kapitel …**" stehen oft am Anfang eines Kapitels. Hier erfährst du, worum es in dem Kapitel geht und was du darin lernen kannst.

Texte mit diesem Symbol findest du im Internet als **Hörtexte**. Gib dazu folgende
Internetadresse am Computer ein: www.westermann.de/122565-hoerproben

Dieses Symbol regt dich dazu an, ein **Portfolio** zu deinen Lernfortschritten
anzulegen oder einen selbst geschriebenen Text in dein Portfolio aufzunehmen.

Auf Seiten mit diesem Symbol geht es um **Medienbildung**. Hier lernst du, digitale
Medien kompetent zu nutzen und über deinen Umgang mit Medien nachzudenken.

Mit eigenen Worten 8 M

Mittelschule Bayern

Erarbeitet von:
Kerstin Dietl, *Cadolzburg*
Dorothée Hechenberger, *Unterschleißheim*
Irena Lauxen, *Mühldorf*
Gerhard Langer, *Hallstadt*
Manuel Petereit, *Geiersthal*
Beatrix Ruffertshöfer, *Zirndorf*
Jasmin Schatz, *Fürth*
Harald Schwiewagner, *Fürth*

westermann

Mit eigenen Worten 8 M

wurde erarbeitet von:
Kerstin Dietl, *Cadolzburg*
Dorothée Hechenberger, *Unterschleißheim*
Irena Lauxen, *Mühldorf*
Gerhard Langer, *Hallstadt*
Manuel Petereit, *Geiersthal*
Beatrix Ruffertshöfer, *Zirndorf*
Jasmin Schatz, *Fürth*
Harald Schwiewagner, *Fürth*

Im Lehrer- und Materialband werden verschiedene Arbeitsblätter als Kopiervorlagen angeboten. Darauf verweist der Vermerk **COPY**.

Die Mediencodes enthalten zusätzliche Unterrichtsmaterialien, die der Verlag in eigener Verantwortung zur Verfügung stellt.

westermann GRUPPE

© 2020 Bildungshaus Schulbuchverlage
Westermann Schroedel Diesterweg Schöningh Winklers GmbH, Braunschweig
www.westermann.de

Druck A[1] / Jahr 2020
Alle Drucke der Serie A sind inhaltlich unverändert.

Redaktion: Gerrit Leerhoff
Illustrationen: Hans-Jürgen Feldhaus, Volker Fredrich, Christine Kleicke, Andrea Naumann, Yaroslav Schwarzstein, Gerhard Straeter, Tobias Thies
Umschlaggestaltung und Layout: Janssen Kahlert Design & Kommunikation GmbH, Hannover
Druck und Bindung: westermann druck GmbH, Braunschweig

ISBN 978-3-14-**122565**-5

Inhaltsverzeichnis

Kompetenzbereiche

von Gedanken, Erfahrungen und Gefühlen erzählen, aufmerksam zuhören, kreative und gestaltende Schreibformen nutzen, in Arbeits- und Lerngruppen kooperieren, ein Praktikum vorbereiten und organisieren

Schwerpunkt: Sprechen und Zuhören

Lerngespräche über den eigenen Lernstand und Lernfortschritt führen, sich konstruktiv mit Beiträgen anderer auseinandersetzen, Feedback geben

aufmerksam zuhören, Gesprächspartnern Rückmeldung geben, gesprochenen Texten inhaltlich folgen, Verständnisfragen formulieren, Gehörtes zusammenfassen, ergänzen und kommentieren

Informationen recherchieren, kontinuierliche und diskontinuierliche Texte auswerten, zentrale Textaussagen erschließen, deutlich, artikuliert und adressatenbezogen sprechen, die Körpersprache bei Vorträgen und Präsentationen bewusst einsetzen, Präsentationsmedien vorbereiten und nutzen, Vorträge reflektieren und Feedback geben

schriftliche und mündliche Anfragen stellen, situations- und zielorientiert Gespräche führen, Gespräche durch bewussten Einsatz von Körpersprache, Körperhaltung und Redeweise unterstützen, eigenes und fremdes Gesprächsverhalten reflektieren

Inhaltsverzeichnis ▸

Schwerpunkt: Lesen – mit Texten und weiteren Medien umgehen

Schwerpunkt: Schreiben

*kreative und produktive Schreib-
formen nutzen, eigene Erzähltexte
schreiben, Texte ansprechend
gestalten*

Erzählen
*anschaulich von Erfahrungen, Ge-
danken, Gefühlen und Sachverhalten
erzählen, zuhören und miteinander
darüber sprechen, Methoden zur
Sammlung von Schreibideen nutzen,
eine Erzählung planen und schreiben, spannend und anschaulich erzählen, Texte überarbeiten, treffende
Verben und Adjektive verwenden*

Beschreiben
*Vorgänge und Handlungsabläufe
genau dokumentieren, Unterrichts-
und Versuchsprotokolle schreiben,
Fachbegriffe verstehen und verwenden, adressaten- und sachgemäß
formulieren, eigene und fremde
Texte überprüfen und überarbeiten*

Sich bewerben
*eigene Stärken und Kompetenzen
benennen, Stellenanzeigen lesen
und verstehen, sich zielgerichtet
über berufliche Anforderungen
und Möglichkeiten informieren, ein
Anschreiben und einen Lebenslauf
erstellen, E-Mails schreiben und
Online-Formulare ausfüllen*

Berichten
*von Geschehnissen und eigenen
Erfahrungen berichten, Mittel des
informierenden Schreibens adressa-
ten- und sachgemäß einsetzen, Zeitform und Sprachstil bewusst wählen,
eigene und fremde Texte überprüfen
und überarbeiten*

Argumentieren

aktiv an Gesprächen teilnehmen, Anliegen begründen, Argumente schlüssig formulieren, gewichten und adressatenorientiert vorbringen, auf Gegenargumente eingehen, Stellungnahmen und Leserbriefe schreiben, eigene und fremde Texte überprüfen und überarbeiten

Zusammenfassen und weiterdenken

informierende und literarische Texte untersuchen, Lesetechniken und Lesestrategien bewusst und zielgerichtet anwenden, Notizen anfertigen und strukturieren, eine Zusammenfassung schreiben, produktive Methoden zur Texterschließung nutzen

Sprache untersuchen

Wortarten erkennen und benennen, Signalwörter und Wortendungen für die Bestimmung der Wortarten nutzen, Flexionsformen richtig verwenden, Verben in unterschiedlichen Zeit- und Modalformen nutzen, um sich variantenreich, adressatenorientiert und situationsgerecht auszudrücken

Satzglieder mithilfe operationaler Verfahren bestimmen und unterscheiden, Satzverknüpfungen mit Konjunktionen herstellen, ihre Wirkung beschreiben und sie situations- und adressatengerecht einsetzen, Subjektsätze und Objektsätze sowie Adverbialien und Attribute nutzen, um variantenreich zu formulieren

Wortbildungsmöglichkeiten für die abwechslungsreiche Gestaltung eigener Texte nutzen

Merkmale von Sprachvarietäten reflektieren, sich situationsangemessen ausdrücken, Herkunft und Bedeutung von Fremdwörtern erkennen, fachsprachliche Begriffe für eigenes Sprachhandeln nutzen, Redensarten und Sprichwörter verstehen, Sprachen vergleichen

Rechtschreiben

über Rechtschreibprobleme sprechen, Rechtschreibstrategien und Übungsmöglichkeiten zur Verbesserung der Rechtschreibung gezielt nutzen, Wörterbücher und Nachschlagewerke verwenden, lang und kurz gesprochene Vokale sowie Konsonanten unterscheiden, Schreibung mit -ss, -ck und -tz, Wörter mit Doppelkonsonanten, Wörter mit silbentrennendem -h,

Endungen und Wortbausteine erkennen und nutzen, Nomen an Signalwörtern erkennen, Endungen bestimmen, Nominalisierungen von Adjektiven und Nomen erkennen und richtig schreiben

auf rechtschriftliche Besonderheiten achten, Wörter am Zeilenende richtig trennen

Satzzeichen in unterschiedlichen Satzarten und bei der wörtlichen Rede anwenden, Kommas in Aufzählungen, Satzreihen und Satzgefügen richtig setzen

Von der Zukunft träumen

Meine Zukunft

Zukunft –
nur ein Wort?
Was mache ich morgen?
XXX
Wie lebe ich morgen?
XXX
Ich lebe.
XXX
Zukunft –
ich denke häufig daran.
XXX

1 a) Sieh dir das Bild oben an und mache dir
Notizen zu folgenden Fragen:
— *Welchen ersten Eindruck hast du
von dem Kunstwerk?*
— *Wie stellt sich die Schülerin
ihre Zukunft vor?*
— *Welche Wörter werden oft wiederholt?*
— *Warum werden sie wiederholt?*

b) Notiere, welche Wörter dir einfallen,
wenn du von deiner Zukunft träumst.

c) Sprecht zu zweit über eure Ideen.

2 Bearbeite eine der folgenden Aufgaben.

a Fertige ein Cluster (→ S. 296) mit wichtigen
Begriffen für deine Zukunft an.

b Zeichne ein Profil deines Kopfes auf ein
leeres Blatt oder lass dein Profil zeichnen.
Fülle den Kopf dann mit Wörtern aus,
die für deine Zukunft wichtig sind.

3 Stellt eure Ergebnisse in der Klasse vor.
Lasst eure Mitschülerinnen und Mitschüler
raten, welches Ergebnis zu wem gehört.

4 a) Lies das Gedicht alleine durch.

b) Schreibe eine eigene Version des
Gedichtes. Fülle dazu die Leerzeilen
mit persönlichen Wünschen. Beispiel:
Was mache ich morgen?
„Ich möchte morgen …"
Wie lebe ich morgen?
„Ich habe eine Wohnung auf dem Land,
in der Nähe meiner Arbeit."
Du kannst das das Wort *lebe* dabei durch
ein anderes passendes Verb ersetzen.

c) Lies das Gedicht mit einer Partnerin oder
einem Partner abwechselnd betont vor.

5 Gestalte das Gedicht daheim oder
im Unterricht als Schmuckblatt.

1.1 (1) den Inhalt von Gehörtem und Gesehenem erfassen und zusammenfassen, strukturieren, kommentieren oder ergänzen ·
1.3 (1) situations- und zielorientiert Gespräche führen · 3.2 (3) kreative und produktive Schreibformen nutzen

Mit anderen leben und lernen

Neustadt, den …

Hallo Thomas,
das neue Schuljahr steht vor der Tür. Dafür habe ich mir eine ganze Menge vorgenommen.
Ich möchte …
Außerdem will ich …

…

Dein Thomas

1 a) Betrachte das Bild. Überlege, welche Aufgabe die Schüler wohl haben.
   b) Besprecht zu zweit, ob ihr das auch schaffen würdet.
   c) Lest die Anleitung „Verschollen im Schneesturm" und führt das Spiel durch.

Verschollen im Schneesturm

1 Teilt die Klasse in zwei Teams (Team 1 und 2).
2 Verlasst das Klassenzimmer und begebt euch zu einem Ort auf dem Schulgelände.
3 Verbindet den Schülern aus Team 1 die Augen und dreht die Schüler ein- bis zweimal sanft um die eigene Achse. Helft der Gruppe, eine Kette zu bilden (Hände auf die Schultern).
4 Auf ein Startsignal geht es los: Team 1 muss mit verbundenen Augen ins Klassenzimmer zurückfinden. Nur dieses Team darf sprechen.
5 Team 2 passt auf, dass dem blinden Team nichts passiert (vor allem bei Treppen).
6 Geht anschließend zu einem anderen Startpunkt. Die Teams tauschen die Rollen.
7 Wenn es im Team geklappt hat – schafft ihr es dann auch mit der ganzen Klasse? (Zwei Schüler behalten die Augen offen und passen auf, dass auf dem Weg nichts passiert.)

2 a) Sprecht darüber, ob und wie es euch gelungen ist, die Aufgabe zu lösen.
   b) Überlegt gemeinsam, wie es euch vielleicht noch besser und schneller gelungen wäre.

3 a) Lies den Text. Was ist daran besonders?
   b) Schreibe einen Brief an dich selbst mit deinen Vorstellungen und Plänen für das erste Halbjahr.
   c) Bitte deine Lehrkraft, den Brief für dich aufzuheben und ihn dir mit dem Halbjahreszeugnis zurückzugeben.

4 Beim Spielen lernt man Menschen kennen.
   a) Welche Klassenspiele kennst du aus den letzten Jahren? Notiere mindestens drei.
   b) Tauscht euch darüber in der Klasse aus.
   c) Einigt euch gemeinsam auf ein Spiel oder spielt das Spiel „Angeber-Runde".

Angeber-Runde

1 Schreibe drei Sätze über dich auf ein Blatt. Eine der Informationen ist dabei erfunden.
   Beispiel:
   1. Ich war schon einmal in Amerika.
   2. Ich habe ein Länderspiel live gesehen.
   3. Ich habe drei Hunde als Haustiere.
2 Trefft euch in Vierer- oder Fünfergruppen und lest euch die Sätze gegenseitig vor.
3 Ratet, welche Informationen richtig und welche falsch sind.
4 Wenn euch etwas interessiert, fragt nach und kommt darüber ins Gespräch.
5 Entscheidet in der Gruppe, ob ihr einige eurer Sätze der Klasse vorstellen möchtet.

1.3 (1) situations- und zielorientiert Gespräche führen · 1.3 (2) kritisch eigenes und fremdes Gesprächsverhalten reflektieren und in angemessener Form Rückmeldung geben · 3.2 (2) anschaulich von Erfahrungen, Gedanken, Gefühlen und Sachverhalten erzählen

11

Eigene Stärken formulieren

1 a) Stell dir vor, du bist ein Superheld. Was kannst du, was andere beeindrucken würde?

b) Zeichne das Superhelden-Logo ab und notiere deine Fähigkeiten in einem Cluster.

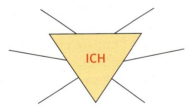

ICH

c) Besprecht zu zweit eure Ergebnisse.

2 Bearbeite eine der folgenden Aufgaben.

a Schreibe über dich einen kurzen „Angeber-Online-Lexikon-Eintrag". Beginne so:

> *Alex Muster, männlich/weiblich, aus …*
> *Alex Muster ist …*
> *Er/Sie begeistert durch …*

b Schreibe den Text für einen kurzen Radio-Werbespot, in dem du dich selbst so toll darstellst, dass dich sofort jeder Firmenchef einstellen würde.

3 Beantworte die Fragen A – E für dich und zähle die Punkte zusammen.

D E I N   S C H U L T Y P

A In der Schule findet man dich oft …
- vor der Tür beim Quatschen. 0
- in der Aula beim Lernen. 5
- in der Mensa beim Chillen. 2,5

B Referate sind für dich …
- ein notwendiges Übel. 0
- schwierig, weil du leicht nervös wirst. 2,5
- die Chance, dich auszuzeichnen. 5

C Deine Freunde in der Schule sind …
- cool, wie man es sein muss. 0
- fleißig, wie du ab und zu auch. 5
- normal – nur nicht auffallen! 2,5

D Besonders gut gefallen dir …
- die Pausen. 0
- Deutschstunden mit Büchern. 5
- Sport, Kunst oder Musik. 2,5

E Unterricht am Montag ist für dich …
- schwer, weil du oft müde bist. 0
- perfekt, weil er dir Spaß macht. 5
- kein Spaß, aber nun mal notwendig. 2,5

0–10 Punkte: Schule ist nicht dein Lebensmittelpunkt. Dein Image ist dir da wichtiger: cool sein und sich keine Blöße geben.

11–19 Punkte: Schule heißt für dich: Du erledigst deinen Job, aber mehr auch nicht. Manchmal möchtest du im Mittelpunkt stehen, aber in Ruhe gelassen zu werden, ist ebenso okay für dich.

20–25 Punkte: Schule ist zwar nicht dein Leben, aber ein wichtiger Teil davon. Du hast erkannt, dass der Weg in den Beruf über gute Noten führt, auch wenn das manchmal streberhaft wirken kann.

4 a) Hältst du dein Ergebnis für realistisch?

b) Was denkst du über die Aussagekraft solcher Persönlichkeitstests?

c) Sprecht darüber in der Klasse.

1.2 (1) mit den jeweils situationsangemessenen sprachlichen Mitteln strukturiert erzählen · 1.3 (1) situations- und zielorientiert Gespräche führen sowie während des Gesprächs Techniken des Nachfragens anwenden · 3.2 (2) anschaulich von Erfahrungen, Gedanken, Gefühlen und Sachverhalten erzählen

Die Stärken anderer anerkennen

1 a) Stell dir vor, du bist in einer Klasse von Superhelden. Was könnt ihr gemeinsam, was andere beeindrucken würde? Sprich darüber mit einem Partner.

b) Trefft euch in einer kleinen Gruppe und zeichnet das Superhelden-Logo auf ein Plakat. Sammelt eure gemeinsamen Fähigkeiten in einem Cluster.

c) Besprecht die Ergebnisse in der Klasse.

2 Bearbeite eine der folgenden Aufgaben.

a Erstelle über deine Klasse einen „Angeber-Online-Lexikon-Eintrag". Beginne so:

> **Klasse 8 X**
> *Die Klasse 8 X ist …*
> *Sie begeistert durch …*

b Erstellt zu zweit oder in einer Gruppe ein Erklärvideo, das die Klasse in ein positives Licht rückt.

3 Für eine Bewerbung (→ S. 170–180) musst du dich selbst gut einschätzen können.

a) Notiere mindestens fünf Eigenschaften, die ein Arbeitgeber wichtig finden könnte.

b) Vergleiche deine Notizen mit einem Partner. Versucht, gemeinsam zehn wichtige Eigenschaften zu finden.

c) Sprecht darüber, welche dieser Eigenschaften ihr schon mitbringt und woran ihr noch arbeiten müsst.

d) Besprecht, ob ihr euch gegenseitig einstellen würdet und warum/warum nicht.

4 a) 💡 Klebt euch gegenseitig Pappteller oder Zettel mit Kreppband auf den Rücken.

b) Geht dann im Klassenzimmer umher und schreibt möglichst vielen Mitschülern eine ihrer positiven Eigenschaften auf den Zettel auf dem Rücken. Wichtig: Nur Positives ist erlaubt! ☺

c) Lest anschließend euren eigenen Zettel und erfreut euch daran.

Tipp

💡 **zu 4 a)**

Besonders gut kann man mit dicken Filzstiften oder mit Kugelschreiber auf die Pappteller schreiben.

1.2 (1) mit den jeweils situationsangemessenen sprachlichen Mitteln strukturiert erzählen · 1.3 (1) situations- und zielorientiert Gespräche führen sowie während des Gesprächs Techniken des Nachfragens anwenden · 3.2 (2) anschaulich von Erfahrungen, Gedanken, Gefühlen und Sachverhalten erzählen

13

„In" oder „out" sein

1 a) Lies die Überschrift und betrachte das Bild.
b) Besprich mit einem Partner, worum es in dem Text gehen könnte.
c) Lest den Text und vergleicht ihn mit euren Erwartungen und Vermutungen.

Das war das Schlimmste

Mirjam Pressler

Seit zweieinhalb Jahren ärgere ich mich über Rike. Am Anfang hat sie mir gut gefallen, ich
5 mag das, wenn jemand hübsch aussieht. Aber dann hatten wir einmal Streit, wegen einer ganz blöden Sache eigentlich. Wir saßen in der Zeichenstunde nebeneinander, sie hatte eine sehr schöne, weiße Latzhose an. Ich war
10 ein bisschen neidisch, denn ich wusste, dass Mama mir nie so eine Hose kaufen würde. [...] Nun, irgendwie, ich weiß auch nicht mehr genau, wie, kam ich an das Wasserglas, in dem wir unsere Pinsel sauber machten. Es fiel um
15 und die ganze dreckige Brühe floss über Rikes neue Hose. Die war dann nicht mehr weiß und schön. Sie regte sich schrecklich darüber auf und als ich ganz ruhig sagte, sie solle sich doch nicht so anstellen, das könne man
20 bestimmt wieder auswaschen, schrie sie mich an: „Du bist ja nur neidisch, weil ich immer so schöne Sachen zum Anziehen habe und du selbst immer so hässlich bist. Das hast du bestimmt mit Absicht gemacht."
25 Es war fürchterlich. Ich fing vor lauter Schreck an zu heulen. Das ist mir danach nie wieder passiert, dass ich vor anderen geweint habe. [...] Ich werde auch nie vergessen, wie mich alle angestarrt haben. Das kann ich nun mal
30 nicht ausstehen. „Du bist neidisch, weil du selbst immer so hässlich bist", hatte sie gesagt. Das war das Schlimmste. Ich hatte vorher nie darüber nachgedacht, aber jetzt wusste ich es. Und weil Rike es laut gesagt hatte,

35 wussten es auch die anderen. Und noch etwas: Vorher hatte ich auch nie gemerkt, dass die meisten Mädchen aus der Klasse viel besser angezogen waren als ich. Natürlich nicht alle, aber die, die wirklich beliebt waren, hatten
40 tolle Sachen und immer wieder neue. In den Wochen danach bildeten sechs Mädchen aus der Klasse die Clique. Rike war natürlich dabei. Die von der Clique geben den Ton an bei uns in der Klasse. Jedenfalls sind
45 sie sehr laut. Und immer nach der neuesten Mode angezogen. [...] Selbst wenn ich gewollt hätte, hätte ich nie dazugehören können, das war mir klar. Aber ich will ja gar nicht! [...] Ich habe mich dann mit Alex angefreundet.
50 Sie ist nicht so auffällig wie die anderen, sehr zurückhaltend und ruhig, aber wirklich lieb und nett. Sie gehört auch nicht zur Clique.

2 Bearbeite eine der folgenden Aufgaben.
a Schreibe einen Tagebucheintrag, in dem die Erzählerin aufschreibt, wie es ihr jetzt geht. Verwende die Ich-Form.
b Schreibe ein anderes Ende, das so beginnt: *In den Wochen danach …*

3 a) Besprecht folgende Fragen in Gruppen:
— *Wer ist schuld an der Situation?*
— *Welche Trends sind an eurer Schule „in"?*
— *Was passiert, wenn jemand sich nicht trendmäßig verhält/kleidet/frisiert …?*
b) Sprecht darüber in der Klasse.

2.2 (1) komplexe, altersgemäße Texte deuten und die zentralen Aussagen und Intentionen der Texte mithilfe analytischer und produktiver Methoden erschließen · 3.2 (2) anschaulich von Erfahrungen, Gedanken, Gefühlen und Sachverhalten erzählen, auf die Erzähllogik achten und dabei stilistische sowie sprachlich gestalterische Mittel bewusst einsetzen

Man selbst sein

1 Bearbeite eine der folgenden Aufgaben.
- **a** Lies das Gedicht *er ist „in"* alleine durch.
- **b** Lest das Gedicht zu zweit oder in einer Gruppe so, dass die Fragen und die Antworten jeweils von unterschiedlichen Sprechern gesprochen werden.

2 a) Erstelle eine „In"- und eine „Out"-Liste.
b) Vergleiche die Liste mit einem Partner.
c) Vergleicht eure Listen in der Gruppe. Könnt ihr eine „Klassen-In-Liste" und eine „Klassen-Out-Liste" aufstellen?
d) Welche Bedeutung hat so eine Liste? Tauscht euch darüber in der Gruppe aus.
e) Sprecht darüber auch in der Klasse.

3 Bearbeite eine der folgenden Aufgaben:
- **a** Verändere den Text so, dass keine Fragen mehr vorkommen, also ein positiver Text entsteht. Verwende folgende Elemente:

er ist „in"

er ist „in"
in unserer schule
in …
in …
in …
es ist in ordnung
auch mal „out" zu sein
ein …
ein …
ein …
niemand entscheidet, …

- **b** Schreibe ein eigenes Gedicht über eine selbstbewusste Schülerin oder einen selbstbewussten Schüler, die/der sich keine Trends vorschreiben lässt. Verwende die „Ich"-Form.

---

er ist „in" (1990)
Josef Reding

er ist „in"
wo „in"?
in unseren kreisen,
in unserer runde,
5 in unserer clique,
in unserem verein,
in unserem haufen,
in unserer gesellschaft,
lohnt es sich,
10 hier immer „in" zu sein?
ist es eine schande,
auch „out" zu sein,
ein außenstehender,
ein ausgestoßener,
15 ein outsider?
und wer entscheidet,
ob jemand „in" oder „out" ist?
du, ich, wir?
schreib die namen derer auf,
20 die heute „in" sind,
dann schreib die namen derer auf,
die heute „out" sind.
und dann schreib deinen
namen dazu.

2.1 (2) Texte rhythmisch und sinngestaltend vortragen · 3.2 (3) kreative und produktive Schreibformen für eigene Erzähltexte nutzen

15

Fahrplan für das Betriebspraktikum

1 a) Sieh dir die Bilder an und beschreibe sie.

b) Welchen Tipp könntest du einem
Mitschüler für die Vorbereitung auf das
Betriebspraktikum geben? Notiere.

2 a) Lies den Text unten durch.

b) Sammle deine Gedanken, Ideen und
Fragen zum Thema „Betriebspraktikum"
in einer Mindmap.

c) Tauscht euch in der Klasse darüber aus.

Das Betriebspraktikum vorbereiten – Schritt für Schritt zum Erfolg

Es ist so weit: Du bist in der 8. Klasse und dein erstes Betriebspraktikum steht an. Deine Aufgabe ist
es, dich selbstständig um einen Praktikumssplatz zu kümmern und dein Praktikum zu organisieren.
Auch im Fach *Wirtschaft und Beruf* wirst du dich ausführlich mit diesem Thema auseinandersetzen.
Das kommt dir am Anfang vielleicht alles sehr viel vor. Doch wenn du dir die Aufgaben aufteilst und
die Vorbereitung Schritt für Schritt angehst, wird es leichter!

Die Übersicht auf der folgenden Seite kann dich unterstützen: Sie zeigt, welche Aufgaben auf dich
zukommen – und wie dir dieses Buch dabei helfen kann. Wenn du dich an diesen „Fahrplan" hältst,
dann wirst du sehen, dass es gar nicht so schwierig wird, wie du zunächst vielleicht gedacht hast!

2.3 (1) lebensrelevante und berufsbezogene Informationen aus anspruchsvollen, auch selbst recherchierten kontinuierlichen
und diskontinuierlichen Texten aus unterschiedlichen Medien zur Betrachtung von Themen aus verschiedenen Blickwinkeln
verwenden

Schritt 1: Herausfinden, was ich gerne tue und was ich gut kann → S. 12, 170 – 171
- Welche Hobbys habe ich? (z. B. Fußball spielen, mich mit Freunden treffen)
- Was macht mir Spaß? (z. B. Dinge reparieren, mich schminken, telefonieren)
- Was kann ich besonders gut? (z. B. zeichnen, Haare frisieren, Sport)
- Was interessiert mich? (z. B. Autos, Mode, PCs)

Schritt 2: Einen passenden Beruf finden → S. 100 – 109, 242 – 243
- Welcher Beruf würde mich interessieren? (z. B. sich im Internet über Berufe informieren, den Berufsberater/die Eltern/die Lehrkräfte fragen)
- Passt der Beruf zu mir? (z. B. prüfen, welchen Schulabschluss man braucht, und sich informieren, welche Voraussetzungen man sonst noch erfüllen muss)

Schritt 3: Einen passenden Betrieb finden → S. 284 – 285
- Welche Betriebe gibt es in meiner Umgebung, die diesen Beruf anbieten? (z. B. die Eltern/die Lehrkräfte fragen, im Internet recherchieren)
- Wie komme ich zu dem Betrieb? (z. B. klären, ob eine Bus-/Bahn-Haltestelle in der Nähe ist)

Schritt 4: Mit dem Betrieb Kontakt aufnehmen → S. 38 – 45, 172 – 180, 290 – 291, 295
- Wie kann ich mich an den Betrieb wenden? (z. B. im Internet nach einer E-Mail-Adresse oder Telefonnummer suchen)
- Wie sieht der erste Kontakt aus? Wie frage ich nach einem Praktikum? (z. B. eine E-Mail schreiben, im Betrieb anrufen)
- Wie bewerbe ich mich um ein Praktikum? (z. B. vollständige Bewerbungsunterlagen zusammenstellen, einen Lebenslauf schreiben, ein Anschreiben erstellen)

Schritt 5: Sich im Praktikum angemessen verhalten → S. 38 – 45, 181 – 189
- Was wird im Betrieb von mir erwartet? (z. B. pünktlich kommen, zuverlässig sein)
- Wie verhalte ich mich während des Betriebspraktikums? (z. B. höflich)
- Was muss ich im Praktikum aufschreiben? (z. B. Tätigkeiten notieren, Tagesberichte erstellen)

Schritt 6: Das Praktikum dokumentieren und auswerten → S. 181 – 189, 290 – 293
- Was gehört in einen Praktikumsbericht? (z. B. Deckblatt, Tagesberichte)
- Wie schreibe ich einen Praktikumsbericht? (z. B. Umfang festlegen, Programme zur Textverarbeitung verwenden)
- Wie kann ich die Erfahrungen im Praktikum darüber hinaus noch nutzen? (z. B. Ergebnisse in meinem Berufswahlordner sammeln)

2.3 (1) lebensrelevante und berufsbezogene Informationen aus anspruchsvollen, auch selbst recherchierten kontinuierlichen und diskontinuierlichen Texten aus unterschiedlichen Medien zur Betrachtung von Themen aus verschiedenen Blickwinkeln verwenden

17

Über Lernen nachdenken

1 a) Sieh dir das Bild rechts an.
Beschreibe, was du siehst.

b) Welchen Tipp würdest du dem Jungen geben?

c) Beschreibe einem Partner deinen eigenen Arbeitsplatz zu Hause.

2 a) Beantworte folgende Fragen schriftlich.
— *Wie viel Zeit am Tag verbringst du mit Lernen?*
— *Wo lernst du?*
— *Wie viele Pausen machst du?*

b) Protokolliere über mehrere Tage dein Lernverhalten nach dem Muster unten.

Lernprotokoll		
Fach	*Mathe*	*Deutsch*
wann?	*14:14–14.55*	*XXXXX*
wo?	*Schreibtisch*	*XXXXX*
Pausen?	*2*	*XXXXX*
getrunken / gegessen?	*2 Gläser Wasser, Schokoriegel*	*XXXXX*

c) Mache ein Foto von deinem Arbeitsplatz zu Hause und bringe es mit.

3 Vergleiche dein Lernprotokoll mit dem Notiz-zettel aus Aufgabe 2 a). Hast du dein Lern-verhalten richtig eingeschätzt?

4 a) Recherchiere folgende Informationen im Internet:
— *Wie viel sollte eine Person beim Lernen trinken?*
— *In welchen Abständen sollte man beim Lernen Pausen einlegen? Wie lang soll-ten sie sein?*
— *Wo sollte man am besten lernen?*

b) Vergleiche deine Recherche-Ergebnisse mit deinen Notizen im Lernprotokoll.

5 Vergleiche dein Lernprotokoll mit einem Partner. Sprecht darüber, was ihr jeweils verbessern könnt.

6 Lege ein Lerntagebuch an. Wenn du noch nicht weißt, wie das geht, findest du eine Anleitung auf den Seiten 274–275.

Lernbox

Sich zum Lernen motivieren

1 Plane deine **Lernzeiten** bewusst und halte dich daran.

2 Überlege dir ein **Belohnungssystem** (z. B. Schokoriegel, Freizeit …).

3 Bewege dich viel, mache zum Ausgleich **Sport**.

4 Sorge dafür, dass du dich an deinem **Lernort** wohlfühlst.

1.3 (6) eigenes und fremdes Lernverhalten versiert reflektieren, Rückmeldung über den jeweiligen Lernstand geben und weite-res Lernen strukturiert planen · 2.4 (5) den eigenen Medienkonsum auf der Basis von eigenen Medienprotokollen mithilfe von bewussten Zeitfenstern für Internet und soziale Netzwerke planen und die Einhaltung der Planung reflektieren

Die richtige Lernstruktur finden

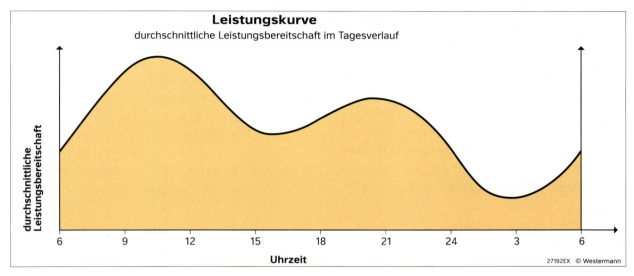

Leistungskurve
durchschnittliche Leistungsbereitschaft im Tagesverlauf

y-Achse: durchschnittliche Leistungsbereitschaft
x-Achse: Uhrzeit (6, 9, 12, 15, 18, 21, 24, 3, 6)

27192EX © Westermann

1
a) Sieh dir die Grafik oben genau an.
b) Erkläre einem Partner, was die Grafik zeigt.
c) Zieht gemeinsam eine Schlussfolgerung: Wann sind Menschen zu besonders viel, wann zu besonders wenig Leistung fähig?

2
a) Übertrage die Grafik in dein Heft. Trage mithilfe deines Lernprotokolls (Seite 18) ein, wann du bislang normalerweise lernst.
b) Lernst du zu sinnvollen Uhrzeiten? Sprich darüber mit einem Partner.

3
In Deutschland beginnt die Schule meist um 8:00 Uhr. In vielen anderen Ländern aber erst eine halbe Stunde oder Stunde später. Dafür endet die Schule dort meist auch später. Denkst du, die Schule sollte später beginnen? Diskutiert in einer Gruppe. Begründet eure Meinung auch mithilfe der Grafik.

4
a) Informiere dich, wann die Schule in anderen Ländern beginnt und endet. Welche Folgen hat das für den Tagesablauf?
b) Stelle deine Ergebnisse der Klasse vor und nimm dabei auf die Grafik oben Bezug.

5
a) Lies die *Lernbox* und überlege, welche Musik, welche Lieder oder Bands du zum Lernen empfehlen könntest.
b) Berichte, welche Erfahrungen du selbst mit Musik beim Lernen gemacht hast.

Lernbox

Lernen mit Musik

Musikhören beim Lernen ist umstritten: Die einen sagen, sie können nur mit Musik gut lernen. Die anderen behaupten, wenn Musik läuft, kann man sich nicht konzentrieren und sich nichts merken.
→ Du kannst ohne Musik lernen? Super.
→ Du brauchst Musik beim Lernen? Dann kommt es auf die Art der Musik an:

1 Musik, die **beim Lernen hilft**, ist z. B.:
– Entspannungsmusik,
– Musik ohne Text.

2 Musik, die **das Lernen erschwert**, ist:
– Musik mit vielen Unterbrechungen,
– schnelle Musik,
– Musik, die der Hörer nicht mag.

1.3 (6) eigenes und fremdes Lernverhalten versiert reflektieren, Rückmeldung über den jeweiligen Lernstand geben und weiteres Lernen strukturiert planen

19

Sich Informationen einprägen

Der Zweite Weltkrieg
Der Zweite Weltkrieg war der bislang größte und folgenreichste Krieg in der Geschichte der Menschheit. Nach Schätzungen wurden
5 zwischen 1939 und 1945 etwa 60 Millionen Menschen getötet. Der Weltkrieg begann in Europa mit dem Angriff des Deutschen Reichs auf Polen am 1. September 1939 und endete am 8. Mai 1945 mit der bedingungslo-
10 sen Kapitulation der Deutschen Wehrmacht.

Nach der Eroberung Polens besetzten deutsche Truppen 1940/41 die Benelux-Staaten, Frankreich, Dänemark, Norwegen und Teile des Balkans. Nachdem sich Hitler im Juni
15 1941 entschieden hatte, auch die Sowjetunion anzugreifen, und im selben Jahr auch die USA in den Krieg eintraten, begann sich das Blatt zu wenden. Ab 1943 wurden Hitlers Truppen an den zahlreichen Fronten im Os-
20 ten und Westen zurückgeschlagen.

1 a) Lies den Text im Kasten oben (Z. 1–10) und schlage unbekannte Begriffe nach.
b) Versuche, dir in drei Minuten möglichst viele Informationen zu merken.
c) Lass dich von einem Partner abfragen.
d) Besprecht zu zweit, wie ihr gelernt habt.

2 a) Beschreibe, wie du vorgehst, wenn du zu Hause lernen musst.
b) 💡 Besprecht in einer Gruppe, welche weiteren Strategien zum Lernen es gibt.

3 a) Überlege dir Eselsbrücken:
    – *Umfang eines Vierecks: a + b + c + d*
    – *Zweiter Weltkrieg: 1939 – 1945*
    – *Deutschland wurde Fußball-Weltmeister im Jahr 1954, 1974, 1990 und 2014.*
b) Überlege dir weitere Eselsbrücken zu Lernstoff aus eurem aktuellen Fachunterricht.

4 a) Lies den Text im Kasten oben (Z. 11–20).
b) Ein Schüler hat versucht, im Text das Wichtigste zu unterstreichen.
    Findest du seine Markierungen hilfreich?
c) Was könnte er in Zukunft besser machen?

5 Lies den Text noch einmal und bearbeite eine der folgenden Aufgaben.
a Stelle den Inhalt in einer Grafik dar (z. B. Mindmap, Cluster, Verlaufsdiagramm).
b Erstelle einen Hefteintrag zu dem Thema.

6 a) Erkläre einem Partner, wie du bei Aufgabe 5 vorgegangen bist.
b) Beschreibe, was dir schwergefallen ist und was dir leichtgefallen ist.

Tipp

 zu 2 b)

sich Eselsbrücken überlegen – Karteikarten schreiben – wichtige Informationen farbig markieren – mit eigenen Worten zusammenfassen – mehrmals schreiben – mit anderen darüber sprechen – sich abfragen lassen

Lernbox

Eselsbrücken zum Lernen nutzen

Eselsbrücken können *Geschichten aus dem Alltag*, *Reime* oder *Merksätze* sein. Sie helfen, sich schwierige Wörter, Begriffe oder Zusammenhänge einzuprägen. Beispiele:
– „**N**ie **o**hne **S**eife **w**aschen" → **N**orden, **O**sten, **S**üden, **W**esten
– „Iller, Lech, Isar, Inn fließen rechts zur Donau hin" → wichtige Flüsse in Bayern (südliche Nebenflüsse der Donau)

1.3 (6) eigenes und fremdes Lernverhalten versiert reflektieren, Rückmeldung über den jeweiligen Lernstand geben und weiteres Lernen strukturiert planen

Das Gedächtnis trainieren

1 a) Lest die Spielanleitung im Kasten und besprecht, was die Bilder zeigen.
   b) Führt das Spiel in der Klasse durch.

Gedächtnistraining – von A bis Z

> Blaukraut bleibt Blaukraut und Brautkleid bleibt Brautkleid.

Vorbereitung

– Nehmt euch Karten. Reihum schreibt jeder auf eine Karte einen Buchstaben. Beginnt bei „A" und folgt dem Alphabet bis „Z".
– Auf der Rückseite notiert jeder einen Spruch, ein kurzes Gedicht, einen Zungenbrecher, ein Zitat oder etwas Ähnliches.
– Bestimmt einen Spielleiter. Er notiert auf einem Blatt alle Buchstaben mit den Sprüchen dazu.

Durchführung

– Verteilt die Karten im Klassenraum.
– Bildet Dreier- oder Vierergruppen.
– Jede Gruppe sucht einen Buchstaben aus, bei dem sie startet (danach geht es im ABC weiter).
– Auf ein Startzeichen sucht jede Gruppe ihren Startbuchstaben. Alle Gruppenmitglieder lernen den Spruch auf der Rückseite auswendig.
– Geht dann zum Spielleiter. Dort tragen alle nacheinander den Spruch auswendig vor.
– Wenn ihr ohne Fehler vorgetragen habt, geht weiter zum nächsten Buchstaben. Sonst geht zurück und lernt den Spruch noch einmal.
– Welche Gruppe hat nach Ablauf der Zeit die meisten ABC-Sprüche richtig vorgetragen? / Welche Gruppe schafft zuerst alle Sprüche?

Blaukraut bleibt Blaukraut …

… und Brautkleid bleibt Brautkleid.

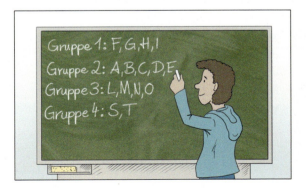

Gruppe 1: F, G, H, I
Gruppe 2: A, B, C, D, E
Gruppe 3: L, M, N, O
Gruppe 4: S, T

1.3 (6) eigenes und fremdes Lernverhalten versiert reflektieren, Rückmeldung über den jeweiligen Lernstand geben und weiteres Lernen strukturiert planen

21

Aufmerksam zuhören

1 Lest die beiden Spielanleitungen unten.
   a) Besprecht, was ihr tun sollt.
   b) Spielt die beiden Spiele.
   c) Berichtet, wie die Spiele gelaufen sind:
      – *Was hat gut geklappt, was nicht?*
      – *Was ist euch (nicht) leichtgefallen?*

Hast du mir denn nicht zugehört?

Zuhörspiel 1 – Gegenstände weitergeben

1 Alle stehen auf und gehen kreuz und quer durch das Klassenzimmer.
2 Jeder hat einen Gegenstand in der Hand und gibt diesen weiter: *„Das ist mein Spitzer."*
3 Der Nächste reicht den Gegenstand wieder weiter und sagt dazu, wem er gehört.
   Beispiele:
   – *„Ich gebe dir Henriks Spitzer."*
   – *„Ich habe den Bleistift von Julia."*
   – *„Das Heft gehört Layla."*
4 Wie lange schafft ihr es, die Gegenstände weiterzugeben, ohne die Namen zu verwechseln?

Zuhörspiel 2 – Was hast du gestern gemacht?

Lena · Jonathan · Paula

1 Setzt oder stellt euch in einen Kreis.
2 Erzählt nacheinander, was ihr gestern gemacht oder erlebt habt.
3 Anschließend wiederholt jeweils der Nachbar, was gesagt wurde. Dann erzählt er selbst, was er gemacht oder erlebt hat.
   Jonathan: „Ich war gestern mit meinem Vater klettern."
   Paula: „Jonathan war mit seinem Vater klettern."
   Jonathan: „Das ist richtig!"
   Paula: „Ich habe gestern ..."
   Lena: „Paula hat ..."

2 a) Sieh dir das Bild oben an. Beschreibe einem Partner, was du darauf siehst.
   b) Überlegt gemeinsam, was der Situation möglicherweise vorausgegangen ist und wie es weitergehen könnte.

3 Wart ihr selbst schon einmal in einer solchen Situation? Erzählt, wie es dazu kam.

4 a) Überlege dir, worüber du gerne mit jemandem sprechen würdest.
   Notiere in einer Tabelle:

Interessantes Thema	Gesprächspartner
XXXX	XXXX

   b) Tauscht euch in einer Kleingruppe aus und schreibt drei Themen auf Wortkarten.
   c) Hängt die Wortkarten an die Tafel und begründet in der Klasse eure Themenwahl.
   d) Einigt euch auf ein Thema und sprecht darüber in einem Kugellager (→ S. 277).

1.2 (1) mit den jeweils situationsangemessenen sprachlichen Mitteln erzählen und berichten, sachlogisch argumentieren und die eigene Argumentation durch Beispiele veranschaulichen · 1.2 (3) Vorträge und Präsentationen nach selbst erarbeiteten Kriterien reflektieren (z. B. in Bezug auf Sprechweise, Körpersprache, Präsenz)

Im Gespräch angemessen reagieren

1 a) 🔊 Hört euch das Gespräch zwischen Ben und Mia an oder lest den Dialog mit verteilten Rollen.

🔊 **Nach den Ferien**

Ben:	Hallo Mia, schön, dich zu sehen!
Mia:	Hallo Ben! Wie waren deine Ferien?
Ben:	Sie waren am Anfang super und dann echt blöd. Und deine?
Mia:	Auch wirklich prima! Was hast du denn gemacht? *(Sie tippt auf ihrem Handy.)*
Ben:	Ich war viel draußen. Zum Glück war das Wetter fast die ganze Zeit gut. So konnte ich Rad fahren, mit meinem Hund spielen und ihm einen neuen Trick beibringen, ins Schwimmbad gehen und ich war einmal mit Paul im Kino. Also echt tolle Ferien bis dahin. Hm … aber dann ist meine Oma gestorben.
Mia:	Hm … Warst du dann gar nicht weg?
Ben:	Nein.
Mia:	Hm … schade! Hier war es bestimmt nicht so toll wie bei mir! Ich war mit meiner Familie auf Mallorca. Da hat eigentlich immer die Sonne geschienen und wir waren fast jeden Tag am Meer. Einmal bin ich mit Papa und Leon Bananaboot gefahren. Das war ein Spaß, sage ich dir!
Ben:	Ja. Ich wollte eigentlich …
Mia:	Und dann haben wir noch einen Ausflug in einen Freizeitpark gemacht. Da gab es eine Achterbahn mit Looping!

(Zeilennummern: 5, 10, 15, 20, 25, 30)

b) Gib mit eigenen Worten wieder, was Ben und Mia erzählen.

2 a) Mache dir zu folgenden Fragen Notizen:
Welchen Eindruck hast du von Mia und Ben? Hättest du dich an Mias oder an Bens Stelle anders verhalten? Wenn ja, wie?

b) Besprecht zu zweit eure Überlegungen.

3 a) Wie fühlt sich Ben vermutlich am Ende des Gesprächs?
Sprich darüber mit einem Partner.

b) Schreibe den Dialog so um, dass sich Ben nach dem Gespräch besser fühlt.

c) Tauscht zu zweit eure Dialoge und schreibt einander eine kurze Rückmeldung unter den Text. Was ist darin gut gelungen?

4 Spielt einen eurer Dialoge in der Klasse vor.

5 Erstellt in einer Kleingruppe ein Lernplakat mit Regeln, wie sich ein Zuhörer im Gespräch verhalten sollte.

> **Aufmerksam zuhören – so geht's!**
> *– Blickkontakt halten*
> *– auf Gesagtes eingehen (z. B. gezielt nachfragen, zusammenfassen, ergänzen)*

1.1 (1) den Inhalt von Gehörtem und Gesehenem erfassen und zusammenfassen, strukturieren, kommentieren oder ergänzen, auch mithilfe von Aufzeichnungen · 1.2 (1) mit den jeweils situationsangemessenen sprachlichen Mitteln strukturiert erzählen und berichten, sachlogisch argumentieren und die eigene Argumentation durch Beispiele veranschaulichen

23

Sich beim Zuhören konzentrieren

1 Überlege, was für dich einen schönen
Menschen ausmacht. Erstelle ein Cluster.

2 Suche das Lied „Kein Modelmädchen"
im Internet und höre es dir an.

Kein Modelmädchen
Julia Engelmann

Ich bin kein süßes Mäuschen,
nicht Prinzessin oder Diva,
bin unter weißen Pudeln
eher der goldene Retriever.

5 Ich trinke selten Hugo,
dafür öfter mal Tequila,
ich spiele keine Spielchen,
ganz direkt sein ist mir lieber.

Ich trage kaum hohe Schuhe,
10 denn ich liebe meine Sneaker,
ich setz mich mitten in den Staub
und tanz im Regen bei Gewitter.

Ich kichere niemals leise,
meistens lache ich ganz laut,
15 all die Dinge, die ich denke,
spreche ich am liebsten aus.

Ich bin nicht die hotteste Torte,
mehr 'ne zu treue Tomate,
ich kann nicht twerken, ich kann kein Ballett,
20 ich kann Yoga und Hobbykarate!
Und schmink ich mir mal ein Gesicht,
ist es nach einer Radfahrt hin,
ich hab nicht das Zeug zur Mode-Bloggerin!

Refrain: Oh oh oh oh,
25 *manchmal wär ich gerne schöner,*
doch das geht auch wieder weg.
Oh oh oh oh,
denn ich bin kein Modelmädchen,
ich bin komplett unperfekt!

30 Ich bin keine Morning-Beauty,
immer von der Nacht zerzaust,
an mir sehen auch Mädchen-Jeans
mehr so wie Boyfriend-Hosen aus.

Meinen Fingerkuppen
35 sieht man das Gitarrespielen an.
Das ist der Grund, warum ich niemals
French-Nails tragen kann.

Ich kaufe mir dauernd die buntesten Kleider,
doch trage dann meistens nur schwarz.
40 Und ess' ich so'n winziges Müsli zum Frühstück,
dann werde ich leider nicht satt.
Kein Schnappschuss von mir ist für Insta geeignet,
weil ich nicht ständig für Fotos bereit bin,
reicht es denn nicht, wenn ich mich selber like?

45 *Refrain: Oh oh oh oh …*

Oh oh oh oh,
ich wär gerne eleganter,
doch dann wär ich nicht mehr echt.
Oh oh oh oh,
50 ich bin kein Modelmädchen,
ich bin komplett unperfekt.

1.1 (1) den Inhalt von Gehörtem und Gesehenem erfassen und zusammenfassen, strukturieren, kommentieren oder ergänzen,
auch mithilfe von Aufzeichnungen

Dass du ihr hinterherguckst,
hab ich grad genau gesehen
Und daher weiß ich auch,
55 dass du auf Modelmädchen stehst!

So wär ich heut gern eines,
nur um dir zu gefallen,
aber das wär ja 'ne Lüge
und das könnte ich nicht halten.

60 Du als Modelmädchenjunge
wirst so bleiben, genau wie du bist!
Wohin wir auch gehen, wir finden bestimmt,
was das Beste für uns beide ist!

Und aus jeder Traube wird ein guter Wein,
65 alles wird schön, wenn die Sonne drauf scheint.
Und der Mensch, der wir sind,
der soll'n wir auch sein.

Refrain: Oh oh oh oh ...

Oh oh oh oh,
70 manchmal wären wir gerne anders,
doch dann wären wir nicht mehr echt.
Oh oh oh oh,
jeder ist auf seine Weise
gut genug und auch perfekt,
75 gut genug und auch perfekt.

3 Gib kurz wieder, von welchen Themen der Text „Kein Modelmädchen" handelt.

4 a) Wie stellt sich die Sängerin ein Modelmädchen vor? Erstelle eine Liste.
b) Höre das Lied erneut an. Überprüfe dabei deine Liste und ergänze sie, wenn nötig.

5 a) Das Mädchen im Lied sagt von sich, es sei kein Modelmädchen. Wie beschreibt es sich selbst? Notiere Stichpunkte.

b) Höre dir das Lied noch einmal an. Ergänze und überarbeite deine Notizen.

6 Überlege dir, was mit folgenden Zeilen gemeint sein könnte:
„Doch dann wär ich nicht mehr echt" (Z. 48)
„Doch dann wären wir nicht mehr echt" (Z. 71).

7 Lies noch einmal, was du bei Aufgabe 1 über einen schönen Menschen geschrieben hast.
a) Siehst du das noch genauso? Begründe deine Meinung.
b) Überarbeite dein Cluster, wenn sich deine Meinung geändert hat.

8 Bearbeite eine der folgenden Aufgaben.
a Singt in einer Gruppe gemeinsam das Lied „Kein Modelmädchen".
b Sammle weitere Ideen für das Lied und notiere sie. Verfasse alleine oder mit einem Partner eine weitere Strophe.
c Schreibe eine eigene Version von „Kein Modelmädchen". Nutze dafür dein überarbeitetes Cluster aus Aufgabe 7.
d Schreibe das Lied für einen Jungen um.

Wer ist Julia Engelmann?
Julia Engelmann ist eine deutsche Poetry-Slammerin, Dichterin, Sängerin und Schauspielerin. Sie wurde 1992 in Bremen geboren.

Ein Internetvideo ihres Auftritts beim *Bielefelder Hörsaal-Slam* machte sie im Jahr 2013 schlagartig berühmt. Sie selbst bezeichnet das Video als den „Urknall" ihrer Karriere.

1.1 (1) den Inhalt von Gehörtem und Gesehenem erfassen und zusammenfassen, strukturieren, kommentieren oder ergänzen, auch mithilfe von Aufzeichnungen · 1.1 (2) komplexe gesprochene Texte anhand von Verständnisfragen erschließen

25

Genau zuhören und sich Notizen machen

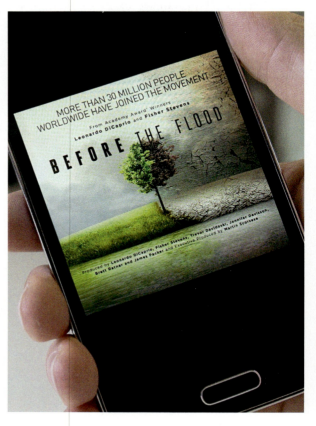

1 a) Betrachte das Bild oben und beschreibe, was du darauf siehst.
   b) Erkläre, welche Atmosphäre oder Stimmung das Bild erzeugt.

2 a) Notiere mit der Weißblattmethode (→ S. 277) alles, was dir zum Thema „Klimawandel" einfällt.
   b) Tauscht euch zu zweit darüber aus.

3 a) Betrachte das Filmplakat auf dem Handy rechts. Beschreibe, was darauf zu sehen ist.
   b) Worum könnte es in dem Film gehen? Notiere Vermutungen. (Falls du den Film gesehen hast, versuche, dich an den Inhalt zu erinnern. Mache dir dazu Notizen.)

4 Sucht im Internet den Trailer zum Film und schaut ihn euch gemeinsam an.

5 Formuliere Fragen an den Film.

6 Überlegt gemeinsam, wie ihr es schafft, möglichst viele Informationen beim Anschauen eines Films aufzunehmen. Lest dazu auch die *Lernbox*.

Tipp

💡 **zu 5)**
Überlege dir, was dich an dem Thema des Films interessiert. Notiere dazu W-Fragen.

Lernbox

Genau zuhören und Stichpunkte notieren

1 **Konzentriere dich auf den Film:** Sieh genau hin und höre aufmerksam zu.
2 **Mache dir Stichpunkte:** Schreibe Schlagwörter auf und vermeide ganze Sätze.
3 **Verwende Abkürzungen** und Kurzwörter: zum Beispiel → *z. B.*   das heißt → *d. h.*
Auszubildender → *Azubi*
-lung → *-lg.* (Versammlung = *Versammlg.*)
-lich → *-l.* (gefährlich = *gefährl.*)
4 **Verwende Symbole:**
   + gut   − schlecht   = bedeutet   ! wichtig
   → daraus folgt   ↔ im Gegensatz zu
   ↑ wird mehr   ↓ wird weniger
   ? nicht verstanden, noch mal nachfragen!

1.1 (1) den Inhalt von Gehörtem und Gesehenem erfassen und zusammenfassen, strukturieren, kommentieren oder ergänzen, auch mithilfe von Aufzeichnungen · 1.1 (2) komplexe gesprochene Texte anhand von Verständnisfragen erschließen

7 a) Seht euch einen Dokumentarfilm zum Thema „Klimawandel" an und macht euch während des Films Notizen.

b) Vergleicht eure Ergebnisse in der Klasse und ergänzt gegebenenfalls eure Notizen.

c) Besprecht, wie euch das Mitschreiben gelungen ist. Berichtet, wie ihr vorgegangen seid, und gebt einander Tipps.

8 a) Bildet kleine Gruppen und überlegt euch Fragen zu einem der folgenden Themen:

— *Folgen des Klimawandels*
  (z. B. für Tiere, Pflanzen, Menschen)
— *Wetterextreme*
— *Abgase*
— *Müll*
— *Ausbreitung von Krankheiten.*

b) Informiert euch über das Thema im Internet und beantwortet eure Fragen schriftlich.

9 a) Erstellt eine Präsentation zu eurem in Aufgabe 8 gewählten Thema. Nutzt dafür eine der Präsentationstechniken aus dem grünen Kasten rechts.

b) Schreibt zu eurer Präsentation mindestens drei Fragen auf, die eure Mitschüler nach dem Zuhören beantworten müssen.

10 a) Geht durch die Klasse und hört euch die verschiedenen Präsentationen an. Wechselt euch bei euren Vorträgen ab.

b) Macht euch Notizen zu den Fragen, die die Gruppe zu ihrem Thema gestellt hat.

11 Trefft euch in Kleingruppen und vergleicht eure Antworten. Überprüft, ob ihr die gehörten Informationen richtig notiert habt.

Präsentationstechniken

Radionachricht: Schreibt eine Nachricht für das Radio und nehmt sie mit einem Handy auf. Eine Nachricht im Radio ist nur eine kurze Mitteilung. Sie besteht aus zwei bis drei Sätzen.

Plakat: Erstellt ein Plakat und einen Vortrag, den ihr dazu haltet. Der Vortrag sollte mehr Informationen enthalten als eine Radionachricht. Erstellt für den Vortrag auch eine Gliederung (→ S. 292 – 294).

12 a) Überlege dir, was du noch über die Folgen des Klimawandels herausfinden möchtest. Schreibe deine Fragen auf.

b) Suche im Internet nach Nachrichtensendungen, in denen über die Folgen des Klimawandels berichtet wird. Notiere Antworten auf deine Fragen.

1.1 (3) Funktionen verschiedener Hörmedien erkennen und unterschiedliche Sende- und Darstellungsformen gegenüberstellen ·
1.2 (1) mit den jeweils situationsangemessenen sprachlichen Mitteln strukturiert erzählen und berichten, sachlogisch argumentieren und die eigene Argumentation durch Beispiele veranschaulichen

27

Eine Rede hören und verstehen

Greta Thunberg

Greta Thunberg wurde am 3. Januar 2003 geboren. Sie ist eine schwedische Klimaschutzaktivistin. Sie ist davon überzeugt, dass
5 sich Politiker zu wenig für den Klimaschutz einsetzen und sich deshalb unverantwortlich gegenüber jungen Menschen verhalten. Bekannt wurde Greta Thunberg durch ihren „Schulstreik für das Klima" im Jahr 2018 vor
10 den schwedischen Parlamentswahlen. Zunächst war sie alleine, fand nach und nach aber immer mehr Anhänger. Auch in anderen Ländern demonstrierten Schülerinnen und Schüler nach Gretas Vorbild für eine andere
15 Klimapolitik. Diese Proteste sorgten für große Aufmerksamkeit in den Medien – waren aber auch umstritten, weil sie teilweise in der Unterrichtszeit stattfanden. Im Dezember 2018 sprach Greta Thunberg bei der Klima-
20 konferenz der Vereinten Nationen (UN) in Kattowitz (Polen). Ihre Rede wurde weltbekannt.

1
a) Sieh dir das Bild an und beschreibe es.
b) Notiere Vermutungen, worüber das Mädchen auf dem Bild spricht.

2
a) Lies den Text im roten Kasten und schreibe Schlüsselbegriffe heraus.
b) Tausche dich mit einem Partner darüber aus.

3 Für viele ist Greta Thunberg die Stimme einer jungen Generation, die sich für das Klima einsetzt. Es gibt aber auch Kritik an ihrer Protestbewegung und an den „Schulstreiks".
a) Lies die Sätze A–D unten und gib die unterschiedlichen Meinungen mit eigenen Worten wieder.

A. „Klimapolitik ist nichts für Schüler. Das sollten die jungen Menschen den Experten überlassen!"
B. „Die Schulpflicht gilt für alle – Proteste in der Unterrichtszeit sind daher nicht in Ordnung."
C. „Wer etwas erreichen und gehört werden will, muss manchmal auch gegen Regeln verstoßen."
D. „Den meisten geht es doch gar nicht ums Klima – die wollen nur die Schule schwänzen!"

b) Was ist deine Meinung zum Thema? Sammelt Argumente und führt eine Diskussion in der Klasse (→ S. 66–71).

4 🔊 Höre dir die Rede an, die Greta Thunberg im Dezember 2018 in Kattowitz hielt.

5
a) Höre dir den Text ein zweites Mal an und beantworte dazu die folgenden Fragen.
A. Was ist möglicherweise unangenehm?
B. Wovor haben die Politiker laut Greta Angst?
C. Was ist in Gretas Augen das einzig Sinnvolle?
D. Wofür setzt sich Greta ein?
E. Mit welchem Ziel werden laut Greta Zivilisation und Biosphäre geopfert?
F. Wonach werden Gretas Kinder vielleicht einmal fragen?
G. Was wirft Greta den Politikern vor?
H. Was ist laut Greta zu tun?

b) Hört euch die Rede ein weiteres Mal an und überprüft gemeinsam eure Antworten.

1.1 (1) den Inhalt von Gehörtem und Gesehenem erfassen und zusammenfassen, strukturieren, kommentieren oder ergänzen, auch mithilfe von Aufzeichnungen · 1.1 (2) komplexe gesprochene Texte anhand von Verständnisfragen erschließen

6 Greta Thunberg sagt in ihrer Rede:
„Es sind die Leiden der vielen, die für den Luxus der wenigen bezahlen."
a) Überlege, was sie damit meinen könnte, und sprich darüber mit einem Partner.
b) Findet zu zweit Beispiele für die Aussage.

7 a) Lies folgendes Zitat aus der Rede und erkläre, was damit vermutlich gemeint ist. Schreibe deine Ideen auf.
„Wir sind hierhergekommen, um Ihnen mitzuteilen, dass ein Wandel kommen wird, egal, ob Sie es wollen oder nicht. Die wirkliche Macht gehört den Menschen."

b) Lest eure Notizen in einer Kleingruppe vor und sprecht über eure Ideen.
c) Wen meint Greta Thunberg wohl mit „wir" in ihrer Rede? Diskutiert darüber in der Klasse.

8 a) ☀ Sind euch in der Rede schwierige Begriffe aufgefallen? Notiert sie zu zweit. Hört euch den Text bei Bedarf erneut an.
b) Stellt aus dem Zusammenhang der Rede Vermutungen über die Bedeutung an.
c) Klärt die Begriffe mit dem Wörterbuch. Besprecht eure Ergebnisse in der Klasse.

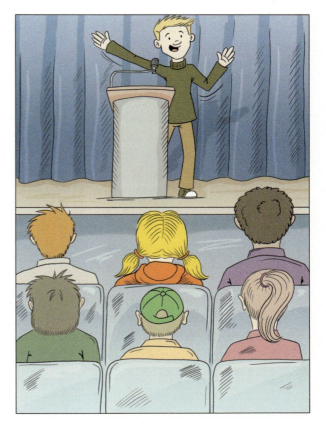

9 Schreibe selbst eine kleine Rede zu einem Thema aus dem Bereich *Umweltschutz* (z. B. Mülltrennung). Wähle dazu ein Publikum aus:
a deine Eltern
b deine Freundinnen und Freunde
c die Parallelklasse
d die Zuhörer bei einem Vortragswettbewerb.

10 Bearbeite eine der folgenden Aufgaben.
a Nimm deine Rede mit einem Handy auf.
b Halte deine Rede in einer Kleingruppe.
c Halte deine Rede vor der Klasse.

11 ☀ Höre dir die Reden deiner Mitschüler an und gib ihnen dazu Feedback.

12 Informiere dich im Internet, wie Greta Thunbergs Einsatz für den Klimaschutz weiter verlief. Präsentiere deine Ergebnisse.

Tipp

☀ **zu 8)**
Beispiele: *Zivilisation, Misere, Wirtschaftswachstum, Bürde, fossile Brennstoffe*

☀ **zu 11)**
Schreibe auf ein Blatt Papier ein Plus und ein Minus. Notiere unter dem +, was dein Mitschüler bzw. deine Mitschülerin gut macht, und unter dem −, was er/sie besser machen könnte.

1.1 (1) den Inhalt von Gehörtem und Gesehenem erfassen und zusammenfassen, strukturieren, kommentieren oder ergänzen, auch mithilfe von Aufzeichnungen

29

Einen Kurzvortrag vorbereiten

1 a) Wahrscheinlich hast du schon einmal ein Referat gehalten. Wie war das für dich? Berichte in der Klasse über deine Erfahrungen mit Kurzvorträgen.

b) Besprecht, welchen Sinn Kurzvorträge haben. Was könnt ihr dabei lernen?

c) In welchen Situationen wird es in Zukunft hilfreich sein, wenn ihr frei sprechen und gut präsentieren könnt? Sammelt Ideen.

2 Sprich mit einem Partner darüber, wie du bei der Vorbereitung eines Referates vorgehst.

3 a) Eine Schülerin hat sich aufgeschrieben, was sie für ihr Referat bedenken und vorbereiten muss. Lies ihren Notizzettel:

— Informationen im Internet und in Büchern finden
— Karteikarten / Stichwortzettel schreiben
— die Stichpunkte überarbeiten
— das Gelesene zusammenfassen
— ein Plakat oder eine Präsentation erstellen
— ein Handout erstellen
— das Referat üben
— ein Thema finden
— Gliederung erstellen
— Stichpunkte machen

b) Schreibe die Punkte in der richtigen Reihenfolge ab.

c) Vergleicht eure Ergebnisse in der Klasse.

d) Fallen euch weitere Punkte ein, die auf die Liste gehören? Ergänzt die Notizen.

4 a) Lies die Sprechblasen rechts oben und besprich mit einem Partner, welche Probleme auf das Team zukommen könnten.

Zu viert sollen wir ein Referat halten, das 12 Minuten dauert. Also keinen Stress: Ich mach die Begrüßung, André den ersten, zweiten, dritten und vierten Punkt, Rebecca den fünften und Lars macht die Verabschiedung. Alles klar?

Okay, aber ich mach bei dem Plakat nicht mit, dafür hab ich keine Zeit.

Aber … aber … Moment …

Und mir ist Recherchieren zu langweilig, das muss jemand anderes machen.

b) Überlegt, was bei einem Referat mehr und was eher wenig Arbeit macht.

c) Notiert Tipps, wie die Gruppe die Aufgaben sinnvoll und fair aufteilen könnte.

5 Diskutiert in der Gruppe: Welche Vorteile und welche Nachteile hat es, einen Kurzvortrag alleine bzw. in der Gruppe zu halten?

In diesem Kapitel …

kannst du wiederholen und üben, wie du …
– sicher vor der Klasse sprichst
– eine Computerpräsentation oder ein Plakat optimal gestaltest
– Mitschülern konstruktiv Feedback gibst
– deinen eigenen Vortrag reflektierst.

1.2 (1) mit den jeweils situationsangemessenen sprachlichen Mitteln strukturiert erzählen und berichten, sachlogisch argumentieren und die eigene Argumentation durch Beispiele veranschaulichen

Informationen suchen und auswerten

Aufgaben von „Ärzte ohne Grenzen"

„Ärzte ohne Grenzen" wird aktiv, wenn das nationale Gesundheitssystem nicht mehr willig oder in der Lage ist, den Betroffenen zu helfen. Dies ist meist der Fall bei bewaffneten Konflikten
5 sowie den Folgen von Flucht und Vertreibung, bei Epidemien und Naturkatastrophen. Da das Überleben der Menschen oberste Priorität für uns hat, stehen lebensrettende Aktivitäten im Mittelpunkt. Die medizinische
10 Behandlung hat eindeutig Vorrang vor der Prävention. Gleichwohl gehört Vorbeugung, wo immer möglich, zu unseren Aktivitäten. [...] Je nach Bedarf leisten wir Basismedizin oder chirurgische Hilfe, bekämpfen Epidemien,
15 führen Impfkampagnen durch, betreiben Ernährungszentren für Mangelernährte, konzentrieren uns auf die Mutter-Kind-Versorgung,
20 bieten psychologische Hilfe an oder bilden lokale Mitarbeiter
25 fort. Zudem behandeln wir Infektionskrankheiten wie HIV/Aids, Tuberkulose oder Kala-Azar. Es gibt Situationen, in denen wir schwerkranken Menschen leider nicht zu einer Heilung verhelfen
30 können. Um ihr Leiden zu lindern, bieten wir Palliativpflege an. Obwohl „Ärzte ohne Grenzen" vorrangig medizinisch arbeitet, verteilen wir auch Hilfsgüter und Nahrungsmittel oder bauen Latrinen. [...]

1 „Ärzte ohne Grenzen" ist eine medizinische Hilfsorganisation, die weltweit aktiv ist.
   a) Lies den Text über ihre Aufgaben.
   b) Schreibe alle Fremdwörter heraus und kläre ihre Bedeutung mit dem Wörterbuch.
   c) Arbeite mit einem Partner. Fasse mündlich in eigenen Worten zusammen, worin die Aufgaben der Organisation bestehen.
   d) 💡 Fasse den Text dann in Stichpunkten schriftlich zusammen.

Tipp

💡 **zu 1 d)**
Beim Zusammenfassen in Stichpunkten solltest du einen Text nicht abschreiben (auch nicht teilweise). Gehe besser so vor:
   1 Text **lesen**
   2 Text **abdecken**
   3 **aufschreiben**, woran du dich **erinnerst**
   4 **überprüfen**, ob du etwas **vergessen** hast.

2 Stellt euch vor, ihr sollt ein Referat über „Ärzte ohne Grenzen" halten. Überlegt gemeinsam, welche weiteren Informationen dafür noch wichtig sein könnten.

3 Suche folgende Informationen zur Organisation „Ärzte ohne Grenzen":
   – *Entstehungsgeschichte*
   – *Logo der Organisation*
   – *Mitgliederzahl*
   – *wie sie sich finanziert*
   – *wo sie überall aktiv ist.*

4 a) Suche im Internet Videos und Bilder, die du bei einem Vortrag nutzen könntest.
   b) Geht in Kleingruppen von maximal vier Personen zusammen und seht das Material gemeinsam durch.
   c) Welche Videos und Bilder sind besonders gut geeignet? Begründet eure Meinung.

2.4 (7) für Präsentationen und zur kreativen Produktion selbstständig und zielorientiert technische Hilfsmittel und Programme nutzen · 2.1 (4) zur Textanalyse selbst recherchierte Zusatzinformationen aus unterschiedlichen Medien nutzen · 2.3 (4) kritisch Inhalt, Form und Intention von Texten aus unterschiedlichen Medien erkennen und beurteilen

31

Körpersprache bewusst einsetzen

A

B

C

1 a) Sieh dir die Bilder an. Ordne den Personen jeweils eines der folgenden Adjektive zu:
gelangweilt – ängstlich – selbstsicher.
b) Sieh dir die Körperhaltung an: Worin genau unterscheiden sich die Personen?

2 Übe mit einem Partner, dich so hinzustellen, wie es in der *Lernbox* beschrieben ist. Korrigiert euch gegenseitig, wenn nötig.

Lernbox

Selbstsicher Auftreten

So trittst du bei einem Referat selbstsicher auf:
1 Beine etwa schulterbreit auseinander
2 beide Füße fest auf den Boden stellen
3 zur Klasse schauen
4 Arme seitlich herabhängen lassen (oder einen Zettel mit beiden Händen halten)
5 Schultern leicht nach hinten nehmen
6 Kopf gerade halten.

3 a) Geht in Kleingruppen zusammen. Jeder sucht sich ein Thema aus, über das er gerne sprechen möchte.
b) 💡 Stellt euch nacheinander vor eure Gruppe und sprecht etwa ein bis zwei Minuten über euer Thema.
c) Gebt euch gegenseitig Feedback:
  – *Was hat der Sprecher schon gut gemacht?*
  – *Was kann der Sprecher an seiner Körperhaltung noch verbessern?*

4 Seht euch im Internet eine Sendung an, in der ein Moderator zu sehen ist.
a) Notiert euch, was euch an der Haltung und Körpersprache auffällt. Beachtet jeden Körperbereich einzeln (Schultern, Arme ...).
b) Seht euch einen Ausschnitt noch einmal an. Macht die Haltung und das Auftreten des Moderators nach.

Aber was, wenn jemand lacht ...?

Tipp

 zu 3 b)

Hier ein paar Tricks gegen die Aufregung:
→ Atme ruhig und gleichmäßig ein und aus.
→ Schließe kurz die Augen und gönne dir einen ruhigen Moment, bevor du nach vorne gehst.
→ „Festhalten" hilft: Nimm etwas in die Hand, zum Beispiel einen Notizzettel oder Stift.
→ Schaue den Zuhörern nicht in die Augen, sondern knapp über ihre Köpfe hinweg.
→ Sage zu dir selbst: „Ich schaffe das!"

1.2 (2) bei der Planung von Vorträgen und Präsentationen zu vielfältigen Themen Körpersprache, unter Beachtung des Adressatenbezugs, versiert einsetzen und differenziertes Sprechverhalten durch informierende, analoge und digitale Medien unterstützen

Kurzvorträge interessant gestalten

1 Erinnere dich an die letzten Kurzvorträge, die du gehört hast. Notiere, was die Referenten zur Veranschaulichung genutzt haben.

2 a) Sammle in einem Cluster alle Mittel, die es zur Veranschaulichung gibt.

b) Vergleicht zu zweit eure Ergebnisse und ergänzt gegebenenfalls euer Cluster.

c) Besprecht, welche Mittel zur Veranschaulichung euch besonders sinnvoll erscheinen. Begründet eure Meinung.

3 Diskutiert in der Klasse: Wie lange darf ein Video dauern, das ihr in eurem Vortrag nutzt, wenn ihr für euer Referat insgesamt ...
→ 5 Minuten Zeit habt?
→ 8 Minuten Zeit habt?
→ 10 Minuten Zeit habt?

4 Arbeitet zu zweit (Partner A und Partner B).
a) Partner A erklärt Partner B, welche Funktion ein Plakat bei einem Referat hat. Wie kann man es zur Unterstützung nutzen?
b) Dann erklärt Partner B dem Partner A, wie man eine Computerpräsentation wirksam einsetzen kann.

5 Sieh dir die Bilder an. Welches würdest du für ein Referat über „Ärzte ohne Grenzen" wählen? Begründe deine Meinung.

Bild 1

Bild 2

1.2 (1) mit den jeweils situationsangemessenen sprachlichen Mitteln strukturiert erzählen und berichten · 1.2 (2) bei der Planung von Vorträgen und Präsentationen zu vielfältigen Themen Körpersprache, unter Beachtung des Adressatenbezugs, versiert einsetzen und differenziertes Sprechverhalten durch informierende, analoge und digitale Medien unterstützen

33

Medien für die Präsentation nutzen

Bevor du mit der Vorbereitung beginnst, solltest du dir überlegen, welches Medium und welche Präsentationsform am besten zu deinem Thema passen. Die zwei am häufigsten gewählten Medien sind die Computerpräsentation und das Plakat.

1 Hier siehst du zwei Folien aus der Präsentation einer Schülergruppe. Besprich mit einem Partner, welchen Eindruck die Folien auf dich machen.

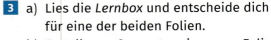

Humanitäre Prinzipien

„Ärzte ohne Grenzen" arbeitet nach drei Prinzipien: Unparteilichkeit, Neutralität und Unabhängigkeit. Unparteilichkeit
5 bedeutet, dass allen Menschen in Not geholfen wird, unabhängig von ihrer Herkunft, ihrer politischen und religiösen Zugehörigkeit . Neutralität bedeutet, dass die Helfer in einem Krieg nicht
10 Partei ergreifen dürfen. Unabhängigkeit bedeutet, selbst zu entscheiden, wo und wie man arbeitet.

Aus: Im Einsatz mit *Ärzte ohne Grenzen* © MSF 2010

2 a) Beurteilt die Folien zu zweit. Sprecht dabei über folgende Punkte:
— *Textlänge*
— *Schriftgröße*
— *Bilder (Anzahl, Aussage, Größe)*
— *Farben.*

b) Formuliert in ganzen Sätzen, was die Gruppe besser machen könnte. Begründet eure Tipps zur Überarbeitung.

3 a) Lies die *Lernbox* und entscheide dich für eine der beiden Folien.

b) Erstelle am Computer eine neue Folie mithilfe der Tipps aus Aufgabe 2.

c) Tausche deine Folie mit einem Partner aus. Gebt einander Hinweise auf weitere Verbesserungsmöglichkeiten.

d) Überarbeitet eure Folien und präsentiert sie in der Klasse. Gebt einander Feedback und Tipps zur Verbesserung.

Hilfe in Kriegs- und Krisengebieten

Lernbox

Eine Computerpräsentation vorbereiten

Auf folgende Punkte solltest du bei einer Computerpräsentation unbedingt achten:

1 Schrift groß genug (mind. 14 Punkt), gut lesbar

2 sinnvolle Gliederung

3 Stichpunkte (keine ganzen Sätze!)

4 Verhältnis von Bildern und Schrift angemessen

5 passende Bilder gewählt

6 einheitliches Design der Folien

7 Quellen angegeben.

2.3 (3) komplexere themengleiche Texte vergleichen und mithilfe von Lesestrategien (z. B. selektives, antizipierendes und hypothesenüberprüfendes Lesen) wesentliche Textaussagen aus anspruchsvollen Texten herausarbeiten · 2.1 (4) zur Textanalyse selbst recherchierte Zusatzinformationen aus unterschiedlichen Medien nutzen

4 a) Tausche dich mit einem Partner darüber aus, worauf man bei der Gestaltung eines Plakates achten muss. Notiert Stichpunkte.

b) Lest die *Lernbox* und ordnet die Nummern (1–7) den Buchstaben (A –G) zu.

c) 💡 Auf dem Plakat steht dreimal *XXX*. Was fehlt hier? Notiere Begriffe, die an diesen Stellen passen würden.

5 a) Wählt zu zweit eine Rettungs- oder Hilfsorganisation, die euch interessiert (z. B. *ASB, DRK, Malteser, Johanniter, DLRG, Wasserwacht, THW, Freiwillige Feuerwehr*).

b) 💡 Gestaltet ein Plakat wie im Beispiel. Wählt dabei eine geeignete Schriftgröße.

c) Hängt eure Plakate nebeneinander an die Tafel und besprecht, was gut gelungen ist und was noch verbessert werden kann.

E

A

Ärzte ohne Grenzen / Médecins Sans Frontières (MSF)

XXX: *XXX:*   *XXX:*

G

- *1971 Gründung durch zwölf Ärzte und Journalisten in Paris*
- **B** *1993 Gründung der deutschen Sektion*
- *1999 Friedensnobelpreis für MSF*

- *weltweite humanitäre Hilfe*
- *medizinische Nothilfe in Kriegs- und Krisengebieten (Flucht, Vertreibung, Epidemien, Naturkatastrophen)*

- *Netzwerk aus 24 nationalen und regionalen Mitgliedsverbänden*
- *Ärztinnen und Ärzte + viele andere Berufsgruppen (Krankenpfleger, Psychologen, Logistiker etc.)*

F

https://www.aerzte-ohne-grenzen.de

C   **D**

Tipp

💡 **zu 4 c)** Wähle aus folgenden Begriffen: *Mitglieder, Geschichte, Struktur, Ziele, Einsatz, Finanzierung, Organisation.*

💡 **zu 5 b)** So findest du die passende Schriftgröße für dein Plakat:

1 Hänge einen Papierstreifen, auf den du dein Thema geschrieben hast, an die Tafel.

2 Kannst du es vom anderen Ende des Klassenzimmers aus lesen?
Ja. → Super, du hast die richtige Schriftgröße gefunden! *Nein.* → Versuche es noch einmal mit einer größeren Schrift!

Lernbox

Ein Plakat gestalten

Diese Checkliste hilft bei der Plakatgestaltung:

1 Schrift und Bilder groß genug
2 saubere Handschrift
3 sinnvolle Aufteilung und passende Bilder
4 Überschriften, die den Vortrag unterstützen
5 Stichpunkte (keine ganzen Sätze!)
6 Verhältnis von Bildern und Schrift angemessen
7 Quellen angegeben.

1.2 (2) bei der Planung von Vorträgen und Präsentationen zu vielfältigen Themen (z. B. Betriebspraktikum, Übungsprojekte) Körpersprache, unter Beachtung des Adressatenbezugs, versiert einsetzen und differenziertes Sprechverhalten durch informierende, analoge und digitale Medien unterstützen

35

Feedback geben

War ganz gut, aber man hätte es besser machen können!

Alles war total super.

Das Thema war voll langweilig!

1 a) Sieh dir das Bild an und versetze dich in die Lage des Schülers. Überlege, ob dir die Kritik der anderen weiterhelfen würde.
b) Tausche dich mit einem Partner darüber aus. Seid ihr der gleichen Meinung?
c) Erläutere deine Meinung der Klasse.

2 a) Lies die *Lernbox* und überlege, ob das Feedback (Sätze A–D) angemessen formuliert ist.
   A. *„Ich fand es toll, dass du so viele Bilder dabeihattest!"*
   B. *„Das Plakat war schlecht."*
   C. *„Meiner Meinung nach solltest du das nächste Mal langsamer sprechen."*
   D. *„Wenn du lauter reden würdest, würde man vielleicht auch was mitbekommen!"*

b) Formuliere die Sätze, die dir nicht gefallen, schriftlich um.
c) Vergleicht zu zweit eure Ergebnisse.

3 Schreibt den Feedbackbogen ab und ergänzt ihn gemeinsam in der Klasse.

Feedbackbogen
für _____ XXXXXXX _____

Datum: _____ XXXXXXX _____ Thema: _____ XXXXXXX _____

Körpersprache:

sicherer Stand	++	+	–	– –
offene Haltung zur Klasse	++	+	–	– –
Blickkontakt	++	+	–	– –
Gesten	++	+	–	– –
...				

Vortrag / Sprache:

deutlich	++	+	–	– –
flüssig	++	+	–	– –
eigene Worte verwendet	++	+	–	– –
...				

Inhalt:
...
Medien:
...

Lernbox

Konstruktiv Feedback geben

Um konstruktiv Feedback zu geben, könnt ihr in der Klasse die **„Top-Tipp"-Regel** nutzen:

1 Top: Jeder sagt immer zuerst etwas Positives.
2 Tipp: Danach darf jeder einen Tipp geben, was man verbessern könnte.
3 Auch Kritik und Verbesserungshinweise werden immer positiv formuliert. (Vermeide negative Ausdrücke wie „schlecht" oder „langweilig".)
4 Alle Aussagen müssen begründet werden.
5 Es spielt keine Rolle, ob du jemanden magst. Beurteile sachlich und beziehe dich nur auf den Vortrag und den Inhalt.

1.2 (3) Vorträge und Präsentationen nach selbst erarbeiteten Kriterien reflektieren (z. B. in Bezug auf Sprechweise, Körpersprache, Präsenz), um fundiert Feedback zu geben · 1.3 (2) kritisch eigenes und fremdes Gesprächsverhalten (verbal, nonverbal) in schulischen sowie in außerschulischen Gesprächssituationen reflektieren und in angemessener Form Rückmeldung geben

Kompetenzcheck

1
a) Sammle mögliche Themen für einen Kurzvortrag. Dabei können dir deine Bücher aus
   Natur und Technik, *Wirtschaft und Beruf*
   oder *Geschichte/Politik/Geographie* helfen.
b) Arbeitet zu zweit und einigt euch auf ein
   Thema, das euch beide interessiert.
c) Schreibt eine Liste, wie ihr vorgehen wollt.
d) Recherchiert und tragt die wichtigsten
   Informationen zusammen.
e) Sucht nach Mitteln und Medien, um das
   Thema zu veranschaulichen.

2
a) Bereitet einen Kurzvortrag vor, übt ihn zu
   zweit und präsentiert ihn dann der Klasse.
b) Gebt euch gegenseitig mithilfe der Checkliste (→ COPY A) Rückmeldung.
c) Besprecht eure gemeinsame Vorbereitung
   für den Vortrag. Was hat gut geklappt?
   Wo gab es Schwierigkeiten?

3
a) Überlege, bei welchem Thema in diesem
   Kapitel du noch unsicher bist.
b) Blättere zurück und übe noch einmal.
c) Sprich mit deinem Partner oder deiner
   Lehrkraft, wenn du Unterstützung brauchst.

Arbeitsrückschau

1. Du hast den Kompetenzcheck durchgeführt. Schau nun auf deine Arbeit zurück.
   Was fiel dir leicht, was nicht? Notiere es.
2. Was konntest du schon, was hast du neu
   dazugelernt?
3. Ist es dir gelungen, Tipps von deinen
   Mitschülern anzunehmen und ihnen
   Tipps zu geben?
4. Besprich mit deiner Lehrkraft, was du
   noch nachlesen, wiederholen und weiter
   üben kannst.

✔ Checkliste – Überprüfe deine Vorbereitung für den Kurzvortrag!

Ich habe / Du hast …	selbst überprüft	vom Partner überprüft	von der Lehr- kraft überprüft	übe weiter	erledigt am
… ein Thema gewählt und in Unterthemen geteilt.	xxxxxxxxxx	xxxxxxxxxx	xxxxxxxxxxx	xxxxxxxxx	xxxxxxxxx
… geklärt, was du über das Unterthema erfahren willst.	xxxxxxxxxx	xxxxxxxxxx	xxxxxxxxxxx	xxxxxxxxx	xxxxxxxxx
… zu einzelnen Fragen/Punkten Oberbegriffe gefunden.	xxxxxxxxxx	xxxxxxxxxx	xxxxxxxxxxx	xxxxxxxxx	xxxxxxxxx
… in geeigneten Quellen nach Informationen gesucht.	xxxxxxxxxx	xxxxxxxxxx	xxxxxxxxxxx	xxxxxxxxx	xxxxxxxxx
… Informationsquellen erschlossen und bearbeitet.	xxxx				xxx
… eine Gliederung erstellt.	xxxx				xxx
… Vortragskarten vorbereitet.	xxxx				xxx
… Präsentationsmedien erstellt und ausgewählt.	xxxx				xxx
… die Zeitpunkte des Medieneinsatzes geklärt.	xxxx				xxx
… die Technik für den Medieneinsatz geklärt.	xxxx				xxx
… darauf geachtet, dass der Einstieg Neugierde weckt.	xxxx				xxx
… Quellen angegeben.	xxxxxxxxxx	xxxxxxxxxx	xxxxxxxxxxx	xxxxxxxxx	xxxxxxxxx
… Gesten in den Vortrag eingebaut.	xxxxxxxxxx	xxxxxxxxxx	xxxxxxxxxxx	xxxxxxxxx	xxxxxxxxx
… Feedback eingearbeitet.	xxxxxxxxxx	xxxxxxxxxx	xxxxxxxxxxx	xxxxxxxxx	xxxxxxxxx
Was ich dir noch sagen wollte:	xxxxxxxxxx	xxxxxxxxxx	xxxxxxxxxxx	xxxxxxxxx	xxxxxxxxxx

Verschaffe dir nun einen Überblick über die Ergebnisse im Kompetenzcheck. Stelle für dich fest, was gut geklappt hat und was du noch weiter üben solltest. Besprich dich auch mit deiner Lehrkraft.

1.2 (3) Vorträge und Präsentationen nach selbst erarbeiteten Kriterien reflektieren (z. B. in Bezug auf Sprechweise, Körpersprache, Präsenz), um fundiert Feedback zu geben · 1.3 (2) kritisch eigenes und fremdes Gesprächsverhalten (verbal, nonverbal) in schulischen sowie in außerschulischen Gesprächssituationen reflektieren und in angemessener Form Rückmeldung geben

37

Mit einem Betrieb Kontakt aufnehmen

1 Sieh dir die Bilder 1–3 an und beschreibe sie.

2 Nenne die drei Möglichkeiten, um mit einem Betrieb Kontakt aufzunehmen.

3 Wie würdest du selbst mit einem Betrieb Kontakt aufnehmen? Begründe.

4 Frage auch deine Mitschüler, welche Möglichkeit sie wählen würden.

5 Entscheide, mit welcher Kontaktmöglichkeit du dich genauer beschäftigen möchtest. Bearbeite dann die genannten Seiten.

a Wenn du bei dem Betrieb **anrufen** möchtest, bearbeite die Seiten 39–41.
b Wenn du lieber **persönlich vorbeigehen** möchtest, bearbeite die Seiten 42–43.
c Wenn du **eine E-Mail schreiben** möchtest, bearbeite die Seiten 44–45.

 Achtet darauf, dass alle Möglichkeiten in der Klasse bearbeitet werden. Tauscht euch anschließend über eure Ergebnisse und Erfahrungen aus.

1.3 (1) situations- und zielorientiert Gespräche führen, sich inhaltlich vorbereiten sowie während des Gesprächs Techniken des Nachfragens anwenden · 4.1 (3) Merkmale von gesprochener und geschriebener Sprache unterscheiden und beide Sprachvarianten sachgerecht anwenden

Bei einem Betrieb anrufen

> Hey. Ich brauche Praktikumsplatz.

> Hallo, hier spricht Mascha Melnikow. Ich bin auf der Suche nach einem Praktikumsplatz.

1 Lies die beiden Sprechblasen oben. Wer hat deiner Meinung nach die bessere Chance auf einen Praktikumsplatz? Begründe.

2 Überlege, was du sagen würdest, wenn du bei einem Betrieb anrufst. Mache dir Notizen.

3 a) Bringe folgende Begriffe in die richtige Reihenfolge: *Verabschiedung – Dank – Begrüßung – kurze Vorstellung – Anfrage.*
b) Vergleiche das Ergebnis mit einem Partner.

4 Lies die Telefonate von Layla (Text A) und Mascha (Text B) auf der nächsten Seite.

		Text A
Herr Messer:	*Kantine der Firma Miel, Sie sprechen mit Herrn Messer.*	
Layla:	Hey. Ich brauche 'n Praktikumsplatz.	
Herr Messer:	*Guten Tag. Zunächst mal: Wie heißen Sie überhaupt? Und wann und wie lange möchten Sie denn zu uns kommen?*	
Layla:	Layla. Und der Schmidt will, dass ich 'ne Woche komm.	
Herr Messer:	*Aha, und Herr Schmidt ist Ihr Lehrer? Ist das also ein Pflichtpraktikum von der Schule aus?*	
Layla:	Alter, klar.	
Herr Messer:	*So, also erst einmal müsste ich wissen, in welcher Woche Sie zu uns kommen könnten. Dann bräuchte ich noch ein paar weitere Informationen. Wie alt sind Sie denn? In welche Klasse gehen Sie und von welcher Schule kommen Sie?*	
Layla:	Ja, okay. Im Januar halt. Bin 14, 8a, Mittelschule Marlach. Alles klar?	
Herr Messer:	*Also langsam reicht es mir. Überlegen Sie bitte mal, wie Sie gerade mit mir sprechen! Nach diesem Telefonat kann ich Ihnen keinen Praktikumsplatz anbieten, tut mir leid. Trotzdem wünsche ich Ihnen noch einen schönen Tag. Auf Wiederhören.*	

1.3 (2) kritisch eigenes und fremdes Gesprächsverhalten (verbal, nonverbal) in schulischen sowie in außerschulischen Gesprächssituationen reflektieren und in angemessener Form Rückmeldung geben (z. B. Bewerbungsgespräch, auch für ein Betriebspraktikum)

39

Text B

Herr Bunt:	*Malerwerkstatt Immerschön, Sie sprechen mit Herrn Bunt.*
Mascha:	Hallo, hier spricht Mascha Melnikow. Ich bin auf der Suche nach einem Praktikumsplatz und würde gerne einen Einblick in den Malerberuf bekommen.
Herr Bunt:	*Wir freuen uns immer, wenn jemand Interesse an einem Praktikum hat. Um was für ein Praktikum handelt es sich denn?*
Mascha:	Bei dem Praktikum handelt es sich um ein Pflichtpraktikum von der Schule aus. Es findet nächstes Jahr in der Woche vom 18. bis 22.01. statt.
Herr Bunt:	*Das hört sich doch sehr gut an. Aber ich müsste noch wissen, wie alt Sie sind und welche Schule Sie besuchen.*
Mascha:	Ich gehe in die 8. Klasse der Mittelschule Marlach und bin 14 Jahre alt.
Herr Bunt:	*Gut, vielen Dank für die Informationen. Jetzt bräuchte ich von Ihnen noch eine kurze Bewerbung mit Anschreiben und Lebenslauf.*
Mascha:	Kein Problem, ich mache die Unterlagen fertig und lasse sie Ihnen bald zukommen.
Herr Bunt:	*Super. Ich werde mir die Unterlagen dann direkt ansehen und Ihnen Bescheid geben, ob es klappt.*
Mascha:	Alles klar, dann erst mal vielen Dank für Ihre Zeit. Ich freue mich, von Ihnen zu hören.
Herr Bunt:	*Und Ihnen vielen Dank für Ihr Interesse. Auf Wiederhören.*
Mascha:	Ich wünsche Ihnen noch einen schönen Tag und danke für das nette Gespräch. Tschüss.

5 a) Welches Telefonat (Text A oder B) findest du gelungener? Begründe.

b) Lies die Texte A und B erneut und finde bei jedem Telefonat fünf Punkte, die dir besonders gut / gar nicht gefallen.

6 Lies die *Lernbox* auf S. 41 und erkläre einem Partner, worauf er achten sollte, wenn er bei einem Betrieb anruft.

1.3 (1) situations- und zielorientiert Gespräche führen, sich inhaltlich vorbereiten sowie während des Gesprächs Techniken des Nachfragens anwenden · 1.3 (2) kritisch eigenes und fremdes Gesprächsverhalten (verbal, nonverbal) in schulischen sowie in außerschulischen Gesprächssituationen reflektieren und in angemessener Form Rückmeldung geben

7 a) Arbeitet in Dreiergruppen. Lest die vier Szenarien unten und sucht euch gemeinsam zwei davon aus.

b) Spielt die Szene als Rollenspiel. Bestimmt dafür in der Gruppe zwei Schauspieler und einen Beobachter.

c) Der Beobachter notiert seine Eindrücke (positive und negative). Nach dem Rollenspiel gibt er den anderen Feedback.

d) Tauscht anschließend die Rollen.

8 Das Praktikum steht nun bald an und du bist auf der Suche nach einem Praktikumsplatz.

a) Finde einen Betrieb in der Umgebung, der deinen Wunschberuf anbietet.

b) Recherchiere die Telefonnummer und den Ansprechpartner im Betrieb.

c) Rufe bei dem Betrieb an und frage nach einem Praktikumsplatz.

d) Hast du den Platz bekommen? Berichte in der Klasse von deinen Erfahrungen.

Szenario 1

Du bist Klassensprecher und rufst am Dienstagnachmittag beim Rektor an und möchtest ihn davon überzeugen, dass eure Klasse in der Schule übernachten darf.

Szenario 2

Du rufst am Montagnachmittag bei deinem Kieferorthopäden an und möchtest einen Termin zur Kontrolluntersuchung vereinbaren.

Szenario 3

Du rufst am Samstagabend um 20:30 Uhr beim Pizzadienst Pino an und möchtest eine Pizza bestellen.

Szenario 4

Deine Mutter bittet dich, bei eurem Vermieter anzurufen und zu melden, dass die Lüftung im Badezimmer nicht mehr richtig funktioniert.

Lernbox

Am Telefon nach einem Praktikum fragen

1 Begrüße deinen Gesprächspartner höflich und angemessen:
Guten Tag, bin ich hier richtig bei …?

2 Erkläre, warum du anrufst.
Ich bin auf der Suche nach einem Praktikumsplatz.

3 Stell dich kurz vor.
Mein Name ist …
Ich besuche die Mittelschule …
Vom XX.XX. bis XX.XX.XX findet unser Praktikum statt.

4 Erkläre, warum du dich für diesen Beruf interessierst.
Die Fächer XXX machen mir in der Schule besonders viel Spaß. Außerdem habe ich privat schon Erfahrungen mit XXX gemacht.

5 Bedanke dich.
Vielen Dank für das nette Gespräch.

6 Verabschiede dich höflich.
Ich wünsche Ihnen noch einen schönen Tag. Auf Wiedersehen.

7 Außerdem:
– Sprich sachlich, langsam und deutlich.
– Lass dein Gegenüber ausreden.
– Beantworte Fragen höflich.

1.3 (1) situations- und zielorientiert Gespräche führen, sich inhaltlich vorbereiten sowie während des Gesprächs Techniken des Nachfragens anwenden · 1.3 (4) Gespräche auf einer situationsangemessenen und an der jeweiligen Gesprächspartnerin bzw. am jeweiligen Gesprächspartner orientierten Sprachebene führen

41

Persönlich bei einem Betrieb vorbeigehen

1 Sieh dir die Bilder 1–4 genau an. Wer hat deiner Meinung nach gute Chancen auf einen Praktikumsplatz, wer nicht? Begründe.

2 a) Überlege, was das passende Outfit wäre, um sich persönlich bei einem Betrieb vorzustellen.
b) Sprich darüber mit einem Partner.

3 a) Bringe folgende Begriffe in die richtige Reihenfolge: *Verabschiedung – Dank – Begrüßung – kurze Vorstellung – Anfrage.*
b) Vergleiche das Ergebnis mit einem Partner.

4 🔊 Hör dir an, was die Jugendlichen sagen, und lies die Sprechblasen (Texte A und B).

Text A

> *Hey. Ich brauch Praktikums-platz. Der Schmidt will, dass ich 'ne Woche Praktikum mach. Ich hab keinen Plan, was ich mal machen will, aber die Kantine hier lag auf dem Weg. Also wie sieht's aus? Hast du 'n Platz für mich?*

1.3 (1) situations- und zielorientiert Gespräche führen · 1.3 (2) kritisch eigenes und fremdes Gesprächsverhalten (verbal, nonverbal) in schulischen sowie in außerschulischen Gesprächssituationen reflektieren und in angemessener Form Rückmeldung geben (z. B. Bewerbungsgespräch, auch für ein Betriebspraktikum)

Text B

> Hallo, ich bin Justus Engelberg.
> Ich bin auf der Suche nach einem
> Praktikumsplatz. Ich besuche die
> 8. Klasse der Mittelschule Mar-
> lach und vom 18. bis 22. Januar
> findet nächstes Jahr unser Prak-
> tikum statt. Aus diesem Grund
> wollte ich mich erkundigen, ob Sie
> freie Praktikumsstellen haben.

5 a) Welcher Jugendliche (Text A oder B)
hinterlässt einen besseren ersten
Eindruck? Begründe deine Meinung.
b) Lies die Texte A und B erneut und finde
drei Punkte, die dir besonders gut / gar
nicht gefallen.

6 Lies die *Lernbox* und erkläre einem Partner,
worauf er bei einem persönlichen Gespräch
in einem Betrieb achten sollte.

7 a) Arbeitet in Dreiergruppen. Bestimmt zwei
Schauspieler und einen Beobachter.
b) Spielt die Szene in einem Rollenspiel nach.
c) Der Beobachter notiert seine Eindrücke
(positive und negative). Nach dem Rollenspiel gibt er den anderen Feedback.
d) Tauscht anschließend die Rollen.

8 Das Praktikum steht nun bald an und du bist
auf der Suche nach einem Praktikumsplatz.
a) Suche einen Betrieb in der Umgebung,
der deinen Wunschberuf anbietet.
b) Recherchiere die Adresse des Betriebs
und eine Bus- oder Zugverbindung.
c) Stell dich persönlich bei dem Betrieb vor
und frage nach einem Praktikumsplatz.
d) Hast du den Platz bekommen? Berichte
in der Klasse von deinen Erfahrungen.

Lernbox

Sich persönlich im Betrieb vorstellen

1 Begrüße deinen Ansprechpartner höflich
und angemessen.
Guten Tag, hätten Sie vielleicht ein paar
Minuten Zeit für mich?

2 Erkläre, warum du da bist.
Ich bin auf der Suche nach einem
Praktikumsplatz.

3 Stell dich kurz vor.
Mein Name ist …
Ich besuche die Mittelschule …

4 Mache deutlich, warum du dich für
diesen Beruf interessierst.
Die Fächer XXX machen mir in der Schule
besonders viel Spaß. Außerdem habe
ich privat schon Erfahrungen mit XXX
gesammelt.

5 Bedanke dich.
Vielen Dank für das nette Gespräch.

6 Verabschiede dich höflich.
Ich wünsche Ihnen noch einen schönen
Tag. Auf Wiedersehen.

7 Außerdem:
– Achte auf ein ansprechendes Äußeres.
– Sprich sachlich, langsam und deutlich.
– Halte Blickkontakt.
– Lass dein Gegenüber ausreden.
– Beantworte Fragen höflich.

1.4 (1) sprechgestaltende Mittel und verschiedene Ausdrucksformen in Gestik, Mimik und Körperhaltung bewusst einsetzen
und die Wirkung von Sprache und Ausdruck der gewählten Darstellungsform reflektieren

43

Eine E-Mail an einen Betrieb schreiben

Sehr geehrter Herr Bunt, ...

1

Hey Betrieb, ich bin Gregor, ...

2

1 Sieh dir die Bilder 1 und 2 genau an. Wer hat deiner Meinung nach die bessere Chance auf einen Praktikumsplatz? Begründe.

2 Überlege, was alles in eine E-Mail gehört, wenn du an einen Betrieb schreibst.

3 a) Bringe folgende Begriffe in die richtige Reihenfolge: *Verabschiedung – Dank – Begrüßung – kurze Vorstellung – Anfrage.*
   b) Vergleiche das Ergebnis mit einem Partner.

4 Lies die E-Mails von Justus (Text A) und von Greg (Text B) durch.

Text A

Von:	justus.engelberg@xxxxxx.de
An:	malereiimmerschön@xxxxxx.de
CC:	-----
Betreff:	**Anfrage für ein Praktikum als Maler und Lackierer**

Sehr geehrter Herr Bunt,

mein Name ist Justus Engelberg. Ich bin 14 Jahre alt und besuche gerade die 8. Klasse der Mittelschule in Marlach. Dieses Jahr führen wir von der Schule aus zwei Praktika durch.

Das erste Praktikum findet im Januar statt, vom 18.01. bis 22.01. Für dieses Praktikum suche ich einen Praktikumsplatz als Maler und Lackierer. Die Fächer Kunst und Technik machen mir großen Spaß. Wir haben in der Schule auch schon mit Malerfarbe gearbeitet. Außerdem habe ich mit meinem Vater zu Hause mein neues Zimmer gestrichen. Ich hoffe, dass ich mit diesem Praktikum Einblicke in den Beruf des Malers bekomme und mir bei meiner Berufswahl sicher werde.
Es wäre wirklich toll, wenn ich bei Ihnen eine Chance bekomme, mein Praktikum zu machen.
Vielen Dank für Ihre Bemühungen.

Mit freundlichen Grüßen
Justus Engelberg

3.2 (9) in Kooperation mit dem Fach Wirtschaft und Beruf und den berufsorientierenden Wahlpflichtfächern formalisierte, berufsorientierende Texte unter Berücksichtigung zeitgemäßer Medien verfassen · 4.1 (3) Merkmale von gesprochener und geschriebener Sprache unterscheiden und beide Sprachvarianten sachgerecht anwenden

Text B

Von: darkgreg14@xxxxxx.de
An: miel_kantine@xxxxx.de
CC: -----
Betreff: **ich brauche praktikumsplatz**

Hey kantinenteam, ich bin Gregor und ich brauche 'nen praktikumsplatz. Ich besuche gerade die
Schule. Und wir müssen so ein blödes Praktikum machen. Termin ist der 18.01. bis 22.01.20XX.
Ich habe mir den Job ausgesucht, weil ich gar keinen plan hab, was ich mal machen will.
Aber ich ess gerne, also wäre schon nice, wenn ihr so 'nen platz für das praktikum habt.
Wir sehn uns. Greetz Gregor

5 a) Welche E-Mail (Text A oder B) findest du
gelungener? Begründe deine Meinung.
b) Finde fünf Punkte in jeder E-Mail, die dir
besonders gut / gar nicht gefallen.

6 Lies die *Lernbox* und erkläre einem Partner,
worauf er bei einer Anfrage für ein Praktikum
per E-Mail achten sollte.

7 Schreibe nun Gregs E-Mail (Text B) so um,
dass man sie an den Betrieb schicken könnte.
Denke dir alle fehlenden Informationen aus.

8 Das Praktikum steht nun bald an und du bist
auf der Suche nach einem Praktikumsplatz.
a) Suche dir einen Betrieb in der Umgebung,
der deinen Wunschberuf anbietet.
b) Recherchiere die E-Mail-Adresse und den
Ansprechpartner im Betrieb.
c) Entwirf den Text für eine E-Mail, um dich
um einen Praktikumsplatz zu bewerben.
d) Tausche deinen Entwurf mit einem Partner.
Gebt euch gegenseitig Feedback.
e) Überarbeite die E-Mail und schicke sie ab.

Lernbox

Per E-Mail nach einem Praktikum fragen

1 Verwende einen passenden Betreff.
Anfrage für ein Praktikum als …
2 Suche auf der Homepage nach einem
Ansprechpartner.
*der Chef/Mitarbeiter der
Personalabteilung*
3 Wähle eine höfliche Anrede.
*Sehr geehrter Herr … /
Sehr geehrte Frau …*
→ Wenn du keinen Ansprechpartner
findest, schreibe:
Sehr geehrte Damen und Herren, …
4 Stelle dich kurz vor.
*Mein Name ist … Ich besuche die
Mittelschule … Vom XX.XX. bis
XX.XX.20XX findet unser Praktikum statt.*
5 Erkläre, warum du dich für diesen Beruf
interessierst.
*Die Fächer XXX machen mir in der Schule
besonders viel Spaß. Außerdem habe
ich privat schon Erfahrungen mit XXX
gesammelt.*
6 Bedanke dich.
Vielen Dank für Ihre Bemühungen.
7 Wähle eine höfliche Grußformel.
Mit freundlichen Grüßen
8 Achte auch auf die Rechtschreibung und
eine sachliche Sprache.

3.3 (1) fremde und eigene Texte nach Form, Inhalt und Sprache überprüfen (z. B. Adressatenbezug, stilistische Stimmigkeit) ·
3.3 (3) Texte weitgehend fehlerfrei gestalten und neben Nachschlagewerken selbstständig Rechtschreibhilfen nutzen · 4.1 (8)
die Sprache in digitalen Formaten untersuchen und sie auf ihre Angemessenheit in unterschiedlichen Situationen prüfen

45

Die eigene Stimme erproben

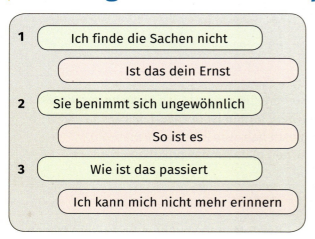

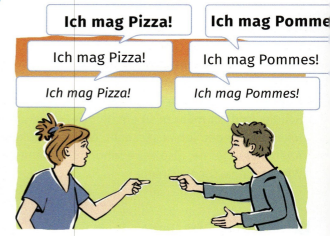

1 Ich finde die Sachen nicht

Ist das dein Ernst

2 Sie benimmt sich ungewöhnlich

So ist es

3 Wie ist das passiert

Ich kann mich nicht mehr erinnern

1 Lies die Nachrichten laut mit einem Partner. Wiederholt jede Nachricht mehrmals und sprecht sie in möglichst vielen Gefühlslagen.

2 **„Heute soll es den ganzen Tag regnen."**
a) Lies den Satz laut vor und versetze dich dabei in eine der folgenden Personen: *Nachrichtensprecher — quengelndes Kind — schüchterner Junge — strenger Lehrer — traurige Mutter — fröhliches Mädchen.*
b) Lass deine Mitschüler raten: Erkennen sie, welche Rolle du dir ausgesucht hast?
c) Notiert eigene Sätze und tauscht sie untereinander. Wiederholt dann das Ratespiel.

Lernbox

Mit der Stimme arbeiten

So kannst du den Ausdruck mit der Stimme variieren:
1 einzelne Wörter **betonen**,
 z.B. *„Du darfst nicht kommen!"*
2 **laut** oder **leise** sprechen,
3 eine **Sprechpause** einlegen,
 z.B. *„Ich bin II fassungslos!"*
4 die **Aussprache** verändern, z.B.
 nuscheln, leiern, Dialekt sprechen.

3 a) Lest die *Lernbox* und führt zu zweit ein „Streitgespräch". Geht so dabei vor:
 — *Jeder sucht sich einen Satz aus.*
 — *Wiederholt den Satz abwechselnd immer wieder.*
 — *„Streitet", indem ihr Betonung, Lautstärke und Höhe der Stimme verändert.*
b) Macht einen zweiten Durchlauf und unterstützt eure Stimme mit Gesten.

4 Lest die Anleitung unten und spielt in der Klasse das Spiel „Marktschreier". Erprobt eure Stimme mit den Hinweisen aus der *Lernbox*.

Marktschreier

Vorbereitung
– Jeder schreibt ein Filmzitat oder einen Werbeslogan auf einen Zettel.
– Mischt die Zettel. Jeder darf einen ziehen.
Durchführung
– Stellt einen Stuhl in die Mitte des Raumes.
– Bewegt euch frei im Raum, dabei läuft Musik.
– Stellt euch vor, ihr seid Marktschreier: Wenn die Musik ausgeht, stellt sich einer auf den Stuhl und spricht laut den Satz, den er gezogen hat.
– Macht weiter, bis alle an der Reihe waren.

1.4 (1) sprechgestaltende Mittel und verschiedene Ausdrucksformen in Gestik, Mimik und Körperhaltung bewusst einsetzen und die Wirkung von Sprache und Ausdruck der gewählten Darstellungsform reflektieren

Gehe (2007)

Lache und die Welt lacht mit Dir.
Weine und die Welt weint mit Dir.
Trete und die Welt tritt mit Dir.
Gehe und die Welt geht mit Dir.

5 Gehe, wohin Du willst.

5 Lest das Gedicht oben und besprecht zu
zweit, welchen Eindruck es auf euch macht.

6 a) Lies das Gedicht erneut. Überlege dir zu
jedem Vers ein Gefühl, das passen könnte.
b) Lies das Gedicht einem Partner laut vor.
Mache die Gefühle, die du dir für jede
Zeile überlegt hast, mit deiner Stimme
deutlich.
c) Sprecht über Vers fünf: Hat dein Partner
erkannt, welches Gefühl du meintest?
d) Gebt einander Tipps zur Verbesserung und
probiert verschiedene Sprechweisen aus.

7 a) Sieh dir das Bild unten an.
Beschreibe die Situation.
b) Worüber könnten die beiden sprechen?
Schreibt zu zweit einen kurzen Dialog.
c) Lest euren Dialog in der Klasse vor.
Besprecht, ob er zum Bild passt.

Na toll ...

NO!

8 Lest den Dialog „Die Geburtstagsparty" laut
zu zweit. Versucht dabei, alle Punkte aus
der *Lernbox* auf S. 46 umzusetzen.

Die Geburtstagsparty

Erin: Das kannst du nicht machen. Du hast
versprochen, dass du zu meiner Geburtstagsparty kommst!
Sinan: Aber versteh mich doch! Das ist der
5 einzige Tag, an dem Patrick Zeit hat.
Erin: Also zockst du lieber mit Patrick,
als mit mir zu feiern?
Sinan: So ist das jetzt auch nicht. Ich habe
es ihm aber versprochen! Und seit er mit
10 seiner Mutter weggezogen ist und nur
alle zwei Wochen seinen Vater besuchen
kommt, sehen wir uns kaum noch.
Erin: Aber mein Geburtstag ist nur einmal im
Jahr und ...
15 **Sinan:** ... und ich will jetzt nicht mehr mit dir
diskutieren! Wir können ja nächste Woche
etwas zusammen unternehmen.
Erin: Na toll, so habe ich mir das nicht vorgestellt!

9 Spielt den Dialog vor der Klasse in einem
Rollenspiel. Achtet auf Gestik und Mimik.

1.4 (1) sprechgestaltende Mittel und verschiedene Ausdrucksformen in Gestik, Mimik und Körperhaltung bewusst einsetzen
· 1.4 (2) szenische Umsetzungen reflektieren, konstruktive Kritik in Bezug auf Ausdruck, passende Sprachebene, stimmliche
Variation, Mimik, Körperhaltung sowie Gestik einbringen und Handlungsalternativen aufzeigen

47

Gestik und Mimik erkunden

1 a) 💡 Notiere, welche Gefühle die Emojis zeigen.

b) Besprich mit einem Partner, woran du erkennst, welches Gefühl gemeint ist.

c) Drücke ein Gefühl durch deine Mimik aus. Erkennen deine Mitschüler, was du zeigen willst? Macht ein Ratespiel.

2 Sucht einen Filmausschnitt, in dem mehrere Personen sprechen. Schaut ihn ohne Ton an.

a) Notiert die Personen, ihre Stimmung und was sie jeweils sagen könnten.

b) Besprecht eure Ergebnisse und begründet eure Vermutungen.

c) Schaut euch den Ausschnitt dann mit Ton an und überprüft eure Vermutungen.

Tipp

💡 **zu 1a)**

traurig – verzweifelt – entsetzt – wütend – gelangweilt – froh

3 a) Überlegt euch Fragen, die Gefühle hervorrufen. Zum Beispiel: *Was empfindest du, wenn du eine Spinne siehst?*

b) Geht dann durch das Klassenzimmer und führt kurze Mimik-Interviews. Das geht so:
— *Trefft euch jeweils zu zweit und stellt euch abwechselnd eine Frage.*
— *Antwortet auf die Fragen eures Gesprächspartners nicht mit Worten, sondern mit einem Gesichtsausdruck.*

c) Besprecht eure Erfahrungen in der Klasse.

4 Bearbeite eine der folgenden Aufgaben.

a Übe vor dem Spiegel verschiedene Gesichtsausdrücke.

b Übe Gesichtsausdrücke mit einem Partner als Spiegel: Erklärt und zeigt euch gegenseitig genau, was ihr verbessern könnt.

c Lass einige deiner Gesichtsausdrücke fotografieren. Überlege selbst, was du noch verbessern könntest.

1.4 (1) sprechgestaltende Mittel und verschiedene Ausdrucksformen in Gestik, Mimik und Körperhaltung bewusst einsetzen und die Wirkung von Sprache und Ausdruck der gewählten Darstellungsform reflektieren

5 Erstellt in Kleingruppen eine Tabelle, die zeigt, wie ein Gefühl körperlich ausgedrückt werden kann. Lest dazu auch die *Lernbox*.

Vielleicht findet ihr ein Foto im Internet, das ihr dazukleben könnt.* Oder macht eines von euch selbst!

Gefühl	Gesicht	Hände / Füße	Körperhaltung
Wut	*Stirn gerunzelt, Augenbrauen zusammengezogen, Augen verengt*	*Fäuste geballt, Arme verschränkt*	*angespannt, aufgerichtet*
xxx	*xxx*	*xxx*	*xxx*

6 Bildet Dreiergruppen und lest den Text. Bearbeitet dann eine der Aufgaben dazu.

Der alte Mann war verwirrt. Wo hatte er nur seinen Geldbeutel gelassen? Sein Sohn fragte genervt: „Können wir endlich fahren?" Freudig blickte die Enkelin aus dem Fenster: „Ja, Opa, können wir los?" Erstaunt stellte sie fest, dass die Sonne schien. Traurig nickte der Alte.

a

Stumme Schauspielgruppe
- Ein Gruppenmitglied liest den Text vor.
- Der/Die Zweite verändert passend zur Textstelle Gestik und Mimik.
- Der/Die Dritte ahmt die Gestik und Mimik nach, wie ein Spiegel.
- Dann werden die Rollen gewechselt.

b

Stummes Impro-Theater
- Verteilt die Rollen der vorkommenden Personen untereinander.
- Besprecht kurz, wie die Geschichte weitergehen könnte.
- Spielt die Geschichte und ihre Fortsetzung der Klasse vor, ohne zu sprechen.
- Lasst euch im Anschluss Feedback geben: Haben eure Mitschüler erkannt, was ihr darstellen wolltet?

* Nutzt nur frei verfügbare Bilder und beachtet Persönlichkeitsrechte und Datenschutzbestimmungen.

7 Setzt euch in einen Kreis. Eine Person beginnt und zeigt dem rechten Nachbarn einen Gesichtsausdruck. Gebt diesen Gesichtsausdruck dann reihum weiter. <u>Wichtig</u>: Der Gesichtsausdruck muss ein Gefühl ganz deutlich zeigen, damit alle erkennen können, welches Gefühl durch die Mimik weitergegeben werden soll.

Lernbox

Gestik und Mimik gezielt einsetzen

1 **Gesichtsausdruck**, z. B. *Augenbrauen, Mundwinkel, Stirnfalten*

2 **Körperhaltung**, z. B. *gerader oder krummer Rücken, Schultern nach vorne oder hinten*

3 **Arme**, z. B. *ausbreiten, verschränken, nach unten hängen lassen*

4 **Beine**, z. B. *breitbeinig stehen, Beine überkreuzen, ein Bein entlasten*

1.4 (1) sprechgestaltende Mittel und verschiedene Ausdrucksformen in Gestik, Mimik und Körperhaltung bewusst einsetzen · 1.4 (2) szenische Umsetzungen reflektieren, konstruktive Kritik in Bezug auf Ausdruck, passende Sprachebene, stimmliche Variation, Mimik, Körperhaltung sowie Gestik einbringen und Handlungsalternativen aufzeigen

49

Gestik, Mimik und Stimme gezielt einsetzen

Speakers Corner 1

- Jeder entscheidet sich für einen der Texte A–C und liest ihn einige Male laut für sich.
- Stellt einen Stuhl in die Mitte des Raumes.
- Steigt nacheinander auf den Stuhl und tragt den Text mit übertriebener Gestik und Mimik vor.
- Die Zuhörer applaudieren. Wenn ihr wollt, könnt ihr anhand der Lautstärke des Applauses auch einen Gewinner des Redewettstreits ermitteln.

Text A

Wie konntest du nur? Ich hätte mir gewünscht, für immer und ewig mit dir zusammen zu sein. So hätte es nicht enden dürfen!

Text B

Der Wahnsinn, das war der beste Witz, den ich je gehört habe!

Text C

Erst wenn der letzte Baum gerodet, der letzte Fluss vergiftet, der letzte Fisch gefangen ist,
werdet ihr merken,
dass man Geld
nicht essen kann.

1 Probiert in der Klasse nacheinander alle drei Spiele auf dieser Seite aus.

2 Welches Spiel ist dir leichtgefallen, welches ist dir schwer gefallen? Begründe.

3 Kennst du ein weiteres Spiel, bei dem man Mimik, Gestik und Stimme braucht? Stelle es der Klasse vor und spielt es gemeinsam.

Gefühle raten 2

Ich war gestern im Schlafanzug in der Schule.

Ja.

Bist du **fröhlich**?

<u>Vorbereitung</u>
- Jeder schreibt einen Satz auf einen Zettel.
- Faltet die Zettel und mischt sie.
- Schreibt dann alle Gefühle, die euch einfallen, auf Zettel.
- Faltet und mischt auch diese Zettel und bildet daraus einen zweiten Stapel.

<u>Durchführung</u>
- Spielt in zwei Teams. Die Teams sind abwechselnd an der Reihe.
- Ein Mitspieler zieht zwei Zettel: einen Satz und ein Gefühl. Er trägt nun den Satz so vor, dass das Gefühl deutlich wird. Dabei nutzt er Mimik, Gestik und die Aussprache/ Betonung.
- Wenn das eigene Team das Gefühl erkennt oder richtig rät, bekommt es einen Punkt.
- Anschließend ist das zweite Team an der Reihe. In jeder Runde wechselt der Sprecher.

Filme und Werbung 3

- Überlegt euch in Kleingruppen Szenen aus der Werbung oder aus Filmen, die ihr nachspielen könnt.
- Achtet darauf, dass es möglichst bekannte Szenen sind.
- Die anderen Gruppen raten, was ihr darstellt. Für jede richtige Antwort gibt es einen Punkt.
- Dann ist die nächste Gruppe an der Reihe.

1.4 (1) sprechgestaltende Mittel und verschiedene Ausdrucksformen in Gestik, Mimik und Körperhaltung bewusst einsetzen und die Wirkung von Sprache und Ausdruck der gewählten Darstellungsform reflektieren

Ein Gedicht szenisch interpretieren

🔊 **Der Panther**   (1903)
Im Jardin des Plantes, Paris
Rainer Maria Rilke

Sein Blick ist vom Vorübergehn der Stäbe
so müd geworden, dass er nichts mehr hält.
Ihm ist, als ob es tausend Stäbe gäbe
und hinter tausend Stäben keine Welt.

5 Der weiche Gang geschmeidig starker Schritte,
der sich im allerkleinsten Kreise dreht,
ist wie ein Tanz von Kraft um eine Mitte,
in der betäubt ein großer Wille steht.

Nur manchmal schiebt der Vorhang der Pupille
10 sich lautlos auf –. Dann geht ein Bild hinein,
geht durch der Glieder angespannte Stille –
und hört im Herzen auf zu sein.

1 a) Lies dir das Gedicht genau durch.
b) Sprecht in einer Gruppe über die
   Stimmung, die das Gedicht vermittelt.
b) „Der Panther" wurde in vielen Internetvideos szenisch umgesetzt. Sucht ein
   solches Video und schaut es euch an.

2 Geht in Gruppen zusammen und entscheidet
euch für eine der folgenden vier Ideen, das
Gedicht szenisch umzusetzen.

Idee 1
Schreibt eine kurze Geschichte, die zum
Gedicht passt, und stellt sie szenisch dar.

Idee 2
Ihr seid Freunde, die sich vor dem Käfig des
Panthers treffen und sich über das Tier unter-
halten. Stellt diese Begegnung szenisch dar.

Idee 3
Stellt eine Diskussionsrunde nach, in der
über eingesperrte Tiere diskutiert wird. Daran könnten z. B. der Tierpfleger, ein Zoobesu-
cher, der Zoodirektor oder der Panther selbst
teilnehmen.

Idee 4
Eine Person liest das Gedicht vor, die ande-
ren stellen das Geschehen mit Mimik und
Gestik dar.

3 a) Führt eure szenische Interpretation in der
   Klasse vor.
b) Besprecht anschließend folgende Fragen:
   — *Was ist gelungen?*
   — *Was kann man verbessern?*
   — *Welche Stimmung wurde deutlich?*
   — *Passt die Umsetzung zum Gedicht?*
c) Setzt die Anregungen direkt um und filmt
   eure Inszenierung, wenn ihr mögt.

1.4 (2) szenische Umsetzungen reflektieren, konstruktive Kritik in Bezug auf Ausdruck, passende Sprachebene, stimmliche
Variation, Mimik, Körperhaltung sowie Gestik einbringen und Handlungsalternativen aufzeigen

51

Einen Romanauszug szenisch darstellen

Der Textauszug rechts stammt aus dem Roman „Harry Potter und der Stein der Weisen" von Joanne K. Rowling. (Alternativ könnt ihr auch den Auszug aus dem Roman „Eleanor & Park", den ihr auf S. 138 findet, szenisch darstellen.)

Vorbereitung

1 Lies den Text genau durch und schlage unbekannte Wörter im Wörterbuch nach.

2 Sammle Informationen über alle Personen im Text und notiere sie in einer Tabelle.

Planung

3 a) Geht in Gruppen zusammen, die so groß sind, dass jeder eine Person aus dem Text übernehmen kann (mind. Fünfergruppen).

b) Verteilt die Rollen untereinander. Schreibt dann stichpunktartig auf, was eure Person in dem Textauszug tut.

c) Notiert daneben in einer anderen Farbe, welche Gefühle dabei eine Rolle spielen.

d) Besprecht gemeinsam, wie ihr eure Rolle szenisch umsetzen könnt. Denkt dabei an Mimik, Gestik, Auftreten und Sprache.

Auf der Suche nach Nicolas Flamel

„In die Bibliothek?", sagte Hagrid und folgte ihnen aus der Halle. „Kurz vor den Ferien? Sehr strebsam heute, was?"

5 „Aach, wir arbeiten gar nicht", erklärte ihm Harry strahlend. „Seit du Nicolas Flamel erwähnt hast, versuchen wir nämlich herauszufinden, wer er ist."

„Ihr wollt was?" Hagrid sah sie entsetzt an.

10 „Hört mal gut zu, ich hab's euch gesagt, lasst es bleiben. Was der Hund bewacht, geht euch nichts an."

„Wir wollen nur wissen, wer Nicolas Flamel ist, das ist alles", sagte Hermine.

15 „Außer du möchtest es uns sagen und uns damit Arbeit ersparen?", fügte Harry hinzu. „Wir müssen schon Hunderte von Büchern gewälzt haben und wir können ihn nirgends finden – gib uns einfach mal 'nen Tipp – ich weiß, dass ich sei-

20 nen Namen schon mal irgendwo gelesen hab."

„Ich sag nichts", sagte Hagrid matt.

„Dann müssen wir es selbst rausfinden", sagte Ron. Sie ließen den missmutig dreinblickenden Hagrid stehen und hasteten in die Bibliothek.

25 [...] „Suchst du etwas Bestimmtes, mein Junge?"

„Nein", sagte Harry.

Die Bibliothekarin, Mrs. Pince, fuchtelte mit ihrem Staubwedel nach ihm.

„Dann verziehst du dich besser wieder. Husch,

30 fort mit dir!"

Harry bereute, dass er sich nicht schnell eine Geschichte hatte einfallen lassen, und verließ die Bibliothek. [...]

Fünf Minuten später kamen Ron und Hermine

35 heraus und schüttelten die Köpfe. Sie gingen zum Mittagessen.

„Ihr sucht doch weiter, während ich weg bin, oder?", sagte Hermine. „Und schickt mir eine Eule, wenn ihr irgendetwas herausfindet."

1.4 (1) sprechgestaltende Mittel und verschiedene Ausdrucksformen in Gestik, Mimik und Körperhaltung bewusst einsetzen · 1.4 (2) szenische Umsetzungen reflektieren, konstruktive Kritik in Bezug auf Ausdruck, passende Sprachebene, stimmliche Variation, Mimik, Körperhaltung sowie Gestik einbringen

4 a) Macht euch bewusst, wer eure Figur ist, wie es ihr geht und was sie beschäftigt.
b) Stellt euch dann in der Gruppe einmal in der Rolle eurer Figur vor: *Hallo, ich bin Harry Potter und ich …*
c) Gebt einander Feedback und sammelt, was ihr noch verbessern könnt.

5 Schreibt den Romanauszug dann gemeinsam in ein Theaterstück um. Beispiel:

> **Hagrid:** *(erstaunt)* „In die Bibliothek?" „Kurz vor den Ferien? Sehr strebsam heute, was?"
> **Harry:** *(winkt ab)* „Aach, wir arbeiten gar nicht."
> …

Umsetzung

6 💡 Probiert euer Theaterstück aus. Achtet auf Schwierigkeiten im Ablauf. Markiert die Stellen auf eurem Notizzettel.

Es gibt keine Schwierigkeiten?
→ *Geht weiter zu Aufgabe 7.*

Es gibt noch holprige Übergänge?
→ *Überarbeitet eure Notizen und beginnt noch einmal mit Aufgabe 6.*

7 Schreibt die überarbeitete Version auf, sodass alle ein eigenes Exemplar haben.

8 a) Markiert farbig, was ihr selbst sagen müsst.
b) Verabredet, wie viel Zeit ihr zum Üben braucht und nutzen könnt.

9 Übt die Szenen in der Gruppe.

Alles läuft optimal?
→ *Geht weiter zu Aufgabe 10.*

Ihr seid noch nicht zufrieden? → *Versucht es noch einmal.*

10 Sucht eine Gruppe, die ebenfalls fertig ist. Spielt einander die Szenen vor und gebt euch Tipps, was ihr verbessern könnt.

Es war keine Unterstützung mehr nötig?
→ *Geht weiter zu Aufgabe 11.*

Ihr habt noch viele gute Tipps bekommen?
→ *Geht zurück zu Aufgabe 9.*

11 Baut euer Klassenzimmer zum Theatersaal um und führt eure Szenen vor.

Tipp

 zu 6)
Hilfreich ist es, wenn in jeder Gruppe ein Berater dabei ist. Er beobachtet die Szene und gibt Tipps für die Überarbeitung.

1.4 (2) szenische Umsetzungen reflektieren, konstruktive Kritik in Bezug auf Ausdruck, passende Sprachebene, stimmliche Variation, Mimik, Körperhaltung sowie Gestik einbringen und Handlungsalternativen aufzeigen · 1.4 (3) Texte adaptieren und im Spiel auch verschiedene nonverbale Ausdrucksformen einsetzen

53

Ein Theaterstück erschließen

In dem Theaterstück „Das Herz eines Boxers" von Lutz Hübner geht es um Jojo und Leo: Jojo ist ein Jugendlicher, Leo wohnt in einem Altenheim.

1 a) Lies zunächst den Text im grünen Kasten. Darin erfährst du, was bisher geschah.

b) Lies dann Szene 3 unten. Schlage unbekannte Wörter im Wörterbuch nach.

„Das Herz eines Boxers" von Lutz Hübner

Jojo hat eine Straftat begangen. Vom Gefängnis aus nimmt er an einem Arbeitseinsatz teil. Seine Aufgabe ist es, in Leos Zimmer die Wände
5 neu zu streichen. Als Jojo Leo begegnet, macht er sich zunächst über ihn lustig, weil er alt ist und im Heim wohnt. Doch die beiden beginnen, sich zu unterhalten. Jojo erzählt Leo, dass er nur ins Gefängnis gegangen ist, um einen
10 Freund nicht zu verraten. Leo lobt Jojos Charakter und gibt Jojo Tipps, wie er das Herz eines Mädchens erobern kann, in das er verliebt ist.

---

3. Szene

Jojo kommt herein. Leo sitzt im Sessel, er hat einen Bademantel an, vollgehängt mit Orden, ein Pokal steht neben ihm. Jojo sieht ihn verständ-
5 *nislos an.*

Leo: Guten Tag, Jojo …

Jojo: Angetreten, Herr General. Wer sind wir denn? Napoleon oder Stalin?
Ich sag der Schwester Bescheid, das muss
10 man gesehen haben, für den Auftritt gibt's bestimmt 'ne extra Schlummerspritze als Belohnung.

Leo: Mach dich nicht lustig über mich, die hab ich mir alle selbst verdient.

15 **Jojo:** Da haste aber 'ne Menge Leute für abgeschossen, was? Oder zwanzig Jahre Mainz, wie es singt und lacht. Hör mal zu, mit so was kannste mir nicht imponieren. Heilige Scheiße, und ich dachte schon, du hättest irgend-
20 wie was auf dem Kasten. Ich fang jetzt an zu streichen, Rambo, okay? [...]
Jojo klettert die Leiter hoch.

Leo: Wenn du mal nur fünf Minuten still bist, erkläre ich es dir.

25 **Jojo:** Also schieß los, besser gesagt, fang an.

Leo: Ich möchte dich bitten, mir einen Gefallen zu tun. Das sind Sachen, die sich im Lauf meines Lebens so angesammelt haben, ich brauche sie nicht mehr, hab sie nie gebraucht. Du
30 hast gesagt, du arbeitest bei einem Trödler[1].

Jojo: Und ich soll dir das Lametta da verscheuern[2], was?

Leo: Ich brauche nur zweihundertachtzig Mark, den Rest kannst du behalten.

35 **Jojo:** Vergiss es.

Leo: Aber ich brauche das Geld, dringend. [...]

Jojo: Mein Gott, nun sei doch nicht gleich eingeschnappt. Ich verkaufe dir den Plunder nicht, weil du da keinen Pfenning für
40 bekommst. Das Zeug ist absolut nichts wert, verstehst du? [...] *Leo schweigt, Jojo streicht.* Wofür brauchst du das Geld überhaupt? Geht dir der Wodka aus, oder hast du Appetit auf einen Extrazwieback? [...]
45 *Leo steht auf, wühlt in seinen Kartons, packt allen möglichen Kram aus, breitet ihn auf dem Boden aus. [...] Jojo steigt von der Leiter.*

Jojo: Komm, lass mich mal, Alter.
Jojo wühlt in den Kartons, fördert einen Stapel
50 *alter Zeitungsausschnitte zutage. Liest.*

Jojo: Gestern Abend hat Leo, der rote Löwe, im Sportpalast durch einen klaren Knockout in der dritten Runde den Kampf gegen Kid Sanchez für sich entscheiden können.

---

[1] Trödler = Händler für gebrauchte Dinge

[2] verscheuern = verkaufen

2.2 (1) komplexe, altersgemäße Texte deuten und die zentralen Aussagen und Intentionen der Texte mithilfe analytischer und produktiver Methoden erschließen (z. B. die Charakteristik der Figuren und ihrer Beziehungen herausarbeiten, Deutungen mit Zitaten belegen) · 2.2 (2) eigenständig spezifische Merkmale dramatischer Texte unterscheiden

55 *Er nimmt einen anderen Ausschnitt.*
Großer Empfang für die Boxer aus Barcelona, der morgige Kampf von Baltasar Sangchili gegen den roten Leo wird mit Spannung erwartet. [...] *Jojo sieht Leo an.*

60 Sag mal, bist du das?

Leo: Kann man dafür etwas bekommen? Zweihundertachtzig Mark?

Jojo: Ich hab dich was gefragt. Bist du der rote Leo, der Boxer?

65 **Leo:** Ja, warum?

Jojo wühlt in den Zeitungsausschnitten.

Jojo: Oh Mann, du warst ja ein richtiger Star, du warst ein Boxer.

Leo: Das ist ein Beruf wie jeder andere auch.

70 Man versucht, so schnell wie möglich Feierabend zu haben und ohne ein blaues Auge nach Hause zu kommen. [...]

Jojo: Der rote Leo! Du warst 'ne richtig große Nummer.

75 **Leo:** Was sollte ich denn tun? Ich hatte keinen Job, kein Geld, was hätte ich denn machen sollen, von irgendwas musste ich ja leben. Damals haben alle geboxt, die ganze Stadt war verrückt danach, die Boxer waren richtige
80 Stars, na, und ich hab Glück gehabt. [...] Das ist kein leichtes Leben, wenn man ein friedlicher Mensch ist.

Jojo: Du warst ein richtiger Held, Mann.

Leo: Ich hab nur mein Leben lang versucht
85 durchzukommen. Weißt du, ich schlag mich nicht gerne. Der schönste Job, den ich hatte, war Lose verkaufen, als ich zu alt zum Boxen war.

Jojo: Und das soll ich dir glauben?

90 *Jojo wühlt in den Kartons, findet ein Paar zerschlissene rote Boxhandschuhe, er betrachtet sie ehrfürchtig.*

Jojo: Du stehst da im Ring, alle sehen dich an, und da ist so ein Kerl, der will dir ans Leder,
95 der will dich vernichten, er tänzelt um dich

„Das Herz eines Boxers" – Szene aus dem Stück

rum, und du schlägst zu, du machst ihn fertig, du bist der Sieger, das muss doch ein irres Gefühl sein.

Leo: Ich hab immer Angst gehabt.

100 **Jojo:** Angst?

Leo: Dass ich mal an so einen gerate, so einen Killer, der kämpft, um sich zu beweisen, dass er der Größte ist, dass er ein Kerl ist, so einer, der es genießt, wenn Blut fließt. Ich hab sol-
105 che Typen immer gehasst. Ein richtiger Boxer ist ein Gentleman, ein Künstler. Ein richtiger Boxer hat so ein großes Herz, dass er niemanden hassen kann. Er schlägt zu, aber nicht aus Hass, und wenn er einsteckt,
110 nun, davon geht die Welt nicht unter, so ist das Leben, ganz k.o. ist man nie. Na gut, man liegt am Boden, dann steht man wieder auf. Es ist schön, wenn man gewinnt, aber wenn man verliert, okay, dann das nächste Mal.

115 **Jojo:** Aber wenn man so richtig zuschlagen kann, ist man doch der King. Wenn einen so ein Arsch blöd anlabert, rums, eins in die Fresse. [...]

Leo: Aber ich sag dir doch, ich schlag mich
120 nicht gern, nur im Ring. [...]

Jojo: Ich nehm den Kram mal mit, aber es wird eine Menge Arbeit, das zu verkaufen, ich werd es probieren. [...]

Jojo packt die Sachen zusammen, geht zur Tür.

2.2 (1) komplexe, altersgemäße Texte deuten und die zentralen Aussagen und Intentionen der Texte mithilfe analytischer und produktiver Methoden erschließen (z. B. die Charakteristik der Figuren und ihrer Beziehungen herausarbeiten, Deutungen mit Zitaten belegen) · 2.1 (3) selbstständig verschiedene Lesetechniken und -strategien zur Erschließung von Inhalt und Intention verwenden

55

Ein Theaterstück untersuchen

1 Lies den Text auf S. 54–55 ein zweites Mal.
Notiere Antworten auf folgende Fragen:
— *Wie lautet der Titel des Stückes?*
— *Wo spielt das Stück?*
— *Was erfährst du über Jojo und Leo?*
— *Warum will Jojo Leos Sachen zunächst nicht verkaufen?*
— *Warum ist Leo Boxer geworden?*

2 Denkst du, Leo und Jojo verstehen sich gut?
Diskutiert darüber in Kleingruppen und begründet eure Meinung.

3 Bearbeite eine der folgenden Aufgaben.
a Jojo erzählt seinen Freunden einige Zeit später von den Geschehnissen.
Spielt die Unterhaltung zu zweit nach.
b Wie fühlt sich Leo, als sich Jojo nach der Begrüßung über ihn lustig macht?
Schreibe einen Tagebucheintrag.

4 Leo möchte, dass Jojo seine Orden und einen Pokal für mindestens 280 Mark verkauft.
Vermute, wofür er das Geld brauchen könnte.

5 a) Notiere Antworten auf folgende Fragen:
— *Warum ist Jojo beeindruckt von Leo?*
— *Ist Leo stolz auf seine Vergangenheit?*
— *Warum hilft Jojo Leo am Ende doch noch, die Sachen zu verkaufen?*
b) Vergleicht zu zweit eure Notizen.

6 Leo sagt: *Ein richtiger Boxer hat so ein großes Herz, dass er niemanden hassen kann. Er schlägt zu, aber nicht aus Hass* (Z. 108–110).
Stimmst du dieser Aussage zu?
Diskutiert in der Gruppe.

7 a) Überlege, wie die Handlung weitergehen und wie das Stück enden könnte.
Notiere dir dazu Stichpunkte.
b) Schreibe eine Fortsetzung des Stückes.
c) Lest eure Fortsetzungen in der Klasse vor und gebt euch gegenseitig Feedback.

8 a) Lies die *Lernbox* und erkläre mit eigenen Worten die Begriffe *Akt* und *Szene*.
b) Zitiere drei Beispiele für Regieanweisungen aus dem Text auf den Seiten 54 bis 55.
c) Besprich mit einem Partner, an welchen Stellen man weitere Regieanweisungen in den Text einfügen könnte.

Lernbox

Aufbau eines Theaterstückes

Ein Theaterstück besteht in der Regel aus folgenden Elementen:
1 Dialoge: In wörtlicher Rede steht der Text, den die Schauspieler sprechen.
2 Regieanweisungen: Regieanweisungen sind meist kursiv gedruckt und geben Hinweise für die Inszenierung auf der Bühne.
3 Akte: Was im Roman ein Kapitel ist, heißt bei Theaterstücken Akt. Am Ende eines Aktes schließt sich meist der Bühnenvorhang.
4 Szenen: Eine Szene ist kürzer als ein Akt. Mehrere Szenen ergeben einen Akt.

1.4 (2) szenische Umsetzungen reflektieren, konstruktive Kritik in Bezug auf Ausdruck, passende Sprachebene, stimmliche Variation, Mimik, Körperhaltung sowie Gestik einbringen und Handlungsalternativen aufzeigen · 2.2 (5) im Rahmen der Erschließung und Interpretation von komplexen literarischen Texten Fachbegriffe sachgerecht anwenden

Eine Theaterkritik lesen

1 a) Lies den Text im roten Kasten rechts.

b) 💡 Notiere, worüber die einzelnen Abschnitte des Textes (1–4) informieren.

c) Lies die *Lernbox* und trage mit einem Partner zusammen, was dem Autor der Theaterkritik an der Aufführung gefallen hat. Fertigt eine Liste an.

– das Bühnenbild
– xxxxx
– xxxxx

2 a) Sucht zu zweit weitere Theaterkritiken im Internet und lest sie.

b) Was wird darin positiv, was wird negativ bewertet? Vergleicht mit eurer Liste aus Aufgabe 1 und ergänzt weitere Punkte.

3 Schreibe die Theaterkritik um. Wähle dafür eine der folgenden Aufgaben.

a Schreibe Abschnitt 4 des Textes ab und erfinde einen Kommentar zu dem Schauspieler, der Jojo spielt, hinzu.

b Stell dir vor, dir hat die Aufführung gar nicht gefallen. Schreibe einen „Verriss".

Lernbox

Theaterkritik

In einer Theaterkritik schreibt jemand über ein Theaterstück, das er gesehen hat. Dabei informiert er über die Aufführung und über die Handlung. Außerdem gibt er seine Meinung wieder und beurteilt die Inszenierung und die Leistung der Darsteller. Theaterkritiken werden in Zeitungen oder im Internet veröffentlicht. Eine sehr negative Kritik nennt man „Verriss".

Ein mitreißender Theaterabend

(1) Am Montag hatte sie in der Aula Premiere, die diesjährige Inszenierung des Schülertheaters an der Mittelschule Neustädter
5 Straße. Wie auch im vergangenen Jahr brachten die jungen Schauspieler der 8. Klasse ein Jugendtheaterstück von Lutz Hübner auf die Bühne: In diesem Jahr stand „Das Herz eines Boxers" auf dem Programm.

10 **(2)** In diesem Stück trifft der 16-jährige Jojo, der zu einer Jugendstrafe im Altersheim verurteilt wurde, auf den Rentner Leo. Zunächst können sie nicht viel miteinander anfangen. Doch als Jojo einen alten Zeitungsausschnitt
15 findet, beginnen die beiden, sich füreinander zu interessieren.

(3) Für ihre Inszenierung reichen den Schülern wenige Requisiten: Auf der leeren Bühne stehen nur ein Sessel und eine Leiter. Alles
20 andere bleibt der Fantasie der Zuschauer überlassen. […]

(4) „Das Herz eines Boxers" ist von den Jugendlichen und ihrer Deutschlehrerin Frau Meyer mitreißend inszeniert worden,
25 unterstützt durch schnelle Übergangsmusik zwischen den Szenen. Das Publikum war von dem Geschehen auf der Bühne gefesselt und spendete reichlich Applaus. Allen voran überzeugte Andreas Wolf in der Rolle des
30 Leo. Man mag kaum glauben, dass er erst 14 Jahre alt ist, so glaubhaft, wie er den alten Boxer gespielt hat […]

Tipp

💡 **zu 1b)**

Meinung des Autors über die Aufführung, Informationen über das Stück (Autor, Inhalt), Beschreibung der Aufführung/des Bühnenbildes, Angaben zur Inszenierung (Ort, Zeit, Beteiligte)

1.4 (2) szenische Umsetzungen reflektieren, konstruktive Kritik in Bezug auf Ausdruck, passende Sprachebene, stimmliche Variation, Mimik, Körperhaltung sowie Gestik einbringen und Handlungsalternativen aufzeigen · 2.2 (5) im Rahmen der Erschließung und Interpretation von komplexen literarischen Texten Fachbegriffe sachgerecht anwenden

57

Ein Theaterstück inszenieren

Auf den folgenden Seiten findet ihr Aufgaben und Materialien, um in der Klasse ein Theaterprojekt durchzuführen und selbst ein Stück auf die Bühne zu bringen. Verschafft euch einen Überblick über das Angebot und plant gemeinsam mit eurer Lehrkraft die Durchführung des Projekts.

1 a) Lest die vier Ankündigungstexte A–D auf dieser Seite.
    b) Informiert euch im Internet über weitere Theaterstücke für Jugendliche und präsentiert eure Ergebnisse.

2 Sucht euch eines der Theaterstücke aus, das ihr zusammen spielen wollt.

Gewalt ist kein Ausdruck von Stärke   **A**
für maximal 15 Darsteller
Autor: Dieter Thomamüller

Alexander hat Spaß daran, andere zu verprügeln, um sich seine Macht zu beweisen. Seine Schwester macht den fassungslosen Eltern Vorwürfe und kritisiert deren Erziehungsmethoden. Auch die Polizei kann Alexander nicht daran hindern, weiter zu prügeln. Erst ein Schlüsselerlebnis bringt ihn zum Nachdenken.

Tempo   **B**
für maximal 28 Darsteller
Autor: Hans-Peter Tiemann

Was passiert eigentlich, wenn der Regisseur am Abend der Aufführung vor dem Publikum einsehen muss, dass das Stück, welches er sich vorgenommen hat, viel zu lang geraten ist? Dies ist die Ausgangssituation für „Tempo". Es folgt ein wilder Wettlauf gegen die Zeit, bei dem die Schauspieler ihr Talent in Kürzen, Schnellsprechen und Umbauen beweisen müssen.

Dumm gelaufen   **C**
für maximal 25 Darsteller
Autor: Dieter Thomamüller

Thomas hat Schwierigkeiten in der Schule und Stress zu Hause. Mit seinen Problemen wird er nicht fertig. Irgendwann trifft er dann auch noch die falschen Freunde und wird straffällig ...

Das Gespenst von Canterville   **D**
für 13–16 Darsteller
Autorin: Theresa Sperling (frei nach: Oscar Wilde)

In der Geschichte von Oscar Wilde geht es um den Geist Lady Cantervilles, der als Gespenst in einem englischen Schloss spukt. Als eine amerikanische Familie das Schloss kauft, ist für das Gespenst plötzlich alles anders. Die Familie begegnet jedem Gruselversuch mit Gleichgültigkeit und höchstens die Haushälterin lässt sich erschrecken. Nur Virgina, Tochter der Familie, hat Mitleid und will dem Gespenst helfen.

1.4 (3) Texte adaptieren und im Spiel auch verschiedene nonverbale Ausdrucksformen hinsichtlich Blickaustausch, räumlichem Verhalten oder Körperberührung einsetzen · 2.2 (1) komplexe, altersgemäße Texte deuten und die zentralen Aussagen und Intentionen der Texte mithilfe analytischer und produktiver Methoden erschließen

3 a) Sieh dir das Bild genau an. Es zeigt, wer bei einer Theateraufführung alles mitwirkt.

b) 💡 Arbeitet zu zweit und notiert, wie die Berufe heißen, die zu sehen sind.

4 Welche Person am Theater könnte die folgenden Sätze jeweils sagen? Ordne zu. Du kannst dafür auch COPY 1 nutzen.

A. „Ich bin handwerklich geschickt."

B. „Ich kann gut auswendig lernen."

C. „Ich male und zeichne gerne."

D. „Ich habe viel Ahnung von Technik."

E. „Ich überlege mir Kostüme und schminke andere gern!"

F. „Ich unterstütze andere, wenn sie ihren Text vergessen, stehe aber ungern im Mittelpunkt."

G. „Ich fange die besten Szenen auf Bildern ein."

5 a) Notiere mit einem Partner, welche Aufgaben die Mitwirkenden jeweils haben.

b) Besprecht eure Ergebnisse in der Klasse und ergänzt eure Notizen.

6 Überlegt gemeinsam, welchen Sinn es hat, die Aufgaben zu teilen. Warum kann nicht eine Person mehrere Dinge tun?

7 a) Schreibe auf, welche Talente du bei einem Theaterstück einbringen könntest.

b) Notiere, für welche Aufgabe du deiner Meinung nach besonders geeignet wärst.

c) Frage auch Mitschüler nach ihrer Einschätzung: Welche Aufgabe bei einem Theaterstück würde gut zu dir passen?

8 a) Wählt einen Aufgabenbereich und bildet entsprechende Kleingruppen.

– Schauspieler: max. 10 Personen
– Bühnenbildner: max. 4 Personen
– Maler/Handwerker: max. 4 Personen
– Techniker (Licht etc.): max. 3 Personen
– Maskenbildner: max. 4 Personen
– Fotograf: 1 – 2 Personen
– Souffleur / Souffleuse: 1 – 2 Personen

b) Informiert euch auf den Seiten 60 – 61 über die weiteren Schritte der Vorbereitung.

 Tipp

💡 **zu 3 b)**

Schauspieler, Fotograf, Souffleur/Souffleuse, Bühnenbildner, Maler/Handwerker, Techniker, Maskenbildner

1.4 (1) sprechgestaltende Mittel und verschiedene Ausdrucksformen in Gestik, Mimik und Körperhaltung bewusst einsetzen · 1.4 (2) szenische Umsetzungen reflektieren, konstruktive Kritik in Bezug auf Ausdruck, passende Sprachebene, stimmliche Variation, Mimik, Körperhaltung sowie Gestik einbringen und Handlungsalternativen aufzeigen

59

Eine Theateraufführung planen

1 a) Lest die Karte für euren Aufgabenbereich.
   b) Klärt in der Gruppe, wie ihr weiter vorgeht.

Schauspieler / Darsteller
Schritt 1: Teilt die Rollen des Theaterstücks untereinander auf. Wenn ihr zu viele seid, könnt ihr eine Rolle auch doppelt besetzen.
Schritt 2: Lest den Text mehrmals. Sprecht ihn Abschnitt für Abschnitt in Kleingruppen durch.
Schritt 3: Besprecht, wie ihr den Text sprechen wollt: *Wann geht ihr mit der Stimme hoch/runter? Wo wollt ihr besonders betonen? ...*
Schritt 4: Lernt euren Text auswendig.
Schritt 5: Probt zusammen und gebt euch gegenseitig Tipps, was ihr verbessern könnt.

Fotograf
Schritt 1: Mach dich mit der Kamera vertraut und probiere verschiedene Einstellungen und Perspektiven aus.
Schritt 2: Informiere dich im Internet über Tipps und Tricks beim Fotografieren. Wie gelingen besonders wirkungsvolle Fotos?
Schritt 3: Besprich mit den anderen, was auf Fotos dokumentiert werden soll. Fotografiere bei Proben nur, wenn alle einverstanden sind.
Schritt 4: Achte bei der Vorstellung darauf, dass die Zuschauer gut sehen. Versperre niemandem zu lange den Blick auf die Bühne.

Souffleur
Schritt 1: Lies das gesamte Theaterstück noch einmal.
Schritt 2: Markiere dir in deinem Exemplar des Textes die verschiedenen Personen mit unterschiedlichen Farben.
Schritt 3: Schreibe die Namen der Darsteller zu den Rollen.

Maler / Handwerker
Schritt 1: Arbeitet mit den Bühnenbildnern zusammen. Überlegt gemeinsam, wie der Bühnenhintergrund aussehen könnte. Eure Aufgabe ist es, darauf zu achten, dass die Vorstellungen auch umsetzbar sind.
Schritt 2: Macht eine Materialliste: Was braucht ihr? Was habt ihr bereits? Woher bekommt ihr Werkzeug und wo könnt ihr etwas bauen?
Schritt 3: Stellt her, was ihr geplant habt. Bittet ggf. eure Lehrkraft im Werkunterricht um Hilfe.

Bühnenbildner
Schritt 1: Arbeitetet mit den Malern/Handwerkern zusammen. Lest den Text noch einmal und überlegt gemeinsam, wie das Bühnenbild aussehen soll. Macht ein Brainstorming.
Schritt 2: Fertigt eine Liste an, welche Gegenstände ihr benötigt, um die Bühne zu dekorieren. Überlegt, woher ihr sie bekommt.

1.4 (1) sprechgestaltende Mittel und verschiedene Ausdrucksformen in Gestik, Mimik und Körperhaltung bewusst einsetzen und reflektieren · 1.4 (2) szenische Umsetzungen reflektieren, konstruktive Kritik in Bezug auf Ausdruck, passende Sprachebene, stimmliche Variation, Mimik, Körperhaltung sowie Gestik einbringen und Handlungsalternativen aufzeigen

Techniker

Schritt 1: Überlegt, was ihr alles benötigt, und fertigt eine Liste an. Auf der Liste sollte stehen, was ihr braucht, wozu ihr es braucht und wie viel ihr davon braucht. Beispiel:

Scheinwerfer — Bühnenbeleuchtung — 3 Stück.

Schritt 2: Erkundigt euch an der Schule nach Verlängerungskabeln und Steckdosen. Vielleicht kann euch der Hausmeister weiterhelfen.

Schritt 3: Bringt in Erfahrung, welche Dinge bei euch an der Schule vorhanden sind oder wo ihr etwas ausleihen könnt. Eventuell müsst ihr eure Planungen entsprechend anpassen.

Maskenbildner

Schritt 1: Beschäftigt euch noch einmal mit dem Text und überlegt genau, wie die Personen im Theaterstück aussehen könnten.

Schritt 2: Macht eine Liste mit Dingen, die ihr benötigt und wer sie mitbringt.

Schritt 3: Woher bekommt ihr das, was ihr benötigt? Fragt eure Mitschüler oder zu Hause nach der Kleidung, die ihr euch vorstellt.

Schritt 4: Informiert euch im Internet über Theaterschminke und wie man Menschen z. B. „alt" schminkt.

Schritt 5: Probiert das Schminken zunächst gegenseitig an euch aus, bevor ihr die Schauspieler für ihre Rolle schminkt.

2 Klärt für die Vorbereitung der Aufführung gemeinsam folgende Punkte:

— *Für wen wollen wir das Stück einüben?*
— *Wo wollen wir das Stück aufführen?*

Die Stichpunkte rechts im Kasten können euch dabei helfen.

3 a) Bereitet in den Gruppen die Aufführung vor.
b) Tauscht euch regelmäßig über den Stand der Vorbereitungen aus. Lasst euch bei Problemen von eurer Lehrkraft beraten.

Die Aufführung planen für …

Eltern:
→ Sucht in der Schule einen geeigneten Raum.
→ Sprecht mit der Schulleitung ab, wann die Vorstellung möglich ist.
→ Erstellt Einladungen (und vergesst dabei die Schulleitung nicht).
→ Informiert den Hausmeister.

Mitschüler / Lehrkräfte:
→ Welche Schulveranstaltung bietet sich als Rahmen für die Aufführung an (z. B. Sommerfest, Weihnachtsfeier, Einschulung …)?
→ Wo findet die Veranstaltung statt? Zu welchem Zeitpunkt könnt ihr euer Theaterstück aufführen?
→ Sprecht euch mit der Schulleitung oder dem Organisationsteam ab.

Seniorenheim / Kindergarten:
→ Ruft in den Einrichtungen an oder schreibt E-Mails und bietet euer Theaterstück an.
→ Informiert euch über mögliche Termine.
→ Seht euch vor Ort an, wie viel Platz dort ist, wo ihr euch umziehen könntet etc.

4 a) Führt euer Theaterstück auf und filmt eure Aufführung.
b) Schaut euch die Aufnahme gemeinsam an und sprecht darüber, was euch besonders gefallen hat.
c) Tragt Ideen zusammen, was ihr das nächste Mal anders machen würdet.

5 a) Schreibt eine Theaterkritik (→ S. 57) zu eurem eigenen Theaterstück.
b) Tauscht eure Texte untereinander und gebt euch Rückmeldung für die Überarbeitung in einer Schreibkonferenz.
c) Überarbeitet eure Texte und präsentiert sie in der Klasse.

1.4 (3) Texte adaptieren und im Spiel auch verschiedene nonverbale Ausdrucksformen hinsichtlich Blickaustausch, räumlichem Verhalten oder Körperberührung einsetzen · 2.2 (1) komplexe, altersgemäße Texte deuten und die zentralen Aussagen und Intentionen der Texte mithilfe analytischer und produktiver Methoden erschließen

61

Erzähl doch mal!

1 a) Denk dir ein spannendes Thema aus. Triff dich dann mit einem Partner.

b) Nennt euch gegenseitig ein Stichwort. Der andere erzählt dazu spontan eine Geschichte oder ein Erlebnis.

c) Hat euch die Geschichte überrascht? Vergleicht mit euren Erwartungen.

2 a) Bildet Kleingruppen und spielt mindestens eines der folgenden Erzählspiele (1–4).

b) Besprecht in der Klasse, wie es geklappt hat, was gut / nicht so gut funktioniert hat und woran das jeweils gelegen hat.

ABC-Geschichte   **Erzählspiel 1**

Der erste Schüler beginnt seinen Satz mit A, der zweite mit B und so weiter. So entsteht durch das Alphabet eine zusammenhängende Geschichte:

Am Abend wollte ich noch eine Serie schauen. Beim Starten ist etwas Besonderes passiert. Cool, dachte ich, denn Folgendes war passiert: …

Der längste Satz   **Erzählspiel 2**

Einer beginnt mit einem kurzen Satz oder nur einem Wort. Der Zweite ergänzt ein weiteres Wort und so weiter. Wie lang wird euer Satz? Beispiel: *Der Lehrer → Der Lehrer / schreibt. → Der Lehrer / schreibt / sorgfältig / an / die / Tafel / und / erklärt / die / Aufgabe, / die …*

Person – Ort – Milieu – Mord   **Erzählspiel 3**

1 Spielt zunächst ein paar Runden „Stadt Land Fluss" (→ S. 168) mit den vier Spalten „Person", „Ort", „Umfeld / Milieu" und „Mord".

2 Sucht euch dann einen Buchstaben aus und erzählt damit einen Krimi. Jeder muss mit mindestens vier Sätzen drankommen (nacheinander oder durcheinander):

In dieser Geschichte stirbt Branko. Er hat es sich in Berlin mit einer Bande verscherzt. Deshalb wurde für ihn Beton angerührt …

Was soll das sein?   **Erzählspiel 4**

1 Jeder denkt sich eine Geschichte aus, in der ein Gegenstand eine wichtige Rolle spielt.

2 Stellvertretend für den Gegenstand wählt jeder ein kleines Objekt aus dem Klassenzimmer, das dazu passt (z. B. *Stift → Laserschwert*).

3 Der erste Mitspieler legt seinen Gegenstand in die Mitte. Die anderen raten, was er darstellt.

4 Wenn der Gegenstand erraten wurde, erzählt der Mitspieler die Geschichte dazu.

5 Jeder soll in einer Runde der Erzähler sein.

Regeln:

– Stellt reihum Fragen zu dem Gegenstand.

– Nur Ja- / Nein-Antworten sind erlaubt.

Erzählideen aufgreifen und nutzen

1 a) Such dir eine oder mehrere Erzählideen aus den Kästen aus.

b) Erzähle einem Partner oder in einer Gruppe eine Geschichte.

c) Vergleicht in der Klasse eure Geschichten und besprecht, wie ihr auf die Ideen gekommen seid.

Vorher-Nachher-Geschichte   **Erzählidee 1**

Das Bild zeigt einen Moment. Was ist zuvor passiert? Was wird danach geschehen? Erzähle eine Geschichte, die dir zu dem Bild einfällt.

Cooles Erlebnis   **Erzählidee 2**

1 Hast du schon mal einen großen Fisch gefangen, hast einen Promi gesehen oder bist mit Delfinen geschwommen …? Erzähle davon.

2 Erfinde mehrere Versionen deiner Geschichte: *echt, langweilig, spannend, übertrieben …*

Gedicht als Geschichte   **Erzählidee 3**

Lies das Gedicht und entwickle aus den Strophen eine Geschichte.

mei kindheid (2017)
Fitzgerald Kusz

[...]
mei kindheit
des senn däi schouh
woumä nach emm joä
scho widdä zu klaa woän

mei kindheid
däi ghörd miä
ganz allaans
däi kammä kannä nehmä
däi werri nimmä lous

Freie Rede   **Erzählidee 4**

1 Denke an deinen Wohnort. Welches Gebäude, welcher Platz, welche Ecke beeindruckt dich? Recherchiere dazu auch im Internet (→ S. 284 – 289).

2 Bereite einen kurzen Vortrag zu der Stelle vor, fülle diesen aber nicht mit Informationen, sondern mit Erlebnissen und Geschichten. Notizen sind erlaubt. Beispiele für Satzanfänge:

– *Stellt euch vor, was am … passiert ist.*

– *Es war das erste Mal, dass …*

– *Die Menschen dachten zu der Zeit …*

– *Immer wenn ich in Zukunft hier vorbeilaufe …*

1.2 (1) mit den jeweils situationsangemessenen sprachlichen Mitteln strukturiert erzählen und berichten · 1.3 (1) situations- und zielorientiert Gespräche führen sowie während des Gesprächs Techniken des Nachfragens anwenden

63

Situations- und adressatengerecht erzählen

A

B

C

D

E

F

G

H

I

1 a) Sieh dir den Comic an und bringe die Bilder in die richtige Reihenfolge (→ COPY 2).

b) Arbeitet zu zweit. Erzählt euch gegenseitig die Geschichte.

2 Du möchtest die Geschichte aus dem Comic in anderem Zusammenhang erzählen.

a) Wie würdest du die Geschichte jeweils aufbereiten für *Lehrer, Freunde, Familie*?

b) Sprecht über eure Ideen in der Klasse.

3 a) Lies die fünf Sätze unten (A–E).

b) Beurteile und notiere für jeden Satz:
   – *Was will der Sprecher erreichen?*
   – *An wen könnte der Satz gerichtet sein?*

c) Vergleiche mit einem Partner.

> A „Mir fehlen noch 5 Euro für den neuen Film."
> B „Das kann man doch so oder so beurteilen."
> C „Heute bin ich wirklich genervt."
> D „Können Sie da nicht ein Auge zudrücken?"
> E „Ich habe heute übrigens früher aus."

4 Sprich die Sätze in verschiedenen Rollen und mit unterschiedlicher Betonung (→ S. 46).

5 a) Welcher Satz (1–7) passt zu welcher Situation (A–C)? Ordne zu.
   A. Bewerbung B. Einkauf C. Freizeit

> 1 *Ich habe mich über den Beruf gut informiert.*
> 2 *Könnten Sie mir ein gutes Angebot machen?*
> 3 *Schon wieder kein Sieg. Eine Katastrophe.*
> 4 *Ich kann mich leider nicht entscheiden.*
> 5 *Wie sollen wir auf 'nen grünen Zweig kommen?*
> 6 *Gut, dass es Experten in diesem Bereich gibt.*
> 7 *Die Entscheidung bestimmt das weitere Leben.*

b) Wähle eine der Situationen (A–C) und denke dir weitere passende Sätze aus.

c) Besprecht eure Ideen in der Klasse.

6 Erstelle selbst einen Comic (mind. vier Bilder) zu einer Situation aus Aufgabe 5. Lass dir von einem Partner den Inhalt erzählen. Kontrolliere.

1.2 (1) mit den jeweils situationsangemessenen sprachlichen Mitteln strukturiert erzählen und berichten, sachlogisch argumentieren · 1.3 (1) situations- und zielorientiert Gespräche führen, sich inhaltlich vorbereiten sowie während des Gesprächs Techniken des Nachfragens anwenden

Aktiv zuhören und angemessen reagieren

1 Lies die Aussagen A bis C. Welche Reaktion des Gesprächspartners (1 oder 2) findest du besser? Tauscht euch zu zweit darüber aus.

A. Ich streite oft mit meinen Eltern.
1. Na und? Ich streite mich auch oft mit meinem Bruder.
2. Ich merke, etwas stimmt nicht. Worüber streitet ihr euch denn?

B. Schule ist oft anstrengend für mich.
1. Echt? Ich komme gut damit zurecht.
2. Du sagst, du bist gestresst. Wodurch?

C. Ich bin heute stolz auf mich.
1. Stimmt es, dass du viel geleistet hast?
2. Warte nur ab. Das ist nicht immer so!

2 a) Lies die Aussagen 1 bis 4 unten. Welche Botschaft hörst du heraus? Notiere, wie du die Sätze verstanden hast.

1. Ohne das Internet könnte ich nicht leben.
2. Meine Freunde sind der gleichen Meinung.
3. Die Erwachsenen schimpfen über uns.
4. Manche Erfahrung muss man selbst machen.

b) 💡 Notiere eine passende Reaktion, die zeigt, dass du aktiv zuhörst. Beispiel:
„Oft habe ich keine Lust rauszugehen."
„Ist es so, dass du lieber drinnen bist?"
c) Besprecht eure Ideen in der Klasse.

Verstehe ich dich richtig, dass ...?

Vor lauter Angst habe ich ...

3 a) Das Thema der Seite ist *aktives Zuhören*. Mache dir zu folgenden Fragen Notizen:
— *Was bedeutet aktives Zuhören?*
— *Wie beurteilst du dieses Prinzip?*
— *Kann es dir in der Schule helfen?*
b) Sprecht in der Klasse über eure Ideen. Lest dazu auch die *Lernbox*.

4 a) Übt aktives Zuhören in einem Kugellager (→ S. 277).
— *Notiere deine Meinung zu einem beliebigen Thema (Ideen S. 70).*
— *Stellt euch dann im Kugellager auf.*
— *Der Schüler im Innenkreis sagt dem Gegenüber seine Meinung.*
— *Der Schüler im Außenkreis wiederholt mit eigenen Worten, was er verstanden hat. Er „spiegelt" das Gesagte. Der Schüler im Innenkreis bestätigt (oder verbessert) die Aussage.*
— *Dann rücken alle im Außenkreis einen Platz weiter. Nun beginnen die Schüler im Außenkreis und sagen ihre Meinung.*

Tipp

💡 **zu 2 b)** Verwende diese Satzanfänge:

Ich verstehe dich so, dass ... Meinst du damit, dass ...? Hast du gerade gesagt, dass ...? Stimmt es, dass ...? Verstehe ich richtig, dass ... ? Ich höre heraus, dass ...

Lernbox

Aufmerksam und aktiv zuhören

Wenn jemand etwas erzählt oder erklärt, solltest du Interesse zeigen, Blickkontakt halten und durch Nachfragen und eigene Aussagen zeigen, dass du dein Gegenüber verstehst (→ S. 23).

1.2 (1) mit den jeweils situationsangemessenen sprachlichen Mitteln strukturiert erzählen und berichten, sachlogisch argumentieren · 1.3 (1) situations- und zielorientiert Gespräche führen, sich inhaltlich vorbereiten sowie während des Gesprächs Techniken des Nachfragens anwenden

65

Die eigene Meinung äußern

Handys sind gut für Kinder, weil das halt so ist!

Am Meer ist es am schönsten, da ist ja auch Sand.

Bahnfahren ist blöd, weil es anstrengend ist.

1 a) Lies die Sprechblasen im Bild oben. Überzeugen dich die Aussagen?
b) Sprich darüber mit einem Partner.
c) Überlegt, wie die Jugendlichen ihre Meinung überzeugender begründen könnten.

2 ☼ Lies die Sätze A–C. Besprich mit einem Partner, welcher Teil die *Behauptung*, welcher die *Begründung* und welcher das *Beispiel* ist. Notiere die Teile übersichtlich in einer Tabelle.

A. *Getränke sollte es nur noch in Glasflaschen geben, weil Plastik der Umwelt schadet. Zum Beispiel gibt es in den Weltmeeren schon ganze Inseln aus Plastik!*

B. *Kinder sollten täglich mindestens 7 Stunden schlafen, denn wenn sie das nicht tun, können sie sich nicht gut konzentrieren. Eine Studie hat beispielsweise gezeigt, dass Kinder, die ausgeschlafen sind, bessere Schulnoten erzielen.*

C. *Jugendliche sollten regelmäßig Sport machen, da Sport für die Gesundheit wichtig ist. Kinder, die zu wenig Sport machen, werden schneller krank und neigen zu Übergewicht.*

Tipp

 zu 2)
So könnt ihr die Sätze übersichtlich notieren:

Behauptung	**Begründung**	**Beispiel**
Triff eine Aussage.	Sag, warum du so denkst.	Finde ein konkretes Beispiel, das deine Aussage bestätigt.
⬇	⬇	⬇
Hunden kann man viel beibringen, …	*… weil sie kluge Tiere sind.*	*Zum Beispiel gibt es Hunde, die blinden Menschen im Alltag helfen.*

→ Bei einem mündlichen Meinungsaustausch lässt man das *Beispiel* manchmal weg. *Behauptung* und *Begründung* müssen aber immer vorkommen.

1.3 (1) situations- und zielorientiert Gespräche führen, sich inhaltlich vorbereiten (z. B. Argumentationslinie) sowie während des Gesprächs Techniken des Nachfragens anwenden · 1.3 (2) kritisch eigenes und fremdes Gesprächsverhalten (verbal, nonverbal) in schulischen sowie in außerschulischen Gesprächssituationen reflektieren und in angemessener Form Rückmeldung geben

3 a) Lies die folgenden drei Gespräche (A–C).
   b) 🔆 Der Junge widerspricht dem Mädchen. Schreibe die Dialoge ab und ergänze sie.

A.

> Hausaufgaben sollten freiwillig sein.

> XXX, denn es ist wichtig, Gelerntes zu Hause zu üben.

B.

> Die Stadt sollte kein neues Schwimmbad bauen!

> XXX, da das alte Gebäude schon 40 Jahre alt ist und es nur ein langweiliges Becken gibt.

C.

> Dieses Jahr sollten wir nicht mit der Klasse ins Schullandheim fahren!

> XXX, da Schullandheimaufenthalte enorm wichtig für die Klassengemeinschaft sind.

   c) Notiere Beispiele, mit denen das Mädchen seine Aussagen untermauern könnte.
   d) Vergleicht zu zweit eure Ergebnisse.

4 Stell dir vor, du bist als dritte Person am Dialog beteiligt. Formuliere Argumente, um dem Mädchen zu widersprechen.

5 Bildet Kleingruppen und wählt ein Thema aus den Sprechblasen aus Aufgabe 3. Bearbeitet dazu einen der beiden Kästen.

a
– Verteilt die Rollen. Wer von euch vertritt welche Position?
– Jeder schreibt ein Argument auf (mit Behauptung, Begründung und Beispiel).
– Stellt euer Argument der Gruppe vor. Prüft gemeinsam, ob Behauptung, Begründung und Beispiel vorkommen.
– Präsentiert eure Argumente der Klasse.

b
– Fertigt ein Cluster mit allen Argumenten an, die dafür und dagegen sprechen.
– Färbt im Cluster alles ein, was gegen den Vorschlag spricht. Markiert danach in einer anderen Farbe alles, was dafür spricht.
– Überlegt euch, ob ihr selbst dafür oder dagegen seid und begründet eure Position.
– Tauscht eure Argumente in der Gruppe aus. Überzeugen die Argumente? Gebt euch gegenseitig dazu Rückmeldung.
– Teilt der Klasse das Thema mit, das ihr gewählt habt, und begründet eure Meinung.

Tipp

🔆 **zu 3 b)** Diese Formulierungen kannst du nutzen, um zu widersprechen und deine Meinung zu formulieren:

– *Ich bin anderer Meinung: …*
– *Das sehe ich anders: …*
– *Da möchte ich widersprechen: …*
– *Ich denke, dass …*
– *Meiner Meinung nach …*
– *So wie ich das sehe, …*
– *In meinen Augen …*
– *Deshalb denke ich, dass …*

1.3 (1) situations- und zielorientiert Gespräche führen, sich inhaltlich vorbereiten (z. B. Argumentationslinie) sowie während des Gesprächs Techniken des Nachfragens anwenden · 1.3 (2) kritisch eigenes und fremdes Gesprächsverhalten (verbal, nonverbal) in schulischen sowie in außerschulischen Gesprächssituationen reflektieren und in angemessener Form Rückmeldung geben

67

Im Gespräch aufeinander eingehen

A Ich stimme dir auf jeden Fall zu! Ich würde das Geld lieber dafür nutzen, neue Tische und Stühle für die Mensa zu kaufen.

B Zuerst möchte ich etwas sagen. Ich finde das gut! Wir brauchen dringend einen neuen Sportplatz, der alte ist total marode!

C Was denkt ihr darüber, dass mit den Einnahmen ein neuer Sportplatz gebaut werden sollte?

D Der alte Platz ist nicht marode, den kann man bestimmt renovieren. Das Geld wäre an anderer Stelle viel besser eingesetzt! Was meinst du?

1 a) Lies die Sprechblasen (A–D) und schaue dir das Bild an.
b) Arbeitet zu zweit und bringt den Dialog in die richtige Reihenfolge. Lest ihn laut.
c) Erläutert, woran ihr die richtige Reihenfolge der Sätze erkannt habt.

2   Die Klasse M8 führt eine Diskussion im Klassenrat (→ S. 72/73). Ergänzt zu zweit die Lücken, sodass ein zusammenhängendes Gespräch entsteht.

Armin: Wir müssen den Wandertag planen. Was meint ihr, wo sollen wir hingehen?
Nick: Ich will zum Fußballplatz, dort können wir Sport machen. Ich könnte zum Beispiel einen Ball mitbringen!
Emilie: XXXX, aber ich möchte lieber in die Stadt, dort gibt es eine Eisdiele.
Nick: XXXX, dass wir dort schon einmal waren.
Raul: XXXX! Diese Vorschläge habt ihr jedes Jahr, wollen wir nicht einmal woandershin?

3 Spielt zu zweit einen ähnlichen Dialog. Wählt dafür eines der folgenden Themen: *Urlaub, Handy, Schullandheim.*

Tipp

zu 2)
In Gesprächen ist es wichtig, auf die Aussagen der anderen einzugehen. Du kannst widersprechen, ergänzen oder nachfragen.
1 widersprechen:
— *Dieses Argument finde ich gut, aber …*
— *Was du sagst, ist richtig. Andererseits …*
— *Du solltest dabei nicht vergessen, dass …*
2 ergänzen:
— *Dazu möchte ich etwas sagen! …*
— *Hier möchte ich einhaken. …*
— *Dabei solltest du daran denken, dass …*
3 nachfragen:
— *Kannst du das genauer erläutern?*
— *Was genau willst du damit sagen?*
— *Erkläre das genauer, bitte.*

1.3 (1) situations- und zielorientiert Gespräche führen, sich inhaltlich vorbereiten (z. B. Argumentationslinie) sowie während des Gesprächs Techniken des Nachfragens anwenden · 1.3 (2) kritisch eigenes und fremdes Gesprächsverhalten (verbal, nonverbal) in schulischen sowie in außerschulischen Gesprächssituationen reflektieren und in angemessener Form Rückmeldung geben

Kompromisse finden

1
a) Lies die drei Sprechblasen und sieh dir die Bilder an.
b) Was könnte vorher passiert sein, dass die Personen so reagieren?
c) Kennst du solche Situationen? Berichte einem Partner davon.

2
a) Wie könnte die Situation gelöst werden? Sprich darüber mit einem Partner.

Lernbox

Kompromisse finden

1 So trägst du dazu bei, Kompromisse zu finden:
– andere um Rat fragen,
– nachfragen, wenn etwas unklar ist,
– die Meinung anderer akzeptieren,
– nach gemeinsamen Lösungen suchen,
– am Ende das Gesagte reflektieren.

2 Das solltet ihr dabei <u>unbedingt vermeiden</u>:
– Vorwürfe (z. B. *du hast ja echt keine Ahnung*),
– persönliche Beleidigungen,
– ironische Bemerkungen,
– abruptes Beenden des Gesprächs (beispielsweise indem du einfach gehst),
– sehr emotionale Reaktionen (z. B. schreien, weinen).

b) Spielt die Situation in der Klasse nach und sprecht über alternative Lösungsideen.

3
a) Lies die folgenden Aussagen (A–G) und überlege mit einem Partner, was das Gegenüber jeweils antworten könnte.

A. Wenn du immer so zickig bist, arbeite ich ab jetzt mit jemand anderem zusammen!
B. Spinnst du? So geht das nicht!
C. Bist du damit einverstanden?
D. Gib her, das kann ich besser.
E. Wie würdest du das machen?
F. Du hast echt keine Ahnung! Ohne dich wären wir viel schneller fertig.
G. Wenn du meinst, mach es so. Aber ob das eine gute Idee ist ...?

b) Sucht euch zwei bis drei Aussagen aus und setzt diese in einem Rollenspiel so um, dass sich die Dialogpartner am Schluss wieder vertragen. Nutzt dafür die *Lernbox*.

4 Sammelt in der Klasse weitere Beispiele, was man in Diskussionen sagen bzw. was man besser vermeiden sollte. Notiert wichtige Punkte auf einem Regelplakat.

1.3 (1) situations- und zielorientiert Gespräche führen, sich inhaltlich vorbereiten (z. B. Argumentationslinie) sowie während des Gesprächs Techniken des Nachfragens anwenden · 1.3 (2) kritisch eigenes und fremdes Gesprächsverhalten (verbal, nonverbal) in schulischen sowie in außerschulischen Gesprächssituationen reflektieren und in angemessener Form Rückmeldung geben

69

Die eigene Meinung vertreten

Mit den folgenden Spielen könnt ihr das Diskutieren üben. Wählt eines der Spiele aus und entscheidet euch für ein Thema.

Das Diskussionsseil

1 Einigt euch auf ein Thema.
2 Teilt die Klasse in zwei Gruppen; die eine Hälfte ist dafür, die andere dagegen.
3 Legt ein Seil auf den Boden.
4 Jede Gruppe stellt sich in einer Reihe auf, etwa eine halbe Schrittlänge vom Seil entfernt, mit Blick zur anderen Gruppe.
5 Ein Schüler tritt nach vorne über das Seil, sagt laut seine Meinung und tritt wieder zurück.
6 Die andere Seite reagiert: Auch hier tritt ein Schüler vor und geht auf das Gesagte ein. (Es muss nicht das direkte Gegenüber des ersten Sprechers sein, das antwortet.)

Tipp: Ihr könnt das Spiel auch als Wettbewerb gestalten. Welcher Seite gehen zuerst die Argumente aus?

Das Diskussionsrondell

Ich finde, wir sollten Schuluniformen tragen ...

... weil dann niemand wegen seiner Klamott[en] ausgelacht wird!

Stimmt! Außerdem sind Schuluniformen ...

... weil man dann in der Frühe nicht lang[e] überlegen muss, wa[s] man anziehen soll.

1 Schreibt die Diskussionsthemen auf Zettel und faltet sie.
2 Setzt euch in einem Kreis zusammen.
3 Zählt in der Reihe durch, um zwei Gruppen zu bilden (1 – 2 – 1 – 2 usw.).
4 Wählt eine Person aus, die den ersten Zettel öffnet. Sie liest das Thema laut vor.
5 Der Vorleser formuliert seine Meinung zum Thema, ohne eine Begründung zu nennen.
6 Die Begründung nennt der Schüler, der neben ihm sitzt.
7 Dann fügt sein Nachbar ein weiteres Argument hinzu.
8 Punkte erzielt eine Gruppe, wenn ein Spieler der anderen Gruppe keine Begründung mehr weiß, seine Meinung nicht formulieren kann oder etwas sagt, das schon genannt wurde.

Mögliche Themen

Schuluniformen – Handynutzung bei Kindern – Schullandheim – Sommerfest – Urlaubsziele – neuer Sportplatz

1.3 (3) in Diskussionen, Debatten oder Konfliktgesprächen eigene Standpunkte vertreten, auf Gegenargumente in angemessener Form eingehen und zur Kompromissfindung beitragen · 1.3 (4) Gespräche auf einer situationsangemessenen und an der jeweiligen Gesprächspartnerin bzw. am jeweiligen Gesprächspartner orientierten Sprachebene führen

Das Diskussionsverhalten reflektieren

1 a) Bildet Kleingruppen und lest die Informationen zur Talkshow rechts unten.

b) Verteilt die Rollen untereinander. Sie dürfen auch doppelt besetzt sein.

c) Jeder überlegt für seine Rolle, ob er für oder gegen den Bau der Autobahn ist. Achtet darauf, dass beide Seiten von etwa gleich vielen Personen unterstützt werden.

d) Sammelt möglichst viele Argumente auf einem Notizzettel.

e) Plant auch, wie ihr auf mögliche Argumente der Gegenseite reagieren könnt.

2 Spielt die Talkshow in einem Rollenspiel den anderen Gruppen vor.

3 Die Zuschauer beobachten jeweils einen Schüler und machen sich Notizen zu dessen Diskussionsverhalten. Nutzt dafür einen Reflexionsbogen (→ COPY 3).

Aktuelle Talkshow: *Soll neben dem Dorf eine Autobahn gebaut werden?*

Teilnehmende: – Moderator/-in
– Anwohner/-in
– Naturschützer/-in
– Bauunternehmer/-in
– Hotelbesitzer/-in
– Campingplatzbetreiber/-in

4 Gebt einander im Anschluss Rückmeldung und Tipps zur Verbesserung.

Thema: *xxxx xxxx xxxx xxxx xxxx xxxx xxxx xxxx xxxx xxxx xxxx xxxx xxxx*		gut gelungen	weiter üben
Wer beobachtet? *xxxx xxxx xxxx xxxx xxxx xxxx xxxx xxxx xxxx xxxx xxxx xxxx*			
Wer wird beobachtet? *xxxx xxxx xxxx xxxx xxxx xxxx xxxx xxxx xxxx xxxx xxxx xxxx*			
Der Diskussionsteilnehmer … / Die Diskussionsteilnehmerin …			
inhaltlich	… formuliert Argumente aus Behauptung, Begründung und Beispiel.	xxxx	xxxx
	… benutzt abwechslungsreiche Satzanfänge.	xxxx	xxxx
	… nennt verschiedene Argumente.	xxxx	xxxx
	… argumentiert schlüssig.	xxxx	xxxx
sprachlich	… redet angemessen viel.	xxxx	xxxx
	… geht auf das vorher Gesagte ein.	xxxx	xxxx
	… spricht laut und deutlich.	xxxx	xxxx
	… greift zuvor Gesagtes noch einmal auf.	xxxx	xxxx
sozial	… hört anderen aufmerksam zu.	xxxx	xxxx
	… ist an einer Lösung interessiert.	xxxx	xxxx
	… bleibt sachlich.	xxxx	xxxx
Was ist das Ergebnis der Diskussion? *xxxx xxxx xxxx xxxx xxxx xxxx xxxx xxxx xxxx xxxx xxxx xxxx xxxx xxxx xxxx xxxx xxxx xxxx xxxx xxxx xxxx xxxx xxxx xxxx xxxx xxxx xxxx xxxx xxxx xxxx xxxx xxxx*			

1.3 (2) kritisch eigenes und fremdes Gesprächsverhalten (verbal, nonverbal) in schulischen sowie in außerschulischen Gesprächssituationen reflektieren und in angemessener Form Rückmeldung geben · 1.3 (3) in Diskussionen, Debatten oder Konfliktgesprächen eigene Standpunkte vertreten, auf Gegenargumente in angemessener Form eingehen und zur Kompromissfindung beitragen

71

Im Klassenrat diskutieren und Konflikte lösen

Security Zeitmanager Vorsitzender Protokollführer Security

Die Rollen im Klassenrat

Vorsitzender — 1 Person
Du bist der Leiter des Klassenrats. Leite deine Mitschüler durch die verschiedenen Themen. Lies dir dafür die *Lernbox* durch.

Security — 2 Personen
Ihr unterstützt den Vorsitzenden.
– Macht den Vorsitzenden auf eventuell übersehene Wortmeldungen aufmerksam.
– Lasst keine Beleidigungen zu.
– Bittet um Ruhe, wenn es nötig ist.

Zeitmanager — 1 Person
Achte darauf, dass die vorher vereinbarte Rede- und Diskussionszeit eingehalten wird.

Protokollführer — 1–2 Personen
Du hältst Vorschläge und Ergebnisse fest.
Schreibe alle besprochenen Themen auf.
Notiere wichtige Äußerungen in Stichpunkten.
Notiere das Ergebnis möglichst genau.
Vermerke bei einer Abstimmung, für welchen Vorschlag es wie viele Stimmen gab.

Vorbereitung

1 a) Was könnt ihr mit einem Klassenrat erreichen? Sprecht darüber in der Klasse.
b) Lest die Rollenkarten und bereitet euch auf die Diskussion vor.

2 a) Fertigt **Schilder** für die verschiedenen Rollen an. So ist für alle klar sichtbar, wer welche Rolle übernimmt.
b) Bereitet einen **Briefkasten** vor. Werft dort Zettel ein, auf denen steht, worüber ihr im Klassenrat sprechen wollt. Beispiel: *Am Pausenverkauf sollten keine Süßigkeiten mehr verkauft werden!*

Klassenrat

Lernbox

Eine Diskussion leiten

Als Diskussionsleiter ist es deine Aufgabe …
– aufzupassen, dass alle beim Thema bleiben,
– verschiedene Meinungen anzuhören,
– Übergänge zwischen den Themen zu finden,
– neutral zu bleiben,
– alle ausreden zu lassen,
– bei Streitigkeiten zu vermitteln,
– Abstimmungen durchzuführen,
– Ergebnisse zusammenzufassen.

1.3 (1) situations- und zielorientiert Gespräche führen, sich inhaltlich vorbereiten (z. B. Argumentationslinie) sowie während des Gesprächs Techniken des Nachfragens anwenden · 1.3 (2) kritisch eigenes und fremdes Gesprächsverhalten (verbal, nonverbal) in schulischen sowie in außerschulischen Gesprächssituationen reflektieren und in angemessener Form Rückmeldung geben

3 Erstellt eine Protokollvorlage, die ihr in einem Ordner abheften könnt.
Ihr könnt auch COPY 4 nutzen.

Datum:	xxxx
Protokollführer:	xxxx
Thema 1	xxxx
xxxx xxxx xxxx xxxx xxxx xxxx xxxx xxxx xxxx xxxx xxxx xxxx xxxx xxxx xxxx xxxx xxxx xxxx xxxx xxxx xxxx xxxx xxxx xxxx xxxx xxxx xxxx xxxx xxxx xxxx xxxx xxxx xxxx xxxx xxxx	
Ergebnis : xxxx	
Thema 2	xxxx
xxxx xxxx xxxx xxxx xxxx xxxx xxxx xxxx xxxx xxxx xxxx xxxx xxxx xxxx xxxx xxxx xxxx xxxx xxxx xxxx xxxx xxxx xxxx xxxx xxxx xxxx xxxx	
Ergebnis: xxxx	
Unterschrift Protokollführer:	xxxx

4 Verteilt bei jedem Klassenrat die Rollen neu. Erstellt für jede Rolle eine Namensliste. So stellt ihr sicher, dass jeder einmal drankommt.

Lernbox

Konflikte pragmatisch lösen

Das Ziel im Klassenrat ist es, Probleme in Angriff zu nehmen und gemeinsam Lösungen zu finden. Aber was ist, wenn ihr einmal keine Lösung findet?
Ihr habt dann folgende Möglichkeiten:

1 Vertagt das Problem und beratet das nächste Mal noch einmal. Vielleicht hat jemand bis dahin eine zündende Idee.

2 Stimmt ab, die Mehrheit entscheidet. Manchmal können einfach nicht alle hundertprozentig zufriedengestellt werden.

3 Holt euch Rat: Schüler aus anderen Klassen, Streitschlichter, Lehrkräfte oder Schulsozialarbeiter können helfen.

Durchführung

5 Führt den Klassenrat durch. Orientiert euch dabei an folgendem Ablaufplan:

Ablaufplan für den Klassenrat

Klassenrat eröffnen
↓
ein Thema aussuchen
(z. B. Süßigkeiten am Pausenverkauf)
↓
Vorschläge anhören
↓
gegebenenfalls Konflikte lösen:
– Wünsche diskutieren
– Lösungsmöglichkeiten aufzeigen
↓
Einigung finden
↓
Sitzung schließen
↓
Verlauf reflektieren

---

6 Was könnt ihr tun, wenn ihr keine Einigung findet? Lest dazu die *Lernbox*.

Auswertung

7 Reflektiert den Verlauf des Klassenrats:
— *Habt ihr ein Ergebnis gefunden, mit dem alle einverstanden sind?*
— *Was hat bei der Einigung geholfen, wie habt ihr Konflikte gelöst?*
— *Was soll nächstes Mal anders laufen?*

1.3 (4) Gespräche auf einer situationsangemessenen und an der jeweiligen Gesprächspartnerin bzw. am jeweiligen Gesprächspartner orientierten Sprachebene führen · 1.3 (5) Gespräche (z. B. Diskussion, Konfliktgespräch) planen und moderieren, Zwischenergebnisse zusammenfassen, Entscheidungen oder Kompromisse herbeiführen und im Anschluss die Gespräche reflektieren

73

Einen literarischen Text erschließen

Auf den folgenden Seiten findest du einen Auszug aus dem Roman „Hinter Glas" von Julya Rabinowich. Mit den Aufgaben kannst du den Text Schritt für Schritt erschließen, dich in die Situation und die Personen einfühlen und dir Gedanken über die Geschichte machen.

1 Lies den folgenden Text.

Die Sonnenstrahlen, die durch das Fenster hereinfielen, weckten mich. Ich griff neben mich – kein Niko. Angst überkam mich. Ich lag in einem wildfremden Zimmer, in einem
5 Teil der Stadt, den ich nicht kannte, in Kleidung, die mir nicht gehörte. Ich griff nach meinem Handy: Es war erst sechs Uhr früh. Auf dem Display wurden mehr als zwanzig Anrufe angezeigt. Meine Mutter. Mein Vater.
10 Die Nummer meines Großvaters war nicht darunter. Sie hatten ihm natürlich noch nichts gesagt. Verständlich. Das Donnerwetter wäre gewaltig gewesen. Während ich noch hinsah, leuchtete eine Textnachricht
15 von meiner Mutter auf.

> Mama: Schatz, bitte melde dich.

Ich wog das Handy in der Hand. Es war plötzlich tonnenschwer. Ich stellte mir vor,
20 wie sie in meinem Zimmer auf und ab ging. Nachsah, was ich mitgenommen hatte. Meinen Zettel in der einen Hand. *Ich gehe. Macht euch keine Sorgen. Mir geht es gut.* Das Handy in der anderen. In der Hoffnung auf
25 Antwort. Ich fühlte mich wie eine grausame Verräterin.

> Alice: Mir geht's gut.

 STOP Bearbeite die folgenden Aufgaben 2–4, bevor du weiterliest.

2 Du erfährst in diesem Textabschnitt einiges über die Personen und die Situation.
a) Notiere die Personen wie im folgenden Beispiel auf einem Blatt Papier.

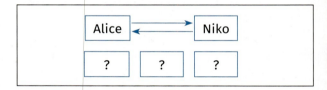

b) Ergänze die Skizze. Notiere in Stichpunkten, was du über die Situation erfährst.

3 Sprecht zu zweit über den Text und notiert Stichpunkte zu folgenden Fragen:
— *Wer sind die Personen? Was verbindet sie miteinander?*
— *Was könnte geschehen sein, dass es zu dieser Situation gekommen ist?*
— *Erzählt die Vorgeschichte, wie ihr sie euch vorstellt.*

4 a) Was schließt du aus dem Satz: „*Ich fühlte mich wie eine grausame Verräterin*" (Z. 25–26)? Notiere einen möglichen Grund.
b) Wie könnte die Geschichte weitergehen? Notiere deine Gedanken in Stichpunkten.

2.2 (1) komplexe, altersgemäße Texte deuten und die zentralen Aussagen und Intentionen der Texte mithilfe analytischer und produktiver Methoden erschließen (z. B. die Charakteristik der Figuren und ihrer Beziehungen herausarbeiten, Deutungen mit Zitaten belegen)

5 Lies nun, wie es im Roman weitergeht.

Die Tür ging auf.

Ich ließ die Hand mit dem Handy sinken
30 und lächelte. Doch statt in Nikos vertrautes Gesicht sah ich in das einer großen, hageren Frau. Sie hatte ihre grauen Haare zu einem strengen Knoten gebunden. Das sah ziemlich altmodisch aus. Der Mund hatte
35 einen frustrierten Zug, rechts hing er tiefer als links. Dasselbe intensive Blau der Augen wie bei Niko. Das hatte er also von ihr. Sie wirkte deutlich älter als meine Mutter und ungeschminkt. Im Ausschnitt ihres weiten,
40 dunkelblau geblümten Kleides baumelte ein goldenes Kettchen.

Ich zog die Decke hoch wie einen Schild.

Sie lächelte mit Verspätung. „Guten Morgen", sagte sie und seufzte. „Niko! Was soll das?"
45 „Das ist Alice", ertönte Nikos Stimme. „Bin gleich da!"

„Guten Morgen", sagte ich.

„Guten Morgen", wiederholte seine Mutter und lächelte diesmal zeitgleich.

50 Beim Frühstückstisch sprach Niko so viel wie noch nie. Vom alten Fahrrad, dessen Reifen er gerade für mich aufgepumpt hatte. Von den Bildern von mir, die er noch malen wollte. Wie gut ich in der Schule war. Dass ich
55 auch schon viel gereist sei. Nach England. Es klang ein wenig verzweifelt.

Seine Mutter saß uns gegenüber, nippte an ihrem Tee und schwieg. Und je mehr sie schwieg, desto mehr quatschte er. Schließ-
60 lich seufzte sie, stand auf, nahm das Tablett mit den Müslischalen und Kaffeetassen hoch und sagte: „Ihr kommt zu spät."

6 a) Entspricht die Entwicklung der Situation deinen Erwartungen? Vergleiche den Text mit deinen Notizen aus Aufgabe 4 b).

b) Ergänze deine Notizen aus Aufgabe 2 a). Verdeutliche durch Pfeile und Beschriftungen, wie die Personen zueinander stehen.

7 a) Lies die folgende Stelle im Text nach und beschreibe, wie Alice zu Niko steht:
   „Ich ließ die Hand mit dem Handy sinken und lächelte. Doch statt in Nikos vertrautes Gesicht …" (Z. 29–31).

b) Erkläre, was dieser Satz bedeutet: *„Ich zog die Decke hoch wie einen Schild"* (Z. 42).

8 a) Jeder Text erzeugt Bilder im Kopf. Arbeitet zu zweit. Erzählt euch gegenseitig, wie ihr euch die Personen und den Ort vorstellt.

b) Seht euch das Bild oben an. Passt es eurer Meinung nach zum Text? Sprecht darüber.

9 Lies die Zeilen 51 bis 63 und bearbeite eine der folgenden Aufgaben.
   a Halte die Situation in einem Bild fest.
   b Bildet Dreiergruppen und stellt die Szene in einem Rollenspiel nach.

 Bearbeite die folgenden Aufgaben 6–10, bevor du weiterliest.

10 Wie könnte die Geschichte weitergehen? Notiere Stichpunkte.

2.2 (1) komplexe, altersgemäße Texte deuten und die zentralen Aussagen und Intentionen der Texte mithilfe analytischer und produktiver Methoden erschließen (z. B. die Charakteristik der Figuren und ihrer Beziehungen herausarbeiten, Deutungen mit Zitaten belegen)

75

Sich in Menschen und Situationen einfühlen

1 Lies das Ende der Geschichte.

Niko warf sich die Schultasche über die Schulter. „Wir fahren mit den Rädern."
65 Ich bedankte mich mehrmals, als wir gingen. Während wir in die Pedale traten, wusste ich nicht, was ich sagen sollte.
Niko war ein bisschen niedergeschlagen. „Tut mir leid", sagte er. „Sie ist manchmal
70 so. Vor allem, wenn mein Vater weg ist. Das wird schon. Ich muss ihr nur irgendwie beibringen, dass du länger bleibst."
„Du hast ihr nichts gesagt?!"
Er grinste. „Besser in Scheibchen."
75 „Und was ist, wenn sie das nicht will? Schaut nämlich ganz so aus."
„Wo sollst du denn sonst hin?"
Ich schwieg.
Die Schule tauchte vor uns auf. Ein lächerli-
80 ches Stückchen gewohntes Leben.
„Hast du dich eigentlich bei deinen Eltern gemeldet?"
„Ja."
„Und? Was sagen sie?"
85 „Dass ich heimkommen soll."
„Und was willst du?"
„Ich will …" Ich stieg ab. „Ich will bei dir sein."
„Trifft sich. Ich will das nämlich auch." Er
90 umarmte mich fest. Ich drückte meine Wange in seinen kratzigen Pullover. Einige Mitschüler beobachteten uns aus der Ferne. Ich fühlte mich gleichzeitig unglaublich stolz und unglaublich unsicher.
95 Auf meinem Handy trudelte eine Nachricht meines Vaters ein.

PAPA: Ich komme jetzt in die Schule.

100 ALICE: Nicht nötig. Ich komme am Nachmittag heim.

PAPA: Das will ich hoffen. Ich warte. Das wird Konsequenzen
105 haben. Deine Mutter hat kein Auge zugetan.

Niko sah über meine Schulter zu. „Im Ernst?", fragte er stirnrunzelnd.
„Natürlich nicht."
110 „Du bist echt gut." Er sah mich anerkennend an. „Wär mir nicht eingefallen."
„Ich bin es gewohnt, auszuweichen", sagte ich. Ich fühlte mich wie ein Fechter, der so spontan wie geübt auf die Schritte seiner
115 Gegner reagieren muss, wenn er gewinnen will. Es fühlte sich vertraut an. In einer unangenehmen Art vertraut.
Niko kettete unsere Räder aneinander und steckte den Schlüssel ein.
120 Ich hatte Kontrolle über: exakt nichts.
Ich ließ den Schultag an mir vorbeirieseln, die Stunden umspülten mich und hinterließen keinerlei Erinnerung. Ich zwang mich, nicht auf mein Handy zu sehen. Niemandem
125 schien mein Stress aufzufallen, nur die Deutschlehrerin, die mich gernhatte, war unzufrieden mit meiner abwesenden Art und rügte mich. Sonst war in jeder ihrer Stunden auf mich Verlass gewesen. Heute nicht.

2.2 (1) komplexe, altersgemäße Texte deuten und die zentralen Aussagen und Intentionen der Texte mithilfe analytischer und produktiver Methoden erschließen (z. B. die Charakteristik der Figuren und ihrer Beziehungen herausarbeiten, Deutungen mit Zitaten belegen)

2 Arbeitet zu zweit und erzählt euch gegenseitig das Ende der Geschichte mit eigenen Worten. Hört einander dabei aufmerksam zu. Fragt anschließend nach oder ergänzt euch gegenseitig, wenn etwas fehlt.

3 a) Beschreibt Alice und Niko in Stichpunkten:
   — *Was sind sie für Menschen?*
   — *Was wollen sie?*
   — *Wie stehen sie zueinander?*
   b) Sucht aus dem Text Belege für eure Beschreibung. Notiert Textstellen und Zeilenangaben dazu.

4 a) Den beiden wird es nicht leicht gemacht. Welche Schwierigkeiten haben sie? In welchen Zeilen wird das deutlich?
   b) Wie reagiert Niko, wie Alice darauf?

5 Lies folgende Zitate aus dem Text:
   – *„Ich fühlte mich gleichzeitig unglaublich stolz und unglaublich unsicher" (Z. 93–95).*
   – *„Ich hatte Kontrolle über: exakt nichts" (Z. 121).*
   Was beschäftigt Alice? Sprecht darüber und haltet eure Gedanken in Stichpunkten fest.

6 Fasst in einem Ablaufplan zusammen, was in der Geschichte geschieht. Ergänzt drei bis vier weitere Kästen.

Alice wacht bei Niko auf.
↓
Ihre Mutter meldet sich.
↓
Nikos Mutter ...
↓
XXXXXXXXXXXX

7 a) Um 13.00 Uhr ist Schulschluss. Überlegt, wie die Geschichte dann weitergehen könnte. Erweitert den Ablaufplan.
   b) Schreibt eine Fortsetzung bis zum Schulschluss am nächsten Tag.

8 Bearbeite eine der folgenden Aufgaben.
   a Nach der Schule denkt Alice über die Situation nach und schreibt in ihr Tagebuch. Schreibe diesen Eintrag.
   b Niko spricht später mit seiner Mutter. Sie sprechen über die Situation. Schreibe den Dialog auf.
   c Stell dir vor, du bist mit Alice gut befreundet. Du weißt, dass sie nun bei Niko ist. Was würdest du ihr raten? Schreibe ihr einen Brief.

9 Stellt eure Ergebnisse in der Klasse vor.

„Hinter Glas" – Roman von Julya Rabinowich

Alice lebt in einem wohlhabenden Elternhaus, ist aber häufig krank und hat
5 Probleme mit ihren Eltern und ihrem dominanten Großvater. In der Schule bleibt Alice eine Außen-
10 seiterin und wird gemobbt. Als Alice Niko kennenlernt, findet sie bei ihm zunächst Geborgenheit und Halt – doch dann wird alles noch viel
15 komplizierter. Mit Mut und Kraft schafft es Alice schließlich, sich zu befreien und ihr Leben neu zu orientieren.

JULYA RABINOWICH
HINTER GLAS

1.4 (1) sprechgestaltende Mittel und verschiedene Ausdrucksformen in Gestik, Mimik und Körperhaltung bewusst einsetzen (z. B. nach der Auseinandersetzung mit einer Rollenbiografie) · 3.2 (2) anschaulich von Erfahrungen, Gedanken, Gefühlen und Sachverhalten erzählen

77

Einen Sachtext gemeinsam erschließen

Auf den Seiten 79–81 steht ein längerer Zeitungsartikel über ein Thema, das alle angeht. Auf dieser Seite erfahrt ihr, wie ihr ihn gemeinsam in einer Gruppe erschließen und bearbeiten könnt.

1 a) Lest die Anleitung für das *Leseviereck*.
   b) Sprecht den Ablauf gemeinsam durch.

   c) Klärt offene Fragen und führt die Methode dann in Vierergruppen durch.

Leseviereck – einen Text gemeinsam bearbeiten

Vorbereitung:

1 Bildet Vierergruppen. Wenn es nicht aufgeht, könnt ihr einzelne Rollen (A, B, C oder D) auch doppelt besetzen.

2 Erstellt Kärtchen nach den Vorlagen A, B, C und D (COPY 5). Ihr könnt sie immer wieder nutzen, um Texte gemeinsam zu erarbeiten.

A	B	C	D
Vorleser	**Zusammenfasser**	**Fragensteller**	**Vermuter**
→ Lies den Textabschnitt laut vor. Überlege dir dabei Fragen zum Inhalt.	→ Fasse den Inhalt des Textabschnitts mündlich zusammen.	→ Stelle Fragen: – zu schwierigen Wörtern, – zu Textstellen, die du nicht verstanden hast.	→ Stelle Vermutungen an, wie es weitergehen könnte.
→ Stelle die Fragen deiner Gruppe. Beantwortet die Fragen gemeinsam.	→ Überlegt gemeinsam, ob ihr etwas ergänzen müsst.	→ Klärt die Fragen gemeinsam.	→ Sprecht in der Gruppe kurz über die Vermutungen.

Durchführung:

3 Teilt den Text in zwei oder mehr Abschnitte ein.

4 Lest den ersten Abschnitt leise durch, jeder für sich.

5 Dann beginnt Schüler/-in A und liest den Text laut vor. Die anderen hören zu.

6 Führt die Arbeitsschritte dann in der Reihenfolge des Alphabets fort (A, B, C, D).

7 Wechselt nach jedem Abschnitt des Textes die Rollen.

Abschluss:

8 Tragt euer Wissen über den Text in der Klasse zusammen. Klärt gemeinsam alle Dinge, die noch offen geblieben sind.

9 Sprecht auch über die Methode. Hat sie euch geholfen, den Text zu bearbeiten?

2.3 (1) lebensrelevante und berufsbezogene Informationen aus komplexen Texten unterschiedlicher Medien zur Betrachtung von Themen aus verschiedenen Blickwinkeln verwenden · 1.3 (4) Gespräche auf einer situationsangemessenen und an der jeweiligen Gesprächspartnerin bzw. am jeweiligen Gesprächspartner orientierten Sprachebene führen

2 Bildet Vierergruppen und erschließt den Text gemeinsam mit dem Leseviereck (→ S. 78).

UN-Bericht: Rund eine Million Arten vom Aussterben bedroht
Von Tina Baier

Rund eine Million Tier- und Pflanzenarten könnten einem UN-Bericht zufolge aussterben. Viele drohen bereits in den kommenden Jahr-zehnten zu verschwinden. Das geht aus einem
5 *Bericht des Weltbiodiversitätsrates IPBES zur weltweiten Artenvielfalt hervor.*

Felder und Straßen verdrängen die Wälder und Wiesen. Für Tiere und Pflanzen bleibt immer weniger Platz. Und in den Meeren wird
10 so viel gefischt wie noch nie. Ergebnis ist das größte Artensterben seit Millionen von Jahren.

Dass einzelne Tier- und Pflanzenarten für im-mer verschwinden, geht manchmal durch die Medien, oft erfahren nur Experten davon.
15 Der neue Bericht des Biodiversitätsrates lie-fert nun erstmals ein umfassendes Bild vom großen Sterben, das inzwischen den letzten Winkel der Erde erfasst hat. Und er liefert Vorschläge, was zu tun ist.

20 Seitdem es Menschen auf der Erde gibt, sind noch nie so viele Tiere und Pflanzen ausge-storben wie jetzt. Der Bericht des Weltbio-diversitätsrats, der am Montag, 6. Mai 2019, in Paris vorgestellt wurde, lässt keinen
25 Zweifel daran, dass sich auf der Erde gerade ein gigantisches Artensterben ereignet, vergleichbar dem Tod der Dinosaurier vor etwa 65 Millionen Jahren.

Es ist die erste globale Studie seit 14 Jahren,
30 die untersucht, wie es den Tieren und Pflanzen auf der Erde geht und in welchem Zustand sich ihre Lebensräume befinden. Mehr als 150 Experten aus 50 Ländern haben für den Weltbiodiversitätsrat IPBES
35 (**I**ntergovernmental Science-Policy-**P**latform on **B**iodiversity and **E**cosystem **S**ervices) drei Jahre lang tausende Studien ausgewertet. Ihr Bericht ist in der trockenen Sprache der Wissenschaft verfasst. Doch ihr Fazit liest sich
40 trotzdem erschreckend.

---

3 a) Besprecht in der Gruppe, welche Informa-tionen ihr dem Text entnommen habt.
b) Besprecht in der Gruppe auch, wie ihr die Arbeit empfunden habt. Notiert Probleme und Vorteile der Methode.

4 a) Präsentiert und vergleicht in der Klasse eure Ergebnisse zum Text.
b) Besprecht gemeinsam, was ihr im nächsten Durchgang verbessern könnt.

Der Orang-Utan gehört zu den stark bedrohten Arten

2.3 (1) lebensrelevante und berufsbezogene Informationen aus komplexen Texten unterschiedlicher Medien zur Betrachtung von Themen aus verschiedenen Blickwinkeln verwenden · 1.3 (4) Gespräche auf einer situationsangemessenen und an der jeweiligen Gesprächspartnerin bzw. am jeweiligen Gesprächspartner orientierten Sprachebene führen

79

5 Bearbeitet auch den nächsten Abschnitt des Textes mit der Methode Leseviereck (→ S. 78). Verteilt dafür die Rollen A bis D neu.

Drei Viertel der Erdoberfläche habe der Mensch bereits „stark verändert" – nicht eingerechnet die Ozeane. Etwa eine Million der geschätzt acht Millionen Tier- und Pflan-
45 zenarten, die es auf der Welt gibt, seien vom Aussterben bedroht.

Im Tierreich geht es dem Bericht zufolge den Amphibien, also etwa Kröten, Fröschen und Molchen, am schlechtesten.
50 40 Prozent dieser Unterart der Wirbeltiere drohen zu verschwinden. Nur geringfügig besser ist die Lage der Korallen, von denen fast ein Drittel mit dem Überleben kämpft. Wie viele Insekten bedroht sind, ist den
55 Autoren zufolge nicht genau zu ermitteln, obwohl es wichtig wäre. Viele Kerbtiere bestäuben Pflanzen und spielen eine zentrale Rolle für das Leben auf der Erde. Schätzungen zufolge sind ungefähr zehn Prozent
60 aller Insekten vom Aussterben bedroht – ein gewaltiges Ausmaß angesichts der Tatsache, dass fünfeinhalb Millionen der acht Millionen bekannten Tier- und Pflanzenarten zu dieser Tierklasse gehören.
65 Im Pflanzenreich steht es besonders schlecht um die Palmfarne, das sind lebende Fossilien, zu denen etwa die Sago-Palme gehört. Mehr als 60 Prozent sind dem Bericht zufolge bedroht; bei den Koniferen, also den
70 Nadelhölzern, sind es gut 30 Prozent. Mehr als 500 000 Arten bezeichnen die Autoren als „dead species walking". Gemeint sind Tiere und Pflanzen, deren Lebensräume so stark verändert oder zusammengeschrumpft sind,
75 dass sie langfristig keine Chance haben zu überleben.

Schuld an all diesen negativen Entwicklungen ist der Mensch, daran lässt der Weltbiodiversitätsrat keinen Zweifel. Vor allem deshalb,
80 weil er immer mehr Fläche für sich beansprucht, die anderen Lebewesen dann fehlt. In den vergangenen 50 Jahren habe sich diese Entwicklung dramatisch beschleunigt. Beispiel Landwirtschaft: Allein in den Jahren
85 zwischen 1980 und 2000 wurden dem Bericht zufolge 100 Millionen Hektar intakter Wald gerodet, das ist fast dreimal die Fläche Deutschlands, unter anderem, um dort Vieh weiden zu lassen (wie in Lateinamerika) oder Plantagen
90 für Ölpalmen anzulegen (wie in Südostasien). Beispiel Städtebau: Die Fläche, die menschliche Behausungen auf der Erde einnehmen, hat sich nach Angaben der Studie seit 1992 verdoppelt. Hauptgrund für den Arten-
95 schwund in den Ozeanen in den vergangenen 50 Jahren ist die Überfischung. Es gibt immer weniger Gebiete, in denen nicht gefischt wird, der Mensch dringt in immer tiefere Gewässer vor und holt die Tiere schneller heraus, als sie
100 sich vermehren können. So werden es immer weniger. Im Jahr 2015 waren dem Bericht zufolge 33 Prozent aller Spezies überfischt, darunter Aale, Dornhaie und alle anderen Haiarten, der Granatbarsch und der Rochen.

6 a) Besprecht in der Gruppe eure Ergebnisse und die Erfahrungen mit der Methode.
b) Tragt sie auch in der Klasse zusammen.

2.3 (1) lebensrelevante und berufsbezogene Informationen aus komplexen, selbst recherchierten kontinuierlichen und diskontinuierlichen Texten unterschiedlicher Medien zur Betrachtung von Themen aus verschiedenen Blickwinkeln verwenden

7 Tauscht erneut die Rollen und bearbeitet auch den letzten Textabschnitt im Leseviereck.

105 Neu an dem Bericht ist, dass er den Artenschwund nicht isoliert betrachtet, sondern im Zusammenhang mit der zweiten die Menschheit bedrohenden Krise beleuchtet, dem Klimawandel. Artenschutz und Klimaschutz
110 gelten vielen nach wie vor als unvereinbar. Größter Streitpunkt sind Energiepflanzen wie Raps und Mais, die zwar dazu beitragen, den CO_2-Ausstoß zu verringern, aber auch große Flächen verbrauchen, was schlecht ist für die
115 Artenvielfalt.
„Der Weltbiodiversitätsrat und der Weltklimarat wollen in Zukunft stärker zusammenarbeiten", sagt Josef Settele, Co-Vorsitzender des IPBES. Entscheidend sei, wie man in Zukunft
120 den Energiesektor weiterentwickele. „Wind- und Wasserenergie beispielsweise könnten Druck von der Fläche nehmen", sagt Settele. Was zu tun wäre, um den Zustand der Erde zu verbessern, ist seit Langem bekannt.
125 Schon 2010 haben sich 150 UN-Staaten zu den sogenannten Aichi-Zielen bekannt. Bis zum Jahr 2020 sollte demnach unter anderem der Verlust an natürlichen Lebensräumen halbiert, die Überfischung der Weltmeere
130 gestoppt sowie 17 Prozent der Landfläche und 10 Prozent der Meere unter Schutz gestellt werden. Die Frist läuft nächstes Jahr ab, und

die Formulierung der IPBES-Autoren, es sei „wahrscheinlich, dass die meisten Aichi-
135 Biodiversitätsziele für das Jahr 2020 nicht erreicht werden", ist sehr milde ausgedrückt. In dem Abschnitt des Berichts, in dem es um Details geht, bewerten die Experten die Fortschritte in vielen Punkten als armselig.
140 Das gilt etwa für die Ziele, den Verlust von Lebensräumen zu halbieren und die Überfischung der Meere zu stoppen. Auch von einer nachhaltigen Landwirtschaft sind so gut wie alle Länder, die 2010 unterzeichnet haben,
145 weit entfernt. „Gut" sind dem Bericht zufolge dagegen die Bemühungen vorangekommen, mehr Schutzgebiete zu etablieren sowie „invasive Arten" zu bekämpfen. Eines der bekanntesten Beispiele sind die ursprünglich
150 aus den USA stammenden Grauhörnchen, die das kleinere europäische Eichhörnchen in Großbritannien fast schon verdrängt haben. So zeigt der Bericht auch auf, was getan werden müsste und könnte. Dies umzusetzen ist
155 nun eine Aufgabe der gesamten Gesellschaft, die Politik allein wird es nicht schaffen.*

8 a) Besprecht eure Ergebnisse in der Gruppe.
b) Klärt gemeinsam offene Fragen.

9 a) Sprecht in der Klasse über den Text.
b) Lest erneut den Text ab Zeile 123 bis zum Schluss (Z. 156). Diskutiert, inwiefern die gesamte Gesellschaft gefordert ist.
c) Sammelt gemeinsam, was ihr in eurem Lebensumfeld ändern könnt, um einen Beitrag zum Artenschutz zu leisten.

10 a) Reflektiert die Methode *Leseviereck*. Tragt Vor- und Nachteile zusammen.
b) Wendet das *Leseviereck* immer wieder bei längeren Sachtexten an und sammelt weitere Erfahrungen mit der Methode.

1.3 (4) Gespräche auf einer situationsangemessenen und an der jeweiligen Gesprächspartnerin bzw. am jeweiligen Gesprächspartner orientierten Sprachebene führen – * verändert

81

Eine Zeitungsnachricht erschließen

1 a) Was fällt euch zum Stichwort *Nachrichten* ein? Sprecht zu zweit darüber.

b) Sammelt Stichpunkte, wo ihr Nachrichten finden könnt. Tragt eure Ergebnisse in der Klasse zusammen.

2 a) Lies die Überschrift des Textes unten und betrachte das Bild.

b) Woran denkst du bei Überschrift und Bild? Notiere deine Gedanken in einem Satz.

c) Könnte das Thema des Textes für euch wichtig sein? Wenn ja, warum? Sprecht in der Klasse darüber.

d) Lies jetzt den gesamten Text. Kläre unbekannte Wörter mit dem Wörterbuch oder lies im Internet nach.

Lasst uns Milliarden Bäume pflanzen

1

Umwelt: *CO_2-Emissionen senken, Kohle- und Ölnutzung verringern – das sind wichtige* **3** *Bausteine im Kampf gegen den Klimawandel. Zusätzlich Bäume zu pflanzen, wäre laut einer* 5 *neuen Studie eine effiziente Maßnahme zur Klimarettung. Eine Fläche von 900 Millionen Hektar stünde auf dem Globus dafür zur Verfügung.*

6

Von Hanno Charisius

Klimaretter?   Foto: Ralf Hirschberger/dpa

7 10 **München** – Wenn Bäume wachsen, nehmen sie CO_2 aus der Luft auf und bauen den Kohlenstoff des Treibhausgases in ihre Biomasse ein. Was im Holz gebunden ist, kann dem Klima nichts anhaben.

15 Jetzt haben Forscherinnen und Forscher aus der Schweiz, Frankreich und Italien die Flächen vermessen, die weltweit für Aufforstungsprojekte genutzt werden könnten. 900 Millionen Hektar stünden demnach auf dem 20 gesamten Globus zu diesem Zweck zur Verfügung, berichtet die Gruppe um den Ökologen Thomas Crowther von der Hochschule Zürich in einer Veröffentlichung. Das entspräche fast der Fläche der USA oder der 25-fachen Fläche

Deutschlands. Die Gesamtfläche Brasiliens 25 umfasst 852 Millionen Hektar. Die Bewaldung der Erde könne demnach um etwa ein Drittel zunehmen, ohne dass Städte oder Landwirtschaft beeinträchtigt würden, schreiben die Forscher. 30

Dort gepflanzte Bäume könnten 205 Gigatonnen CO_2 aus der Atmosphäre aufnehmen in den 30 bis 60 Jahren, die sie brauchen, um heranzuwachsen. Schätzungsweise 300 Gigatonnen stiegen durch menschliches Handeln 35 seit der industriellen Revolution in die Atmosphäre auf, 37 Gigatonnen sollen es allein im vergangenen Jahr gewesen sein.

1.3 (1) situations- und zielorientiert Gespräche führen, sich inhaltlich vorbereiten · 2.1 (1) auch komplexere pragmatische Texte informationsentnehmend, sinnkonstruierend, zügig und exakt lesen · 2.3 (1) lebensrelevante und berufsbezogene Informationen aus komplexen, selbst recherchierten Texten zur Betrachtung von Themen aus verschiedenen Blickwinkeln verwenden

Allerdings sei Eile geboten, schreiben die For-
40 scher. Durch die fortschreitende Erderwärmung werden die für die Aufforstung geeigneten Regionen kleiner. Außerdem dauert es
Jahrzehnte, bis die gepflanzten Bäume spür-
bare Mengen CO_2 aus der Atmosphäre holen.
45 Durch zügiges Aufforsten sei jedoch sogar noch
das vom Weltklimarat IPCC vorgegebene Ziel
erreichbar, die Erderwärmung auf 1,5 Grad
Celsius zu begrenzen, heißt es in der Studie.

„Gleichzeitig ist es aber noch wichtiger, dass erst
50 *einmal die Entwaldung gestoppt wird, speziell in*
Brasilien und Indonesien."
Felix Creutzig
Forschungsinstitut MCC Berlin

Die Forscher sparten bei der Suche nach be-
55 pflanzbaren Flächen Städte und bestehende
landwirtschaftliche Flächen bewusst aus. In
erster Linie sollten zerstörte Ökosysteme durch
die Aufforstung wieder instandgesetzt werden.

Einfluss der Verbraucher
60 Die flächenreichen Länder hätten zwar die
meisten Möglichkeiten, sagt Felix Creutzig vom
Mercator Research Institute on Global Com-
mons and Climate Change (MCC) in Berlin.
„Gleichzeitig ist es aber noch wichtiger, dass

erst einmal die Entwaldung gestoppt wird, 65
speziell in Brasilien und Indonesien." Darauf
hätten auch europäische Konsumenten einen
Einfluss. „In den Massentierhaltungen werden
nämlich Geflügel und Schweine, aber auch
Rinder mit vorwiegend brasilianischem Soja 70
gefüttert – welches wiederum stark mit tropi-
scher Entwaldung und katastrophalem Verlust
der Artenvielfalt verbunden ist."

Wälder können Temperaturen abkühlen
Julia Pongratz von der Universität München 75
weist auf weitere Effekte hin, die Änderungen
in Waldflächen auslösen. Wälder können zum
Beispiel in vielen Regionen die Lufttemperatur
abkühlen, mitunter um mehrere Grad. Tempe-
raturextreme würden dadurch abgemildert. 80
„Solche Änderungen beeinflussen die Lebens-
bedingungen vor Ort oft deutlich stärker als
die überregionalen Effekte einer Aufforstungs-
maßnahme", meint Pongratz. Im Idealfall sollten Wälder gleichzeitig vor Ort und weltweit 85
für Verbesserungen sorgen und helfen, den
Temperaturanstieg zu verringern. *

205 Gigatonnen CO_2
könnten die neu gepflanzten Bäume aus der
Atmosphäre aufnehmen. 90 |10|

Quelle: Forscher um Thomas Crowther

---

3 a) Worum geht es in diesem Zeitungsartikel? Notiere Stichpunkte.
b) Vergleiche mit deinen ersten Vermutungen in Aufgabe 2 b).

4 Eine längere Zeitungsnachricht besteht aus vielen Elementen, für die es Fachbegriffe gibt.
a) Ordne die Begriffe im Kasten (A–J) den Beschriftungen am Rand (1–10) zu.
b) Vergleicht zu zweit eure Ergebnisse. Klärt offene Fragen in der Klasse.

A. ein Foto mit Angabe der Quelle/des Fotografen
B. der Zwischentitel (fett gedruckt)
C. das Stichwort (das Thema)
D. die Bildunterschrift
E. die Überschrift/die Schlagzeile
F. die Autorenzeile (Name des Autors)
G. der Lead/der Vorspann
H. eine interessante Zahl (als Blickfang)
I. die Ortsmarke (Ort/Herkunft der Nachricht)
J. ein wichtiges Zitat (das Interesse weckt)

1.3 (1) situations- und zielorientiert Gespräche führen, sich inhaltlich vorbereiten · 2.1 (1) auch komplexere pragmatische Texte in-formationsentnehmend, sinnkonstruierend, zügig und exakt lesen · 2.3 (1) lebensrelevante und berufsbezogene Informationen aus komplexen, selbst recherchierten Texten zur Betrachtung von Themen aus verschiedenen Blickwinkeln verwenden – * verändert

83

Den Aufbau einer Nachricht untersuchen

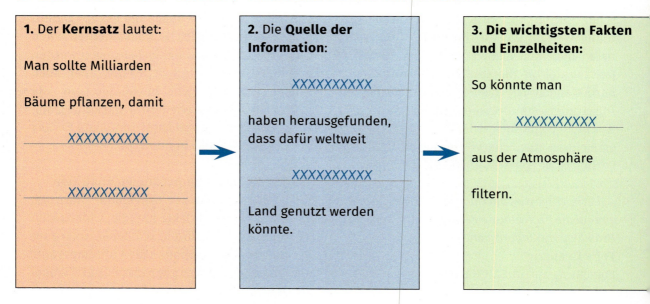

1. Der **Kernsatz** lautet:

Man sollte Milliarden

Bäume pflanzen, damit

_____ XXXXXXXXXX _____

_____ XXXXXXXXXX _____

2. Die **Quelle der Information**:

_____ XXXXXXXXXX _____

haben herausgefunden, dass dafür weltweit

_____ XXXXXXXXXX _____

Land genutzt werden könnte.

3. Die wichtigsten Fakten und Einzelheiten:

So könnte man

_____ XXXXXXXXXX _____

aus der Atmosphäre

filtern.

1 a) 💡 Welche Fragen werden in einer Zeitungsnachricht beantwortet?
Schreibe die Fragen auf.

b) Vergleicht eure Fragen zunächst zu zweit, dann in einer Gruppe.

2 Bildet Zweiergruppen und erarbeitet den Text auf S. 82–83 mit der 5-Schritt-Lesemethode. Erstellt eine Zusammenfassung. Wählt dafür eine der folgenden Aufgaben:

a Wenn ihr euch nicht mehr sicher seid, wie die 5-Schritt-Lesemethode geht, lest auf den Seiten 280–281 nach.
Bearbeitet dann gemeinsam den Text nach der Anleitung auf Seite 280.

b Wenn ihr die Fünf-Schritt-Lesemethode sicher beherrscht, dann erschließt damit den Text auf den Seiten 82–83.
Arbeitet dabei zunächst allein und besprecht dann zu zweit eure Ergebnisse.

3 a) Vergleicht eure Zusammenfassungen und besprecht einige.

b) Diskutiert Fragen, die bei eurer Arbeit offen geblieben sind. Überlegt, wo Verbesserungen nötig sind.

c) Geht gemeinsam noch einmal die einzelnen Schritte durch, die ihr gemacht habt, um den Text zu verstehen.
Überlegt, was schon gut geklappt hat und was ihr noch üben und verbessern könnt.

Tipp

💡 **zu 1a)**

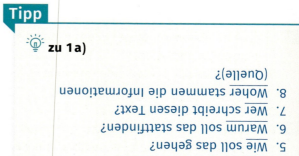

1. <u>Was?</u> (Um welches Ereignis geht es?)
2. <u>Wer</u> ist daran beteiligt?
3. <u>Wo</u> soll das Ereignis stattfinden?
4. <u>Wann</u> soll es stattfinden?
5. <u>Wie</u> soll das gehen?
6. <u>Warum</u> soll das stattfinden?
7. <u>Wer</u> schreibt diesen Text?
8. <u>Woher</u> stammen die Informationen (Quelle)?

2.1 (1) auch komplexere pragmatische Texte informationsentnehmend, sinnkonstruierend, zügig und exakt lesen ·
2.3 (1) lebensrelevante und berufsbezogene Informationen aus komplexen, selbst recherchierten kontinuierlichen Medien
zur Betrachtung von Themen aus verschiedenen Blickwinkeln verwenden

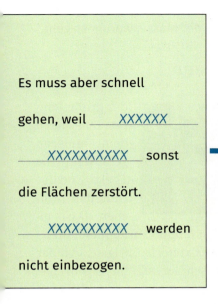

Es muss aber schnell

gehen, weil _____XXXXXX_____

_____XXXXXXXXXX_____ sonst

die Flächen zerstört.

_____XXXXXXXXXX_____ werden

nicht einbezogen.

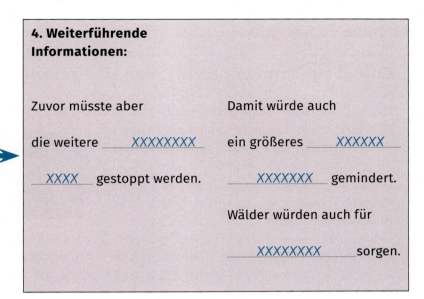

4. Weiterführende Informationen:

Zuvor müsste aber

die weitere _____XXXXXXXX_____

_____XXXX_____ gestoppt werden.

Damit würde auch

ein größeres _____XXXXXX_____

_____XXXXXXX_____ gemindert.

Wälder würden auch für

_____XXXXXXXX_____ sorgen.

4 Bei einem langen Text hilft oft eine grafische Darstellung dabei, ihn besser zu verstehen. Mit einer *Verlaufsgrafik* kannst du dir den Aufbau des Textes verdeutlichen (siehe oben).
  a) Schreibe die Grafik ab oder nutze COPY 6.
  b) Fülle die Lücken passend aus.
  c) Vergleicht das Ergebnis in der Gruppe.

5 Gib den Inhalt des Textes mithilfe deiner Verlaufsgrafik mit eigenen Worten wieder.

6 Bildet Vierergruppen und lest die *Lernbox*. Erläutert anhand der Nachricht „Lasst uns Milliarden Bäume pflanzen" (S. 82–83) die einzelnen Bestandteile einer Zeitungsnachricht.

7 Sucht eine Nachricht, die euch interessiert, aus der aktuellen Tageszeitung.
  a) Erschließt den Inhalt des Artikels mit der 5-Schritt-Lesemethode.
  b) Untersucht den Aufbau der Nachricht und stellt sie der Klasse vor.

Lernbox

Nachrichten in der Zeitung

1 Nachrichten sind die wichtigsten Beiträge in Zeitungen. Sie informieren über Neuigkeiten.
Das Wichtigste steht gleich am Anfang des Textes. Schon die Überschrift weist darauf hin.

2 Eine Nachricht enthält Antworten auf alle wichtigen W-Fragen:
Wer? Wo? Wie? Was? Wann? Warum?
Woher kommt die Information? Wer ist für den Artikel und das Bild verantwortlich?

3 Nachrichten in der Zeitung haben einen bestimmten Aufbau:
1. **Kern** der Nachricht: *Worum geht es?*
2. **Quelle:** *Von wem stammt die Information?*
3. **Einzelheiten:** *Was sind die wichtigsten Fakten zum Thema?*
4. **Weiterführende Informationen** und Hintergründe: *Was ist darüber hinaus wissenswert?*

2.1 (3) selbstständig verschiedene Lesetechniken und -strategien zur Erschließung von Inhalt und Intention kontinuierlicher Texte verwenden · 2.3 (1) lebensrelevante und berufsbezogene Informationen aus komplexen, selbst recherchierten kontinuierlichen Medien zur Betrachtung von Themen aus verschiedenen Blickwinkeln verwenden

85

Eine Reportage untersuchen

1 a) Lies die folgende Reportage.　　　　b) Besprecht in der Klasse, worum es geht.

Eine „Schulstunde", an die man sich gewöhnen kann

Hohenbreitbach – Eine Schulstunde dauert 45 Minuten – und manche sehnen schon kurz nach Beginn ihr Ende herbei. Ganz anders bei dieser „Schulstunde", die genießen alle Schüle-
5 rinnen und Schüler, Minute für Minute – findet sie doch in der Cafeteria an der Mittelschule Hohenbreitbach statt.

Lautes Stimmengewirr und Lachen wechseln sich ab in der Eingangshalle. Kein Wunder, es
10 ist gerade Mittagspause, 45 Minuten lang. Und die meisten der 380 Jugendlichen strömen entweder dem Ausgang oder der neuen Cafeteria zu.

Auch Samira und Elias, die beiden Schüler-
15 sprecher, haben die Cafeteria zum Ziel. „Ein Jahr lang haben wir darauf hingearbeitet", erklärt die Vertreterin der SMV. „Und jetzt sehen wir, wie toll das alles geworden ist", ergänzt Elias.
20 An der Eingangstür lockt schon typischer Kaffeegeruch. „Meist trinken den nur Lehrkräfte oder Zehntklässler." Zufrieden gehen die beiden in Richtung Theke. Eine richtige Kühltheke. Hinter dem Schauglas sind die
25 Köstlichkeiten aufgereiht:

Pizzabrötchen, die in der Mikrowelle heiß gemacht werden, kleine Snacks und Gebäck. „Wir wollen ja der Mensa keine Konkurrenz machen", meint Elias. Deshalb ist jeden Tag
30 zwar ein anderes Highlight im Angebot, wie heute die Pizzabrötchen, aber kein großes Mittagessen.

Gerade das macht aber den Erfolg aus. Die Pizzabrötchen schauen nicht nur lecker aus,
35 sie schmecken auch großartig und sind heute

der große Renner. Eines nach dem anderen geht über die Theke. Und der 40 Duft der Brötchen lässt einem das Wasser im Munde zusammenlaufen. Verwaltet wird die Cafeteria übrigens von der SMV, als echtes Schülercafé, in Eigenregie. 45 „Frau Nurdah ist zwar mit verantwortlich, unterstützt aber unsere Ideen", führt Samira aus. „Wir dürfen planen, einkaufen, selbst abrechnen und was sonst noch dazugehört."

Und während draußen an einem ungemütli- 50 chen Herbsttag die Regentropfen an die großen Fensterscheiben trommeln, gibt es hier drinnen auch gemütliche Ecken, die zum Verweilen einladen. Zum Beispiel eine Lounge zum Chillen. Auf großen Sitzsäcken lagern die 55 Jugendlichen, frische Farben sorgen für eine lockere Atmosphäre. In abgeteilten Sitzgruppen kann man sich unterhalten. Und für die nötige Ruhe zum Entspannen und Reden sorgt eine Tür, die den Essraum abschließt. „Ich mag 60 diesen Raum", schwärmt Laura aus der 9. Klasse, „da können wir einfach abhängen und über alles Mögliche reden." So soll es auch sein.

2.1 (1) auch komplexere pragmatische Texte informationsentnehmend, sinnkonstruierend, zügig und exakt lesen · 2.3 (2) selbstständig journalistische Textsorten (z. B. Leserbrief, Nachricht, Kommentar, Reportage) unter Einbeziehung ihrer Funktionen (z. B. Information, Wertung) unterscheiden und ihre Deutung mit Zitaten belegen

Im nächsten Raum spielen einige Fünftklässler Kicker. Samira meint, bei einer Umfrage
65 sei es für die Schüler wichtig gewesen, dass
es auch ein Angebot zum Spielen gibt. Und
sowohl die Rektorin, die selbst mal am Ki-
ckertisch mitspielt, als auch der Bürgermeister, haben dies voll unterstützt. Als Samira
70 das erklärt, wirft ein Fünftklässler mit roten
Backen ein: „Ja, und ich hab Frau Meyer (*die
Rektorin, Red.*) gestern erst geschlagen, 10 zu
8!" Was will man mehr?

Seit der Einführung der Ganztagsschule sei
75 die Schule schließlich ein wichtiger Lebensraum für die Jugendlichen aus unserem
schönen Hohenbreitbach, ließ der Bürgermeister auf Anfrage mitteilen. Und das bestätigt sich voll und ganz bei einem Besuch
80 in der Cafeteria: In enger Abstimmung mit
der Schule ist der Gemeinde da ein Neubau
gelungen, der den vielen Schülerinnen und
Schülern ein Freizeitangebot bereitstellt, wie
man es nur selten findet. Und die Schule als
85 Lebensraum, wie sie sich der Bürgermeister
vorstellt, ist hier Realität geworden. Nun jedoch wird es allmählich ruhiger in den Räumen der Cafeteria. Denn für viele geht die
kurzweilige und entspannte Mittagspause
90 zu Ende, die nächste Schulstunde beginnt.
Pia Klaaßen

2 a) Arbeitet zu zweit oder in einer Gruppe.
Notiert die W-Fragen, die jede Zeitungsnachricht beantworten sollte.
b) Sucht die Antworten auf die W-Fragen
im Text und notiert sie in Stichpunkten.

3 a) Erstellt zusammen aus den Informationen eine Nachricht, wie sie in der Zeitung
stehen könnte. Lest bei Bedarf auf S. 85
in der *Lernbox* nach, wie eine typische
Zeitungsnachricht aufgebaut ist.
b) Vergleicht, ergänzt und verbessert eure
Nachrichten in der Klasse.

4 a) Arbeitet nach der Think-Pair-Share-
Methode. Sucht zunächst alleine zwei
Stellen im Text auf dieser Doppelseite
(S. 86–87), die so *nicht* in einer Zeitungs-
nachricht stehen würden.
Notiert Stichpunkte oder unterstreicht die
Textpassagen auf der Copy 7.
b) Vergleicht die Stellen, die ihr gefunden
habt, zu zweit, dann in der Gruppe.
Begründet eure Auswahl.
c) Tragt die Ergebnisse in der Klasse zusam-
men und besprecht offene Fragen.

5 a) Untersucht die Textstellen, die euch in
der Reportage aufgefallen sind, genauer.
Notiert, welche Sinne angesprochen werden. Beispiel: *Lautes Stimmengewirr und
Lachen ... (Z. 8) = Hören*
b) Welche weiteren Sinneseindrücke werden
in der Reportage angesprochen?
c) Welche Wirkung haben die beschriebenen
Sinneseindrücke auf den Leser?
Erläutert das an Textbeispielen.
d) Besprecht die Ergebnisse in der Klasse.

1.3 (1) situations- und zielorientiert Gespräche führen, sich inhaltlich vorbereiten · 2.1 (1) auch komplexere pragmatische Texte
informationsentnehmend, sinnkonstruierend, zügig und exakt lesen · 2.3 (1) lebensrelevante und berufsbezogene Informationen
aus komplexen, selbst recherchierten Texten unterschiedlicher Medien verwenden

87

Eine Reportage selbst schreiben

1 a) Lest die *Lernbox* und bearbeitet dann die folgenden Aufgaben.

b) Die Zitate A–D stammen aus der Reportage auf S. 86–87. Notiert die Wortart der blau gedruckten Wörter.

    A. *die Schulstunde genießen*

    B. *in die Cafeteria strömen*

    C. *Pizzabrötchen schauen lecker aus*

    D. *sie schmecken großartig*

c) Sucht weitere aussagekräftige Verben und Adjektive im Text. Notiert sie.

2 Sucht im Text Stellen, die ein *Kino im Kopf* erzeugen, sodass man sich die Freizeit der Schüler besonders gut vorstellen kann. Notiert sie stichpunktartig, zum Beispiel:

    — *ein ungemütlicher Herbsttag* (statt nur: *ein Herbsttag*)

    — *Regentropfen trommeln an die großen Fensterscheiben* (statt nur: *es regnet*)

3 Besprecht die Ergebnisse aus Aufgabe 1 und 2 in der Klasse. Ergänzt eure Notizen.

4 a) Überlegt gemeinsam, über welches Ereignis an eurer Schule oder in eurem Ort ihr eine Reportage schreiben könntet.

b) Geht dorthin und beobachtet, was geschieht, befragt Besucher oder Teilnehmer und macht euch Notizen.

c) Schreibt dann eine Reportage. Die *Lernbox* kann euch dabei helfen.

d) Besprecht und überarbeitet eure Texte gemeinsam in der Klasse.

Lernbox

Reportage

1 Es gibt Reportagen in **Zeitungen** und **Zeitschriften**, aber auch im Fernsehen und im Radio (oft z. B. von Sportereignissen).

2 Eine Reportage in der Zeitung ist ein **informativer Text**, der den Lesern das Gefühl gibt, ein **Ereignis selbst mitzuerleben**. Dabei stehen im Text auch **persönliche Eindrücke und Meinungen** des Autors/der Autorin.

3 Die Reportage **beantwortet die W-Fragen**: **Was** (ist geschehen)? – **Wer** (ist beteiligt)? – **Wo** (ist es geschehen)? – **Wann** (ist es geschehen)? – **Wie** (kam es dazu)? – **Warum** (kam es dazu)? – **Welche** Folgen (hat das Geschehene)?

4 Der **Aufbau einer Reportage**:
- eine **Schlagzeile**, die Interesse weckt;
- ein **Lead/Vorspann**, der eine kurze Information zum Thema gibt;
- eine **Einleitung**, die den Leser „packt" und direkt in das Geschehen mitnimmt;
- ein **Hauptteil** mit informierenden Abschnitten, Eindrücken und Anmerkungen;
- ein **Schluss** mit Höhepunkt und Ausblick.

5 Die **Sprache der Reportage** ist informierend und fängt erzählend die Atmosphäre ein. Das gelingt durch **bildhafte Sprache** (treffende Verben, anschauliche Adjektive, Vergleiche), die Beschreibung von **Sinneseindrücken** (Farben, Gerüche, Geschmack und Geräusche), wörtliche **Zitate** und die Zeitform **Präsens**.

3.2 (2) anschaulich von Erfahrungen, Gedanken, Gefühlen und Sachverhalten erzählen, auf die Erzähllogik achten und dabei stilistische sowie sprachlich gestalterische Mittel bewusst einsetzen · 3.2 (4) mit eigenen Texten über komplexere Sachverhalte oder aktuelle Ereignisse informieren

Einen Kommentar lesen und beurteilen

1 Lies den folgenden Kommentar. Er bezieht
sich auf die Reportage auf S. 86–87.

Ein Paradies für Schüler
Kommentar von Pia Klaaßen

In Hohenbreitbach haben
sich die Verantwortlichen
Gedanken gemacht und in
enger Zusammenarbeit mit der dortigen
5 Mittelschule viel Geld in die Hand genommen, um den Schülerinnen und Schülern
ein Angebot für die Zeit zwischen Vor- und
Nachmittag und für Freistunden zu machen.
In einem Neubau ist eine Cafeteria mit et-
10 lichen Nebenräumen entstanden. Darf man
dafür so viel Geld ausgeben? Ich meine, das
muss man sogar!
Warum ist so etwas überhaupt nötig an einer
Schule? So fragt wohl nur, wer selbst nicht
15 viel mit dem Schulbetrieb zu tun hat. Die
Schülerinnen und Schüler verbringen heute
viel mehr Zeit als früher in der Schule. Die
ungeheure Stofffülle erfordert Konzentration
nicht nur am Vormittag, sondern auch in den
20 Schulstunden am Nachmittag. Dazu kommt,
dass heute in vielen Familien beide Eltern-
teile arbeiten müssen, um ihren Lebensun-
terhalt zu verdienen.
Dafür gibt es die Mittagsbetreuung in der
25 Ganztagsschule. Die Schülerinnen und Schüler sollen in einer angenehmen Umgebung
leben und damit auch besser lernen können.
Insofern ist es sicher keine Geldverschwen-
dung, wenn die Gemeinde die Schule zu
30 einem echten Lebensraum für ihren Nachwuchs umgestaltet. Im Gegenteil: Dies ist
eine lohnende Investition in die Gegenwart
und in die Zukunft der Gemeinde.

2 a) Welche Meinung vertritt Frau Klaaßen?
Fasse das in einem Satz zusammen.
b) Welche Gründe führt sie dafür an? Finde
zwei und notiere sie in Stichpunkten.
c) Vergleicht eure Ergebnisse zunächst zu
zweit, dann in der Klasse.

3 Lest die *Lernbox* und vergleicht mit dem
Text. Hält sich die Verfasserin an die Regeln?
Beurteilt den Kommentar.

4 Stellt dir vor, du bist Mitglied der SMV, die
die Cafeteria geplant hat und mit betreibt.
Wärst du mit dem Kommentar zufrieden?
Schreibe einen Leserbrief (→ S. 197),
in dem du deine Meinung begründest.

Lernbox

Kommentar

1 Ein **Kommentar** informiert nicht in erster Linie, sondern gibt die **Meinung des
Verfassers** wieder. In Zeitungen steht
deshalb stets sein Name dabei und es
wird oft auch ein Bild von ihm abgedruckt.
2 Ein Kommentar **bezieht sich** meist auf
eine **Nachricht** oder eine **Reportage**, die
in der Zeitung auf derselben Seite steht.
3 Der **Autor**/Die **Autorin** des Kommentars ...
– schreibt, worum es geht (**Thema**),
– gibt die eigene **Meinung** dazu wieder,
– nennt **Gründe** für seine/ihre Meinung.
4 Oft werden im Text auch mögliche **Gegenargumente** genannt und **entkräftet**.

2.3 (2) selbstständig journalistische Textsorten (z. B. Leserbrief, Nachricht, Kommentar, Reportage) unter Einbeziehung ihrer
Funktionen (z. B. Information, Wertung) unterscheiden und ihre Deutung mit Zitaten belegen · 2.3 (4) kritisch Inhalt, Form
und Intention von Texten aus unterschiedlichen Medien erkennen und beurteilen

89

Mediennutzung im Alltag

1

2

3

4

1 a) Sieh dir die Bilder 1–4 genau an.
   b) Beschreibe, was du darauf siehst.

2 a) Arbeite mit einem Partner zusammen.
      Überlegt euch für jeden Cartoon*
      eine passende Überschrift.
   b) Diskutiert, was die Cartoons jeweils zum
      Ausdruck bringen.
   c) Was ist eure Meinung dazu? Tauscht euch
      in einer Kleingruppe darüber aus.
   d) Erläutert eure Meinungen in der Klasse.

* *der Cartoon* = eine Karikatur/witzige Zeichnung

3 Wie viel Zeit verbringst du „medienfrei"?
   a) Lege eine Tabelle an, in der du zwei Tage
      protokollierst. Beispiel:

Datum	Uhrzeit	Tätigkeit
23.04.	18 – 19 Uhr	Essen mit der Familie

   b) Vergleicht zu zweit eure Tabellen.
   c) Diskutiert dann in der Klasse, wie viel me-
      dienfreie Zeit jeder täglich haben sollte.
   d) Gibt es Phasen oder Aktivitäten im Alltag,
      bei denen man auf Medien verzichten
      könnte? Sammelt zu zweit Ideen und tragt
      eure Ergebnisse in der Klasse zusammen.

2.4 (6) Kriterien einer verantwortungsbewussten Nutzung aktueller digitaler Medien und sozialer Netzwerke erarbeiten, erproben und reflektieren und dabei wesentliche rechtliche und soziale Grundlagen im Umgang mit Medien beachten · 2.4 (5) den
eigenen Medienkonsum auf der Basis von eigenen Medienprotokollen planen und die Einhaltung der Planung reflektieren

Über die Mediennutzung nachdenken

Leben ohne Medien ist wie Entzug
Von Ulrich Clauß

Berlin – Wenn man Babys den Schnuller wegnimmt, fangen sie an zu schreien. Meistens
jedenfalls. Und was macht der moderne
Mensch, wenn man ihm den Stecker zieht –
5 nicht nur den für die Stromversorgung, sondern den für das Internet gleich mit? Und ihm
auch noch das Mobiltelefon wegnimmt und
zudem die TV-Mattscheibe schwarz bleibt?

An der britischen Bournemouth University
10 wollte man das genau wissen und beteiligte
sich an einem Großexperiment. Hunderte
Studenten von zwölf europäischen Universi-
täten schalteten dabei für ganze 24 Stunden
ihr Mobiltelefon aus. Sie durften nicht im
15 Internet surfen, mussten ohne Fernsehen
und Radio auskommen. Während dieser Zeit
notierten sie genau, wie sie sich fühlten und
was sie machten. Einzig das Festnetztelefon
durften sie benutzen oder ein Buch lesen.

20 Die Auswertung des Experiments mit dem
beziehungsreichen Titel „Unplugged" (abge-
kabelt) ergab, dass viele Teilnehmer Symptome zeigten, die Menschen sonst nur beim
Drogenentzug entwickeln: Sie fühlten sich
25 isoliert, ängstlich und beschrieben sich selbst
als zappelig. Roman Gerodimos von der
Bournemouth University, der die britischen
Teilnehmer betreute, sagte: „Wir sahen nicht
nur psychische Symptome, sondern auch
30 körperliche. Für viele war die Stille am
schlimmsten", aber manche notierten auch,
dass sie plötzlich die Vögel wahrnahmen.

Wer einmal den kalten Entzug dieser Art
digitalen Fastens hinter sich gebracht hat,

35 erlebt geradezu eine Wahrnehmungsexplo-
sion. Die Menschen der näheren Umgebung
geraten wieder ins Blickfeld, die natürliche
Umgebung macht sich bemerkbar. Aber will
man das wirklich? Von den Teilnehmern des
40 Experiments jedenfalls war zu hören, dass
sich eine Besserung ihres Befindens erst
wieder einstellte, als sie wieder ihren „digitalen Schnuller" zurückbekamen. Schöne neue
Medien-Welt.

1 a) Lies den Text und gib wieder, worum es in
dem Artikel geht.
b) Sprich darüber mit einem Partner.
c) Klärt Fachbegriffe mit dem Wörterbuch
(z. B. *Symptome*).

2 Beantwortet zu zweit die folgenden Fragen.
Zitiert zentrale Stellen aus dem Text oder
markiert sie auf COPY 8.
– *Wie lange mussten die Menschen für das
Experiment ihre Mobiltelefone ausschalten?*
– *Welche Medien durften sie während des
Experiments nutzen, welche nicht?*
– *Welche Symptome zeigten die Menschen
laut der Auswertung?*

3 a) Der Autor spricht in Zeile 42/43 von einem
„digitalen Schnuller".
Erkläre, was damit gemeint ist.
b) Erläutere, wie du den letzten Satz verstehst
(Zeile 43/44). Ist er wörtlich gemeint?

2.1 (3) selbstständig verschiedene Lesetechniken und -strategien zur Erschließung von Inhalt und Intention kontinuierlicher und diskontinuierlicher Texte sowie zum Textvergleich verwenden (z. B. diagonales oder reflektierendes Lesen) · 2.4 (6) Kriterien einer verantwortungsbewussten Nutzung aktueller digitaler Medien und sozialer Netzwerke erarbeiten, erproben und reflektieren

Über die Mediennutzung sprechen

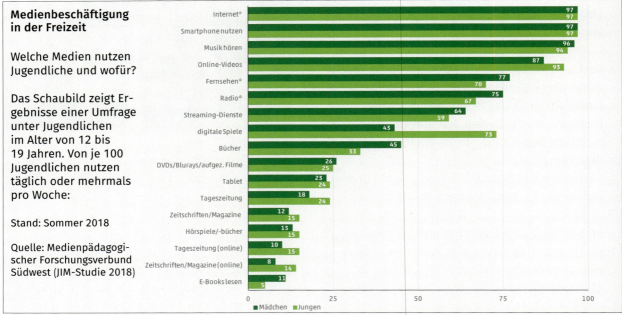

Medienbeschäftigung in der Freizeit

Welche Medien nutzen Jugendliche und wofür?

Das Schaubild zeigt Ergebnisse einer Umfrage unter Jugendlichen im Alter von 12 bis 19 Jahren. Von je 100 Jugendlichen nutzen täglich oder mehrmals pro Woche:

Stand: Sommer 2018

Quelle: Medienpädagogischer Forschungsverbund Südwest (JIM-Studie 2018)

Medium	Mädchen	Jungen
Internet*	97	97
Smartphone nutzen	97	97
Musik hören	96	94
Online-Videos	87	93
Fernsehen*	77	70
Radio*	75	67
Streaming-Dienste	64	59
digitale Spiele	43	73
Bücher	45	33
DVDs/Blurays/aufgez. Filme	26	25
Tablet	23	24
Tageszeitung	18	24
Zeitschriften/Magazine	12	15
Hörspiele/-bücher	13	15
Tageszeitung (online)	10	15
Zeitschriften/Magazine (online)	8	14
E-Books lesen	11	5

■ Mädchen ■ Jungen

Quelle: JIM 2018, Angaben in Prozent, *egal über welchen Verbreitungsweg, Basis: alle Befragten, n = 1.200

1 a) Sieh dir das Schaubild an. Was ist dargestellt? Sprich darüber mit einem Partner.

b) 💡 Mache dir Notizen zum Thema, zum Inhalt und zur Quelle der Informationen.

2 a) Lies die Fragen A–D und notiere dir jeweils den Buchstaben der richtigen Antwort.

b) Welches Lösungswort ergibt sich? Arbeitet zu zweit und kontrolliert euch gegenseitig.

3 Überlege dir selbst zwei Fragen zum Schaubild und stelle sie einem Partner.

Tipp

💡 **zu 1)** Kläre folgende Fragen:
— Wie lautet das Thema des Schaubilds?
— Was ist dargestellt?
— Was bedeuten die Farben?
— Woher stammen die Daten?

A. Die Jugendlichen wurden gefragt, wie oft pro … sie sich mit Medien beschäftigen.
→ Tag/ Woche   B
→ Monat   F
→ Jahr   A

B. Am häufigsten nutzen die Jugendlichen …
→ das Smartphone   A
→ das Tablet   U
→ das Radio   M

C. Siebzig Prozent der Jungen gaben an, dass sie täglich oder mehrmals pro Woche …
→ Online- Videos sehen   D
→ das Internet nutzen   E
→ den Fernseher nutzen   C

D. Viel mehr Jungen als Mädchen …
→ spielen digitale Spiele   H
→ hören häufig Musik   R
→ lesen Bücher   S

2.4 (6) Kriterien einer verantwortungsbewussten Nutzung aktueller digitaler Medien und sozialer Netzwerke erarbeiten, erproben und reflektieren und dabei selbstständig wesentliche rechtliche und soziale Grundlagen im Umgang mit Medien beachten

Neue und traditionelle Medien unterscheiden

Die Welt vor Erfindung des Handys

Maps · Podcast · Messenger · Blog · Textverarbeitung · Games · Kontakte · Newsfeed · Videostream · Wetterapp · Bildbearbeitung

1 Beschreibe, was du auf dem Bild siehst.

2
a) Worauf weist das Bild hin?
Sprecht darüber in der Klasse.
b) Lies die *Lernbox* und fertige eine Liste mit neuen und traditionellen Medien an.
c) Vergleicht zu zweit eure Listen.
d) Sprecht in der Gruppe darüber, welche Medien ihr häufig nutzt.

3
a) Sammelt zu zweit in einer Tabelle, welche Vorteile und welche Nachteile traditionelle und neue Medien jeweils haben.
b) Tragt eure Ergebnisse in der Klasse zusammen und diskutiert darüber.

4 Lest die folgende Anleitung und führt eine Pro- und Kontra-Diskussion durch.

Lernbox

Neue und traditionelle Medien unterscheiden

Medien sind Informationsträger. Sie dienen der Kommunikation und Information.
Oft werden Medien auch zur Veranschaulichung genutzt (z. B. bei Vorträgen).
1 Neue Medien sind *digitale* Informationsträger, z. B. *Handy, Tablet*. Sie erlauben meist eine Reaktion der Nutzer und ein wechselseitiges Kommunizieren, sind also **interaktiv**.
2 Traditionelle Medien nennt man *analoge* Informationsträger. Dabei verläuft die Kommunikation einseitig vom Sender zum Empfänger (z. B. *Zeitungen, Bücher*).

Neue Medien Pro und Kontra

1 Jeder schreibt auf einen Zettel ein traditionelles Medium und ein neues Medium, das eine ähnliche Funktion hat, z. B. *Buch / E-Book-Reader*.
2 Faltet und mischt die Zettel anschließend.
3 Bildet Zweierteams und zieht einen Zettel. Lest die Begriffe und legt den Zettel zurück.
4 Verteilt die Rollen: Einer wirbt für das neue, der andere für das traditionelle Medium.
5 Nacheinander hat jeder eine Minute Zeit, um sein Medium vor der Klasse anzupreisen.
6 Gebt einander Feedback: Wer hat überzeugt?
7 Wiederholt das Spiel mehrmals.

2 4 (6) Kriterien einer verantwortungsbewussten Nutzung aktueller digitaler Medien und sozialer Netzwerke erarbeiten, erproben und reflektieren und dabei selbstständig wesentliche rechtliche und soziale Grundlagen im Umgang mit Medien beachten

93

Die Wirkung von Medien untersuchen

A

1 Sieh dir die Bilder links an und beschreibe sie genau. Unterscheide dabei:
— *was auf dem Bild dargestellt ist,*
— *wie das Bild auf dich wirkt.*

2 Arbeitet zu zweit und ordnet den Bildern folgende Begriffe zu:

> *düster — fröhlich — traurig — unangenehm — wütend — lustig — entspannt — erwartungsvoll — angespannt — frustriert — verspielt — deprimiert — nervös — ruhig — genervt — gelangweilt — angenehm*

B

3 a) Suche dir einen Begriff aus, den du für eines der Bilder besonders passend findest. Schreibe ihn auf eine Wortkarte.
b) Notiert die Buchstaben der Bilder (A–C) an der Tafel. Hängt dann eure Wortkarten auf.
c) Vergleicht die Ergebnisse. Was fällt auf? Wirken die Bilder auf alle gleich?

4 a) Welche Art von Musik würde zu welchem Bild passen? Begründe deine Meinung.
b) Hört euch zu zweit die Titelmusik von einem Actionfilm, einem Zeichentrickfilm und einem traurigen Film an.
Sprecht über die Wirkung der Musik.

C

5 a) Lies die folgende Aussage:
Bilder, Musik und Filme beeinflussen uns, ob wir wollen oder nicht, denn sie lenken unsere Gefühle in eine bestimmte Richtung.
b) Stimmst du dieser Aussage zu? Notiere Argumente (→ S. 192).
c) Diskutiert darüber in der Klasse.

2.4 (1) die Wirkungsabsichten unterschiedlicher Medien (z. B. Unterhaltung, Information, Propaganda, Manipulation) durch die Auseinandersetzung mit den jeweils eingesetzten Gestaltungsmitteln erkennen · 2.4 (2) die Vermischung von Realität und Fiktion in medialen Darstellungen anhand erarbeiteter Kriterien beurteilen (z. B. Infotainment, Computerspiele)

6 a) Einigt euch mit eurer Lehrkraft auf einen Film, den ihr untersuchen wollt. Schaut euch eine kurze Filmszene ohne Ton an.

b) Findet zu zweit drei Adjektive, die die Stimmung der Szene treffend bezeichnen.

c) Schaut euch die Szene ein zweites Mal an und lasst dabei lustige Musik laufen (z. B. Zirkusmusik). Wirkt die Szene nun anders?

d) Wiederholt den Vorgang mit trauriger Musik. Wie ändert sich die Stimmung?

7 Auch die Werbung nutzt Musik, um eine bestimmte Stimmung zu erzeugen.

a) Seht euch Werbeclips (z. B. für *Kosmetik*, *Autos* oder *Nahrungsmittel*) ohne Ton an.

b) Überlegt zu zweit, welche Musik zu den Bildern jeweils passen könnte.

c) Seht euch die Clips anschließend noch einmal mit Ton an. Hattet ihr recht?

8 a) Sucht euch zu zweit einen Werbeclip aus.

b) Beschreibt den Clip mit eigenen Worten:
   – *Wer kommt darin vor?*
   – *Was ist zu sehen?*
   – *Was geschieht in welcher Reihenfolge?*

c) Erklärt, welche Funktion die Musik in dem Werbeclip hat.

d) Stellt Vermutungen an, welche Gefühle der Werbeclip beim Zuschauer auslösen soll.

9 Lies die *Lernbox* und erkläre mit eigenen Worten, welche Funktion Musik in einem Film oder Werbeclip haben kann. Erläutere das am Beispiel von Filmen oder Clips, die du kennst.

10 Diskutiert in Kleingruppen folgende Fragen:
   – *War euch bewusst, wie sehr Filme und Werbung unsere Gefühle beeinflussen?*
   – *Findet ihr das immer in Ordnung?*
   – *Welche Gefahren bringt diese Art der Beeinflussung mit sich?*

Lernbox

Filmmusik und ihre Wirkung

Die Musik in einem Spielfilm nennt man auch Soundtrack. Oft wird sie speziell für den Film komponiert. Die Musik kann im Film unterschiedliche Funktionen erfüllen:

1 Expressive Funktion (Ausdruck von Stimmungen): Viele Spielfilme und Werbeclips sind mit Musik unterlegt, um die Wirkung der Bilder zu unterstützen und die Gefühle der Zuschauer zu beeinflussen. So empfinden wir eine Szene dann als besonders romantisch oder traurig.

2 Dramaturgische Funktion (Gestaltung der Figuren und der Handlung): Häufig werden Personen im Film durch die Musik charakterisiert, oft läuft z. B. bedrohliche Musik, wenn zwei Gangster sich beraten.

3 Syntaktische Funktion (Verbindung von Szenen): Musik kann auch Überleitungen zwischen einzelnen Szenen schaffen oder Handlungsstränge voneinander abgrenzen.

Die Wirkung von Medien kritisch prüfen

A

B

1 a) Betrachtet zu zweit die beiden Plakate. Aus welcher Zeit stammen sie vermutlich?

b) Sind euch im Unterricht eines anderen Faches schon ähnliche Plakate begegnet? Berichtet darüber in der Klasse.

2 a) Entscheidet euch für eines der Plakate (A oder B). Beschreibt, was es zeigt.

b) Besprecht zu zweit folgende Fragen:
   — *Welches historische Geschehen verbindet man mit den Jahren 1939 – 1945?*
   — *Wer bzw. was ist auf dem Plakat zu sehen?*
   — *Was verlangt oder verspricht das Plakat?*
   — *Was könnten die Personen auf dem Plakat denken? Wie geht es ihnen?*

3 a) Trefft euch mit einem Team, das ein anderes Plakat bearbeitet hat. Präsentiert euch gegenseitig eure Ergebnisse.

b) Diskutiert in einer Gruppe, was mit diesen Plakaten vermutlich erreicht werden sollte.

c) Überlegt gemeinsam, warum die Menschen sich davon beeindrucken ließen.

4 a) Lest die *Lernbox* und erklärt den Begriff *Propaganda* mit eigenen Worten.

b) Diskutiert in der Klasse: Lassen sich auch heute noch Menschen durch Medien beeinflussen oder täuschen?

c) Sammelt zu zweit Beispiele, wie versucht wird, Menschen durch Medien zu beeinflussen. Recherchiert dazu im Internet.

d) Präsentiert eure Ergebnisse der Klasse.

Lernbox

Was ist Propaganda?

1 Als **Propaganda** bezeichnet man die Verbreitung einer Idee oder Meinung mit dem Ziel, Menschen zu beeinflussen, ohne dass sie es merken.

2 Propagandaplakate oder -filme informieren nicht, sondern versuchen, **Stimmung für oder gegen etwas** zu machen und die Menschen gezielt zu manipulieren.

3 Meist wird der Begriff für historische Plakate oder Reden verwendet. Manchmal wird aber auch heutige Werbung für Parteien und Produkte als Propaganda bezeichnet.

2.4 (1) die Wirkungsabsichten unterschiedlicher Medien (z. B. Unterhaltung, Information, Propaganda, Manipulation) durch die Auseinandersetzung mit den jeweils eingesetzten Gestaltungsmitteln erkennen · 2.4 (2) die Vermischung von Realität und Fiktion in medialen Darstellungen anhand erarbeiteter Kriterien beurteilen (z. B. Infotainment, Computerspiele)

Medien bewusst verändern

A

B

C

1 Seht euch zu zweit die Bilder A und B an.
a) Welches Bild ist original, welches ist bearbeitet? Begründet eure Vermutung.
b) Findet ihr die Bearbeitung des Bildes
   gelungen? Begründet eure Einschätzung.
c) Notiert Ideen, warum oder wofür jemand
   ein Bild so bearbeiten lassen könnte.

2 Tragt in der Klasse zusammen, welche
Programme ihr kennt, um Fotos zu bearbeiten.
Berichtet von euren Erfahrungen.

D

3 a) Suche verschiedene Fotos prominenter
   Personen im Internet und vergleiche sie:
   Welche wurden vermutlich bearbeitet?
b) Präsentiere die Bilder. Erkläre, warum du
   vermutest, dass sie bearbeitet wurden.
c) Was hältst du davon, dass Bilder von
   Prominenten oft stark bearbeitet werden?

4 a) Welche Gründe kann es geben, dass
   Menschen Fotos bearbeiten? Sammelt
   zu zweit Ideen und Überlegungen.
b) 💡 Informiert euch, woran ihr erkennen
   könnt, ob ein Foto bearbeitet wurde.
   Erstellt eine Checkliste.

Tipp

💡 **zu 4 b)** Achten solltet ihr z.B. auf
diese Punkte: *Ist das Bild plausibel,
gibt es ähnliche Aufnahmen? Stimmen
Umgebung und angeblicher Aufnahmeort
überein? Passen Tageszeit, Sonnenstand
und Schattenwurf zusammen?*

5 a) Sieh dir die Bilder C und D an.
   Beschreibe, was sie zeigen und wie
   sie vermutlich entstanden sind.
b) Zu welchen Schwierigkeiten kann es
   führen, wenn jemand ein Bild wie die
   Bilder C und D ins Internet stellt? Notiert
   Stichpunkte und vergleicht in der Klasse.

2.4 (1) die Wirkungsabsichten unterschiedlicher Medien (z. B. Unterhaltung, Information, Propaganda, Manipulation) durch
die Auseinandersetzung mit den jeweils eingesetzten Gestaltungsmitteln erkennen · 2.4 (2) die Vermischung von Realität
und Fiktion in medialen Darstellungen anhand erarbeiteter Kriterien beurteilen (z. B. Infotainment, Computerspiele)

97

Medien verantwortungsvoll nutzen

1 a) Vermutlich hast du diese Zeichen schon gesehen. Erkläre, was sie bedeuten.

b) Arbeitet zu zweit und stellt Vermutungen an: Wonach wird entschieden, ab welchem Alter ein Film oder Spiel freigegeben ist?

2 Kennst du Filme oder Spiele, die deiner Meinung nach nicht das richtige FSK-/USK-Siegel tragen oder bei denen gar kein Siegel verwendet wird, obwohl das nötig wäre? Sammelt Beispiele in der Klasse.

3 a) Informiere dich im Internet genauer über die FSK und die USK. Fasse die Kriterien, nach denen sie entscheiden, zusammen.

b) Finde heraus, wer die Einstufung vornimmt.

4 a) Lies den Text auf der rechten Seite.

b) Gib das Urteil des Gerichts mit eigenen Worten wieder.

c) Findest du das Urteil sinnvoll und richtig? Diskutiert darüber in einer Gruppe.

5 Bearbeitet eine der folgenden Aufgaben.

a) Bereitet ein Rollenspiel vor, in dem eine Familie über das Urteil diskutiert.

b) Schreibt einen Leserbrief (→ S. 197), in dem ihr zu dem Urteil Stellung nehmt.

Videospiele – das Urteil eines Gerichts

In Bad Hersfeld standen im Jahr 2017 Eltern vor Gericht, weil sie ihren zehnjährigen Sohn Videospiele spielen ließen, die erst ab 18 frei
5 *gegeben sind. Hier ein Auszug aus dem Urteil:*

Der [...] Gefahr für das Kindeswohl des 10-jährigen Jungen kann hier nur [entgegengewirkt] werden, indem die [...] Videospiele von dem Kind weggenommen [...] werden.
10 Das Kind kann und darf sich [...] künftig noch weiterhin mit [...] Videospielen beschäftigen, [die] für sein Alter und den Stand seiner Entwicklung angemessen erscheinen, [zum Beispiel] das Spiel „FIFA 2017" [...].
15 Zugleich wurde [festgelegt], dass die Eltern auch künftig sämtliche Videospiele, die eine auf der Verpackung ersichtliche Einstufung „USK ab 18" tragen, dem Kind nicht [...] zum Spielen überlassen dürfen. Solche Spiele
20 dürfen dem Kind auch dann nicht überlassen werden, wenn diese noch von gleichaltrigen Freunden oder Klassenkameraden [...] gespielt werden und das Kind [behauptet], sonst zu einem Außenseiter in einer Gruppe
25 zu werden.

2.4 (4) geeignete Medien (z. B. aus Bücherei, Mediathek) zur Freizeitgestaltung sowie zum Mediengenuss nutzen · 2.4 (6) Kriterien einer verantwortungsbewussten Nutzung aktueller digitaler Medien und sozialer Netzwerke erarbeiten, erproben und reflektieren und dabei selbstständig wesentliche rechtliche und soziale Grundlagen im Umgang mit Medien beachten

Risiken beim Medienkonsum beachten

Ballerspiele machen auf Dauer immer aggressiver

Brutale Video- und Computerspiele steigern die Aggression nicht nur kurzzeitig, das zeigen zumindest neue Experimente mit Studenten. Wissenschaftler haben erstmals die Langzeit-
5 wirkung von brutalen Videospielen getestet: Je mehr Zeit jemand mit Kriegs- oder Ballerspielen verbringt, desto feindseliger und aggressiver wird sein Verhalten.

Gewaltsame Videospiele machen nicht nur
10 aggressiv, sondern können auf lange Sicht aggressives Verhalten festigen und steigern. Zu diesem Ergebnis kommt eine Studie von französischen, deutschen und amerikanischen Forschern. [...] Für die Studie ließen [die For-
15 scher] 70 männliche und weibliche Studenten drei Tage lang für jeweils 20 Minuten gewaltsame oder normale Videospiele spielen. Anschließend mussten sie eine Geschichte lesen, in der es um eine mögliche Auseinan-
20 dersetzung ging, und sich das Verhalten der Betroffenen vorstellen. Die Studenten, die vorher gewaltsame Videospiele gespielt hatten, rechneten mit feindseligeren Reaktionen als die anderen Versuchsteilnehmer.

25 Anschließend nahmen beide Gruppen an einem Wettkampf teil, bei dem sie den Gegner mit einem plötzlichen Krach „bestrafen" konnten. Die Spieler der gewaltsamen Spiele fügten ihren Gegnern regelmäßig größere
30 Schmerzen zu als die anderen.

In beiden Fällen verstärkte sich die Tendenz in den folgenden Tagen: Je häufiger die Studenten gewaltsamen Videospielen ausgesetzt

waren, desto stärker wurden ihre feindseligen
35 Gedanken und ihr aggressives Verhalten.

Die Versuche zeigten laut den Forschern, dass gewaltsame Videospiele nicht nur kurzzeitig Aggressionen steigern, wie bereits in Vorgängerstudien nachgewiesen, sondern durchaus
40 anhaltende Verhaltensänderungen mit sich bringen können. [...]

1 Lies den Text und beantworte folgende Fragen dazu schriftlich:
- *Wie viele Studenten nahmen an der Studie teil?*
- *Wie lange dauerte die Studie insgesamt?*
- *Worum ging es in der Geschichte, die die Studenten lesen mussten?*
- *Womit konnten die Teilnehmer ihre Gegner bei dem Wettkampf bestrafen?*
- *Zu welchem Ergebnis kamen die Forscher?*

2 Stelle Vermutungen an, was in Zeile 23 mit *„feindseligeren Reaktionen"* gemeint ist.

3 Fasst zu zweit mit eigenen Worten zusammen, wie die Studie abgelaufen ist.

4 Welche Meinung hast du zu dieser Studie und ihrem Ergebnis? Diskutiert in der Klasse.

5 Nimm schriftlich Stellung zu der Frage: Kann ein Computerspiel einen Menschen negativ beeinflussen?

2.1 (3) selbstständig verschiedene Lesetechniken und -strategien zur Erschließung von Inhalt und Intention kontinuierlicher und diskontinuierlicher Texte verwenden · 2.4 (1) die Wirkungsabsichten unterschiedlicher Medien erkennen · 2.4 (2) die Vermischung von Realität und Fiktion in medialen Darstellungen anhand erarbeiteter Kriterien beurteilen (z. B. Infotainment, Computerspiele)

99

Schaubilder auswerten

1 a) Welche Ausbildungsberufe kennst du? Schreibe sie auf.

b) Erstelle eine Top-Five-Liste der Ausbildungsberufe, die dich am meisten interessieren.

c) Vergleicht eure Notizen zu zweit. Tauscht euch über eure Top-Five-Listen aus.

2 Welche Arten von Schaubildern kennt ihr? Tauscht euch zu zweit darüber aus.

3 a) Lies die Überschrift von Schaubild 1 und gib wieder, um welches Thema es geht.

b) Betrachtet das Schaubild zu zweit. Klärt unbekannte Berufe mit der Klasse.

c) Schreibt mindestens drei Aussagen auf, die ihr dem Schaubild entnehmen könnt.

d) Gibt es bei der Wahl der Ausbildungsberufe Unterschiede zwischen Männern und Frauen? Wenn ja, woran könnte das liegen? Diskutiert zu zweit darüber.

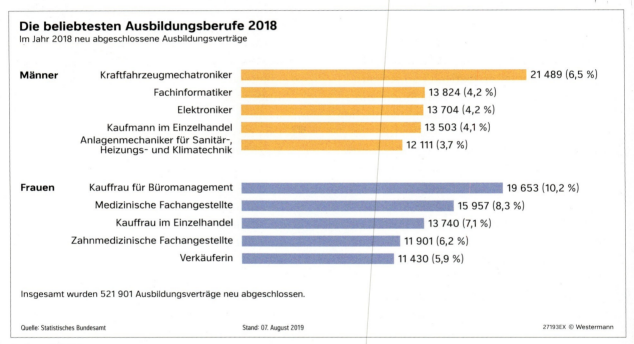

Die beliebtesten Ausbildungsberufe 2018
Im Jahr 2018 neu abgeschlossene Ausbildungsverträge

Männer

Kraftfahrzeugmechatroniker	21 489 (6,5 %)
Fachinformatiker	13 824 (4,2 %)
Elektroniker	13 704 (4,2 %)
Kaufmann im Einzelhandel	13 503 (4,1 %)
Anlagenmechaniker für Sanitär-, Heizungs- und Klimatechnik	12 111 (3,7 %)

Frauen

Kauffrau für Büromanagement	19 653 (10,2 %)
Medizinische Fachangestellte	15 957 (8,3 %)
Kauffrau im Einzelhandel	13 740 (7,1 %)
Zahnmedizinische Fachangestellte	11 901 (6,2 %)
Verkäuferin	11 430 (5,9 %)

Insgesamt wurden 521 901 Ausbildungsverträge neu abgeschlossen.

Quelle: Statistisches Bundesamt   Stand: 07. August 2019   27193EX © Westermann

Schaubild 1

4 Werte das Schaubild aus und schreibe die Auswertung ausführlich auf.

5 a) Vergleiche das Schaubild 1 mit deiner Top-Five-Liste aus Aufgabe 1. Was fällt dir auf?

b) Erstellt eine Top-Five Liste für eure Klasse und hängt sie im Klassenzimmer auf.

Tipp

 zu 4)
Ein Schaubild auswerten

Auf folgende Punkte solltest du bei der Auswertung eines Schaubildes eingehen:
Form (z. B. Balkendiagramm) — Thema — Zeitpunkt/Zeitraum — Quelle der Daten — Zahl der Befragten — Ergebnisse — Schlussfolgerungen — Auffälligkeiten

2.3 (1) lebensrelevante und berufsbezogene Informationen aus komplexen, selbst recherchierten kontinuierlichen und diskontinuierlichen Texten unterschiedlicher Medien zur Betrachtung von Themen aus verschiedenen Blickwinkeln verwenden

6 Betrachte Schaubild 2 und beantworte dazu folgende Fragen:
— *Worum geht es in dem Schaubild?*
— *Wer wurde befragt?*
— *Was bedeuten die unterschiedlichen Farben?*
— *Was ist mit den einzelnen Kriterien gemeint?*
— *Welche drei Kriterien werden am häufigsten genannt?*

7 a) Überlegt gemeinsam, inwiefern Frauen und Männer unterschiedliche Erwartungen an ihren zukünftigen Beruf haben könnten.
b) Betrachtet das Schaubild erneut. Welche Unterschiede gibt es tatsächlich zwischen den Angaben von Frauen und Männern?
c) Wie lassen sich die Unterschiede erklären? Diskutiert eure Vermutungen in der Klasse.

8 a) Welche Erwartungen hast du an deinen zukünftigen Beruf? Erstelle dazu selbst ein Schaubild. Du kannst dabei insgesamt einhundert Punkte auf unterschiedliche Kriterien oder Erwartungen verteilen.
b) Vergleicht zu zweit eure Schaubilder und tauscht euch über eure Erwartungen aus.

9 a) Tauscht eure Schaubilder innerhalb der Klasse und wertet jeweils das Schaubild eines Mitschülers/einer Mitschülerin aus.
b) Stellt die Ergebnisse in der Klasse vor. Gebt einander Feedback zur Gestaltung der Schaubilder.

Schaubild 2

10 Sprecht zu zweit über folgende Fragen:
— *Was ist euch beim Auswerten der Schaubilder schwergefallen?*
— *Was ist euch leichtgefallen?*
— *Was habt ihr dazugelernt?*

Tipp

zu 8 a)
Ein Diagramm erstellen

1 Schreibe dir die **Kriterien**, die genannt werden sollen, und die **dazugehörigen Daten** (Zahlen, hier: Punkte) auf.
2 Entscheide dich für die **Form der Darstellung** (z. B. Säulen-, Balken- oder Tortendiagramm).
3 Nimm ein **kariertes Papier** und erstelle dein Diagramm, indem du für **jedes Kästchen eine Einheit** vorgibst (z. B. 1 Kästchen = 5 Punkte).
4 Zeichne **Säulen, Balken** oder **Flächen** und **beschrifte** sie entsprechend.

3.2 (5) Inhalte zu kontinuierlichen und diskontinuierlichen Texten zusammenfassen (z. B. als Schaubild, Fließtext mit grafischer Veranschaulichung) und dabei die Funktionalität reflektieren

101

Einem Flyer Informationen entnehmen

1 a) Notiert zu zweit, welche Abschlüsse ihr
an der Mittelschule machen könnt
und was ihr dafür tun müsst.

b) Sammelt die Ergebnisse in der Klasse.

2 Betrachte das Bild und lies die Überschrift
des Flyers. Notiere deine Vermutungen:
— *Worüber informiert der Flyer?*
— *An wen richtet er sich?*

Die Mittelschule

Was bietet die Mittelschule?

Die Mittelschule legt Wert darauf, dass möglichst alle Jugendlichen einen Abschluss erreichen. Für besonders leistungsfähige Schülerinnen und Schüler gibt es die Möglichkeit, den mittleren Schulabschluss zu erlangen.

Ein besonderes Merkmal der Mittelschule ist die Berufsorientierung. Alle Schülerinnen und Schüler besuchen die berufsorientierenden Fächer *Technik*, *Wirtschaft und Kommunikation* sowie *Ernährung und Soziales* und absolvieren mehrere Praktika. So kann später eine passendere Berufswahl erfolgen.

In der Mittelschule hat jede Klasse außerdem eine Klassenlehrkraft, die durch eine hohe Stundenanzahl in der Klasse alle Lernenden gut kennenlernt und so auch auf individuelle Bedürfnisse eingehen kann.

Welche Möglichkeiten gibt es nach der Mittelschule?

Nach der Mittelschule gibt es, je nach erreichtem Abschluss, verschiedene Wege und Möglichkeiten.

Eine Möglichkeit ist der Beginn einer beruflichen Ausbildung. Viele Ausbildungen können mit dem qualifizierenden Abschluss der Mittelschule begonnen werden.

Mit dem mittleren Abschluss der Mittelschule ist auch der Besuch von Fachakademien oder Fachschulen möglich. Hier kann man beispielsweise Fremdsprachenberufe erlernen oder höhere Abschlüsse erreichen.

Auch durch den erfolgreichen Abschluss einer beruflichen Ausbildung kann bei entsprechenden Noten der mittlere Schulabschluss erreicht werden.

Fazit:
Die Mittelschule bietet viele Möglichkeiten und praktische Erfahrungen, die für den späteren beruflichen Weg von Vorteil sind.

2.1 (1) auch komplexere pragmatische Texte informationsentnehmend, sinnkonstruierend, zügig und exakt lesen · 2.3 (1) lebensrelevante und berufsbezogene Informationen aus komplexen, selbst recherchierten kontinuierlichen und diskontinuierlichen Texten unterschiedlicher Medien zur Betrachtung von Themen aus verschiedenen Blickwinkeln verwenden

3 Entscheide dich für eine Aufgabe, um den Sachtext auf Seite 102 zu erschließen.

a Wenn du dir bei der 5-Schritt-Lesemethode (S. 280) noch nicht sicher bist, bearbeite die Aufgaben 4 bis 8.

b Wenn du die 5-Schritt-Lesemethode bereits gut beherrschst, bearbeite den Text eigenständig mit dieser Methode. Arbeite dann weiter bei Aufgabe 9.

Schritt 1: Feststellen, wovon ein Text handelt

4 a) Überlege, wovon der Text handeln könnte. Deine Notizen aus Aufgabe 2 helfen dir dabei.
b) Notiere dir Fragen zum Text:
  — *Welche Abschlüsse kann man an der Mittelschule errreichen?*
c) Lies den Text aufmerksam durch. Beantworte deine Fragen, soweit möglich.

Schritt 2: Unbekannte Wörter klären

5 a) Unterstreiche auf COPY 9 alle dir unbekannten Wörter.
b) Versuche, die Bedeutung der Wörter aus dem Textzusammenhang zu erklären: *leistungsfähige Schüler = Schüler mit guten Noten*
c) Schlage die übrigen Wörter im Wörterbuch nach oder nutze dafür das Internet.

Schritt 3: Schlüsselstellen im Text markieren

6 a) Markiere auf Copy 9 Schlüsselstellen im Text.
b) Vergleicht zu zweit eure Ergebnisse.

Schritt 4: Den Text in Sinnabschnitte gliedern

7 a) Lege eine Tabelle nach folgendem Muster an und ergänze sie.

Sinnabschnitt	Zeile	Überschrift
1	1 – 5	XXXX
2	6 – xxx	XXXX

b) Vergleicht eure Lösungen in der Klasse und begründet eure Entscheidungen.

Schritt 5: Die Informationen zusammenfassen

8 Fasse die wichtigsten Informationen aus dem Text zusammen.

9 Arbeitet zu zweit. Tauscht eure Zusammenfassungen und bearbeitet folgende Aufgaben:
a) Lies den Text deines Partners.
b) Gib ihm Feedback.
c) Verbessere deine eigene Zusammenfassung mithilfe der Anmerkungen.

10 Sprecht in der Klasse über die Arbeit mit der 5-Schritt-Lesemethode:
— *Hast du dich für Aufgabe 3 a) oder 3 b) entschieden? Warum?*
— *Wie bist du mit dem Text und den Aufgaben zurechtgekommen?*

11 Stelle die Wege nach der Mittelschule grafisch in einem Schaubild dar (z. B. mit Pfeilen).

Beispiel:

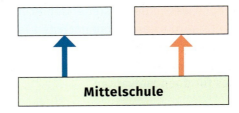

2.3 (1) lebensrelevante und berufsbezogene Informationen aus komplexen Texten unterschiedlicher Medien zur Betrachtung von Themen aus verschiedenen Blickwinkeln verwenden · 3.2 (5) Inhalte zu kontinuierlichen und diskontinuierlichen Texten zusammenfassen (z. B. als Schaubild, Fließtext mit grafischer Veranschaulichung) und dabei die Funktionalität reflektieren

103

Einen Sachtext erschließen

1 a) Lies die Überschrift und betrachte die Bilder.
   b) Notiere deine Vermutungen: Wovon könnte der Text handeln?
   c) Vergleicht eure Vermutungen in der Klasse.

2 Lies den Text aufmerksam durch (COPY 10) und erschließe ihn mithilfe der Schritte 1–4 der 5-Schritt-Lesemethode(→ S. 280).

School's out – und dann?
Von Angelika Bickel

Es ist Donnerstag 14 Uhr, die Sonne scheint, das Thermometer klettert auf 30° C. Fast alle Schüler der nahe gelegenen Mittelschule stehen am Freibad an, um sich die nötige
5 Abkühlung zu verschaffen. Eis essen, mit Freunden reden, auf einer Decke sitzen und zwischendurch ins Wasser springen – ein normaler Juninachmittag für die Jugendlichen. Für die meisten – nicht für alle. Eine Gruppe
10 Schüler ist jetzt eher selten im Freibad anzutreffen. Sie sitzen in ihren Zimmern und schwitzen. Nicht nur wegen der Hitze, sondern auch wegen der anstehenden Prüfungen. Jetzt wird es ernst, die nächsten Tage
15 entscheiden über die weitere Zukunft. Je besser der Abschluss, desto mehr Optionen gibt es für die Absolventen.

Die denkbaren Wege sind vielfältig. Doch die Entscheidung will gut überlegt sein, schließ-
20 lich geht es um das weitere Leben.

So wie bei Anne vor fast genau einem Jahr. Sie wusste bereits vor den Abschlussprüfungen, was sie ab September machen wird – eine Ausbildung zur Automobilkauffrau.
25 Bei 30 Grad Außentemperatur steht sie im klimatisierten Verkaufsraum eines großen Autohauses und führt einem Kunden das neueste Modell vor.

Sie ist elegant gekleidet und wirkt wie ein
30 Profi, ihr Ausbilder steht in der Nähe und beobachtet das Geschehen – falls Fragen auftauchen, die sie nicht beantworten kann. Anne ist auch heute noch glücklich über ihre Wahl. „Bisher ist alles eigentlich genauso,
35 wie ich es mir vorgestellt hatte. Vor allem die Tatsache, dass ich endlich mein eigenes Geld verdiene, ist der Wahnsinn. Das ist eine Art von Freiheit, die ich vorher nicht kannte. Außerdem werde ich jetzt auch von meinen
40 Eltern anders behandelt. Ich bin jetzt keine Schülerin mehr, ich arbeite und zeige Verantwortung", erzählt sie lächelnd.

Anne

Natürlich sieht Anne auch Nachteile. Zum Beispiel die Tatsache, dass nun mehr Verant-
45 wortung auf ihr lastet oder eben auch, dass

2.1 (1) auch komplexere pragmatische Texte informationsentnehmend, sinnkonstruierend, zügig und exakt lesen ·
2.3 (1) lebensrelevante und berufsbezogene Informationen aus komplexen, selbst recherchierten kontinuierlichen und diskontinuierlichen Texten unterschiedlicher Medien zur Betrachtung von Themen aus verschiedenen Blickwinkeln verwenden

sie bei 30 Grad nicht im Freibad ist, sondern bei der Arbeit.

„Ich habe jetzt nur 28 Tage Urlaub im Jahr, das ist ganz schön wenig, wenn man die
50 langen Schulferien gewohnt ist." Trotzdem würde Anne sich erneut so entscheiden.

Eine duale Ausbildung, wie in Annes Fall, kann je nach Beruf mit qualifizierendem Abschluss der Mittelschule oder mit mittle-
55 rem Abschluss der Mittelschule begonnen werden. Die Auszubildenden arbeiten in ihrem Betrieb und besuchen die Berufsschule entweder im Blockunterricht oder ein- bis zweimal die Woche. Während der Ausbildung
60 erhalten sie eine Vergütung, die sich mit jedem Ausbildungsjahr steigert.

Tom muss dagegen bisher auf Geld verzichten. Nach seinem mittleren Schulabschluss im letzten Juli entschied er sich dazu, die
65 Fachoberschule (FOS) zu besuchen. Während die Mittelschüler im kalten Nass plantschen, sitzt er im Klassenzimmer und hört seiner Lehrerin dabei zu, wie sie über frühkindliche Bildung spricht.

Tom

70 Sein Ziel ist die Fachhochschulreife oder auch die allgemeine Hochschulreife – je nachdem, wie gut dieses Jahr läuft. „Ich möchte gerne Soziale Arbeit oder Pädagogik studieren. Mein Traum wäre es, Kindern zu

75 helfen, die daheim Probleme haben. Schule hat mir immer Spaß gemacht. Ich musste eigentlich auch nie besonders viel lernen – hier ist das jetzt allerdings schon etwas heftiger", erklärt Tom. Da er als Schüler kein
80 Geld verdient, wohnt Tom weiterhin bei seinen Eltern und ist auf ihre Unterstützung angewiesen. „Für einen Nebenjob bleibt nicht wirklich viel Zeit, wir haben oft Nachmittagsunterricht oder auch Praktika, bei denen wir
85 normal arbeiten müssen. Aber das ist schon in Ordnung, schließlich habe ich ja ein Ziel, für das ich das hier alles mache", sagt Tom. Auch die Tatsache, dass bald Ferien sind, findet er gut. „Für jemanden, der Schule
90 nicht mag und möglichst schnell von daheim ausziehen möchte, ist die FOS nichts, denke ich. Aber ich finde es gut!"

Die FOS bietet die Möglichkeit, einen höheren Bildungsabschluss zu erreichen.
95 Je nach Interesse und späteren Berufswünschen können verschiedene Zweige der Fachoberschulen, beispielsweise Wirtschaft, Technik, Sozialwesen oder Gestaltung, besucht werden. Der Unterricht findet
100 ganztägig statt und wird durch Praktika ergänzt. Voraussetzung ist der mittlere Schulabschluss. Nach einer Dauer von zwei Jahren kann durch die Fachabiturprüfung die Fachhochschulreife erlangt werden.
105 Besonders gute Absolventen können in einem weiteren Jahr die fachgebundene oder allgemeine Hochschulreife erlangen.

Für welchen Weg sich die diesjährigen Mittelschulabsolventen entscheiden, wird sich
110 noch zeigen. Und vielleicht sollten sie heute auch einfach einmal ihre Bücher ruhen lassen und stattdessen ins Freibad gehen. Denn wer weiß schon, was morgen ist?

2.1 (1) auch komplexere pragmatische Texte informationsentnehmend, sinnkonstruierend, zügig und exakt lesen ·
2.3 (1) lebensrelevante und berufsbezogene Informationen aus komplexen, selbst recherchierten kontinuierlichen und diskontinuierlichen Texten unterschiedlicher Medien zur Betrachtung von Themen aus verschiedenen Blickwinkeln verwenden

105

3 Suche im Text Synonyme (= bedeutungs-gleiche Wörter) für folgende Begriffe. Notiere sie mit Zeilenangabe.

A. xxx (Z. xxx–xxx) = der Schulabgänger
B. xxx (Z. xxx–xxx) = die Wahlmöglichkeiten
C. xxx (Z. xxx–xxx) = schick
D. xxx (Z. xxx–xxx) = der Lohn/das Gehalt

4 a) Erkläre die Überschrift des Textes mit eigenen Worten.
b) Gib in wenigen Sätzen an, worum es in dem Text geht.

5 Bearbeitet folgende Aufgaben zu zweit mithilfe des Textes.
a) Erklärt, was eine duale Ausbildung ist.
b) Schreibt die Vor- und Nachteile einer dualen Ausbildung auf.
c) Erklärt, was die FOS ist.
d) Schreibt die Vor- und Nachteile für den Besuch einer solchen weiterführenden Schule nach der Mittelschule auf.
e) Fallen euch noch weitere Vor- und Nach-teile ein? Ergänzt die beiden Listen.

6 Wähle eine der Aufgaben und erstelle eine Übersicht über die Möglichkeiten nach der Mittelschule, die im Text genannt werden.
a Stelle die Möglichkeiten in einem kurzen Text mit eigenen Worten dar.
b Erstelle eine Grafik mit Beschriftungen, um die Möglichkeiten zu verdeutlichen.

7 Überlegt gemeinsam in der Klasse, welche Arten von Sachtexten ihr bereits kennt.

8 a) Lest den Text „Schools out – und dann?" noch einmal.
b) Beantwortet zu zweit folgende Fragen:
— Wo könntet ihr so einen Text finden?
— Was fällt euch an dem Text auf?
— An wen könnte der Text gerichtet sein?

9 a) Belege die folgende Aussage mit Text-stellen.
Der Text „Schools out – und dann?" will sachlich informieren. Zugleich unterhält er aber die Leser, ist abwechslungsreich geschrieben und angenehm zu lesen.
b) Erläutere, mit welchen Mitteln das gelingt.

10 Lässt der Text auch Meinungen der Autorin erkennen? Diskutiert darüber in der Klasse.

Tipp

zu 9)
Wenn du dir nicht mehr sicher bist, wie das Belegen von Aussagen mit Textstellen geht, kannst du auf S. 283 nachlesen (Beleglesen).

2.1 (1) auch komplexere pragmatische Texte informationsentnehmend, sinnkonstruierend, zügig und exakt lesen · 3.2 (5) Inhalte zu kontinuierlichen und diskontinuierlichen Texten zusammenfassen (z. B. als Schaubild, Fließtext mit grafischer Veranschaulichung) und dabei die Funktionalität reflektieren

Schul- oder Ausbildungstyp?

1 a) Lies den folgenden Test.
 b) Notiere zu jeder Frage deine Entscheidung.
 Du kannst dafür COPY 11 verwenden.

Teste dich! Ausbildung oder weiter zur Schule – welcher Typ bist du?	
A. Mein angestrebter Schulabschluss ist der, den ich für meinen Wunschberuf benötige.	X eher ja X eher nein
B. Praktisches Arbeiten macht mir mehr Spaß als Schule.	X eher ja X eher nein
C. Ich möchte endlich mein eigenes Geld verdienen.	X eher ja X eher nein
D. Lernen fällt mir meist schwer.	X eher ja X eher nein
E. Es macht mir nichts aus, mehrere Stunden am Tag zu arbeiten.	X eher ja X eher nein

2 Zähle deine Antworten zusammen und werte den Test aus.

→ Du hast dich überwiegend für **„eher ja"** entschieden.

Du bist eindeutig bereit für das Berufsleben. Mach dich auf die Suche nach einem geeigneten Ausbildungsplatz!

→ Du hast dich überwiegend für **„eher nein"** entschieden.

Du fühlst dich in der Schule anscheinend wohl. Eine schulische Ausbildung, eine Fachoberschule oder eine andere weiterführende Schule wäre vielleicht das Richtige für dich.

3 a) Bearbeite die Aufgaben für den „Schultyp" oder für den „Ausbildungstyp" – je nachdem, was dein Test ergeben hat.
Arbeite dabei mit einem Partner, der im Test das gleiche Ergebnis hatte.

Der Schultyp
– Recherchiert, welche Fachoberschulen es in eurer näheren Umgebung gibt.
– Notiert für mindestens zwei der Schulen, welche Voraussetzungen für den Besuch erfüllt werden müssen.

Der Ausbildungstyp
– Sucht jeweils ein Berufsbild für eure Wunschberufe.
– Notiert, welche Voraussetzungen für die Ausbildung erfüllt sein müssen.
– Sucht jeweils eine Stellenanzeige für einen Ausbildungsplatz in eurer Nähe.

b) Präsentiert eure Ergebnisse in der Klasse.

2.3 (1) lebensrelevante und berufsbezogene Informationen aus komplexen, selbst recherchierten kontinuierlichen und diskontinuierlichen Texten unterschiedlicher Medien zur Betrachtung von Themen aus verschiedenen Blickwinkeln verwenden

107

Zwei Sachtexte vergleichen

*Sachtexte können sehr unterschiedliche Informationen zum gleichen Thema liefern. – Bearbeitet die Texte auf dieser Doppelseite in zwei Gruppen: Die eine Gruppe liest **Text 1**, die andere Gruppe liest **Text 2**. Bearbeitet in der Gruppe die Aufgaben 1–2, dann die Aufgaben 3 bis 5, wie beschrieben.*

1 Lest den Text und klärt folgende Fragen:
— *Wer hat den Text verfasst?*
— *An wen richtet sich der Text?*
— *Wo könntet ihr einen solchen Text finden?*

2 a) Notiert die wichtigsten Informationen aus dem Text. Überlegt in der Gruppe, in welcher Situation ihr sie brauchen könntet.

b) Welche Informationen fehlen euch? Recherchiert sie gemeinsam.

3 a) Trefft euch jeweils mit einem Gruppenmitglied aus der anderen Gruppe.

b) Vergleicht zu zweit eure Ergebnisse.

c) Notiert, welche Informationen in beiden Texten enthalten sind und welche fehlen.

Text 1 **Ausbildung Mediengestalter/-in Digital und Print**

☺ 881 € bis 995 € pro Monat   ☺ Vollzeit

Für alle, die in einem spannenden, kreativen und abwechslungsreichen Beruf durchstarten möchten, haben wir genau das Richtige:

Die Ausbildung zum/zur Mediengestalter/-in Digital und Print

Zu dir:
• Du bist kreativ, hast ein Auge für gute Gestaltung und einen hohen Qualitätsanspruch?
• Du bist bereit, viele neue Dinge zu lernen?
• Du hast den mittleren Schulabschluss und gute Deutsch- und Englischkenntnisse?
• Du bist ehrlich, höflich und respektvoll?

Beweise, was in dir steckt, und bewirb dich jetzt!
Schicke auch direkt Arbeiten von dir mit (Zeichnungen, Bildbearbeitung, Grafiken o. Ä.)

Das lernst du in der Ausbildung bei uns:
• durchdachte Konzepte zu entwickeln, umzusetzen und auf Kundenwünsche einzugehen,
• Werbematerialien in Grafikprogrammen professionell zu gestalten,
• auf Details zu achten und besonders genau zu arbeiten,
• an Projekten aktiv mitzuwirken und Verantwortung zu übernehmen.

Wir freuen uns auf deine aussagekräftige Bewerbung!
Sybille Krea und Tim Tiv

– Agentur Werbefix –

2.3 (1) lebensrelevante und berufsbezogene Informationen aus kontinuierlichen und diskontinuierlichen Texten unterschiedlicher Medien zur Betrachtung von Themen aus verschiedenen Blickwinkeln verwenden · 2.3 (3) komplexere themengleiche Texte vergleichen und mithilfe von Lesestrategien wesentliche Textaussagen aus anspruchsvollen Texten herausarbeiten

4 Überlegt gemeinsam in der Klasse, warum die Texte unterschiedliche Informationen enthalten.

5 Suche im Internet nach einem Steckbrief für einen anderen interessanten Beruf und schreibe dazu ein passendes Stellenangebot.

Text 2 | **Mediengestalter/-in Digital und Print der Fachrichtung Gestaltung und Technik**

Berufstyp: Anerkannter Ausbildungsberuf
Ausbildungsart: Duale Ausbildung
Ausbildungsdauer: 3 Jahre
Lernorte: Ausbildungsbetrieb und Berufsschule

Was macht man in diesem Beruf?

Mediengestalter/-innen Digital und Print der Fachrichtung Gestaltung und Technik erstellen das Layout für Printmedien und kombinieren Text-, Bild- und Videodateien zu multimedialen Beiträgen, etwa für Netzwerke und Social-Media-Kanäle. Zudem gestalten sie Stempel und Schilder. [...]

Welcher Schulabschluss wird erwartet?

Rechtlich ist keine bestimmte Schulbildung vorgeschrieben. In der Praxis stellen Industriebetriebe überwiegend Auszubildende mit Hochschulreife ein, Handwerksbetriebe wählen vor allem Auszubildende mit mittlerem Bildungsabschluss oder Hochschulreife aus.

Ausbildungsanfänger/-innen 2017 (in %)

ohne Hauptschulabschluss* [3 %]
Hauptschulabschluss* [4 %]
mittlerer Bildungsabschluss [27 %]
Hochschulreife [65 %]
Sonstige [1 %]

je nach Bundesland auch Berufsreife, Berufsbildungsreife, erster allgemeinbildender Schulabschluss, erfolgreicher Abschluss der Mittelschule

Ausbildungsbereich Industrie und Handel

Ausbildungsanfänger/-innen 2017 (in %)

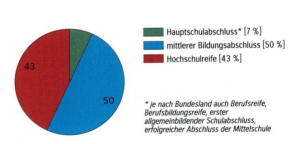

Hauptschulabschluss* [7 %]
mittlerer Bildungsabschluss [50 %]
Hochschulreife [43 %]

je nach Bundesland auch Berufsreife, Berufsbildungsreife, erster allgemeinbildender Schulabschluss, erfolgreicher Abschluss der Mittelschule

Ausbildungsbereich Handwerk

Worauf kommt es an?

- Kreativität und Sinn für Ästhetik (z. B. beim Entwickeln von Layouts)
- zeichnerische Fähigkeiten und räumliches Vorstellungsvermögen (z. B. beim Umsetzen von Gestaltungsentwürfen)
- kaufmännisches Denken und organisatorische Fähigkeiten (z. B. für das Prüfen von Ideen auf Wirtschaftlichkeit)
- handwerkliches Geschick und technisches Verständnis (z. B. beim Einrichten und Bedienen von Maschinen)

2.3 (3) komplexere themengleiche Texte vergleichen und mithilfe von Lesestrategien wesentliche Textaussagen aus anspruchsvollen Texten herausarbeiten · 3.1 (1) komplexe Sachverhalte in Form von kontinuierlichen und diskontinuierlichen Texten strukturieren und gestalten und dabei begründet die Möglichkeiten der elektronischen Datenverarbeitung nutzen

109

Gedichte erschließen und verstehen

Auf Wolken (2009)
Bettina Weis

Ich lauf durch die Stadt,
dein Lächeln in meinem Gesicht.
Ich weiß es genau, ich will nur dich.
Den steinigen Weg erkenne ich nicht.

⁵ Ich lauf durch mein Zimmer, mein Handy in
der Hand.
Es spricht nicht mit mir, bin angespannt.
Der Teppich schwebt, ich halt ihn nicht auf,
genieße den sanften Wolkenlauf.

Ich lauf' durch den Flur, Schmetterlinge im
Bauch,
¹⁰ wirst du pünktlich sein? Meinst du mich?
Magst du mich? Was bin ich für dich?
Es schellt.

1 a) Betrachte das Bild.
Worum geht es wohl in dem Gedicht?
b) Lies das Gedicht zweimal durch.
c) Besprecht zu zweit, welche Wörter oder
Formulierungen euch besonders gefallen.
d) Welche Formulierungen findet ihr albern?
Wie würdet ihr stattdessen formulieren?

2 a) 💡 Finde drei Adjektive, die du den drei
Strophen zuordnen könntest. Notiere sie.
b) Worum geht es? Schreibe zu jeder Strophe
einen kurzen Satz.
c) Schreibe einen zusammenfassenden Satz
über das ganze Gedicht.
d) Vergleicht eure Notizen zu zweit.
e) Sprecht darüber, ob euch das Gedicht
gefällt. Begründet, warum/warum nicht.

Tipp

💡 **zu 2 a)** Mögliche Adjektive:

tert, enttäuscht
besorgt, verletzt, nachdenklich, begeis-
spannt, unbeschwert, verliebt, traurig,
glücklich, unsicher, ängstlich, ange-

3 Schreibe die Tabelle ab und ergänze sie.
Du kannst sie für jedes Gedicht nutzen.

Titel:	XXXX
Autor:	XXXX
Textsorte:	Gedicht
Erscheinungsjahr:	XXXX
Strophen:	XXXX
Verse:	XXXX
Reimschema:	XXXX
Inhalt:	XXXX
Besonderheiten:	XXXX
Wirkung auf mich:	XXXX

4 Bearbeite eine der folgenden Aufgaben:
a Verfasse eine kurze Beschreibung des Gedichts. Verwende die Inhalte der Tabelle
und forme Sätze daraus:
Das Gedicht xxx aus dem Jahr xxx …
b Überlege dir, wie das Gedicht weitergehen
könnte, und schreibe eine eigene Strophe.
Orientiere dich dabei am Reimschema der
ersten Strophe.

2.1 (2) Texte rhythmisch und sinngestaltend vortragen · 2.1 (3) selbstständig verschiedene Lesetechniken und -strategien zur
Erschließung von Inhalt und Intention verwenden · 3.1 (1) komplexe Sachverhalte in Form von kontinuierlichen und
diskontinuierlichen Texten strukturieren und gestalten

Reime erkennen und selbst reimen

Meine Liebste

Ich liebe dich so wie du mich.
Dein Wesen ist für mich lieblich.
Du bringst Freude in mein Leben.
Für dich würde ich alles geben.
5 Ein Tag ohne dich ist ohne Sinn.
Für dich geb ich mein Leben hin.
Die Sonne scheint für uns allein.
Lass uns ewig zusammen sein.

O du mein süß geliebter ...
Du bist in meinem ...
Du bist zart wie ein ...
Bleibe bei mir, du ...
Treu sein sollst du wie ...
Du bist wie eine ...
Dein Lächeln ist ...
Du und nur du bist ...
Wenn ich in deine Augen
seh ...

1 a) Lies die Überschrift. Notiere Vermutungen:
Worum wird es in dem Gedicht gehen?
b) Analysiere das Reimschema.
Die *Lernbox* hilft dir dabei.
c) Schreibe das Gedicht um, sodass ein
anderes Reimschema entsteht.
d) Trefft euch zu zweit und analysiert gegenseitig die Reimschemata eurer Gedichte.

Lernbox

Das Reimschema bestimmen

1 **Paarreim:** Zwei aufeinanderfolgende
Verse reimen sich (*aa bb cc dd*).
2 **Kreuzreim:** Die Verse reimen sich immer
im Wechsel (*abab cdcd*).
3 **Umarmender Reim:** Der erste und letzte
Vers einer Strophe reimen sich. Meist
reimen sich auch die Verse dazwischen
(*abba cddc*).

2 Auf dem Block sind Textbausteine aus
verschiedenen Liebesgedichten vermischt.
a) Lest die Bausteine zu zweit und versucht
dabei gleich, die Sätze zu ergänzen.
b) Erstellt aus den Bausteinen und eigenen
Ideen ein Liebesgedicht. Wählt dafür ein
beliebiges Reimschema.
c) 💡 Überlegt zu zweit, ob sich die
Bausteine auch für ein anderes
Thema eignen. Schreibt ein Gedicht.

3 Bearbeite eine der folgenden Aufgaben.
a Suche im Internet ein Gedicht. Nutze
Bausteine daraus oder schreibe es um.
b Erstelle mit den Ideen auf dieser Seite ein
eigenes Gedicht zu einem neuen Thema.

Tipp

💡 **zu 2 c)** Kein Thema gefunden? Dann
ändert einfach den Adressaten: *Liebstes
Skateboard ..., Lieber Toaster ...*

2.2 (2) eigenständig spezifische Merkmale lyrischer Texte unterscheiden · 2.2 (5) im Rahmen der Erschließung und Interpretation
von literarischen Texten Fachbegriffe sachgerecht anwenden · 3.1 (1) komplexe Sachverhalte in Form von kontinuierlichen und diskontinuierlichen Texten strukturieren und gestalten · 3.2 (3) kreative und produktive Schreibformen für eigene Erzähltexte nutzen

111

Strukturmuster zum Dichten nutzen

1 a) Lies die Gedichte auf dieser Seite.
Sie folgen vorgegebenen Mustern.
   b) Besprich mit einem Partner die Muster.
Erschließt die Regeln und erklärt sie euch
gegenseitig. Die *Lernbox* hilft euch dabei.

2 Schreibe selbst Gedichte nach den Vorgaben.
Wähle dafür eigene Themen.

Wochenende

Spielen
Noch mehr spielen
Meine Freunde spielen ja auch alle.
Warum verstehen meine Eltern das nicht?
Nein!
Ich kann nicht spazieren gehen.
Hausaufgaben!

Kärwa

Endlich ist Kärwazeit.
Wir treffen uns am Autoscooter.
Ich habe mein Taschengeld gespart.
Endlich ist Kärwazeit.
Ich gehe mindestens dreimal hin.
Hoffentlich darf ich das Feuerwerk sehen.
Endlich ist Kärwazeit.
Wir treffen uns am Autoscooter.

Natur

Natur
Ganz allein
im Wald spazieren.
Den Kopf frei bekommen.
Ich sollte jeden Tag wiederkommen.
Natur
Natur
Natur

Sport

Sport
ein Wort.
Nichts für mich.
Andere sind dauernd aktiv.
Warum ich nicht?
Ach egal.
Sofa

Schule

Schule
Schule ist
Schule ist manchmal
Schule ist manchmal ganz
Schule ist manchmal ganz schön
anstrengend

Lernbox

Strukturmuster für Gedichte nutzen

1 **Rondell:** Acht Zeilen, derselbe Satz
wiederholt sich in Zeile 1, 4 und 7. Die
Verse 2 und 8 sind oft ebenfalls identisch.
2 **Stufengedicht:** Wort für Wort baut sich
ein Satz auf. Die letzte Zeile enthält – wie
die erste Zeile – nur ein Wort.
3 **Sieben (auch als Neun möglich):** Das
Gedicht besteht aus sieben Zeilen und
beginnt mit einem Wort. Pro Zeile kommt
ein Wort hinzu, ab Vers 5 hat jede Zeile
dann wieder ein Wort weniger. Der Text
kann linksbündig oder zentriert stehen.
4 **Baumgedicht:** Jede Zeile enthält ein
Wort mehr, in den letzten Zeilen wird das
Wort aus Zeile 1 wiederholt. Auch andere
Formen als der „Baum" sind möglich.
5 **Ablaufgedicht:** Ein Zeitabschnitt
(Schule, Nachmittag, Wochenende) wird
dargestellt (mit oder ohne Reim).

3.1 (1) komplexe Sachverhalte in Form von kontinuierlichen und diskontinuierlichen Texten strukturieren und gestalten · 3.2 (3) kreative und produktive Schreibformen für eigene Erzähltexte nutzen

Gedichte lebendig ausgestalten

A. Die Blätter leuchten wie Gold.
B. Die Sonne lacht über der Lichtung.
C. Die Bäume strecken sich im Wind.
D. Ein Himmelbett aus Laub entsteht.
E. Die Tiere stehen wie stumme Zeugen dabei.
F. Ein grünes Zelt aus Bäumen schützt dich.
G. Rauhe Winde schneiden wie Messer.
H. Der Winter steht vor der Tür.

Im Wald

Ich sehe ...

XXXX

Ich höre ...

XXXX

Ich rieche ...

XXXX

Ich schmecke ...

XXXX

Ich fühle ...

XXXX

Ich bin ...

3 Gedichte wirken durch lebendige Sprache.
a) Lies die *Lernbox* und benenne die sprachlichen Mittel in den Sätzen A–H oben.
b) Sammelt zu zweit weitere Beispiele.
c) Schreibe ein neues Gedicht „Im Wald", das möglichst viele sprachliche Mittel enthält.
d) Vergleicht zu zweit das Gedicht mit eurem Gedicht aus Aufgabe 1.
e) Tragt eure Gedichte in der Klasse vor.

1 a) Betrachte das Bild. Schließe dann die Augen und erinnere dich an einen Augenblick in der Natur.
b) Tauscht euch zu zweit über eure Erinnerungen und Vorstellungen aus.
c) Ergänzt gemeinsam die Vorlage „Im Wald" zu einem kompletten Gedicht.
d) Tragt euch die Gedichte gegenseitig vor.

2 a) Überlege dir ein Thema für ein eigenes Gedicht zu allen Sinnen.
b) Schreibe das Gedicht.
c) Sprecht darüber in der Klasse. Wer mag, kann sein Gedicht vortragen.

Lernbox

Sprachliche Mittel in Gedichten

Sprachliche Mittel machen Gedichte lebendig:
1 Vergleiche werden meist mit dem Wort „wie" eingeleitet: *schnell wie ein Pfeil*.
2 Durch die **Personifikation** erscheinen Dinge, Tiere oder Pflanzen wie Menschen: *der Baum singt ein Windlied*.
3 Metaphern haben eine übertragene Bedeutung. Sie entwerfen ein Bild, das man sich gut vorstellen kann: *die Laubpyramide*.

2.1 (2) Texte rhythmisch und sinngestaltend vortragen · 2.2 (5) im Rahmen der Erschließung und Interpretation von komplexen literarischen Texten Fachbegriffe sachgerecht anwenden · 3.2 (3) kreative und produktive Schreibformen für eigene Erzähltexte nutzen

113

Gedichte wirkungsvoll vortragen

1 a) Lies dir die Gedichte auf dieser und der nächsten Seite in Ruhe durch.

b) Schreibe ein Gedicht, das dir gefällt, in deiner schönsten Schrift fehlerfrei ab.

2 a) Arbeite mit deinem Gedicht:
– *Unterstreiche besondere Betonungen.*
– *Markiere kleine Sprechpausen mit | .*
– *Markiere größere Sprechpausen mit || .*
– *Nutze eigene Markierungen oder Zeichen, zum Beispiel für „laut", „schnell".*

b) Trage dein Gedicht einem Partner vor.

c) Lerne das Gedicht auswendig.

d) Trage es der Klasse betont vor.

3 a) Lies das Gedicht noch einmal. Beschreibe, wie es auf dich wirkt.

b) Beantworte die Fragen unter dem Gedicht und bearbeite die Rechercheaufgabe.

c) Besprecht die Ergebnisse in der Klasse.

Wandrers Nachtlied (1780)
Johann Wolfgang Goethe

Über allen Gipfeln
Ist Ruh'
In allen Wipfeln
Spürest du
5 Kaum einen Hauch;
Die Vögelein schweigen im Walde.
Warte nur, balde
Ruhest du auch.

A. Welches Reimschema hat das Gedicht?
B. Wer wird in dem Gedicht angesprochen?
C. Erkläre den Titel des Gedichts.
D. Recherchiere: Wer war Goethe?

Gemeinsam (1976)
Rose Ausländer

Vergesset nicht
Freunde
wir reisen gemeinsam

besteigen Berge
5 pflücken Himbeeren
lassen uns tragen
von den vier Winden

Vergesset nicht
es ist unsre
10 gemeinsame Welt
die ungeteilte
ach die geteilte

die uns aufblühen lässt
die uns vernichtet
15 diese zerrissene
ungeteilte Erde
auf der wir
gemeinsam reisen

A. Zähle die Verse in den Strophen.
B. Warum reimt sich das Gedicht nicht?
C. Recherchiere: Wie alt war Rose Ausländer 1976?

Die Maske des Bösen (1942)
Bertolt Brecht

An meiner Wand hängt ein japanisches Holzwerk
Maske eines bösen Dämons, bemalt mit Goldlack
5 Mitfühlend sehe ich
Die geschwollenen Stirnadern, andeutend
Wie anstrengend es ist, böse zu sein.

A. Wer könnte die Maske aufhaben?
B. Recherchiere: Wo lebte Bertolt Brecht 1942?

2.1 (2) Texte rhythmisch und sinngestaltend unter Verwendung von Gestik, Klanggestaltung oder musikalischer Untermalung auch einer größeren Öffentlichkeit vortragen · 2.1 (3) selbstständig verschiedene Lesetechniken und -strategien zur Erschlie-ßung von Inhalt und Intention kontinuierlicher und diskontinuierlicher Texte sowie zum Textvergleich verwenden

Schauder (1902)

Christian Morgenstern

Jetzt bist du da, dann bist du dort.
Jetzt bist du nah, dann bist du fort.
Kannst du's fassen? Und über eine Zeit
gehen wir beide in die Ewigkeit
5 dahin – dorthin. Und was blieb? ...
Komm, schließ die Augen und hab mich lieb!

A. An wen ist das Gedicht gerichtet?
B. Welches Reimschema hat das Gedicht?
C. Recherchiere: Wer war Christian Morgenstern?

Glück (1907)

Hermann Hesse

Solang du nach dem Glücke jagst,
Bist du nicht reif zum Glücklichsein,
Und wäre alles Liebste dein.

Solang du um Verlornes klagst,
5 Und Ziele hast und rastlos bist,
Weißt du noch nicht, was Friede ist.

Erst wenn du jedem Wunsch entsagst,
Nicht Ziel mehr noch Begehren kennst,
Das Glück nicht mehr mit Namen nennst,

10 Dann reicht dir des Geschehens Flut
Nicht mehr ans Herz – und deine Seele ruht.

A. Welches Reimschema hat das Gedicht?
B. Welcher Tipp wird im Gedicht formuliert?
C. Recherchiere: Wann hat Hermann Hesse den
    Nobelpreis für Literatur bekommen?

Wiegenlied (1852)

Clemens Brentano

Singet leise, leise, leise,
Singt ein flüsternd Wiegenlied,
Von dem Monde lernt die Weise,
Der so still am Himmel zieht.

5 Singt ein Lied so süß gelinde,
Wie die Quellen auf den Kieseln,
Wie die Bienen um die Linde
Summen, murmeln, flüstern, rieseln.

A. Wie würde ein Bild zum Gedicht aussehen?
B. Recherchiere ein weiteres Brentano-Gedicht.

4 Bearbeite eine der folgenden Aufgaben:
   a Gestalte aus den Vorlagen auf den Seiten
      110 – 115 ein eigenes Gedicht über ein
      Thema deiner Wahl. Das Gedicht darf,
      muss sich aber nicht reimen.
   b Schreibe ein Liebesgedicht an etwas,
      das du liebst, z. B. *dein Haustier, Fußball*.

Lernbox

Gedichte wirkungsvoll vortragen

Um ein Gedicht vorzutragen, markiere ...
1 ... Wörter, die du betonen willst:
   wie die Bienen um die Linde
2 ... deine Sprechpausen: | = kurz, || = lang
   ... um die Linde || summen | murmeln | ...
3 ... das Heben ↑ oder Senken ↓ der Stimme:
   ↑ Singt ↑ ein Lied oder ↓ Singet leise ↓
4 ... schnelles → oder langsames ← Sprechen:
   ← wie die Quellen oder → wie die Bienen
→ **Wichtig:** Halte Blickkontakt mit den
   Zuhörern!

2.1 (2) Texte rhythmisch und sinngestaltend unter Verwendung von Gestik, Klanggestaltung oder musikalischer Untermalung auch einer größeren Öffentlichkeit vortragen · 2.1 (3) selbstständig verschiedene Lesetechniken und -strategien zur Erschließung von Inhalt und Intention kontinuierlicher und diskontinuierlicher Texte sowie zum Textvergleich verwenden

115

Gedichte analysieren und beschreiben

1 Bevor du ein Gedicht vorstellst, beantworte mindestes acht der folgenden Fragen schriftlich:

A. Wie wirkt das Gedicht auf mich?

B. Was fällt mir spontan auf?

C. Wer ist der Autor?

D. Was ist das Thema des Gedichts?

E. Gibt es eine Handlung?

F. An welchem Ort, zu welcher Zeit spielt sie?

G. Welche Bedeutung hat der Titel?

H. Gibt es Hinweise auf eine bestimmte Zeit?

I. Wer spricht in dem Gedicht?

J. Wird jemand angesprochen?

K. Wie viele Strophen hat das Gedicht?

L. Reimen sich die Verse?

M. Gibt es sprachliche Mittel wie *Vergleiche*, *Personifikationen* oder *Metaphern*? (→ S. 113)

N. Wann wurde das Gedicht geschrieben?

2 Ordne die folgenden Aussagen der Einleitung, dem Hauptteil und dem Schluss zu. Ergänze dabei zu vollständigen Sätzen. Die *Lernbox* kann dir dabei helfen.

- Zusammenfassend kann man sagen ...
- In dem Gedicht ... von ... geht es um ...
- Die ... Strophe handelt von ...
- Der Autor / Die Autorin möchte wohl ausdrücken, dass ...
- Das Gedicht ... von ... hat ... zum Thema.
- Der Autor / Die Autorin zeigt damit, dass ...
- Durch ... wird hervorgehoben, dass ...
- Er/Sie unterstreicht mit dem Wort ..., dass ...
- Ich finde das Gedicht ..., weil ...
- ... geht um ...
- In der ... Strophe geht es um ...
- Insgesamt kann festgehalten werden ...
- Die Metapher ... drückt aus, dass ...
- Dieses Zitat zeigt, dass ...
- Schon die Überschrift macht deutlich, dass ...

Lernbox

Über ein Gedicht schreiben

1 Nenne in der **Einleitung** Titel, Autor, Textsorte, Thema und Entstehungsjahr: *In dem Gedicht xxx von xxx aus dem Jahr xxx geht es um ...*

2 Fasse im **Hauptteil** den Inhalt und die dargestellten Gefühle und Gedanken in eigenen Worten **Strophe für Strophe** zusammen: *In Strophe 1 möchte xxx. Dann xxx.*

3 Beschreibe im **Schluss**, wie das Gedicht auf dich wirkt und wie du es findest: *Ich finde das Gedicht xxx, weil es xxx.*

4 Schreibe im Präsens und gehe auch auf die Sprache des Gedichtes ein (→ S. 113).

2.2 (2) eigenständig spezifische Merkmale lyrischer Texte unterscheiden und diese sowie Zusammenhänge zwischen Werk, Autorenbiografie und Entstehungszeit zur Reflexion und Interpretation nutzen · 2.2 (5) im Rahmen der Erschließung und Interpretation von komplexen literarischen Texten Fachbegriffe sachgerecht anwenden

Gedichte in Mundart verstehen

1 Du bist beim Bäcker und möchtest Brötchen.
- a) Wie nennst du das, was du bestellst?
- b) Sammle weitere Ausdrücke deines Dialekts (mindestens 10 Wörter).
- c) Arbeitet zu zweit. Vergleicht eure Wörter und testet euer Verständnis.
- d) Wie heißt der Dialekt, der in eurer Gegend gesprochen wird? (→ S. 241)

2 Rechts steht dreimal die erste Strophe (Verse 1 bis 8) aus „Max & Moritz".
- a) Lies die Verse laut.
- b) 💡 Die Verse sind durcheinander. Sortiere in *Bairisch, Schwäbisch* und *Fränkisch*.
- c) Welche Mundart fällt dir leicht? Lies die Strophe vollständig vor.

3 Schreibe eine neue erste Strophe – entweder in deiner Sprache oder auf Hochdeutsch.

4 Bearbeite eine der folgenden Aufgaben:
- **a** Finde ein Gedicht aus deiner Umgebung.
- **b** Schreibe ein eigenes Gedicht im Dialekt.

Tipp

💡 **zu 2 b)** Dialekte und Mundarten kannst du an Lauten, Endungen und typischen Wörtern unterscheiden. Dabei gibt es in jeder Dialektgruppe viele Besonderheiten. Diese Beispiele helfen dir beim Sortieren:

1 Als typisch **Bairisch** gelten die Zwielaute (Vokalverbindungen) *-oa* und *-ui*. Beispiel: *Mia zwoa san lustige Leit. Mia lacha vui.*

2 Einen Hinweis auf **Schwäbisch** geben die Endung *-dr* und der Zwielaut *-oi*. Beispiel: *Kendr schaffa nix, moint ma.*

3 Im **Fränkischen** wird aus *-ei* oft *-aa*, die Laute *p/t/k* klingen weich (wie *b/d/g*). Beispiel: *Bidde zwaa Bläddädeichdoddn!*

1 Mei, wos hört und liest ma heit
1 Heitzudag gibts schlemme Kendr
1 Och, wos muss mä ofd vo böösn
2 net von Saubuam ois, es Leit!
2 Kinnä ohöärn oddä lesn.
2 ond des wird doch emmr mendr!
3 Beischbielsweis dä Max und Moritz
3 A Bagasch wia de zwoa do,
3 Max ond Moritz send so Affa:
4 Max und Moritz, schaugts as o.
4 haldn moll vom Brofsei goä nix.
4 Nix em Hirn ond z faul zom Schaffa.
5 Die sän bloß aufs Bössei aus,
5 Na, de lassn si nix sogn,
5 Dia land sich durch nix belehra
6 net vom schlechtn Gwissn plogn.
6 füä des ganza Dorf a Graus.
6 ond no wenigr bekehra.
7 Sich zum Guudn zu bekeän,
7 Üba d'Leit si lustig macha
7 Alte Leit a Zenna macha,
8 weä soll die zwaa denn beleän?
8 könnans und na dreckat lacha.
8 dass ma moint, die send it bacha!

2.1 (2) Texte rhythmisch und sinngestaltend vortragen · 4.1 (2) Merkmale von Sprachvarietäten reflektieren (z. B. Soziolekt, Dialekt oder Regiolekt) und sie bewusst, der Situation angemessen einsetzen

117

Eine Dichterin in ihrer Zeit kennenlernen

1 a) Betrachte das Bild von Else Lasker-Schüler. Welcher Zeit würdest du es zuordnen?
b) Informiere dich im Internet über die Dichterin. Finde folgende Angaben:

Else Lasker-Schüler	
Geburtsjahr:	XXXX
Geburtsort:	XXXX
Sterbejahr:	XXXX
Sterbeort:	XXXX
Familienstand:	XXXX
Beruf:	XXXX
Religion:	XXXX
Wohnort 1927:	XXXX
Wohnort 1933:	XXXX
Wohnort 1945:	XXXX
Werke (2 Beispiele):	XXXX

2 a) Else Lasker-Schüler musste ins Exil gehen. Informiere dich und besprich mit einem Partner, was das bedeutet.
b) Finde andere deutsche Dichter, die ebenfalls ins Exil gehen mussten.

3 Suche dir eines der folgenden Gedichte aus. Mache dir Notizen zu folgenden Fragen.
a) Wie wirkt das Gedicht auf dich?
b) In welcher Stimmung war die Autorin?
c) Woran erkennst du die Stimmung?
d) Finde möglichst viele Informationen zu dem Gedicht und stelle es in der Klasse vor.

Meine Mutter (1910)
Else Lasker-Schüler

Es brennt die Kerze auf meinem Tisch
Für meine Mutter die ganze Nacht –
Für meine Mutter .....

Mein Herz brennt unter dem Schulterblatt
5 Die ganze Nacht
Für meine Mutter .....

Es kommt der Abend (1943)
Else Lasker-Schüler

Es kommt der Abend und ich tauche in die
  Sterne,
dass ich den Weg zur Heimat im Gemüte
  nicht verlerne
Umflorte* sich auch längst mein armes Land.

Es ruhen unsere Herzen liebverwandt,
5 Gepaart in einer Schale:
Weiße Mandelkerne –

..... Ich weiß, du hältst wie früher meine Hand
Verwunschen in der Ewigkeit der Ferne .....
Ach meine Seele rauschte, als dein Mund es
  mir gestand.

* *umflorte* = trübte, verdunkelte

2.2 (2) eigenständig spezifische Merkmale lyrischer Texte unterscheiden und diese sowie Zusammenhänge zwischen Werk, Autorenbiografie und Entstehungszeit zur Reflexion und Interpretation nutzen · 2.2 (5) im Rahmen der Erschließung und Interpretation von komplexen literarischen Texten Fachbegriffe sachgerecht anwenden

Ich liebe dich ..... (1943)
Else Lasker-Schüler

Ich liebe dich
Und finde dich
Wenn auch der Tag ganz dunkel wird.

Mein Lebelang
5 Und immer noch
Bin suchend ich umhergeirrt.

Ich liebe dich!
Ich liebe dich!
Ich liebe dich!

10 Es öffnen deine Lippen sich .....
Die Welt ist taub,
Die Welt ist blind

Und auch die Wolke
Und das Laub –
15 – Nur wir, der goldene Staub
Aus dem wir zwei bereitet:
– Sind!

Mein blaues Klavier (1943)
Else Lasker-Schüler

Ich habe zu Hause ein blaues Klavier
Und kenne doch keine Note.

Es steht im Dunkel der Kellertür,
Seitdem die Welt verrohte.

5 Es spielten Sternenhände vier
– Die Mondfrau sang im Boote –
Nun tanzen die Ratten im Geklirr.

Zerbrochen ist die Klaviatür .....
Ich beweine die blaue Tote.

10 Ach liebe Engel öffnet mir
– Ich aß vom bitteren Brote –
Mir lebend schon die Himmelstür –
Auch wider dem Verbote.

4 Bearbeite eine der folgenden Aufgaben:
a Analysiere ein Gedicht von Else Lasker-Schüler, wie auf Seite 110 vorgeschlagen.
b Suche dir ein Gedicht von Else Lasker-Schüler aus. Suche im Internet dann ein Gedicht aus dem gleichen Jahr und vergleiche die beiden Texten miteinander.

Neugierig?
Recherchiere auch nach
Gertrud Kolmar
Selma Meerbaum-Eisinger
Nelly Sachs
Erstelle für sie jeweils
einen Lebenslauf.

2.2 (5) im Rahmen der Erschließung und Interpretation von komplexen literarischen Texten Fachbegriffe sachgerecht anwenden ·
2.1 (4) zur Textanalyse selbst recherchierte Zusatzinformationen aus unterschiedlichen Medien nutzen

119

Merkmale einer Kurzgeschichte erkennen

Ein netter Kerl

Gabriele Wohmann

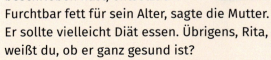

Ich hab ja so wahnsinnig gelacht, rief Nanni in einer
5 Atempause. Genau wie du ihn beschrieben hast, entsetzlich.
Furchtbar fett für sein Alter, sagte die Mutter.
Er sollte vielleicht Diät essen. Übrigens, Rita, weißt du, ob er ganz gesund ist?
10 Rita setzte sich gerade und hielt sich mit den Händen am Sitz fest. Sie sagte: Ach, ich glaub schon, dass er gesund ist. Genau wie du es erzählt hast, weich wie ein Molch, wie Schlamm, rief Nanni. Und auch die Hand, so weich.
15 Aber er hat dann doch auch wieder was Liebes, sagte Milene, doch, Rita, ich finde, er hat was Liebes, wirklich.
Na ja, sagte die Mutter, beschämt fing auch sie wieder an zu lachen; recht lieb, aber doch
20 grässlich komisch. Du hast nicht zu viel versprochen, Rita, wahrhaftig nicht. Jetzt lachte sie laut heraus. Auch hinten im Nacken hat er schon Wammen, wie ein alter Mann, rief Nanni. Er ist ja so fett, so weich, so weich!
25 Sie schnaubte aus der kurzen Nase, ihr kleines Gesicht sah verquollen aus vom Lachen.
Rita hielt sich am Sitz fest. Sie drückte die Fingerkuppen fest ans Holz.
Er hat so was Insichruhendes, sagte Milene.
30 Ich find ihn so ganz nett, Rita, wirklich, komischerweise.
Nanni stieß einen winzigen Schrei aus und warf die Hände auf den Tisch; die Messer und Gabeln auf den Tellern klirrten.
35 Ich auch, wirklich, ich find ihn auch nett, rief sie. Könnt ihn immer ansehn und mich ekeln.
Der Vater kam zurück, schloss die Esszimmertür, brachte kühle nasse Luft mit herein. Er war ja so ängstlich, dass er seine letzte Bahn
40 noch kriegt, sagte er. So was von ängstlich.

Er lebt mit seiner Mutter zusammen, sagte Rita.
Sie platzten alle heraus, jetzt auch Milene. Das Holz unter Ritas Fingerkuppen wurde klebrig.
Sie sagte: Seine Mutter ist nicht ganz gesund,
45 soviel ich weiß.
Das Lachen schwoll an, türmte sich vor ihr auf, wartete und stürzte sich dann herab, es spülte über sie weg und verbarg sie: lange genug für einen kleinen schwachen Frieden. Als Erste
50 brachte die Mutter es fertig, sich wieder zu fassen.
Nun aber Schluss, sagte sie, ihre Stimme zitterte, sie wischte mit einem Taschentuchklümpchen über die Augen und die Lippen.
55 Wir können ja endlich mal von was anderem reden.
Ach, sagte Nanni, sie seufzte und rieb sich den kleinen Bauch, ach ich bin erledigt, du liebe Zeit. Wann kommt die große fette Qualle denn
60 wieder, sag, Rita, wann denn? Sie warteten alle ab.
Er kommt von jetzt an oft, sagte Rita. Sie hielt den Kopf aufrecht.
Ich habe mich verlobt mit ihm.
65 Am Tisch bewegte sich keiner. Rita lachte versuchsweise und dann konnte sie es mit großer Anstrengung lauter als die andern, und sie rief: Stellt euch das doch bloß mal vor, mit ihm verlobt!
70 Ist das nicht zum Lachen!
Sie saßen gesittet und ernst und bewegten vorsichtig Messer und Gabeln.
He, Nanni, bist du mir denn nicht dankbar, mit der Qualle hab ich mich verlobt, stell dir das
75 doch mal vor!
Er ist ja ein netter Kerl, sagte der Vater. Also höflich ist er, das muss man ihm lassen.
Ich könnte mir denken, sagte die Mutter ernst, dass er menschlich angenehm ist, ich meine,
80 als Hausgenosse oder so, als Familienmitglied.

2.2 (1) komplexe, altersgemäße Texte deuten und die zentralen Aussagen und Intentionen der Texte mithilfe analytischer und produktiver Methoden erschließen (z. B. die Charakteristik der Figuren und ihrer Beziehungen herausarbeiten, Deutungen mit Zitaten belegen) · 2.2 (2) eigenständig spezifische Merkmale epischer Texte unterscheiden

> Er hat keinen üblen Eindruck auf mich ge-
> macht, sagte der Vater.
> Rita sah sie alle behutsam dasitzen, sie sah
> gezähmte Lippen. Die roten Flecken in den
> ₈₀ Gesichtern blieben noch eine Weile. Sie
> senkten die Köpfe und aßen den Nachtisch.

1 a) Lies die Überschrift des Textes.
Wovon könnte er handeln?
b) Was ist für dich *ein netter Kerl*?
Erstelle ein Cluster.

c) Sprecht zu zweit über eure Überlegungen.

2 a) Lies den Text „Ein netter Kerl" und beant-
worte folgende Fragen in Stichpunkten.
— *Wovon handelt der Text?*
— *Wo und wann spielt das Geschehen?*
— *Welche Personen handeln?*
— *Wie wirkt der Text auf dich?*
b) Besprecht eure Notizen in der Klasse.
c) Handelt es sich in der Geschichte um
einen „netten Kerl"? Diskutiert in der
Klasse und begründet eure Meinungen.

3 💡 Beantwortet zu zweit folgende Fragen.
— *In welcher Erzählform ist die Geschichte
geschrieben?*
— *Welche Erzählperspektive wird verwendet?*
— *An welchen Stellen im Text erfahrt ihr
etwas über Ritas Gefühle? Zitiert die
Textstellen und gebt dazu die Zeile an.*

Tipp

💡 **zu 3)**
Bei der **Erzählform** unterscheidet man den
Ich-Erzähler und den *Er-/Sie-Erzähler*.
Bei der **Erzählperspektive** unterscheidet
man zwischen *Innensicht* und *Außensicht*.

4 Im ersten Teil des Textes (Z. 1–61) spricht die
Familie über den Gast, der eben gegangen ist.
a) Beschreibe, wie sich die Familie über ihn
äußert. Belege deine Aussagen am Text.
b) Eine Figur in der Geschichte äußert sich
positiv. Schreibe den Namen dieser Figur
auf und zitiere zwei Textstellen, in denen
sie etwas Nettes über den Besucher sagt.

5 a) Ab Zeile 65 schlägt die Stimmung am
Esstisch um. Lest im Text nach und
sprecht zu zweit über folgende Fragen:
— *Wie kommt es zu der Veränderung?*
— *Was sagen die Familienmitglieder
nun über den Gast?*
— *Wie fühlen sie sich vermutlich?*
— *Wie findest du ihre Reaktion?*
b) Besprecht eure Ergebnisse in der Klasse.

6 Wie ist das Verhältnis zwischen Rita und
den anderen Personen der Geschichte?
a) Erstelle für Rita und ihre Schwester
Nanni einen „Beziehungspfeil".
b) Beschrifte den Pfeil wie im Beispiel.

Lernbox

Erzählzeit und erzählte Zeit

1 Erzählzeit: „Erzählzeit" nennt man die
Zeit, die nötig ist, um einen Text zu lesen,
z. B. zehn Minuten.
2 Erzählte Zeit: Die „erzählte Zeit" ist der
Zeitraum, über den sich die Handlung
der Geschichte erstreckt. Das können
Minuten, Stunden, Tage, Wochen, Monate,
Jahre oder sogar Jahrhunderte sein.

2.2 (5) im Rahmen der Erschließung und Interpretation von komplexen literarischen Texten Fachbegriffe sachgerecht
anwenden (z. B. Erzählperspektive, Raum- und Zeitgestaltung, Metapher, Symbolik, Hyperbel)

121

7 Lies den Text auf S. 120–121 noch einmal und löse dann das folgende Quiz. Notiere die Antworten in deinem Heft oder nutze COPY 12.

Kurzgeschichten-Quiz

Die folgenden zehn Sätze beziehen sich auf die Erzählung „Ein netter Kerl" (S. 120–121). Einige Aussagen sind richtig (**r**), andere sind falsch (**f**).

	Richtig (r) oder falsch (f)?	r	f
1	In der Einleitung werden alle Personen vorgestellt.	x	x
2	Die Kurzgeschichte beginnt unvermittelt, mitten im Geschehen.	x	x
3	In „Ein netter Kerl" geht es um ein Ereignis, das für die Hauptperson sehr wichtig ist.	x	x
4	Die Personen in der Geschichte sind bekannte Persönlichkeiten.	x	x
5	Bei der Familie in der Geschichte handelt es sich um ganz gewöhnliche Menschen.	x	x
6	Die Kurzgeschichte hat einen geringen Umfang.	x	x
7	Die Geschichte ist sehr ausführlich und ausschweifend erzählt.	x	x
8	Das Geschehen spielt in einer sehr kurzen Zeitspanne (wenige Minuten).	x	x
9	In „Ein netter Kerl" kommen viele Dialoge vor.	x	x
10	Am Ende der Geschichte bleibt offen, wie es weitergeht.	x	x

8 Lies die *Lernbox*. Welche Merkmale einer Kurzgeschichte findest du in „Ein netter Kerl"?

Lösung: 1/f, 2/r, 3/r, 4/f, 5/r, 6/r, 7/f, 8/r, 9/r, 10/r

9 Bearbeite eine der folgenden Aufgaben.
- **a** Was könnte Rita nach dem Essen in ihr Tagebuch schreiben? Verfasse einen Tagebucheintrag aus ihrer Sicht.
- **b** Überlege dir gemeinsam mit einem Partner einen anderen Anfang für die Geschichte. Sammelt auch Ideen, wie es weitergehen könnte. Schreibt eure Ideen auf.

10 a) Lies noch einmal die Überschrift der Geschichte. Passt der Titel zum Text?
b) Stell dir vor, der Titel wäre „Eine nette Familie". Wäre diese Überschrift passender? Begründe deine Meinung am Text.

11 Wie würdet ihr euch an Ritas Stelle fühlen und verhalten? Diskutiert in Kleingruppen, wie man mit einer solchen Situation umgehen könnte.

Lernbox

Merkmale einer Kurzgeschichte

1 **Umfang:** Eine Kurzgeschichte ist relativ kurz. Der Umfang ist gering, die Handlung beschränkt sich auf das Wesentliche.
2 **Anfang und Ende:** Statt mit einer Einleitung zu beginnen, „springt" eine Kurzgeschichte mitten ins Geschehen. Das Ende ist meist offen und manchmal überraschend.
3 **Erzählte Zeit:** Die erzählte Handlung dauert oft nur Minuten oder wenige Stunden.
4 **Themen und Personen:** Es geht um Personen und Themen aus dem Alltag.
5 **Orte und Personen:** Handlungsorte und Personen werden meist nicht genauer beschrieben oder vorgestellt.
6 **Ein besonderes Ereignis:** Im Mittelpunkt steht ein Ereignis, das das Leben des Protagonisten verändert/verändern kann.
7 **Sprache:** In Kurzgeschichten gibt es meist viele Dialoge. Die Sätze sind kurz und einfach. Es gibt nur wenige Beschreibungen.

2.2 (5) im Rahmen der Erschließung und Interpretation von komplexen literarischen Texten Fachbegriffe sachgerecht anwenden · 3.2 (2) anschaulich von Erfahrungen, Gedanken, Gefühlen und Sachverhalten erzählen, auf die Erzähllogik achten und dabei stilistische sowie sprachlich gestalterische Mittel bewusst einsetzen (z. B. indirekte Rede, Vergleiche)

Eine Kurzgeschichte erschließen

Masken 1

Max von der Grün

Sie fielen sich unsanft auf dem Bahnsteig 3a
des Kölner Hauptbahnhofs in die Arme und
riefen gleichzeitig: „Du?!" Es war ein heißer
Julivormittag und Renate wollte in den D-Zug
5 nach Amsterdam über Aachen. Erich verließ
diesen Zug, der von Hamburg kam. Menschen
drängten aus den Wagen auf den Bahnsteig,
Menschen vom Bahnsteig in die Wagen, die
beiden aber standen in dem Gewühl, spürten
10 weder Püffe noch Rempeleien und hörten auch
nicht, dass Vorübergehende sich beschwerten,
weil sie ausgerechnet vor den Treppen standen und viele dadurch gezwungen wurden, um
sie herumzugehen. Sie hörten auch nicht, dass
15 der Zug nach Aachen abfahrbereit war, und es
störte Renate nicht, dass er wenige Sekunden
später aus der Halle fuhr. Die beiden standen
stumm, jeder forschte im Gesicht des anderen.

1 Sieh dir das Bild an und lies die Überschrift
der Kurzgeschichte. Worum könnte es darin
gehen? Sprich mit einem Partner darüber.

2 Lies den Teil 1 der Geschichte (oben) und
mache dir Notizen zu folgenden Fragen.
a) Wo spielt die Geschichte?
b) Was passiert im ersten Abschnitt?
c) Wie könnte die Geschichte weitergehen?
d) Woher könnten sich die Personen kennen?

Tipp

💡 **zu 4) Protagonisten** nennt man die
handelnden Figuren in einer Geschichte.
Häufig verwendete Bezeichnungen sind auch:
Hauptfigur, Hauptperson, literarische Figur.

3 a) Lies Teil 2 der Geschichte (unten).
b) Schreibe in einer Tabelle alles auf, was
du über die beiden Personen erfährst.
Lass genug Platz, damit du die Tabelle
später weiter ergänzen kannst.

Name Person 1	Name Person 2
XXX	XXX

4 💡 Besprecht zu zweit folgende Fragen.
a) Woher kennen sich die Protagonisten?
b) In welcher Beziehung stehen sie zueinander?
c) Wie könnte die Geschichte weitergehen?

2

Endlich nahm der Mann die Frau am Arm
20 und führte sie die Treppen hinunter […] und
in einem Café in der Nähe des Doms tranken
sie Tee. „Nun erzähle, Renate. Wie geht es
dir? Mein Gott, als ich dich so plötzlich sah
… du … ich war richtig erschrocken. Es ist so
25 lange her, aber als du auf dem Bahnsteig fast
auf mich gefallen bist …" „Nein", lachte sie,
„du auf mich." „Da war es mir, als hätte ich
dich gestern zum letzten Mal gesehen, so nah
warst du mir. Und dabei ist es so lange her
30 …" „Ja", sagte sie. „Fünfzehn Jahre." „Fünfzehn
Jahre? Wie du das so genau weißt. Fünfzehn
Jahre, das ist ja eine Ewigkeit. Erzähle, was
machst du jetzt? Bist du verheiratet? Hast du
Kinder? Wo fährst du hin?" „Langsam, Erich,
35 langsam, du bist noch genauso ungeduldig
wie vor fünfzehn Jahren. Nein, verheiratet bin
ich nicht, die Arbeit, weißt du. Wenn man es

2.2 (1) komplexe, altersgemäße Texte deuten und die zentralen Aussagen und Intentionen der Texte mithilfe analytischer und produktiver Methoden erschließen (z. B. die Charakteristik der Figuren und ihrer Beziehungen herausarbeiten, Deutungen mit Zitaten belegen) · 2.2 (2) eigenständig spezifische Merkmale epischer Texte unterscheiden

zu etwas bringen will, weißt du, da hat man
eben keine Zeit für Männer." „Und was ist das
40 für eine Arbeit, die dich von den Männern
fernhält?" Er lachte sie an, sie aber sah aus
dem Fenster auf die Tauben. „Ich bin jetzt
Leiterin eines Textilversandhauses hier in
Köln, du kannst dir denken, dass man da von
45 morgens bis abends zu tun hat und …"
„Donnerwetter!", rief er und klopfte mehrmals mit der flachen Hand auf den Tisch.
„Donnerwetter! Ich gratuliere." „Ach", sagte
sie und sah ihn an. Sie war rot geworden.
50 „Du hast es ja weit gebracht, Donnerwetter, alle Achtung. Und jetzt? Fährst du in
Urlaub?" „Ja, vier Wochen nach Holland.
Ich habe es nötig, bin ganz durchgedreht …
Und du, Erich, was machst du? Erzähle. Du
55 siehst gesund aus." Schade, dachte er, wenn
sie nicht so eine Bombenstellung hätte, ich
würde sie jetzt fragen, ob sie mich noch
haben will. Aber so? Nein, das geht nicht, sie
würde mich auslachen, wie damals. „Ich?",
60 sagte er gedehnt und brannte sich eine neue
Zigarette an. „Ich … ich … Ach weißt du, ich
habe ein bisschen Glück gehabt. Habe hier in
Köln zu tun. Habe umgesattelt, bin seit vier
Jahren Einkaufsleiter einer Hamburger Werft,
65 na ja, so was Besonderes ist das nun wieder
auch nicht." „Oh", sagte sie und sah ihn starr
an und ihr Blick streifte seine großen Hände,
aber sie fand keinen Ring. Sie erinnerte sich,
dass sie vor fünfzehn Jahren nach einem
70 kleinen Streit auseinandergelaufen waren,
ohne sich bis heute wiederzusehen. Er hatte
ihr damals nicht genügt, der schmalverdie-
nende und immer ölverschmierte Schlosser.
Er sollte es erst zu etwas bringen, hatte sie
75 ihm damals nachgerufen, vielleicht könne
man später wieder darüber sprechen. So
gedankenlos jung waren sie damals. Ach ja,
die Worte waren im Streit gefallen und trotzdem nicht böse gemeint. Beide aber fanden

80 danach keine Brücke mehr zueinander. Sie
wollten und wollten doch nicht. Und nun?
Nun hatte er es zu etwas gebracht. „Dann
haben wir ja beide Glück gehabt", sagte sie
und dachte, dass er immer noch gut aussieht.
85 Gewiss, er war älter geworden, aber das
steht ihm gut. Schade, wenn er nicht so eine
Bombenstellung hätte, ich würde ihn fragen,
ja, ich ihn, ob er noch an den dummen Streit
von damals denkt und ob er mich noch ha-
90 ben will. Ja, ich würde ihn fragen. Aber jetzt?

5 Lies nun Teil 3 der Kurzgeschichte und
beantworte danach die folgenden Fragen.
a) Was denken die beiden Protagonisten
jeweils über den anderen?
b) Hat sich deine Meinung über die Beziehung der beiden geändert? Begründe.
c) Wie könnte die Geschichte weitergehen?

3

„Jetzt habe ich dir einen halben Tag deines
Urlaubs gestohlen", sagte er und wagte nicht,
sie anzusehen. „Aber Erich, das ist doch nicht
so wichtig, ich fahre mit dem Zug um fünf-
95 zehn Uhr. Aber ich, ich halte dich bestimmt
auf, du hast gewiss einen Termin hier."
„Mach dir keine Sorgen, ich werde vom Hotel
abgeholt. Weißt du, meinen Wagen lasse ich
immer zu Hause, wenn ich längere Strecken
100 fahren muss. Bei dem Verkehr heute, da
kommt man nur durchgedreht an." „Ja", sagte
sie. „Ganz recht, das mache ich auch immer
so." Sie sah ihm nun direkt ins Gesicht und
fragte: „Du bist nicht verheiratet? Oder lässt
105 du Frau und Ring zu Hause?" Sie lachte etwas
zu laut für dieses vornehme Lokal. „Weißt
du", antwortete er, „ das hat seine Schwierigkeiten. Die ich haben will, sind nicht zu
haben oder nicht mehr, und die mich haben
110 wollen, sind nicht der Rede wert. Zeit müsste

2.2 (1) komplexe, altersgemäße Texte deuten und die zentralen Aussagen und Intentionen der Texte mithilfe analytischer und produktiver Methoden erschließen (z. B. die Charakteristik der Figuren und ihrer Beziehungen herausarbeiten, Deutungen mit Zitaten belegen) · 2.2 (2) eigenständig spezifische Merkmale epischer Texte unterscheiden

man eben haben. Zum Suchen meine ich.
Zeit müsste man haben." Jetzt müsste ich ihr
sagen, dass ich sie noch immer liebe, dass
es nie eine andere Frau für mich gegeben
115 hat, dass ich sie all die Jahre nicht vergessen
konnte. Wie viel? Fünfzehn Jahre? Eine lange
Zeit. Mein Gott, welch eine lange Zeit. Und
jetzt? Ich kann sie doch nicht mehr fragen,
vorbei, jetzt wo sie so eine Stellung hat.
120 Nun ist es zu spät, sie würde mich auslachen,
ich kenne ihr Lachen, ich habe es im Ohr
gehabt, all die Jahre. „ Fünfzehn? Kaum zu
glauben." „Wem sagst du das?" Sie lächelte.
„Entweder die Arbeit oder das andere", echo-
125 te er. Jetzt müsste ich ihm eigentlich sagen,
dass er der einzige Mann ist, dem ich blind
folgen würde, wenn er mich darum bäte, dass
ich jeden Mann, der mir begegnete, sofort
mit ihm verglich. Ich sollte ihm das sagen.
130 Aber jetzt? Jetzt hat er eine Bombenstellung
und er würde mich nur auslachen, nicht laut,
er würde sagen, dass … ach … es ist alles so
sinnlos geworden. Sie aßen in demselben
Lokal zu Mittag und tranken anschließend
135 jeder zwei Kognaks. Sie erzählten sich Geschichten aus ihren Kindertagen und später
aus ihren Schultagen. Dann sprachen sie über
ihr Berufsleben und sie bekamen Respekt
voreinander, als sie erfuhren, wie schwer es
140 der andere gehabt hatte bei seinem Aufstieg.
„Ja, ja", sagte sie; „genau wie bei mir", sagte
er. „Aber jetzt haben wir es geschafft", sagte
er laut und rauchte hastig. „Ja", nickte sie.
„Jetzt haben wir es geschafft." Hastig trank sie
145 ihr Glas leer. Sie hat schon ein paar Krähen-
füßchen, dachte er. Aber die stehen ihr nicht
einmal schlecht. Noch einmal bestellte er
zwei Schalen Kognak und sie lachten viel und
laut. Er kann immer noch so herrlich lachen,
150 genau wie früher, als er alle Menschen ein-
fing mit seiner ansteckenden Heiterkeit. Um
seinen Mund sind zwei steile Falten, trotzdem
sieht er wie ein Junge aus, er wird immer
wie ein Junge aussehen, und die zwei steilen
155 Falten stehen ihm nicht einmal schlecht.
Vielleicht ist er jetzt ein richtiger Mann,
aber nein, er wird immer ein Junge bleiben.
Kurz vor drei brachte er sie zum Bahnhof.
„Ich brauche den Amsterdamer Zug nicht zu
160 nehmen", sagte sie. „Ich fahre bis Aachen und
steige dort um. Ich wollte sowieso schon lange einmal das Rathaus besichtigen." Wieder
standen sie auf dem Bahnsteig und sahen aneinander vorbei. Mit leeren Worten versuch-
165 ten sie die Augen des anderen einzufangen
und wenn sich dann doch ihre Blicke trafen,
erschraken sie und musterten die Bögen der
Halle. Wenn ich jetzt ein Wort sagen würde,
dachte er, dann … „Ich muss jetzt einsteigen",
170 sagte sie. „Es war schön, dich wieder einmal
zu sehen. Und dann so unverhofft …" „Ja, das
war es." Er half ihr beim Einsteigen und fragte
nach ihrem Gepäck. „Als Reisegepäck aufge-
geben." „Natürlich, das ist bequemer", sagte
175 er. Wenn er jetzt ein Wort sagen würde, dachte sie, ich stiege sofort wieder aus, sofort. Sie
reichte ihm aus einem Abteil erster Klasse die
Hand. „Auf Wiedersehen, Erich … und weiterhin … viel Glück." Wie schön sie immer noch
180 ist. Warum nur sagt sie kein Wort. „Danke,
Renate. Hoffentlich hast du schönes Wetter."
„Ach, das ist nicht so wichtig. Hauptsache
ist das Faulenzen, das kann man auch bei
Regen." Der Zug ruckte an. Sie winkten nicht,
185 sie sahen sich nur in die Augen, solange dies
möglich war. Als der Zug aus der Halle gefahren war, ging Renate in einen Wagen zweiter
Klasse und setzte
sich dort an ein
190 Fenster. Sie wein-
te hinter einer
ausgebreiteten
Illustrierten. Wie
dumm von mir.

2.2 (1) komplexe, altersgemäße Texte deuten und die zentralen Aussagen und Intentionen der Texte mithilfe analytischer und
produktiver Methoden erschließen (z. B. die Charakteristik der Figuren und ihrer Beziehungen herausarbeiten, Deutungen mit
Zitaten belegen) · 2.2 (2) eigenständig spezifische Merkmale epischer Texte unterscheiden

125

6 Lest das Ende der Kurzgeschichte (Teil 4) und bearbeitet zu zweit folgende Aufgaben.
a) Wo treffen sich die beiden Figuren?
b) Wie war ihr Verhältnis zueinander früher?
c) Wie ist die Stimmung zwischen ihnen heute?

7 Was passiert im letzten Abschnitt? Fasst kurz zusammen.

4

195 Ich hätte ihm sagen sollen, dass ich immer noch die kleine Verkäuferin bin. Ja, in einem anderen Laden, mit zweihundert Mark mehr als früher, aber ich verkaufe immer noch Her-renoberhemden wie früher, und Socken und
200 Unterwäsche. Alles für den Herrn. Ich hätte ihm das sagen sollen. Aber dann hätte er mich ausgelacht, jetzt, wo er ein Herr gewor-den ist. Nein, das ging doch nicht. Aber ich hätte wenigstens nach seiner Adresse fragen
205 sollen. Wie dumm von mir, ich war aufgeregt wie ein kleines Mädchen und ich habe ge-logen, wie ein kleines Mädchen, das impo-nieren will. Wie dumm von mir. Erich verließ den Bahnhof und fuhr mit der Straßenbahn
210 nach Ostheim auf eine Großbaustelle. Dort meldete er sich beim Bauführer. „Ich bin der neue Kranführer." „Na, sind Sie endlich da? Mensch, wir haben schon gestern auf sie ge-wartet. Also dann, der Polier zeigt Ihnen Ihre
215 Bude, dort drüben in den Baracken. Komfor-tabel ist es nicht, aber warmes Wasser haben wir trotzdem. Also dann, morgen früh, pünkt-lich sieben Uhr." Ein Schnellzug fuhr Richtung Deutz. Ob der auch nach Aachen fährt? Ich
220 hätte ihr sagen sollen, dass ich jetzt Kran-führer bin. Ach, Blödsinn, sie hätte mich nur ausgelacht, sie kann so verletzend lachen. Nein, das ging nicht, jetzt, wo sie eine Dame geworden ist und eine Bombenstellung hat.

8 An mehreren Stellen erfährst du, was die beiden Protagonisten übereinander denken.
a) Zitiere die Textstellen.
b) Schreibe auf, wann genau klar wird, was sie füreinander empfinden.

9 Ergänze deine Tabelle aus Aufgabe 3 b) und vergleiche sie mit einem Partner.

10 ☀ Charakterisiere beide Hauptfiguren, indem du in deiner Tabelle folgende Punkte in verschiedenen Farben markierst.

Farbe 1: Aussehen
Farbe 2: Das erzählt er/sie über sich.
Farbe 3: So ist er/sie wirklich.

11 Die beiden Hauptfiguren sind nicht ehrlich zueinander.
a) Zitiere Textstellen, an denen klar wird, dass sie einander nicht die Wahrheit erzählen.
b) Begründe, warum sie einander belügen.
c) Erkläre, was ihre Lügen bewirken.

Tipp

☀ **zu 10)**
Für eine **Charakterisierung** sind folgende Informationen wichtig:

Aussehen ⎫
Verhalten ⎭ äußere Merkmale

Gedanken, Gefühle ⎫
Absichten, Vorlieben ⎭ innere Merkmale

2.2 (1) komplexe, altersgemäße Texte deuten und die zentralen Aussagen und Intentionen der Texte mithilfe analytischer und produktiver Methoden erschließen (z. B. die Charakteristik der Figuren und ihrer Beziehungen herausarbeiten, Deutungen mit Zitaten belegen) · 2.2 (2) eigenständig spezifische Merkmale epischer Texte unterscheiden

Eine Kurzgeschichte interpretieren

1 Notiere, an welchen Orten die Handlung in der Kurzgeschichte „Masken" spielt. (→ S. 123–126)

2 Lies die *Lernbox* und mache dir Notizen zu folgenden Fragen.
a) Was verbindet man im Alltag mit dem Wort *Bahnhof*? Was passiert normalerweise an diesem Ort?
b) Welche Bedeutung hat der *Bahnhof* als Ort der Handlung in „Masken"?
c) Warum könnte der Autor den *Bahnhof* als wichtigen Handlungsort gewählt haben?

3 In der Geschichte „Masken" findet ein Wechsel des Ortes statt. Überlegt zu zweit, welche Bedeutung dieser Ortswechsel hat. Welche Wirkung wird damit erzielt?

4 Untersuche die Geschichte „Masken" auf Merkmale einer Kurzgeschichte.
a) Lies dir die Geschichte noch einmal komplett durch.
b) Rufe dir die Merkmale einer Kurzgeschichte in Erinnerung (→ *Lernbox* S. 122).
c) Notiere die Merkmale, die du in „Masken" wiederfindest, und schreibe passende Beispiele aus dem Text heraus.

Merkmale einer Kurzgeschichte in „Masken"
1 *Umfang:* …
2 *Anfang:* Die Geschichte beginnt damit, dass …
  Ende: …
3 *Erzählte Zeit:* …

5 Notiere Antworten zu folgenden Fragen.
a) Was bedeutet es, „eine Maske zu tragen"?
b) Warum trägt deiner Meinung nach die Geschichte den Titel „Masken"?

6 Besprich mit einem Partner, wann und warum ihr manchmal auch „Masken" tragt.

7 Bearbeite eine der folgenden Aufgaben.
a In welchen Situationen findest du es gut, eine „Maske" zu tragen? Besprich dich mit einem Partner und notiert eure Ideen.
b Bildet eine Vierergruppe. Stellt in einem Rollenspiel eine Szene dar, in der ihr es gut findet, eine „Maske" zu tragen.

8 Stell dir vor, Renate und Erich treffen ein Jahr später noch einmal aufeinander. Wie könnte ihre Begegnung verlaufen? Schreibe die Geschichte in dein Heft.

Lernbox

Raumgestaltung in literarischen Texten

Jeder literarische Text spielt an einem Ort. Der Ort hat meist eine besondere Bedeutung und ist wichtig für das Verständnis des Geschehens. Bei der Klärung der Bedeutung können dir folgende Fragen helfen:
– Welche **grundsätzliche Bedeutung** hat der Ort im Alltag? (Schlage bei Bedarf im Wörterbuch nach.)
– Welche **Bedeutung** hat der Ort in der Geschichte, **in Verbindung mit der Handlung**?
– Warum könnte der Autor gerade diese **Kombination aus Ort und Handlung** gewählt haben?
– Gibt es in der Geschichte einen **Wechsel von Orten oder Räumen**? Welche Wirkung haben die Ortswechsel? Ändert sich dadurch die Handlung?

1.4 (1) sprechgestaltende Mittel und verschiedene Ausdrucksformen in Gestik, Mimik und Körperhaltung bewusst einsetzen · 2.2 (5) im Rahmen der Interpretation von literarischen Texten Fachbegriffe sachgerecht anwenden · 3.2 (8) die Ergebnisse einer Textuntersuchung aufgabenbezogen darstellen

127

Ein Buch auswählen

A

B

C

D

E

1 a) Sieh dir die Buchcover (A–E) genau an. Welches gefällt dir am besten?

b) Frage auch Mitschüler nach ihrer Meinung. Begründe, warum du das von dir gewählte Cover am besten findest.

c) Überlege, worum es in den Büchern jeweils gehen könnte.

2 a) Lies die Klappentexte (Texte 1–5). Welches der fünf Bücher würdest du dir am ehesten aussuchen?

b) Frage auch Mitschüler nach ihrer Meinung. Begründe, warum du den ausgewählten Klappentext besonders interessant oder spannend findest.

3 a) Ordne die Klappentexte (Texte 1–5) den Covern (A–E) zu.

b) Vergleicht zu zweit eure Ergebnisse.

c) Besprecht in der Klasse, wie ihr vorgegangen seid und was euch beim Zuordnen geholfen hat.

Text 1

Eigentlich hätte ich es ja kapieren müssen: Es lag regelrecht in der Luft. Aber ich sah nur, was ich sehen wollte: ihre wilden Locken, den gelben Minirock, das Tattoo. Für alles andere war ich blind.

Lea ist hübsch, temperamentvoll – und von Geburt an gehörlos. Als Mika sie zum ersten Mal sieht, zieht sie ihn sofort in ihren Bann. Doch weder seine Freunde noch seine Familie können verstehen, warum er plötzlich einen Gebärden-sprachkurs belegen will.
Und Mika fragt sich mehr als einmal, ob er Lea nicht einfach vergessen sollte. Dabei gibt es schon längst kein Zurück mehr.

2.2 (1) komplexe, altersgemäße Texte deuten und die zentralen Aussagen und Intentionen der Texte mithilfe analytischer und produktiver Methoden erschließen (z. B. die Charakteristik der Figuren und ihrer Beziehungen herausarbeiten, Deutungen mit Zitaten belegen)

Text 2

Sehnsüchtig schaut Kristina vom Fenster aus den spielenden Kindern auf der Straße zu. Sie kommt sich wie eine Gefangene vor. Die Wohnung darf sie nicht verlassen und erst um Mitternacht kehrt ihre Mutter von der Arbeit zurück.

Dann aber wird alles anders: Tobias, der Boss einer Sprayerbande, ist auf der Flucht und hämmert ausgerechnet gegen Kristinas Wohnungstür. Kristina öffnet – eine Entscheidung mit weitreichenden Folgen.

Text 3

Sie sind beide Außenseiter, aber völlig verschieden: Die pummelige Eleanor und der gut aussehende, aber zurückhaltende Park. Als er ihr im Schulbus den Platz neben sich frei macht, halten sie wenig voneinander. Park liest demonstrativ und Eleanor ist froh, ignoriert zu werden. In der Schule ist sie das Opfer übler Mobbing-Attacken und zu Hause hat sie mit vier Geschwistern und einem tyrannischen Stiefvater nur Ärger. Doch als sie beginnt, Parks Comics mitzulesen, entwickelt sich ein Dialog zwischen den beiden. Zögerlich tauschen sie Kassetten, Meinungen und Vorlieben aus. Dass sie sich ineinander verlieben, scheint unmöglich. Doch ihre Annäherung gehört zum Intensivsten, was man über die erste Liebe lesen kann.

Text 4

Ich nahm die beiden Scheine und wusste, dass es trotzdem nicht reichen würde. Nicht, um all die Sachen zu kaufen, die die anderen hatten.

Paul ist ständig pleite, dabei braucht er dringend diese megateuren Kopfhörer. Und neue Sneakers wären auch nicht schlecht. Und dann ist da noch die coole Juna aus seiner Klasse, die er unbedingt mal ins Kino und zum Essen einladen will. Als sie und ein paar Mitschüler ein Snowboard-Wochenende planen, steht für Paul fest: Er muss mit, egal, was es kostet. Zu spät merkt er, dass er gerade alles aufs Spiel setzt, was ihm eigentlich wichtig ist.

Text 5

Eigentlich hatte Harry geglaubt, er sei ein ganz normaler Junge. Zumindest bis zu seinem elften Geburtstag.
Da erfährt er, dass er sich an der Schule für Hexerei und Zauberei einfinden soll. Und warum? Weil Harry ein Zauberer ist. Und so wird für Harry das erste Jahr in der Schule das spannendste, aufregendste und lustigste in seinem Leben.

Er stürzt von einem Abenteuer in die nächste ungeheuerliche Geschichte, muss gegen Bestien, Mitschüler und Fabelwesen kämpfen.
Da ist es gut, dass er schon Freunde gefunden hat, die ihm im Kampf gegen die dunklen Mächte zur Seite stehen.

2.2 (4) ein auf der Basis von Leseempfehlungen (z. B. aus einem abgegrenzten Themenbereich) ausgewähltes Jugendbuch eigenständig mithilfe produktiver und analytischer Methoden anhand von Leitfragen erschließen, werten und präsentieren (z. B. Handlungsstränge, Motive, Charaktereigenschaften, menschliche Grundstimmungen wie Trauer und Glück)

129

Ein Leseportfolio anlegen

Auf den Seiten 132–141 findest du Leseproben zu allen fünf Jugendbüchern, die du auf S. 128/129 kennengelernt hast. So kannst du in alle Bücher hineinlesen und das passende für dich finden. Lies es vollständig und lege ein Portfolio dazu an. Wie du dabei vorgehst, steht im Kasten unten.

Ich bin auch in einer Clique, deswegen interessiert mich dieses Buch.

Ich möchte dieses Buch lesen, da spielt ein Mädchen die Hauptrolle!

Ich nehme das, was am kürzesten ist.

1 a) Sieh dir das Bild an. Welche Gründe nennen die Schüler für ihre Auswahl?

b) Notiere, welche Gründe für dich bei der Wahl des Buches eine Rolle spielen.

2 Frage auch deine Mitschüler, was für sie wichtig ist, und notiere drei weitere Gründe, warum Jugendliche sich für ein bestimmtes Buch entscheiden.

Ein Buch auswählen und ein Leseportfolio erstellen – so gehst du vor:

1 Lies die Leseproben auf den Seiten 132–141 durch. Überlege dann:
   – *Welcher Text war am verständlichsten?*
   – *Welches Thema interessiert dich am meisten?*
   – *Bei welchem Auszug konntest du besonders gut mit der Hauptfigur mitfühlen?*

2 Wähle ein Buch aus, das du komplett lesen möchtest.

3 Besorge dir das Buch (z. B. in der Buchhandlung, im Internet, in der Bücherei).

4 Lies das Buch vollständig durch.

5 Bearbeite <u>alle</u> Pflichtaufgaben im roten Kasten auf S. 131. Stelle deine Ergebnisse in einem Leseportfolio zusammen.

6 Bearbeite mindestens **<u>vier</u> Wahlaufgaben** aus dem grünen Kasten auf S. 131. Du darfst dir aussuchen, welche. Nimm auch diese Ergebnisse in dein Portfolio auf.

7 Gestalte dein Portfolio gut sortiert und ordentlich.

8 Lass dir von Mitschülern **Feedback zu deinem Portfolio geben** (S. 142/143). Gib dein Portfolio dann deiner Lehrkraft zur Bewertung.

2.2 (1) komplexe, altersgemäße Texte deuten und die zentralen Aussagen und Intentionen der Texte mithilfe analytischer und produktiver Methoden erschließen (z. B. die Charakteristik der Figuren und ihrer Beziehungen herausarbeiten, Deutungen mit Zitaten belegen)

Pflichtaufgaben

(<u>alle</u> sind zu bearbeiten)

1 Gestalte ein ordentliches **Deckblatt** für dein Portfolio mit allen wichtigen Angaben *(Titel des Buches, Name, Klasse, Fach)*.

2 Lege ein **Inhaltsverzeichnis** für dein Portfolio an (mit Überschriften und Seitenzahlen in Tabellenform). Beispiel:

Inhaltsverzeichnis	Seite
1. Steckbrief zum Autor	1
2. Kurze Inhaltsangabe	2
3. Wahlaufgabe: …	3

3 Erstelle einen **Steckbrief zum Autor** des Buches (mit Bild und Angaben zu Geburtsdatum, Ausbildung, weiteren Werken).

4 Schreibe eine **Inhaltsangabe** (Umfang: eine halbe bis ganze Seite). Beginne z. B. so: *In dem Buch geht es um einen Jungen namens …*

5 Verfasse eine **Buchkritik**. Beschreibe und begründe darin, was dir besonders gefallen hat und was du nicht gut fandest. Beispiel: *Mir hat das Buch (nicht) gefallen, weil … Besonders ansprechend/spannend/interessant fand ich das Kapitel XXX, da …*

6 Reflektiere im **Rückblick** deine Arbeit am Leseportfolio. Ergänze z. B. folgende Notizen:
- *So habe ich mir meine Zeit eingeteilt: …*
- *Diese Aufgabe hat mir am meisten Spaß gemacht …*
- *Das ist mir nicht so gut gelungen: …*
- *Beim nächsten Mal würde ich folgende Dinge anders machen: …*

Wahlaufgaben

(mindestens <u>vier</u> sind zu bearbeiten)

→ eine **Hauptfigur des Buches** vorstellen (Steckbrief, Cluster …)

→ eine **Collage** aus (selbst gemalten) Bildern zum Thema des Buches erstellen

→ einen **Tagebucheintrag** aus der Sicht einer Person aus dem Buch verfassen

→ ein **Rätsel** oder ein **Quiz** zu einem Kapitel oder zum ganzen Buch erfinden

→ einen **neuen Titel** für das Buch finden und ein **neues Cover** dazu malen

→ ein **neues Ende** erfinden

→ nach **anderen Büchern** suchen, die ein ähnliches Thema behandeln, und sie auflisten

→ ein **Lied** finden, das zu dem Buch passt, den Liedtext aufschreiben und gestalten

→ in einer **Grafik** die Beziehung der wichtigsten Personen des Buches zueinander darstellen

→ eine **Textstelle**, die dir besonders gut gefallen hat, herausschreiben und gestalten

→ die **Zukunft der Hauptpersonen** aufschreiben (→ Wie leben sie wohl in zehn Jahren?)

→ einen **Comic** zu einem Kapitel des Buches entwerfen und zeichnen

→ mit einem Partner eine **Fotostory** zu einem Kapitel aufnehmen und aufkleben

→ ein **Gedicht** zum Thema des Buches schreiben und eine Seite damit gestalten

2.2 (4) ein auf der Basis von Leseempfehlungen (z. B. aus einem abgegrenzten Themenbereich) ausgewähltes Jugendbuch eigenständig mithilfe produktiver und analytischer Methoden anhand von Leitfragen erschließen, werten und präsentieren (z. B. Handlungsstränge, Motive, Charaktereigenschaften, menschliche Grundstimmungen wie Trauer und Glück)

Susanne Fülscher: „Dann kauf's dir doch"

Alles fing mit Marvin an. Dem wahrscheinlich coolsten Typen, der jemals an unserer Schule rumlief. Echt jetzt. Ohne Übertreibung. Marvin tauchte irgendwann nach den Halbjahreszeug-
5 nissen auf. Es war ein grausam kalter Februar-morgen, als er in unsere Klasse kam.
Das heißt, er kam nicht einfach nur rein, er stiefelte wie ein Cowboy durch die Reihen und alle Blicke gingen zu ihm. Irgendwie logisch, ich
10 starrte ja auch. Blonde Surfermatte. Angesagte Klamotten. Teure Uhr. Wahrscheinlich hatte er auch noch einen Mega-Bizeps. Mir war sofort klar: Der kann jede haben.
Bestimmt auch Juna, in die ich so heftig ver-
15 knallt war, dass es jedes Mal puff in meinem Hirn machte, wenn ich ihr gegenüberstand. Statt „Hi, Juna, Bock auf Kino?" zu sagen, kam dann bloß Gestotter aus meinem Mund. Oder auch gar nichts. Aber zu Juna später mehr …

20 Also Marvin. Für mich war er nur ein Arsch auf zwei Beinen mit reichlich Kohle von Papi. Das wäre ja noch halbwegs zu verkraften gewesen, hätte er nicht in einer Tour angegeben. Mit seinem neuen Smartphone, den Bluetooth-Kopf-
25 hörern, den hammercoolen Sneakers. Und erst sein Gelaber über Serien und Filme! Klar, Marvin hatte voll den Durchblick. Nur er wusste, was man gesehen haben musste und was nicht. Und er musste es auch ständig rumposaunen.

30 Die Jungs aus meiner Klasse waren beeindruckt, die Mädchen himmelten ihn an. Ich war einfach nur neidisch. Weil ich ihn eben nicht hatte, also diesen X-Faktor. Mir guckten die Mädchen jeden-falls nicht hinterher.

35 Zum Glück hatte ich wenigstens einen besten Kumpel. Luis. Wir waren in derselben Nach-barschaft aufgewachsen und eigentlich schon immer Freunde.

Luis musste ich nichts beweisen. Ihm war es
40 egal, wenn ich auf dem peinlichsten Smartphone der Welt herumtippte und Sneakers trug, über die sich selbst der hinterletzte Trottel kaputtge-lacht hätte. Luis stand immer hinter mir. Ich war total froh, dass es ihn gab. Weil ich mit jedem
45 Scheiß zu ihm kommen konnte.

2.2 (1) komplexe, altersgemäße Texte deuten und die zentralen Aussagen und Intentionen der Texte mithilfe analytischer und produktiver Methoden erschließen (z. B. die Charakteristik der Figuren und ihrer Beziehungen herausarbeiten, Deutungen mit Zitaten belegen)

1 Lies den Auszug aus einem Jugendbuch und beantworte die folgenden Fragen schriftlich.
— *Worum geht es in dem Text?*
— *Was erfährst du über den Ort und die Zeit des Geschehens?*
— *Welche Personen kommen vor und was tun sie?*

2 a) In welcher Erzählform ist der Text geschrieben? Belege mit einer Textstelle.
b) Beschreibe die Erzählperspektive. Belege deine Aussagen am Text.

3 Zitiere eine Stelle aus dem Text, in der klar wird, dass der Erzähler neidisch auf Marvin ist.

4 Bearbeite eine der folgenden Aufgaben.
a Verfasse einen Tagebucheintrag, in dem der Erzähler beschreibt, was er von Marvin hält.
b Schreibe einen Brief des Erzählers an Marvin, in dem er ihm mitteilt, was er über ihn denkt.

5 Formuliere einen Basissatz, der das Wichtigste des Textes auf den Punkt bringt.
Beispiel: *In diesem Ausschnitt aus dem Jugendbuch XXX (Titel) von XXX (Name des Autors) geht es um …*

Tipp

zu 2 a)
Gibt es einen *Ich-Erzähler* oder einen *Er-/Sie-Erzähler*? (Ich-Form, Er-/Sie-Form)

zu 2 b)
Wird das Geschehen nur *von außen* beschrieben oder wird auch deutlich, was *in den Personen* vorgeht (Gefühle/Gedanken)?

6 Muss man als Jugendlicher wirklich immer die neuesten Geräte und Klamotten haben?
a) Erstelle eine Pro-/Kontra-Tabelle mit Argumenten zu dieser Frage. Beispiel:

Pro (ja)	**Kontra** (nein)
• Wer dazugehören will, muss mit der Zeit gehen.	• Die neuesten Dinge kosten viel (zu viel) Geld.
• xxxxxxxxx	• xxxxxxxxx
• xxxxxxxxx	• xxxxxxxxx

b) Bildet eine Kleingruppe und führt eine Diskussion über die Frage durch.
c) Stellt eure Überlegungen anschließend in der Klasse vor.

„Brauche ich das wirklich?"

2.2 (4) ein auf der Basis von Leseempfehlungen (z. B. aus einem abgegrenzten Themenbereich) ausgewähltes Jugendbuch eigenständig mithilfe produktiver und analytischer Methoden anhand von Leitfragen erschließen, werten und präsentieren (z. B. Handlungsstränge, Motive, Charaktereigenschaften, menschliche Grundstimmungen wie Trauer und Glück)

133

Carolin Philipps: „Die Mutprobe"

Als Kristina Tobias, Sven und Patrick die Tür öffnete, merkte sie gleich, dass irgendetwas Besonderes in der Luft lag.

Zunächst lief aber alles so wie immer. Die drei
5 hatten Chips und Cola mitgebracht und Kristina legte eine DVD ein. Es war ein ziemlich spannender Film und Kristina musste öfter die Augen schließen. Trotzdem merkte sie, dass die Jungen sie beobachteten. Sven schien sogar mehr auf
10 sie als auf den Film zu achten.

„Na, ich weiß nicht", meinte er an einer besonders spannenden Stelle, als Kristina sich ein Kissen vor das Gesicht hielt. „Sie hält die Spannung nicht aus. Sie schafft es einfach nicht."
15 Tobias warf ihm einen bösen Blick zu. „Zwei zu eins. Wir haben abgestimmt. Wir versuchen es einfach." Als der Film zu Ende war, sagte Tobias: „Du bist jetzt seit drei Monaten in unserer Bande, aber so richtig dazu gehörst du nicht."
20 Kristina bekam einen großen Schreck. Bis in ihren Bauch hinein grummelte es. Sie wollten sie loswerden. Das hatte sie immer befürchtet. Schließlich waren sie mindestens zwei Jahre älter und hatten normalerweise keine Lust, sich
25 mit so Kleinen wie ihr abzugeben. Sie hatte gewusst, dass es so kommen würde. Irgendwann wollten sie wieder unter sich sein. Darum waren sie heute auch so komisch. Sie holte tief Luft. Sie würde nicht weinen, obwohl sie bei dem Ge-
30 danken, dass sie ab jetzt wieder allein zu Hause sitzen würde, mit den Tränen kämpfen musste. Sie biss die Zähne ganz fest zusammen. Nein, den Gefallen würde sie ihnen nicht tun.

„Jeder, der richtig zu unserer Bande gehören will,
35 muss eine Mutprobe machen", sagte Tobias und die anderen beiden nickten.

„Ich darf bei euch bleiben?" Kristina konnte es kaum fassen.

„Wenn du die Mutprobe bestehst."

40 Kristina nickte. Klar, wenn es weiter nichts war. Sie würde alles dafür tun, um nicht wieder allein zu sein. Früher, da hatte sie viele Freundinnen gehabt. Aber jetzt hatte sie nur noch Tobias und seine Freunde. „Was muss ich machen?"
45 Tobias schüttelte den Kopf. „Wird nicht verraten. Wenn du bereit bist, holen wir dich heute Abend um acht ab. Zieh dunkle Sachen an, damit man dich in der Dunkelheit nicht erkennt."

Mit diesen Worten standen die Jungen auf und
50 gingen. Kristina blieb verwirrt zurück. Was war das wohl für eine Mutprobe? Bestimmt etwas Gefährliches und Verbotenes. Irgendetwas ansprayen. Vielleicht das Polizeigebäude? Oder etwas klauen. Sie hatte noch nie mitbekommen,
55 dass Tobias etwas klaute. Aber sie glaubte auch nicht, dass er, Sven und Patrick die vielen Spraydosen, die sie verbrauchten, kaufen konnten. Geld hatten die drei nie. Und so eine Mutprobe mit Klauen hatte sie schon einmal in einem Film
60 gesehen. Allerdings kam da gleich der Kaufhausdetektiv und schnappte das Mädchen. Überall im Geschäft waren Videokameras angebracht. Hoffentlich musste sie nichts klauen. Aber etwas anderes fiel ihr auch nicht ein. Den ganzen
65 Nachmittag grübelte Kristina. Sie saß vor dem Fernseher und schaltete von einem Programm ins andere. Aber sie wusste nicht, was sie sah. Sie dachte nur an den Abend. Was würde sie machen müssen?

2.2 (1) komplexe, altersgemäße Texte deuten und die zentralen Aussagen und Intentionen der Texte mithilfe analytischer und produktiver Methoden erschließen (z. B. die Charakteristik der Figuren und ihrer Beziehungen herausarbeiten, Deutungen mit Zitaten belegen)

1 Lies den Auszug aus einem Jugendbuch und beantworte die folgenden Fragen schriftlich.
— *Worum geht es in dem Text?*
— *Was erfährst du über den Ort und die Zeit des Geschehens?*
— *Welche Personen kommen vor und was tun sie?*

2 a) Was erfährst du über das Alter der Jungen in der Geschichte?
b) Wie alt könnte Kristina sein? Begründe deine Vermutung anhand einer Textstelle.

3 Zitiere eine Stelle aus dem Text, in der klar wird, dass Kristina unbedingt zu der Bande gehören möchte.

4 Kristinas Körper verrät ihre Anspannung. Notiere zwei Reaktionen, die im Text beschrieben werden.

5 Formuliere einen Basissatz, der das Wichtigste des Textes auf den Punkt bringt.
Beispiel: *In diesem Ausschnitt aus dem Jugendbuch XXX (Titel) von XXX (Name des Autors) geht es um …*

6 Bearbeite eine der folgenden Aufgaben.
a Schreibe einen Tagebucheintrag, den Kristina verfassen könnte, bevor die anderen sie zu der Mutprobe abholen.
b Tobias, Sven und Patrick haben eine Mutprobe für Kristina geplant. Was könnte das sein? Schreibe die Geschichte weiter.

7 Mutproben gibt es ebenso bei Kindern wie unter Erwachsenen. Oft werden sie durchgeführt, wenn jemand neu in eine Gruppe kommt, als Aufnahmeprüfung.
Was hältst du von solchen Mutproben?
a) Lege eine Liste mit Argumenten an. Beispiel:

Mutproben sind unnötig
• sie können gefährlich sein
• xxxxxxxxx
• xxxxxxxxx

b) Bildet eine Kleingruppe und führt eine Diskussion über die Frage durch.
c) Stellt eure Überlegungen anschließend in der Klasse vor.

"Jetzt wirf doch endlich den Stein!"

2.2 (4) ein auf der Basis von Leseempfehlungen (z. B. aus einem abgegrenzten Themenbereich) ausgewähltes Jugendbuch eigenständig mithilfe produktiver und analytischer Methoden anhand von Leitfragen erschließen, werten und präsentieren (z. B. Handlungsstränge, Motive, Charaktereigenschaften, menschliche Grundstimmungen wie Trauer und Glück)

135

Kathrin Schrocke: „Freak City"

Irgendein kluger Mann hat einmal behauptet,
dass man auch aus Steinen, die einem in den
Weg gelegt werden, etwas Schönes bauen kann.
Das stimmt. Lasst euch das von einem 16-jähri-
5 gen Typen mit Bausparvertrag sagen.
Trotzdem war mir nicht im Geringsten bewusst,
auf was ich da zusteuerte, als ich mit meinen
zwei besten Kumpels durch die Stadt stolperte,
dem Mädchen hinterher.
10 Eigentlich hätte ich es ja kapieren müssen: Es lag
regelrecht in der Luft. Es war so offensichtlich,
da gab es gar nichts zu rütteln. Aber ich war so
was von daneben damals. Liebeskrank und doof.
Ich kapierte einfach nichts.
15 Stattdessen sprang ich ihr wie die anderen beiden in der Fußgängerzone hinterher und machte
mich mit meinen Sprüchen gewaltig zum Affen.
Ich sah nur, was ich sehen wollte: ihre wilden
lockigen Haare. Den gelben Minirock, der ein
20 Stück zu weit hochgerutscht war. Das Tattoo,
das vom Hals abwärts ging und irgendwo unter
ihrem feuerroten T-Shirt verschwand.
Die grünen Flip-Flops, die sie trug, machten auf
dem Asphalt ein quälendes Geräusch. Es hörte
25 sich an, als würden sie bei jedem Schritt um
Gnade flehen.
Es war zu heiß für die Jahreszeit und die Luft um
uns herum flirrte. Aus diesem Flirren heraus trat
ihre stolze Gestalt.
30 Für alles andere war ich blind. Vielleicht lag es
auch an der Hitze. Mein Hirn war von all der Sonne regelrecht ausgebrannt.
Ich sah also nur die frechen schwarzen Locken,
die Klamotten und ihren aufrechten Gang.
35 Die Steine hingegen, die direkt neben mir vom
Himmel fielen, sah ich nicht.
Ich hörte sie auch nicht. Oder doch?
Mein Puls ging zu schnell – wahrscheinlich hielt
ich das laute Geräusch für den Schlag meines
40 Herzens.

Mein Name ist Mika und damals war ich 15.
Mein Name ist Mika, das ist finnisch und
bedeutet idiotischerweise: „Wer ist wie Gott?"
Ich auf jeden Fall ganz sicher nicht.
45 Ich hatte null Ahnung von Frauen.
Und es war ein Montagnachmittag im Juli,
als diese seltsame Geschichte begann.

2.2 (1) komplexe, altersgemäße Texte deuten und die zentralen Aussagen und Intentionen der Texte mithilfe analytischer und
produktiver Methoden erschließen (z. B. die Charakteristik der Figuren und ihrer Beziehungen herausarbeiten, Deutungen mit
Zitaten belegen)

1 Lies den Auszug aus einem Jugendbuch und beantworte die folgenden Fragen schriftlich.
— *Worum geht es in dem Text?*
— *Was erfährst du über den Ort und die Zeit des Geschehens?*
— *Welche Personen kommen vor und was tun sie?*

2 Bearbeite eine der folgenden Aufgaben.
a Im Text wird das sprachliche Bild „Ich machte mich gewaltig zum Affen" (Z. 16/17) verwendet. Erkläre die Bedeutung.
b Suche weitere sprachliche Bilder im Text und schreibe auf, was sie bedeuten.

3 a) Schreibe die Bedeutung des Namens der Hauptfigur heraus.
b) Passt der Name zu dem Jungen? Belege deine Antwort mit einer Textstelle.

4 Zitiere eine Stelle aus dem Text, in der klar wird, dass Mika noch sehr unerfahren und unsicher ist.

5 Formuliere einen Basissatz, der das Wichtigste des Textes auf den Punkt bringt.
Beispiel: *In diesem Ausschnitt aus dem Jugendbuch XXX (Titel) von XXX (Name des Autors) geht es um …*

6 Wie geht es mit Mika wohl weiter? Was könnte in der Geschichte alles passieren? Lege ein Cluster an und notiere Ideen für die weitere Handlung.

Freak City

7 Es stellt sich heraus, dass Mikas neue Freundin taub ist. Das gibt Mika zu denken.
a) Erstelle eine Pro-/Kontra-Tabelle, die Mika für sich anlegen könnte:
Soll ich eine Beziehung zu einem gehörlosen Mädchen eingehen?

Pro (ja)	**Kontra** (nein)
• Man kann viel voneinander lernen.	• Man kann einiges nicht gemeinsam tun (z. B. Konzert besuchen).
• xxxxxxxxxx	• xxxxxxxxxx
• xxxxxxxxxx	• xxxxxxxxxx

b) Bildet eine Kleingruppe und führt eine Diskussion über die Frage durch.
c) Stellt eure Überlegungen anschließend in der Klasse vor.

2.2 (4) ein auf der Basis von Leseempfehlungen (z. B. aus einem abgegrenzten Themenbereich) ausgewähltes Jugendbuch eigenständig mithilfe produktiver und analytischer Methoden anhand von Leitfragen erschließen, werten und präsentieren (z. B. Handlungsstränge, Motive, Charaktereigenschaften, menschliche Grundstimmungen wie Trauer und Glück)

137

Rainbow Rowell: „Eleanor & Park"

Park bemerkte das neue Mädchen ungefähr zur selben Zeit wie die anderen. Sie stand vorne im Bus, neben dem ersten freien Platz.

Ein Schüler saß da allein, ein Neuntklässler.

5 Er stellte seine Tasche auf den Platz neben sich und schaute dann in die andere Richtung. Im Bus rutschten alle, die allein saßen, auf den Gangplatz. Park hörte Tina kichern; sie liebte solche Szenen.

10 Das neue Mädchen atmete tief durch und lief weiter. Niemand schaute sie an. Park versuchte es ebenfalls, aber es war wie bei einem Zugunglück oder einer Sonnenfinsternis: Man konnte den Blick nicht abwenden.

15 Das Mädchen sah aus wie jemand, dem genau so was immer passierte.

Sie war nicht nur neu, sondern auch groß, schwer und unsicher. Mit verrückten Haaren, knallrot und dazu noch Locken. Und sie war

20 angezogen, als ... als legte sie es darauf an, dass man sie anstarrte. Vielleicht merkte sie gar nicht, wie schlimm sie aussah. Sie trug ein kariertes Hemd, ein Männerhemd, mit jeder Menge komischer Ketten um den Hals und Tüchern, die sie

25 um die Handgelenke gewickelt hatte. Sie erinnerte Park an eine Vogelscheuche oder an eine von den Sorgenpuppen, die bei seiner Mutter auf der Kommode standen. Sie erinnerte ihn an etwas, das in der Wildnis nicht überleben würde.

30 Der Bus hielt wieder, es stiegen noch mehr Schüler ein. Sie zwängten sich an dem Mädchen vorbei, rempelten sie an und ließen sich auf ihre Stammplätze fallen.

So war das nämlich – jeder hatte im Bus seinen

35 eigenen Platz. Schon am ersten Schultag hatte sich jeder einen organisiert. Und Leute wie Park, die das Glück hatten, einen ganzen Sitz für sich zu haben, dachten nicht daran, ihn jetzt aufzugeben. Schon gar nicht für so eine.

40 Park blickte zu dem Mädchen hoch. Sie stand einfach nur da.

„Hey, du", rief der Busfahrer, „setz dich hin!"

Das Mädchen ging langsam nach hinten. Direkt in die Höhle des Löwen. Oh Gott, dachte Park,

45 bleib stehen. Dreh um. Er spürte förmlich, wie Steve und Mikey sich die Lippen leckten. Er versuchte, wieder wegzusehen.

Dann entdeckte das Mädchen einen leeren Platz genau gegenüber von Park. Ihr Gesicht leuchtete

50 erleichtert auf, und sie eilte darauf zu.

„Hey", sagte Tina scharf.

Das Mädchen ging weiter.

„Hey", sagte Tina, „du Clown."

Steve fing an zu lachen. Seine Freunde fielen

55 sofort mit ein.

„Da kannst du nicht sitzen", sagte Tina. „Das ist Mikaylas Platz."

Das Mädchen blieb stehen, sah Tina an und dann den leeren Platz. „Setz dich hin", schnauzte

60 der Fahrer von vorne.

„Ich muss irgendwo sitzen", sagte das Mädchen mit fester, ruhiger Stimme zu Tina.

„Nicht mein Problem", fauchte Tina. Der Bus schlingerte, und das Mädchen wippte nach

65 hinten, um nicht umzufallen. Park wollte seinen Walkman noch lauter stellen, aber es ging nicht mehr. Er schaute wieder zu dem Mädchen; sie sah aus, als würde sie gleich heulen.

Bevor er richtig nachdachte, rutschte er zum

70 Fenster.

„Setz dich", sagte er. Es klang wütend. Das Mädchen drehte sich zu ihm, als wüsste sie nicht so recht, ob er auch so ein Trottel war.

„Herrgott noch mal", sagte er leise und nickte

75 auf den leeren Platz neben sich, „setz dich endlich."

2.2 (1) komplexe, altersgemäße Texte deuten und die zentralen Aussagen und Intentionen der Texte mithilfe analytischer und produktiver Methoden erschließen (z. B. die Charakteristik der Figuren und ihrer Beziehungen herausarbeiten, Deutungen mit Zitaten belegen)

1 Lies den Auszug aus einem Jugendbuch und beantworte die folgenden Fragen schriftlich.
— *Worum geht es in dem Text?*
— *Was erfährst du über den Ort und die Zeit des Geschehens?*
— *Welche Personen kommen vor und was tun sie?*

2 Erkläre die Bedeutung folgender Ausdrücke aus dem Text:
— *etwas, das in der Wildnis nicht überleben würde (Z. 28 − 29);*
— *direkt in die Höhle des Löwen (Z. 43 − 44).*

3 Zitiere aus dem Text eine Stelle, in der klar wird, dass es das neue Mädchen schwer haben wird.

4 Formuliere einen Basissatz, der das Wichtigste des Textes auf den Punkt bringt.
Beispiel: *In diesem Ausschnitt aus dem Jugendbuch XXX (Titel) von XXX (Name des Autors) geht es um …*

5 Schreibe alles auf, was du in dem Text über das neue Mädchen erfährst.

6 Verfasse einen Tagebucheintrag, in dem das neue Mädchen über seine erste Fahrt mit dem Bus schreibt.

7 Das Mädchen wirkt auf die anderen Jugendlichen im Bus seltsam, weil es ungewöhnlich angezogen ist. Hätte eine Schuluniform es eventuell geschützt?
a) Erstelle eine Pro/Kontra-Tabelle zu diesem Thema.
Beispiel: *Schuluniformen sind sinnvoll.*

Pro (ja)	**Kontra** (nein)
• Niemand fällt durch seine Kleidung besonders auf.	• Jeder sollte tragen dürfen, was er möchte.
• xxxxxxxxxx	• xxxxxxxxxx
• xxxxxxxxxx	• xxxxxxxxxx

b) Bildet eine Kleingruppe und führt eine Diskussion über die Frage durch.
c) Stellt eure Überlegungen anschließend in der Klasse vor.

2.2 (4) ein auf der Basis von Leseempfehlungen (z. B. aus einem abgegrenzten Themenbereich) ausgewähltes Jugendbuch eigenständig mithilfe produktiver und analytischer Methoden anhand von Leitfragen erschließen, werten und präsentieren (z. B. Handlungsstränge, Motive, Charaktereigenschaften, menschliche Grundstimmungen wie Trauer und Glück)

139

Joanne K. Rowling: „Harry Potter und der Stein der Weisen"

Am nächsten Morgen wachte Harry um fünf Uhr
auf, viel zu aufgeregt und nervös, um wieder
einschlafen zu können. [...]
Noch einmal ging er die Liste für Hogwarts
5 durch, um sich zu vergewissern, dass er alles
Nötige dabeihatte, und schloss Hedwig in ihren
Käfig ein. [...] Zwei Stunden später war Harrys
riesiger, schwerer Koffer im Wagen der Dursleys
verstaut, Tante Petunia hatte Dudley überredet,
10 sich neben Harry zu setzen, und los ging die
Fahrt.
Sie erreichten King's Cross um halb elf. Onkel
Vernon packte Harrys Koffer auf einen Gepäck-
wagen und schob ihn in den Bahnhof. Harry fand
15 dies ungewöhnlich freundlich von ihm, bis Onkel
Vernon mit einem hässlichen Grinsen auf dem
Gesicht vor den Bahnsteigen Halt machte. „Nun,
das war's, Junge. Gleis neun – Gleis zehn. Dein
Gleis sollte irgendwo dazwischen liegen, aber sie
20 haben es wohl noch nicht gebaut, oder?" Natürlich hatte er vollkommen Recht. Über dem Bahnsteig hing auf der einen Seite die große Plastikziffer 9, über der anderen die große Plastikziffer
10, und dazwischen war nichts.
25 „Na dann, ein gutes Schuljahr", sagte Onkel
Vernon mit einem noch hässlicheren Grinsen.
Er verschwand, ohne ein weiteres Wort zu sagen.
Harry wandte sich um und sah die Dursleys weg-
fahren. [...] Was um Himmels willen sollte er tun?
30 Schon richteten sich viele erstaunte Blicke auf
ihn – wegen Hedwig. Er musste jemanden fragen.
Er sprach einen vorbeigehenden Wachmann an,
wagte es aber nicht, Gleis neundreiviertel zu
erwähnen.
35 Der Wachmann hatte nie von Hogwarts gehört,
und als Harry ihm nicht einmal sagen konnte,
in welchem Teil des Landes die Schule lag,
wurde er zusehends ärgerlich, als ob Harry sich
absichtlich dumm anstellen würde. Schon ganz

40 verzweifelt fragte Harry nach dem Zug, der um
elf Uhr ging, doch der Wachmann meinte, es
gebe keinen. [...] Harry versuchte mit aller Macht,
ruhig Blut zu bewahren. Der großen Uhr über der
Ankunftstafel nach hatte er noch zehn Minuten,
45 um in den Zug nach Hogwarts zu steigen, und er
hatte keine Ahnung, wie er das anstellen sollte.
Da stand er nun, verloren mitten auf einem
Bahnhof, mit einem Koffer, den er kaum vom
Boden heben konnte, einer Tasche voller
50 Zauberergeld und einer großen Eule.

2.2 (1) komplexe, altersgemäße Texte deuten und die zentralen Aussagen und Intentionen der Texte mithilfe analytischer und
produktiver Methoden erschließen (z. B. die Charakteristik der Figuren und ihrer Beziehungen herausarbeiten, Deutungen mit
Zitaten belegen)

1 Lies den Auszug aus einem Jugendbuch und beantworte die folgenden Fragen schriftlich.
— *Worum geht es in dem Text?*
— *Was erfährst du über den Ort und die Zeit des Geschehens?*
— *Welche Personen kommen vor und was tun sie?*

2 Harrys Situation am Bahnsteig lässt ihn zunehmend unruhig werden. Belege das mit einer Textstelle.

3 Zitiere aus dem Text eine Stelle, in der klar wird, dass das Verhältnis zwischen Harry und den Dursleys nicht besonders gut ist.

4 Formuliere einen Basissatz, der das Wichtigste des Textes auf den Punkt bringt.
Beispiel: *In diesem Ausschnitt aus dem Jugendbuch XXX (Titel) von XXX (Name des Autors) geht es um …*

5 Bearbeite eine der folgenden Aufgaben.
a Schreibe einen Tagebucheintrag, in dem Harry im Rückblick beschreibt, wie er sich am Bahnhof gefühlt hat.
b Harry steht verloren am Bahnhof und weiß nicht, was er tun soll. Wie kommt er aus dieser Situation wieder heraus? Schreibe die Geschichte weiter.

6 Harry wird in Zukunft das Internat von Hogwarts besuchen. Diesem neuen Lebensabschnitt sieht er mit gemischten Gefühlen entgegen. Welche Vor- und Nachteile könnte es haben, auf eine Schule zu gehen, die weit weg von zu Hause ist?
a) Erstelle zu dieser Frage eine Pro-/Kontra-Tabelle.
Beispiel: *Leben in einem Internat*

Pro (Vorteile)	**Kontra** (Nachteile)
• Man lernt neue Leute kennen.	• Man ist weit weg von seinen Freunden.
• xxxxxxxxxx	• xxxxxxxxxx
• xxxxxxxxxx	• xxxxxxxxxx

b) Bildet eine Kleingruppe und führt eine Diskussion über die Frage durch.
c) Stellt eure Überlegungen anschließend in der Klasse vor.

2.2 (4) ein auf der Basis von Leseempfehlungen (z. B. aus einem abgegrenzten Themenbereich) ausgewähltes Jugendbuch eigenständig mithilfe produktiver und analytischer Methoden anhand von Leitfragen erschließen, werten und präsentieren (z. B. Handlungsstränge, Motive, Charaktereigenschaften, menschliche Grundstimmungen wie Trauer und Glück)

141

Feedback zum Portfolio austauschen

Damit jeder eine Rückmeldung erhält und ihr zugleich seht, wie die anderen gearbeitet haben, könnt ihr euer Portfolio in der Klasse präsentieren und euch gegenseitig Feedback geben. Drei mögliche Feedbackmethoden findet ihr auf dieser Doppelseite. Entscheidet euch gemeinsam mit eurer Lehrkraft für eine Methode. Oder habt ihr selbst noch eine andere Idee?

Die Portfolio-Hand
1

→ Legt eure fertigen Portfolios einzeln im Klassenzimmer aus.

→ Neben sein Portfolio legt jeder eine „Feedback-Hand". Dafür zeichnet er den Umriss seiner Hand auf ein weißes Blatt und schreibt seinen Namen dazu (COPY 13).

→ Bewegt euch nun einzeln oder in Gruppen im Klassenraum und seht euch die verschiedenen Portfolios an.

→ Notiert zu jedem Portfolio knapp eure Anmerkungen in der Feedback-Hand. Achtet dabei auf einen fairen und freundlichen Umgang miteinander.

→ Sucht euch beim Herumgehen Portfolios aus, bei denen die Hand noch wenig beschriftet ist.

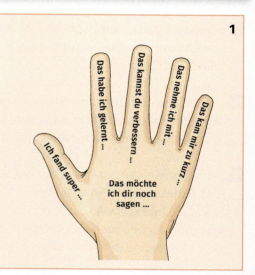

Das Portfolio-Rondell
2

→ Bildet Kleingruppen mit 3 – 4 Mitgliedern.

→ Tauscht die Portfolios untereinander aus.
Jeder schreibt auf ein DIN-A4-Blatt folgende Satzanfänge und lässt dazwischen etwas Platz (COPY 14):
Das hat mich echt beeindruckt ...
Sofort aufgefallen ist mir, dass ...
Das gefällt mir an deinem Portfolio besonders gut: ...
Diesen Tipp möchte ich dir mit auf den Weg geben: ...

→ Heftet das Blatt vorne in das vor euch liegende Portfolio ein.

→ Ihr habt für jedes Portfolio etwa fünf Minuten Zeit. Seht euch die Mappe in dieser Zeit an und ergänzt die Satzanfänge, zu denen euch spontan etwas einfällt.
Nach Ablauf der Zeit gebt ihr das bearbeitete Portfolio im Uhrzeigersinn zum Nächsten weiter, der seine Eindrücke ergänzt. (Wenn ihr zufällig euer eigenes Portfolio erhaltet, dann seht euch schon einmal das Feedback an, das ihr bis dahin bekommen habt.)

→ Macht so viele Durchläufe, bis das Portfolio wieder beim ersten Schüler angekommen ist.

→ Am Schluss erhält jeder sein Portfolio zurück und liest das Feedback der anderen.
Bei Bedarf kann man in der Gruppe Rückfragen zu den Kommentaren stellen.

2.2 (1) komplexe, altersgemäße Texte deuten und die zentralen Aussagen und Intentionen der Texte mithilfe analytischer und produktiver Methoden erschließen (z. B. die Charakteristik der Figuren und ihrer Beziehungen herausarbeiten, Deutungen mit Zitaten belegen)

Der Portfolio-Check 3

Mit dieser Methode kann jeder einmal Lehrer sein und ein Portfolio ausführlich bewerten.

→ Du bekommst von deiner Lehrkraft ein Portfolio einer Mitschülerin / eines Mitschülers zugeteilt.
→ Lege dir dazu eine Checkliste nach dem Muster unten an (COPY 15).
→ Du hast nun 20–30 Minuten Zeit, um das Portfolio ausführlich durchzulesen.
→ Anschließend füllst du die Checkliste aus, indem du jeden Punkt bewertest (mit +/–) und in die rechte Spalte Anmerkungen dazu schreibst.
→ Für die Rückmeldung an den Autor gibt es dann zwei Möglichkeiten (Varianten A und B). Wählt in der Klasse eine davon aus.

Variante A
Du gibst das korrigierte Portfolio an seinen Autor zurück und erklärst ihm persönlich, warum du so bewertet hast.

Variante B
Du stellst das Portfolio in der Klasse vor und erklärst, was du daran besonders gelungen findest.

Checkliste – Portfolio

Du hast …	++	+	–	––	Anmerkungen
… das Deckblatt ordentlich gestaltet und mit allen wichtigen Informationen versehen.	x	x	x	x	xxxxxxxxxxxxxxxxxxxxxx
… ein übersichtliches Inhaltsverzeichnis erstellt.	x	x	x	x	xxxxxxxxxxxxxxxxxxxxxx
… alle Pflichtaufgaben in angemessenem Umfang bearbeitet.	x	x	x	x	xxxxxxxxxxxxxxxxxxxxxx
… mindestens vier Wahlaufgaben vollständig und in angemessenem Umfang bearbeitet.	x	x	x	x	xxxxxxxxxxxxxxxxxxxxxx
… dein Portfolio ordentlich (d.h. nicht zerknickt und nicht bekritzelt) abgegeben.	x	x	x	x	xxxxxxxxxxxxxxxxxxxxxx
… dein Portfolio farbig gestaltet und mit Bildern/Zeichnungen versehen.	x	x	x	x	xxxxxxxxxxxxxxxxxxxxxx

2.2 (4) ein auf der Basis von Leseempfehlungen (z. B. aus einem abgegrenzten Themenbereich) ausgewähltes Jugendbuch eigenständig mithilfe produktiver und analytischer Methoden anhand von Leitfragen erschließen, werten und präsentieren (z. B. Handlungsstränge, Motive, Charaktereigenschaften, menschliche Grundstimmungen wie Trauer und Glück)

Unterschiedliche Medien vergleichen

1 💡 Lies die Sätze A–D. Sie beschreiben vier Medien, in denen häufig Geschichten erzählt werden. Welches Medium ist jeweils gemeint?

A. *Dieses Medium gibt es schon sehr lange. Eine Erfindung im 15. Jahrhundert machte es einer breiten Öffentlichkeit zugänglich.*

B. *Dieses Medium wird häufig von Menschen genutzt, die gerne Bilder anschauen.*

C. *Bei diesem Medium musst du nichts lesen oder anschauen, sondern gut zuhören.*

D. *Bei diesem Medium kannst du selbst an der Geschichte mitwirken und sie durch deine Entscheidungen beeinflussen.*

2 a) Erstelle ein eigenes Medien-Rätsel wie in Aufgabe 1. Wähle dafür andere Medien.
   b) Geht durchs Klassenzimmer und befragt euch gegenseitig.

3 Welches Medium nutzt du am häufigsten? Begründe, warum das so ist.

4 a) Kennst du die Geschichte „Der kleine Hobbit"? Was stellst du dir bei diesem Titel vor? Sprecht zu zweit darüber.
   b) Tragt in der Klasse zusammen, was ihr euch vorstellt oder darüber wisst.

Der kleine Hobbit
„Der kleine Hobbit" ist ein Fantasyroman für Jugendliche von J. R. R. Tolkien. Darin wird gewissermaßen die Vorgeschichte zu „Der Herr der Ringe" erzählt.

5 Die Geschichte „Der kleine Hobbit" wurde in verschiedenen Medien veröffentlicht. Sie sind oben dargestellt.
   a) Erkennst du, welche gemeint sind?
   b) Bildet Teams und recherchiert im Internet zu „Der kleine Hobbit" als Roman, Film, Comic, Hörbuch und Computerspiel. Erstellt Steckbriefe mit folgenden Kriterien:
   – *Erscheinungsjahr* – *Autor*
   – *Dauer/Umfang* – *Preis*
   – *Veröffentlichung in welchen Sprachen?*
   – *Altersfreigabe/Altersempfehlung*
   c) Legt eine Tabelle an, in der ihr alle Informationen sammelt.

6 a) Kennst du weitere Geschichten, die in verschiedenen Medien erzählt werden? Recherchiere dazu im Internet.
   b) Stelle deine Ergebnisse der Klasse vor.

Tipp

💡 **zu 1a)**

ʃǝᴉdsoǝpᴉΛ – ɥɔnqɹ̣ọH – ɔᴉɯoƆ – ɥɔnꓭ

2.2 (1) komplexe, altersgemäße Texte deuten und die zentralen Aussagen und Intentionen der Texte mithilfe analytischer und produktiver Methoden erschließen · 2.2 (4) ein auf der Basis von Leseempfehlungen (z. B. aus einem abgegrenzten Themenbereich) ausgewähltes Jugendbuch eigenständig mithilfe produktiver und analytischer Methoden anhand von Leitfragen erschließen

Eine Geschichte in verschiedenen Medien

1 Auf dieser Seite siehst du je drei Bilder von *Bilbo Beutlin* und dem Zauberer *Gandalf*, den Hauptfiguren aus „Der kleine Hobbit":
a) Vergleiche die Bilder miteinander.
b) Notiere, welche Gemeinsamkeiten und welche Unterschiede du erkennst.

2 a) Lies die Auszüge aus dem Roman im Kasten rechts. Wer ist Person A, wer ist Person B? Begründe deine Zuordnung.
b) Welches Bild kommt der Beschreibung aus dem Roman am nächsten? Begründe.
c) Stellt zu zweit Vermutungen an: Warum haben sich die Zeichner und Filmemacher nicht immer genau an die Beschreibung im Roman gehalten?

Bilbo Beutlin und Gandalf im Roman

Person A: „[Die Hobbits] neigen dazu, ein bisschen fett in der Magengegend zu werden. Sie kleiden sich in leuchtende Farben (hauptsächlich in Grün und Gelb). Schuhe kennen sie überhaupt nicht, denn an ihren Füßen wachsen natürliche, lederartige Sohlen und dickes, warmes, braunes Haar, ganz ähnlich wie das Zeug auf ihrem Kopf (das übrigens kraus ist) [...] "

Person B: „[...] ein alter Mann mit einem Stab, hohem, spitzem blauem Hut, einem langen grauen Mantel, mit einer silbernen Schärpe, über die ein langer, weißer Bart hing, ein kleiner, alter Mann mit riesigen schwarzen Schuhen."

2.4 (1) die Wirkungsabsichten unterschiedlicher durch die Auseinandersetzung mit den jeweils eingesetzten Gestaltungsmitteln erkennen · 2.2 (3) unterschiedliche Darstellungsformen literarischer Werke wie Buch, Film, Hörtext oder Theater vergleichen, medienspezifische Besonderheiten erkennen, deren Wirkung reflektieren und den ästhetischen Wert einschätzen

Erzählerische Mittel in Roman, Comic und Film

A

B

C „[...] Kurz vor der Teezeit hörte Bilbo ein furchtbares Gebimmel an der Haustür.
Da erinnerte er sich! Er rannte zur Küche, setzte den Teekessel auf, holte eine zweite Tasse und Untertasse und einen oder zwei Extrakuchen und lief zur Tür. [...]"

2.4 (1) die Wirkungsabsichten unterschiedlicher Medien (z. B. Unterhaltung, Information, Propaganda, Manipulation) durch die Auseinandersetzung mit den jeweils eingesetzten Gestaltungsmitteln erkennen · 2.4 (2) die Vermischung von Realität und Fiktion in medialen Darstellungen anhand erarbeiteter Kriterien beurteilen

1 a) 💡 Betrachte die Abbildungen und lies den Text auf S. 146. In welchem Medium wird die Geschichte hier jeweils präsentiert?

  b) Erkläre, woran du das erkannt hast.

2 a) Welche besonderen Mittel nutzen die Medien jeweils, um ein Geschehen darzustellen?

  b) Besprecht, wie die Szene aus dem Roman im Comic und im Film jeweils umgesetzt wurde. Diskutiert, was besser gelungen ist.

3 a) Lies die Stichpunkte im Kasten rechts.

  b) Lege eine Tabelle nach dem Muster an. Ordne die Punkte in die richtige Zeile ein. Du kannst dafür auch COPY 16 nutzen.

  c) Ergänze weitere Punkte, in denen sich Film, Buch und Comic unterscheiden. Erweitere die Tabelle gegebenenfalls.

  d) Vergleicht eure Tabellen zu zweit und besprecht eure Ergebnisse.

- dauert meist 60–120 Minuten
- ist eher knapp gehalten
- normalerweise ohne Bilder
- ausführlicher Text
- auf Grundlage eines Drehbuchs
- Seitenzahl ist je nach Geschichte unterschiedlich
- Sprech- und Gedankenblasen
- von einem Schriftsteller geschrieben
- in Kapitel gegliedert
- meist Zusammenarbeit von Autor und Zeichner
- kann man hören
- besteht aus einer Abfolge von Bildern
- Töne/Klänge werden mit Worten beschrieben
- Handlung wird von Schauspielern dargestellt
- Szenen wechseln sich ab
- oft bunt gezeichnet
- Lautmalereien, zum Beispiel *klirr, zisch*
- manchmal mit Untertiteln zum Mitlesen

	Länge	Darstellungsform	Entstehung	Einteilung	Geräusche	Text
Comic	XXX	XXX	XXX	XXX	XXX	XXX
Buch	XXX	XXX	XXX	XXX	XXX	XXX
Film	XXX	XXX	XXX	XXX	XXX	XXX

4 a) Bearbeite deine Tabelle aus Aufgabe 3: Markiere darin farbig, welche *Vorteile* und welche *Nachteile* jedes Medium hat.

  b) Vergleicht eure Ergebnisse in der Klasse.

  c) Welches Medium spricht euch persönlich am meisten an? Begründet eure Wahl.

Tipp

💡 **zu 1a)**

Comic – Spielfilm – Buch/Roman

Lernbox

Erzählerische Mittel benennen

Geschichten können mit verschiedenen Mitteln erzählt und spannend gestaltet werden. Je nach Medium stehen bestimmte erzählerische Mittel zur Verfügung: Der **Roman** arbeitet mit Sprache (Beschreibungen, Dialoge), im **Film** gibt es außerdem *Musik, Geräusche, Bilder* und *Bewegung*. Der **Comic** kombiniert Texte und Bilder. Typisch für den Comic sind zum Beispiel Sprechblasen und Lautmalereien (*Booom! Zack! Peng! Zisch!*).

2.4 (3) komplexe Darstellungsmittel sowie spezifische sprachliche Mittel in unterschiedlichen medialen Darstellungsformen reflektieren und werten (z. B. Vergleich von Textvorlage mit verschiedenen auditiven oder filmischen Umsetzungen) ·
2.2 (3) unterschiedliche Darstellungsformen literarischer Werke wie Buch, Film, Hörtext oder Theater vergleichen

147

Kritiken lesen und auswerten

A.

Arachne45
vor 13 Tagen

Hier und dort wurden im Film Sachen dazuerfunden, was ich aber nicht als störend empfunden habe. Da finde ich es eher schade, dass einige Szenen verändert wurden. Das Schicksal von Thorin Eichenschild wurde für den Film ausgeschmückt, was mehr Spannung erzeugt. Im Buch werden die Figuren nur knapp beschrieben. Das ist im Film anders.

◯ *10 Kommentare*

B.

Bilbobob75
vor 10 Tagen

☆☆☆☆
Bilbos Look finde ich gar nicht mal so schlecht, er sah im Gegensatz zu der Realverfilmung und dem Comic so aus, wie man ihn sich beim Lesen des Buches vorstellt. Aber ich will wirklich nicht darauf eingehen, wie die Waldelben in dem Zeichentrickfilm aussahen – furchtbar!
☆☆

◯ *7 Kommentare*

C.

Celina_OK
vor 5 Tagen

Die Figuren waren im Comic nicht so, wie ich sie mir nach dem Lesen des Buches vorgestellt hatte. Im Vergleich zum Buch werden auch einige Dinge ausgelassen, aber sonst sind die Geschehnisse gut zusammengefasst.
☆☆☆

◯ *3 Kommentare*

D.

Delilah_123
vor 5 Tagen

Ich habe vor dem Film das Buch gelesen. Es ist einfach geschrieben und ganz klar für Kinder und Jugendliche gedacht. Der Film hingegen ist nur etwas für Erwachsene!
☆☆

◯ *8 Kommentare*

E.

LKW_Stuggi
vor 1 Stunde

Der Sprecher ist wirklich toll, er hat das Buch fast genauso vorgelesen, wie ich es in Erinnerung hatte. Die Stimme hat perfekt gepasst und die Emotionen und Geschehnisse wurden so erzählt, als wäre man dabei!
☆☆☆☆☆

◯ *4 Kommentare*

1 a) Lies die Kurzkritiken (A – E) aus einem Internetforum zu „Der kleine Hobbit".
b) Auf welche Medien beziehen sich die Kritiken jeweils?
c) Erkläre mit eigenen Worten: Was bemängeln die Autoren in ihren Kritiken und was finden sie gut?
d) Für welches Medium würdest du dich aufgrund der Kritiken entscheiden? Begründe deine Meinung.

2 a) Erinnere dich an einen Film, den du in letzter Zeit gesehen hast. Plane eine Kritik dazu und notiere dir dafür Stichpunkte.
b) Schreibe die Kritik auf einen Zettel.
c) Notiere den Titel deines Films dann auf der Innenseite der Tafel, sodass die anderen nicht sehen, was du geschrieben hast.
d) Wenn alle fertig sind, wird die Tafel aufgeklappt und alle lesen ihre Texte vor. Erratet ihr, zu welchem Film welche Kritik gehört?

2.2 (3) unterschiedliche Darstellungsformen literarischer Werke wie Buch, Film, Hörtext oder Theater vergleichen, medienspezifische Besonderheiten erkennen, deren Wirkung reflektieren und den ästhetischen Wert einschätzen

Medienvergleich – ein Projektvorschlag

Es kann sehr spannend sein, dieselbe Geschichte durch verschiedene Medien zu verfolgen. Ihr könnt es in einem Projekt ausprobieren, zum Beispiel, wenn ihr den Roman „Harry Potter und der Stein der Weisen" ganz oder in Auszügen gelesen habt.

1
a) Finde heraus, wie viele Bände die Harry-Potter-Reihe umfasst.
b) Recherchiere, wie viele Filme zu den Büchern gedreht worden sind.
c) Welche weiteren Medien findest du, in denen die Geschichte von Harry Potter umgesetzt wurde? Erstelle eine Liste.
d) Tragt eure Ergebnisse in der Klasse zusammen.

2
a) Lege eine Tabelle an, in der du die verschiedenen Medien vergleichst.

Medium	Buch	Spielfilm
Titel	*XXXX*	*XXXX*
Preis	*XXXX*	*XXXX*
Länge	*XXXX Seiten*	*XXXX Minuten*
Autor	*XXXX*	*XXXX*
FSK/USK	*XXXX*	*XXXX*

b) Fallen euch weitere Punkte für den Vergleich der Medien ein? Ergänzt sie in der Tabelle.

3
a) Suche im Internet nach Kritiken zu einem der Medien.
b) Bewerte die Kritiken: Bist du einverstanden mit dem, was darin geschrieben wurde?
c) Schreibe eine eigene Kritik zu einem Medium, das du genauer untersucht hast.

4 Welches Medium würdest du bevorzugen, um die Geschichte von Harry Potter kennenzulernen? Begründe deine Meinung.

5 Vergleiche zwei Medien miteinander: Welche Unterschiede findest du …
 – *bei den Titelbildern?*
 – *beim Aussehen einzelner Personen, die im Film/Buch vorkommen?*
 – *beim Inhalt/Verlauf der Geschichte?*
 – *bei der Ausführlichkeit der Geschichte?*

6 Recherchiere, welche weiteren Bücher die Autorin J. K. Rowling veröffentlicht hat. Präsentiere deine Ergebnisse der Klasse.

7 Oft endet eine Geschichte in der Verfilmung anders als im Roman. Sammelt zu zweit Vermutungen, warum das so ist.

2.4 (3) komplexe Darstellungsmittel sowie spezifische sprachliche Mittel in unterschiedlichen medialen Darstellungsformen reflektieren und werten und dies zur eigenen Produktion nutzen · 2.4 (1) die Wirkungsabsichten unterschiedlicher Medien durch die Auseinandersetzung mit den jeweils eingesetzten Gestaltungsmitteln erkennen

149

Vielfältige Schreibideen ausprobieren

1 a) 💡 Erstelle ein Cluster mit Themen, über die du etwas schreiben möchtest oder könntest.

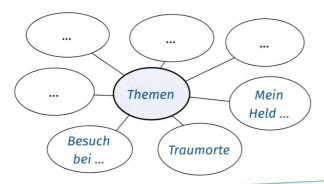

2 a) Suche dir ein Thema aus deinem Cluster aus und schreibe dazu einfach mal los.

b) Vergleiche und besprich deinen Text mit einem Partner.

3 a) Suche dir mindestens eine der Schreibideen Nr. 1–3 aus. Schreibe los.

b) Zeigt einander zu zweit oder in kleinen Gruppen eure Ergebnisse.

c) Sprecht auch in der Klasse darüber.

Schreibidee 1

Die Partnergeschichte

Finde einen Partner, mit dem du zusammen eine Geschichte schreiben möchtest. Nehmt ein leeres Blatt. Einer beginnt mit einem Satz und schiebt das Blatt zum Partner. Dieser ergänzt einen weiteren Satz und schiebt das Blatt zurück. Wiederholt das so lange, bis eine Geschichte entstanden ist.

Das leere Blatt

Nimm ein leeres Blatt und versuche, fünf Minuten ohne Pause durchzuschreiben (oder sogar zehn Minuten). Höre nicht mit dem Schreiben auf!

Schreibidee 2

Die Fünf-Wort-Story

Schreibidee 3

Lass dir von einem Partner fünf beliebige Wörter aufschreiben. Schreibe dann eine Geschichte, in der mindestens drei der fünf Wörter vorkommen.

Varianten:

– fünf Adjektive oder fünf Nomen;
– die Reihenfolge der Wörter muss eingehalten werden.

3.2 (2) anschaulich von Erfahrungen, Gedanken, Gefühlen und Sachverhalten erzählen, auf die Erzähllogik achten und dabei stilistische sowie sprachlich gestalterische Mittel bewusst einsetzen · 3.2 (3) kreative und produktive Schreibformen für eigene Erzähltexte nutzen

Postkarten oder Fotos
Suche daheim schöne Postkarten oder Fotos heraus. Versuche, dich in die Situation auf dem Bild zu versetzen, und schreibe los.

Schreibidee 4

Kunstwerke
Entscheide dich für ein Kunstwerk, das du im Kunstunterricht kennengelernt hast, oder suche ein Werk im Internet. Schreibe, was dir zu dem Bild einfällt.

Schreibidee 5

Farben
Farben sind mit Gefühlen, Stimmungen und Eindrücken verbunden.
Nimm ein buntes Blatt oder suche ein einfarbiges Bild im Internet. Schreibe eine Geschichte, die zu der Stimmung passt oder deine Gefühle zu der Farbe ausdrückt.

Schreibidee 6

 a) Suche dir eine der Schreibideen auf dieser Seite aus (Nr. 4–6). Schreibe los.
b) Zeige das Ergebnis einem Partner und besprich es mit ihm.
c) Tauscht euch darüber in der Klasse aus.

Tipp

💡 **zu 1a)**
Denke zum Beispiel an die *Natur*, an deinen *Tagesablauf*, an *Gerüche*, *Ereignisse* oder *Bilder*.

💡 **zu 5a)**
Kopiere den Text, bevor du ihn wie im Beispiel bearbeitest.

💡 **zu 5c)**
Schau dir Videos von Poetry Slams an.

5 a) 💡 Ein guter Text entsteht manchmal wie bei einer Schatzsuche. Finde in Texten von dir oder von einem Partner Teile, die du zu einem neuen Text machen kannst.

b) Schreibe aus den Wörtern einen neuen Text, um ihn der Klasse vorzutragen.
c) 💡 Markiere im Text Betonungen und Pausen. Übe den Vortrag.

3.2 (2) anschaulich von Erfahrungen, Gedanken, Gefühlen und Sachverhalten erzählen, auf die Erzähllogik achten und dabei stilistische sowie sprachlich gestalterische Mittel bewusst einsetzen · 3.2 (3) kreative und produktive Schreibformen für eigene Erzähltexte nutzen

151

Ideen finden und drauflos erzählen

1 a) Bildet Vierer- oder Fünfergruppen. Jeder braucht ein Blatt vor sich.

b) Einigt euch auf ein Thema für eine Geschichte.

c) Jeder schreibt auf sein Blatt einen Satz, mit dem die Geschichte beginnen könnte.

d) Gebt die Blätter dann im Uhrzeigersinn weiter. Lest den Beginn und schreibt einen weiteren Satz, der zum Anfang passt.

e) Wiederholt das Weitergeben und Weiterschreiben so oft, bis vollständige Geschichten entstanden sind.

f) Lest alle Geschichten in der Gruppe vor. Besprecht, welche die beste ist.

g) Lest diese Geschichte in der Klasse vor.

2 a) Lies den Text oben rechts im Kasten („Der Vampir vom Wiesengrund").

b) Sprecht darüber, wie die Geschichte weitergehen und wie sie enden könnte.

c) Besprich mit einem Partner, wie die Spannung in der Geschichte entsteht.

d) 💡 Besprecht, welche weiteren Merkmale eine gute Geschichte ausmachen.

e) Tauscht euch darüber in der Klasse aus.

Der Vampir vom Wiesengrund

Nora hatte Angst. Sie wusste, dass das albern war, aber sie hatte einfach Angst. Es lief ihr eiskalt den Rücken herunter. Ihr war schlecht,
5 *sie konnte an nichts anderes denken. Dabei musste sie nur durch den Wiesengrund, dann war sie schon daheim. „Was soll dir passieren?", hatte ihr Vater nur gesagt, als sie ihn gebeten hatte, sie abzuholen. Es war kalt, dun-*
10 *kel und der Nebel machte es verdammt gruselig. Noch 500 Meter, dann war es geschafft. Da hörte sie ein seltsames Geräusch ...*

3 a) Lies die Schlusssätze A – D, die zu verschiedenen anderen Geschichten gehören. Suche dir einen davon aus.

A. Darum spricht man auch heute noch vom Tag der verpassten Gelegenheiten.
B. Deshalb konnte der Geisterjäger immer noch nicht in Ruhe schlafen.
C. Mit einer solchen Überraschung hatte keiner gerechnet.
D. Trotzdem glaubte ihm keiner die Geschichte von den Außerirdischen.

---

b) Was könnte zuvor passiert sein? Schreibe eine kurze Geschichte.

c) Lies deine Geschichte der Klasse vor.

4 Schreibe die Geschichte „Der Vampir vom Wiesengrund" zu Ende.

Tipp

💡 **zu 2 d)**

Diese Merkmale machen eine gute Geschichte aus: *Spannung, treffende Verben und Adjektive, Gedanken und Gefühle, wörtliche Rede, eine neugierig machende Überschrift, die passende Zeitform.*

1.2 (1) mit den jeweils situationsangemessenen sprachlichen Mitteln strukturiert erzählen · 3.2 (3) kreative und produktive Schreibformen für eigene Erzähltexte nutzen

Eine Erzählung planen

1 a) Besprecht zu zweit, warum die Bilder jemanden zum Lachen bringen könnten.
b) Wählt ein Bild und überlegt gemeinsam:
— *Was geschah zuvor? Wie geht es weiter?*
— *Wer ist die Hauptperson in der Geschichte?*
— *Zeigt das Bild den Höhepunkt oder den Schluss einer Geschichte?*
c) Stellt die besten Ideen in der Klasse vor.

In diesem Kapitel ...

kannst du auf dein Vorwissen aufbauen und dazulernen, wie du ...

– eine Geschichte planst und schreibst.
– von Erfahrungen, Gedanken, Gefühlen und Geschehnissen erzählst.
– auf die Erzähllogik achtest und sprachliche Mittel bewusst einsetzt.
– kreative Schreibformen für eigene Texte nutzt.

2 Eine Schülerin hat sich einen Plan gemacht, um ihre Geschichte zu erzählen. Leider ist der Schreibplan durcheinandergeraten.
a) 💡 Sucht das passende Foto und schreibt den Schreibplan in der richtigen Reihenfolge ab. Verbindet die einzelnen Handlungsschritte mit Linien.
b) 💡 Schreibt die Geschichte vollständig auf.
c) Lest eure Geschichte in der Klasse vor.

Schreibplan

Unterwegs passiert fast ein Unfall.

Hasso ist allein daheim und langweilt sich.

Dort trifft er Linda, sein Frauchen.

Hasso fährt in die Stadt.

Er kommt auf eine dumme Idee.

Linda wacht auf.

Linda übernimmt das Auto.

Er lässt den Motor an.

Sie ist erleichtert: Es war nur ein Traum!

Hasso setzt sich ans Steuer.

3 Erstellt zum zweiten Bild selbst einen Schreibplan (→ S. 304). Schreibt die Geschichte auf.

Tipp

💡 **zu 2 a)** Sortiert die Handlungsschritte nach *Einleitung*, *Hauptteil* und *Schluss*.

💡 **zu 2 b)** Haltet die Reihenfolge der Handlungsschritte ein. Nutzt auch eure Ideen aus Aufgabe 1 für die Geschichte.

3.2 (1) Planungsübersichten auch zu komplexeren inhaltlichen Zusammenhängen erstellen und über deren Funktionalität reflektieren · 3.2 (2) anschaulich von Erfahrungen, Gedanken, Gefühlen und Sachverhalten erzählen und auf die Erzähllogik achten

153

Erfahrungen, Gedanken und Gefühle darstellen

1 Erzählen beginnt immer mit einer Idee.
   a) 💡 Sammle in einem Cluster Ideen für eine Erzählung über ein Erlebnis.

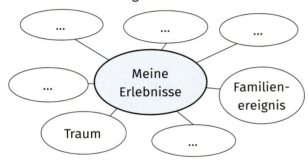

   b) Vergleiche das Ergebnis mit einem Partner.
   c) Überlegt gemeinsam, zu welchen Erlebnissen sich Geschichten erzählen lassen und welche zu persönlich sind.

2 Maria hat sich von ihrem Freund getrennt. Die folgenden Gedanken hat sie am Abend in ihr Tagebuch geschrieben.

Warum vermisse ich dich manchmal?
Wer liebt mich eigentlich?
Wer tröstet mich, wenn ich einsam bin?
Wer hilft mir in der Schule?
Mit wem gehe ich in die Zukunft?
Liebe ich dich oder brauche ich dich nur?

Tipp

💡 **zu 1a)**

Schließe die Augen. Denke zum Beispiel an:
Urlaube, Naturerlebnisse, Träume, Erinnerungsstücke, Musik, Glücksmomente, schwierige Situationen, Fotos …

Am nächsten Tag ergänzt Maria im Tagebuch:
Ich habe dich verlassen.
Ich fühle mich stark und mutig.
Ich brauche keine Hilfe.
Ich habe mein Leben selbst in der Hand.

   a) Vergleiche Marias Tagebucheinträge vom Abend und vom nächsten Tag. Besprich die Unterschiede mit einem Partner.
   b) Sprecht darüber, wie sich Maria fühlt und woran man das erkennen kann.
   c) Muss es Maria peinlich sein, wenn ihre Gedanken gelesen werden? Sprecht darüber, warum es so schwer ist, Gefühle vor anderen preiszugeben.

3 Bearbeite eine der folgenden Aufgaben.
   a Erfinde eine Hauptperson und schreibe ihren Tagebucheintrag zu einem selbst gewählten Thema. Verwende Ideen aus Aufgabe 1a), wenn du möchtest.
   b Schreibe deine persönlichen Gedanken zu einem selbst gewählten Thema auf. Schreibe in der Ich-Form.

4 a) Schreibt auf kleine Zettel jeweils ein Gefühl und sammelt die Zettel ein.
   b) Ein Schüler kommt nach vorn, zieht einen Zettel und stellt das Gefühl pantomimisch dar. Die Klasse darf raten, was gemeint ist.

3.2 (2) anschaulich von Erfahrungen, Gedanken, Gefühlen und Sachverhalten erzählen, auf die Erzähllogik achten und dabei stilistische sowie sprachlich gestalterische Mittel bewusst einsetzen · 4.2 (3) die bekannten Wortarten sicher unterscheiden und dies nutzen, um sich situationsgerecht auszudrücken

Spannend erzählen

1 a) Ergänze die Lücken in dem Satz mit verschiedenen Möglichkeiten und trage die Sätze einem Partner vor.

Auf dem	langen dunklen schwierigen	Weg zum ...
traf ich den	starken finsteren gefährlichen	...

b) Mit welchen Wörtern gelingt es, mehr Spannung zu erzeugen? Notiert sie.

2 Oft machen Adjektive eine Geschichte spannender.

a) Sammelt zu zweit solche Adjektive in einem Cluster.

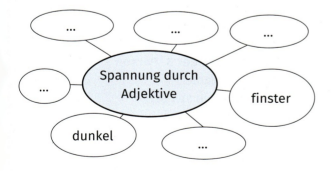

b) Gestaltet den Anfang der Geschichte möglichst spannend (mindestens vier Sätze).

c) Lest den Anfang in der Klasse vor.

3 a) Vergleiche die beiden Abschnitte (A und B).

A *Max ging die Straße entlang. Weil er nicht auffallen wollte, ging er langsam. Er ging auf das Haus zu. Er wollte hineingehen, aber ...*

B *Max schlich die dunkle Straße entlang. Er bewegte sich bewusst langsam, denn er wollte auf keinen Fall auffallen. Da tauchte das bedrohliche Haus vor ihm auf. Max traute sich noch nicht hineinzugehen, aber ...*

b) Erkläre einem Partner die Unterschiede.

c) Max gehen viele Dinge durch den Kopf, manche spricht er auch laut aus. Schreibe Text B ab und baue folgende Gedanken und Gefühle sowie die wörtliche Rede ein:
  — *„Ich habe es ihr versprochen", dachte er.*
  — *Das Atmen fiel ihm schwer.*
  — *... er konnte ihre Gedanken förmlich hören: „Endlich ist mein Retter da."*
  — *„Wie unheimlich. Muss ich das wirklich tun?", ging es ihm dabei durch den Kopf.*
  — *... Ihm war heiß und kalt zugleich. Er hatte Angst.*
  — *Er rief, weil er sich Mut machen wollte: „Ist jemand zu Hause? Ich bin jetzt da!"*

Lernbox

Spannend erzählen

1 Adjektive erzeugen Spannung: *gefährlich*.

2 Adverben oder **Adverbialien** helfen, die Situation zu verdeutlichen: *in diesem Moment, blitzschnell, plötzlich ...*

3 Gedanken und **Gefühle** geben Einblick in das Innenleben der Person: *Er wagte kaum zu atmen. Würde er sich befreien können? Er hatte Angst.*

4 Wörtliche Rede macht den Text lebendig: *„Das können Sie mit mir nicht machen", protestierte Max. „Das lasse ich nicht zu!"*

3.2 (2) anschaulich von Erfahrungen, Gedanken, Gefühlen und Sachverhalten erzählen, auf die Erzähllogik achten und dabei stilistische sowie sprachlich gestalterische Mittel bewusst einsetzen · 4.2 (3) die bekannten Wortarten sicher unterscheiden und dies nutzen, um sich situationsgerecht auszudrücken

155

Die Perspektive wechseln

Feuerwehr zerlegt das falsche Auto

Bonn. Zerschnitten und zerlegt
5 fand ein Mann in Hennef bei Bonn
seinen gerade gekauften Gebrauchtwagen
auf einem Parkplatz an der Feuerwache vor.
Die Freiwillige Feuerwehr hatte den noch
10 unangemeldeten Kombi irrtümlich für ein
Übungsobjekt gehalten und die Jugendfeuerwehr im Bergen von Unfallopfern ausgebildet.
Mit hydraulischen Geräten schnitten die
Feuerwehrleute sämtliche Türen aus dem
15 Wagen und bauten die Scheiben aus.
Der Besitzer hatte das Auto ohne Nummern-
schilder auf dem öffentlichen Parkplatz
abgestellt, bevor er es anmeldete. Gleich
neben dem Kombi hatte die Feuerwehr
20 schrottreife Wagen für eine Rettungsübung
geparkt. Die Feuerwehr-Versicherung will
nun den Schaden übernehmen.

1 Der Bericht soll zu einer Geschichte werden.
a) Am Anfang des Textes wird schon alles
verraten. Überlegt zu zweit, wie man die
Geschichte erzählen müsste, damit sie
spannend wird.
b) 💡 Aus welcher Perspektive
(= aus wessen Sicht) könnte man die
Geschichte erzählen? Notiert Ideen.

Tipp

💡 **zu 1 b)**
Mögliche Perspektiven: *aus der Sicht
des Autobesitzers, des Feuerwehr-
kommandanten, einer Passantin,
eines Mitglieds der Jugendfeuerwehr …*

2 a) Arbeitet zu zweit und entscheidet euch
für eine Perspektive und für eine Erzählform. Lest dazu auch die *Lernbox.*
b) Entwickelt gemeinsam einen Schreibplan.
c) Überlegt euch eine Überschrift, die
neugierig macht, aber nichts verrät.
d) Vergleicht die Ergebnisse mit anderen
in einer Gruppe oder in der Klasse.

Lernbox

Erzählformen

1 Erzählung in der **1. Person**
(Ich-Erzähler)

*Ich bin Anja und schon
drei Jahre bei der
Jugendfeuerwehr. Gestern erlebte ich …*
Es wird erzählt, was der Ich-Erzähler
erlebt, denkt oder fühlt.
Der Ich-Erzähler „filmt" sein Leben selbst.

2 Erzählung in der **3. Person**
(Er-/Sie-Erzähler)

*Anja ist schon seit drei
Jahren Mitglied der
Jugendfeuerwehr.
Gestern erlebte sie …*
Es wird die Geschichte einer Figur erzählt,
als würde eine Kamera sie begleiten.
Dabei können auch die Gedanken und
Gefühle der Figur dargestellt werden.

3.2 (2) anschaulich von Erfahrungen, Gedanken, Gefühlen und Sachverhalten erzählen, auf die Erzähllogik achten und dabei
stilistische sowie sprachlich gestalterische Mittel bewusst einsetzen · 3.2 (3) kreative und produktive Schreibformen
für eigene Erzähltexte nutzen

Geschichten gemeinsam überarbeiten

1 a) Trefft euch in Gruppen (3 bis 5 Mitglieder) und lest euch gegenseitig eure Geschichten vor.

b) Fragt nach, falls ihr etwas nicht versteht. Klärt im Gespräch alle offenen Fragen.

c) Tauscht euch aus: Was ist gut gelungen? Welche Tipps habt ihr zur Verbesserung?

C Die äußere Form	ja	nein
– Ist die Schrift leserlich und ordentlich?	x	x
– Ist die Geschichte in Absätze gegliedert?	x	x
– Sind Rechtschreibfehler zu verbessern?	x	x

2 Führt eine Schreibkonferenz durch. Lest dazu die *Lernbox* und nutzt die Prüflisten (A–C).

A Der Aufbau der Geschichte	ja	nein
1. Einleitung:		
– Erfährt der Leser …		
– wer in der Geschichte auftritt?	x	x
– wann/wo die Geschichte spielt?	x	x
– Wird der Leser neugierig gemacht?	x	x
2. Hauptteil:		
– Ist die Reihenfolge des Erzählten logisch?	x	x
– Ist die Handlung verständlich?	x	x
– Gibt es Stellen, die man weglassen kann?	x	x
– Ist ein Höhepunkt erkennbar?	x	x
3. Schluss:		
– Erfährt der Leser, wie die Geschichte ausgeht?	x	x

3 Achte auf Vorbilder und positive Beispiele.

a) Schreibe Textstellen heraus, die dir besonders positiv auffallen (Aufbau des Textes, Sprache).

b) Stelle diese Beispiele deiner Gruppe oder der Klasse vor.

c) Nutze die Beispiele zur Überarbeitung deines eigenen Textes.

Lernbox

Schreibkonferenz

1 Tauscht in der Gruppe oder Klasse eure Texte aus.

2 Jeder Schüler übernimmt eine der Prüflisten A oder B und prüft damit den Text eines Mitschülers.
Er notiert in Stichpunkten:
– was gut gelungen ist,
– was man noch verbessern könnte.

3 Dann werden die Texte weitergereicht, bis es zu jedem Text beide Prüflisten gibt (A und B).

4 Schnelle Schüler beginnen mit Prüfliste C.

5 Der Verfasser bekommt die Prüflisten. Wichtige Punkte werden besprochen.

6 Der Autor entscheidet, welche Tipps er aufgreifen will, und überarbeitet den Text.

B Spannung und Sprache	ja	nein
– Wird die Er-/Sie-Form oder die Ich-Form eingehalten?	x	x
– Wird die Zeitstufe (Präteritum oder Präsens) durchgehalten?	x	x
– Wird wörtliche Rede verwendet?	x	x
– Werden an passender Stelle Gedanken und Gefühle beschrieben?	x	x
– Werden treffende Verben und anschauliche Adjektive verwendet?	x	x
– Werden Wortwiederholungen vermieden?	x	x
– Sind die Sätze abwechslungsreich?	x	x

3.3 (1) fremde und eigene Texte kriterienorientiert nach Form, Inhalt und Sprache überprüfen und bei Rückmeldungen an Mitschülerinnen und Mitschüler auf einen respektvollen Umgang miteinander achten · 3.3 (2) zur Überarbeitung eigener Texte situationsangemessene Überarbeitungsstrategien sowie Hinweise aus Feedbackmethoden selbstverantwortlich nutzen

157

✓ Kompetenzcheck

> Auf dieser Seite findest du drei Schreibideen: Entscheide dich für eine der Ideen und bearbeite dazu die Aufgaben 1–3 auf Seite 159.

Idee 1: Schreibe einen der drei Zeitungsartikel (Texte A–C) zu einer Geschichte um.

Autodieb meldet Auto als gestohlen [A]

Washington. In Baltimore im US-Bundesstaat Maryland hat ein Mann ein von ihm geklautes Auto bei der Polizei als gestohlen gemeldet –
5 die rechtmäßige Besitzerin hatte es zuvor abschleppen lassen. Bei seinem Anruf erzählte Gregory Alston (20) den Polizisten, der Wagen sei vor seiner Haustür gestohlen worden. Später musste er aber eingestehen, dass er ihn
10 zuvor geraubt hatte, heißt es in dem Zeitungsbericht. Die rechtmäßige Besitzerin hatte den Wagen zwei Wochen nach der Tat nur knapp einen Kilometer vom Tatort entfernt gefunden und den Abschleppdienst angerufen.

Polizei verfolgt Skelett am Steuer [B]

Straubing. So einen Geisterfahrer hatten auch die erfahrenen Polizisten noch nicht gesehen: Zwei Zivilfahnder haben in der niederbayeri-
5 schen Stadt Straubing einen Wagen verfolgt, hinter dessen Steuer sie ein Skelett erkannt hatten. Bei der Polizeikontrolle stellte sich dann allerdings heraus, dass das Fahrzeug doch nicht von einem Geist gefahren wurde.
10 Neben dem Skelett am Lenkrad des rechts gesteuerten Fahrzeugs saß ein 24-Jähriger. Der junge Fahrer erklärte den verdutzten Beamten, es sei doch cool, mit so einem Bei-fahrer unterwegs zu sein. Das Plastikskelett
15 trug eine Sonnenbrille, hielt sich am Decken-griff des Autos fest und war ordnungsgemäß angeschnallt – der Mann durfte weiterfahren.

Bär schwimmt in Hotel-Pool [C]

Sopot. Ein Bär hat sich in die Anlage eines bulgarischen Hotels geschlichen und ein paar Runden im Schwimmbecken gedreht.
5 Überwachungskameras haben ihn dabei ge-filmt. Vermutlich hatte der Bär nach Nahrung gesucht. Die zuständigen Behörden wollten das Tier töten, doch die Bürger protestierten. Sie tauften den Bären „Swimmy" und retteten
10 ihn vor dem Abschuss. Nun wollen Tier-schutzorganisationen das Tier umsiedeln.*

Idee 2: Schreibe eine eigene Geschichte. Erzählform, Hauptperson, Ort, Zeit und die Handlung bleiben völlig dir überlassen.

Idee 3: Schreibe eine Geschichte zu einem der beiden Bilder (Bild 1 oder 2).

Bild 1

Bild 2

3.2 (2) anschaulich von Erfahrungen, Gedanken, Gefühlen und Sachverhalten erzählen, auf die Erzähllogik achten und dabei stilistische sowie sprachlich gestalterische Mittel bewusst einsetzen · 3.2 (3) kreative und produktive Schreibformen für eigene Erzähltexte nutzen– * verändert

1 a) Notiere dir zunächst eine Hauptperson und die Erzählform.

b) Erstelle dann einen Schreibplan, der die wesentlichen Handlungsschritte enthält.

c) Markiere darin die Stellen, an denen du gut wörtliche Rede, Gedanken und Gefühle einbauen kannst.

2 Schreibe die Geschichte auf. Erzähle spannend.

3 a) Prüfe deinen Text mit der Checkliste (→ COPY B). Lass deine Geschichte auch von einem Partner prüfen.

b) Überarbeite deine Geschichte mithilfe der Anregungen deines Partners.

✅ Checkliste – Überprüfe deine Geschichte!

Ich habe / Du hast …	selbst überprüft	vom Partner überprüft	von der Lehr- kraft überprüft	übe weiter	erledigt am
… einen Schreibplan erstellt.	xxxxxxxxxx	xxxxxxxxxx	xxxxxxxxxx	xxxxxxxxxxxxxxxx	xxxxxxxxxx
… eine passende Überschrift gewählt.	xxxxxxxxxx	xxxxxxxxxx	xxxxxxxxxx	xxxxxxxxxxxxxxxx	xxxxxxxxxx
… mit einem Satz begonnen, der neugierig macht.	xxxxxxxxxx	xxxxxxxxxx	xxxxxxxxxx	xxxxxxxxxxxxxxxx	xxxxxxxxxx
… die Erzählform eingehalten (Ich- oder Er-/Sie-Erzähler).	xxxxxxxxxx	xxxxxxxxxx	xxxxxxxxxx	xxxxxxxxxxxxxxxx	xxxxxxxxxx
… einen klaren Aufbau gewählt (mit Einleitung/Hauptteil/Schluss).	xxxxxxxxxx	xxxxxxxxxx	xxxxxxxxxx	xxxxxxxxxxxxxxxx	xxxxxxxxxx
… eine logische und gut verständliche Reihenfolge eingehalten.	xxxxxxxxxx	xxxxxxxxxx	xxxxxxxxxx	xxxxxxxxxxxxxxxx	xxxxxxxxxx
… die Geschichte mit einem überzeugen- den Schluss beendet.	xxxxxxxxxx	xxxxxxxxxx	xxxxxxxxxx	xxxxxxxxxxxxxxxx	xxxxxxxxxx
… wörtliche Rede sinnvoll und richtig verwendet.	xxxxxxxxxx	xxxxxxxxxx	xxxxxxxxxx	xxxxxxxxxxxxxxxx	xxxxxxxxxx
… Gedanken und Gefühle an passender Stelle eingebaut.	xxxxxxxxxx	xxxxxxxxxx	xxxxxxxxxx	xxxxxxxxxxxxxxxx	xxxxxxxxxx
… treffende Verben verwendet.	xxxxxxxxxx	xxx			x
… anschauliche Adjektive verwendet.	xxxxxxxxxx	xxx			x
… die Zeitform (Präsens oder Präteritum) durchgehalten.	xxxxxxxxxx	xxx			x
… Wortwiederholungen vermieden und die Sätze abwechslungsreich gestaltet.	xxxxxxxxxx	xxx			x
… gut leserlich und fehlerfrei geschrieben.	xxxxxxxxxx	xxxxxxxxxx	xxxxxxxxxx	xxxxxxxxxxxxxxxx	xxxxxxxxxx
… den Text sinnvoll in Absätze gegliedert.	xxxxxxxxxx	xxxxxxxxxx	xxxxxxxxxx	xxxxxxxxxxxxxxxx	xxxxxxxxxx
Was ich dir noch sagen wollte:	xxxxxxxxxx	xxxxxxxxxx	xxxxxxxxxx	xxxxxxxxxxxxxxxx	xxxxxxxxxx

> **Verschaffe dir nun einen Überblick über die Ergebnisse im Kompetenzcheck und wähle aus den folgenden Übungen auf den Seiten 160 und 161 die für dich passenden aus.**
> **Besprich dich auch mit deiner Lehrkraft.**

3.2 (1) Planungsübersichten auch zu komplexeren inhaltlichen Zusammenhängen erstellen und über deren Funktionalität reflektieren · 3.3 (2) zur Überarbeitung eigener Texte situationsangemessene Überarbeitungsstrategien sowie Hinweise aus Feedbackmethoden selbstverantwortlich nutzen

159

Übungen

Eine Geschichte beginnen

1 a) Welcher der Sätze (A–D) würde dich
neugierig machen und warum?

b) Sprich darüber mit einem Partner.

A. *Martin konnte sein Glück kaum fassen, denn
so etwas hätte er sich nicht einmal erträumt.*

B. *Freitag war für mich der Tag der Entscheidung,
denn da traf ich meinen Erzfeind wieder.*

C. *Eigentlich sollte es ein ganz normaler Feiertag
werden. Mit dem, was dann geschah, hatte
niemand gerechnet.*

D. *Als ich das Klassenzimmer betrat, konnte ich
vor Staunen fast nicht mehr atmen.*

Treffende Verben und Adjektive verwenden

2 💡 Schreibe den Text ab und ergänze dabei
treffende Verben und Adjektive:

*So etwas hatte Markus
am Nachthimmel noch
nie gesehen. Es ▮
und ▮ so, als wäre*
5 *ein ▮ Jahrmarkt
am Himmelsdach ▮:
„Konnte das sein?", ▮ er sich. Wo konnten
all diese ▮ Farben und das ▮ Leuchten
herkommen? „Ein UFO", ▮ er. Ein ▮ UFO*
10 *ist bei uns ▮. Eigentlich ▮ er sich nicht so
leicht auf, aber dieses ▮ UFO machte ihn doch
▮. Schnell ▮ er seine VR-Brille ab und ▮
den Computer herunter.*

> **Tipp**
>
> 💡 **zu 2)**
>
> Mögliche Lösung (durcheinander): *blinkte,
> bunten, dachte, fragte, Fremdes, fuhr, gelan-
> det, glitzerte, grelle, nahm, nervös, regte,
> riesiger, unbekannte, aufgebaut.*

Die Erzählform einhalten

3 a) Lies die Geschichte von Markus und dem
UFO aus Aufgabe 2 erneut.

b) Welche Erzählform wird verwendet?

c) Schreibe die Geschichte noch einmal auf,
sodass Markus als Ich-Erzähler auftritt.
Beginne so: *So etwas hatte ich am
Nachthimmel noch nie gesehen …*

Die richtige Reihenfolge beachten

4 a) Lies folgende Stichpunkte. Es sind Notizen
für einen Schreibplan zu dem Bild oben:
*auf das Navi angewiesen – enger Zeitplan
– Erster im Ziel – Feierabend nicht in
Sicht – geschlossenes Tor – großer Lärm
– jubelnde Menge – keine Ortskennt-
nis – seltsame Adresse – mitten auf der
Rennstrecke – neues Gebiet – neues Navi
– Post darf durch – Pokal – Postfahrer
ist gestresst – Streit mit einem Kollegen
wegen der Route – unübersichtlich –
viele Autos unterwegs – viele Kunden –
viele Pakete auszuliefern.*

b) Erstelle mithilfe der Stichpunkte einen
Schreibplan mit fünf bis maximal zehn
Handlungsschritten.
Lass unnötige Aussagen weg.

c) Arbeitet zu zweit und vergleicht eure
Schreibpläne.

d) Erzählt euch mithilfe eurer Schreibpläne
gegenseitig die Geschichte.

3.2 (2) anschaulich von Erfahrungen, Gedanken, Gefühlen und Sachverhalten erzählen, auf die Erzähllogik achten und dabei
stilistische sowie sprachlich gestalterische Mittel bewusst einsetzen · 3.3 (2) zur Überarbeitung eigener Texte situationsangemessene Überarbeitungsstrategien sowie Hinweise aus Feedbackmethoden selbstverantwortlich nutzen

Wörtliche Rede verwenden

5 Welche wörtliche Rede passt zur Situation? Ordne zu und schreibe die Sätze ab.

1	Franz betrat das dunkle Haus.	A	„Alles wird gut", versprach er.
2	Sonja spürte ihr Herz bis zum Hals klopfen.	B	„Nehmen Sie meine Hand", bot er ihr an.
3	Mark wollte alle beruhigen.	C	„Hallo, ist da jemand?", rief er.
4	Tina konnte einfach nicht mehr.	D	„Hilfe, ich bin hier unten!", schrie sie.
5	Endlich kam ein Polizist zur Hilfe.	E	„Nächstes Mal seid ihr dran!", schrie er.
6	Der Verbrecher wollte nicht aufgeben.	F	„Ich halt das nicht mehr aus", weinte sie.

Wortwiederholungen vermeiden

6 Erstelle ein Cluster zum Wortfeld *gehen*.

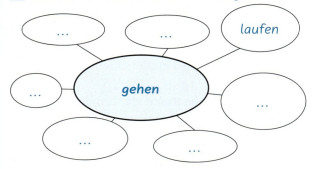

Abwechslungsreich erzählen

7 a) Verbessere den Text, indem du passende andere Verben findest und bei den Satzanfängen abwechselst.

Er ging auf das Haus zu. Er ging hinein. Er ging den Flur entlang. Er ging die Treppe hinauf. Er ging die Treppe hinunter. Er ging in den Keller. Er ging wieder hinaus. Er ging zum Auto.

b) Vergleiche deinen Text mit einem Partner.

Die richtige Zeitform einhalten

8 a) Lies die Geschichte von Markus und dem Ufo aus Aufgabe 2 erneut.
b) Notiere, welche Zeitform verwendet wird.
c) Schreibe die Geschichte noch einmal auf und verwende dabei das Präsens.

Arbeitsrückschau

Du hast auf den Seiten 152 bis 161 wiederholt und geübt, wie man Geschichten erzählt.

Blicke nun auf deine Arbeit zurück und plane deine Weiterarbeit:

1 Was konntest du schon aus früheren Klassen?

2 Was kannst du nun besser?

3 Wie gut gelingt es dir, Ideen zu finden und die Handlungsschritte in einer logischen Reihenfolge als Schreibplan anzuordnen?

4 Wie gut kannst du Spannung erzeugen und mit wörtlicher Rede, Gedanken und Gefühlen die Hauptpersonen „lebendig" werden lassen?

5 Wie gut kannst du Wörter und Sätze abwechslungsreich gestalten?

6 🗂 Entscheide, welche deiner Texte und Entwürfe du ins Portfolio aufnimmst, damit man sieht, wie du gearbeitet hast.

7 Besprich mit deiner Lehrkraft, was du noch üben oder wiederholen kannst.

3.2 (2) anschaulich von Erfahrungen, Gedanken, Gefühlen und Sachverhalten erzählen, auf die Erzähllogik achten und dabei stilistische sowie sprachlich gestalterische Mittel bewusst einsetzen · 3.3 (2) zur Überarbeitung eigener Texte situationsangemessene Überarbeitungsstrategien sowie Hinweise aus Feedbackmethoden selbstverantwortlich nutzen

161

Vorgänge verstehen und beschreiben

1   **2**   **3**   **4**

1 a) Sieh dir die Bilder an. Was zeigen sie?
   b) Erkläre in ein bis zwei Sätzen, was hier gebaut wird.

2 a) Trage mit einem Partner zusammen, was ihr aus den Vorjahren noch über die Beschreibung von Vorgängen wisst.
   b) Tauscht euch darüber in der Klasse aus.

3 Beschreibt einander den Bau eines Wärmerades anhand der Bilder 1–4.

In diesem Kapitel …

kannst du auf dein Vorwissen aufbauen, wiederholen und dazulernen, wie du …
- Vorgänge und Abläufe genau beschreibst.
- wichtige von unwichtigen Informationen unterscheidest.
- Versuche im Unterricht verständlich beschreibst.
- im Unterricht mitschreibst und ein Unterrichtsprotokoll erstellst.

4 Im Kasten unten sind die Schritte zum Bau eines Wärmerades beschrieben.
   a) Welcher Text gehört zu welchem Bild? Ordne die Buchstaben den Bildern zu.
   b) Welche Arbeitsschritte sind auf den vier Bildern nicht genau zu sehen? Notiere, zwischen welchen Bildern sie stattfinden müssen.

A. *Material: 5 Teelichter, 1 Trinkhalm, 1 Papier (quadratisch), 1 Schaschlikspieß, Schere, Stift, transparentes Klebeband, Knete.*
B. *Das Papier entlang der beiden Diagonalen knicken und wieder auffalten. Fünf Markierungen anbringen: in der Mitte sowie außen (ober- und unterhalb der Faltlinie, siehe Abbildung).*
C. *An den Markierungen Löcher vorstechen.*
D. *An den Faltlinien von außen 8 cm weit einschneiden, die Ecken zur Mitte hin biegen.*
E. *Den Spieß durch die Mitte stecken und ringsum alle Löcher darauf stecken. Ober- und unterhalb des Papiers Klebeband anbringen.*
F. *Strohhalm in die Knete stecken, Schaschlikspieß in den Strohhalm stecken.*

3.2 (4) mit eigenen Texten über komplexere Sachverhalte oder aktuelle Ereignisse informieren und Unterrichtsabläufe oder Projekte protokollieren (z. B. als Präsentationsportfolio)

5 Um einzelne Arbeitsschritte in der richtigen Reihenfolge zu beschreiben, kannst du verschiedene Satzanfänge nutzen.

a) Schreibe die folgende Tabelle ab und sortiere die Satzanfänge aus dem roten Kasten darunter passend ein.

zu Beginn	zeitgleich	aufeinanderfolgend	am Ende
XXXX	XXXX	XXXX	XXXX

> *Währenddessen … – Als Nächstes … –*
> *Dann … – Als Erstes … – Zum Schluss … –*
> *Zur selben Zeit … – Als Letztes … –*
> *Im nächsten Schritt … – Danach … –*
> *Im Anschluss daran … – Im vierten Schritt …*

b) Finde für jede Spalte einen weiteren Satzanfang.

6 a) Erstelle eine ausführliche Anleitung zum Bau eines Wärmerades. Nutze dafür die Stichpunkte auf S. 162.

b) Tauscht zu zweit eure Texte aus und gebt einander Rückmeldung.
   – *Was ist schon gut gelungen?*
   – *Was müsst ihr noch üben?*

7 a) Lies die Beschreibung zum Werfen eines Korblegers beim Basketball.

b) Besprecht zu zweit, was euch an dieser Beschreibung auffällt.

c) Schreibe alle wichtigen Informationen aus dem Text heraus, lass Überflüssiges weg.

d) Kontrolliert euch gegenseitig.

8 Tragt in der Klasse zusammen, worin sich eine mündliche Beschreibung von einer schriftlichen Beschreibung unterscheidet.

Korbleger von rechts

Zuerst musst du Socken anziehen und deine Schuhe 5 fest zubinden. Stell dich dann etwa vier bis fünf Meter halbrechts entfernt vom Korb 10 auf. Prüfe, ob der Ball richtig aufgepumpt ist. Beginne aus dem Stand mit dem linken Fuß. Die rechte Hand dribbelt den Ball. Wenn der linke Fuß aufsetzt, mache 15 einen langen zweiten Schritt. Gut wäre hier eine Turnhose. Während du diesen zweiten Schritt machst, nimmst du den Ball in beide Hände. Du landest rechts und machst einen dritten Schritt. Nun kommst du wieder mit 20 dem linken Fuß auf, springst kräftig ab und wirfst den Ball in Richtung Korb. Ziele in die obere rechte Ecke des kleinen Vierecks, das direkt am Korb aufgemalt ist. Strecke dabei den rechten Arm lang aus und klappe das 25 Handgelenk von hinten nach vorne.

Lernbox

Eine Vorgangsbeschreibung erstellen

1 Schreibe in der Gegenwart (im Präsens).

2 Nutze abwechslungsreiche Satzanfänge.

3 Beschreibe die Arbeitsschritte in der richtigen Reihenfolge.

4 Beschreibe jeden Arbeitsschritt einzeln und verständlich. Lass keinen Schritt aus.

5 Gib keine Gefühle oder Meinungen wieder. Verwende auch keine spannenden Adjektive.

6 Nimm nur Informationen in den Text auf, die für den Vorgang wichtig sind. Lass alle unnötigen und überflüssigen Angaben weg.

3.2 (4) mit eigenen Texten über komplexere Sachverhalte oder aktuelle Ereignisse informieren und Unterrichtsabläufe oder Projekte protokollieren (z. B. als Präsentationsportfolio)

163

Ein Unterrichtsprotokoll erstellen

1 Beschreibe, was du auf dem Bild siehst.

2 Du warst in der letzten Stunde nicht da. Eine Mitschülerin hat für dich mitgeschrieben.
a) Lies den folgenden Notizzettel.
b) Verstehst du den Stundenverlauf?
c) Welche Informationen wären zusätzlich nötig, um die Stunde zu verstehen? Sprecht zu zweit darüber.

> **Unterrichtsprotokoll**　　　**von Leona**
>
> *Frau Herrmann zeigt ein Bild mit einem Chat-Verlauf. Danach äußern sich alle zu dem Text und stellen fest, dass der Ort und der Zweck fehlen. Frau Herrmann hängt*
> 5 *dann Wortkarten an die Tafel, auf denen die entsprechenden Satzteile aus dem Chat stehen. Anna verwechselt dann wie immer Subjekt und Prädikat, die sollen wir nämlich erst mal bestimmen. Dann überlegen wir*
> 10 *uns mögliche Ergänzungen für die Sätze im Chat. Dann lernen wir noch die passenden Fragen dazu. Davor erklärt uns Frau Herrmann noch, dass diese Ergänzungen Lokal- und Finaladverbialien heißen, also*
> 15 *Adverbialien des Ortes und Adverbialien des Zwecks. Dann gibt es noch einen Hefteintrag, in dem alles noch einmal drin steht. Dann üben wir die Bestimmung der Satzglieder auf einem Arbeitsblatt.*

3 a) Überlegt zu zweit, auf welche Punkte man beim Protokollieren einer Unterrichtsstunde achten muss. Notiert eure Ideen.
b) Geht in eine Kleingruppe zusammen und tauscht euch über eure Notizen aus.
c) Vergleicht eure Ergebnisse in der Klasse und lest die *Lernbox* auf S. 165.

4 a) In dem Unterrichtsprotokoll stehen einige wichtige Informationen.
Schreibe diese Informationen heraus und bringe sie in eine sinnvolle Reihenfolge.
b) Schreibe das Unterrichtsprotokoll so auf, wie du dir vorstellst, dass die Stunde abgelaufen ist. Ergänze dabei Angaben, die im Protokoll fehlen.
c) Tauscht eure Protokolle untereinander aus und prüft ihre Verständlichkeit.
d) Gebt euch gegenseitig Tipps zur Verbesserung.

5 Gestaltet in Kleingruppen einen übersichtlichen Hefteintrag mit den wichtigsten Fakten zum Schreiben eines Unterrichtsprotokolls.

3.2 (4) mit eigenen Texten über komplexere Sachverhalte oder aktuelle Ereignisse informieren und Unterrichtsabläufe, Projekte oder Exkursionen protokollieren (z. B. als Präsentationsportfolio)

6 a) Lest die folgenden Notizen.

b) Versteht ihr den Ablauf der Unterrichtsstunde? Sprecht zu zweit darüber.

> — *Montag 18.04.20XX*
> — *die ersten beiden Stunden bei Herrn Wallner*
> — *Aufwärmen: drei Runden im Kreis laufen*
>   *+ zehn Hampelmänner*
> — *Mehmed übernimmt das Dehnen*
> — *Dehnen vom Kopf bis zu den Füßen mit*
>   *verschiedenen Übungen*
> — *Kurze Wiederholung: Pass und Torschuss*
>   *(Technik)*
> — *Übungen Pass und Torschuss an Stationen:*
>   *→ Station 1: Partner passen sich im Stehen*
>   *hin und her (Schwierigkeit: ohne stoppen)*
>   *→ Station 2: Partner laufen, während sie*
>   *sich hin und her passen*
>   *→ Station 3: ein Partner passt zu, zweiter*
>   *schießt aufs Tor*
>   *→ Station 4: hintereinander im Slalom mit*
>   *Torschuss am Ende*
> — *Übungen mit Musik → Wechsel der Station*
>   *immer bei bestimmtem Ton*
> — *Abbau der Stationen*

7 a) Erstelle mithilfe der Notizen aus Aufgabe 6
ein Protokoll der Sportstunde.

b) Beachte alle formalen Vorgaben für ein
Unterrichtsprotokoll. Beginne mit dem
sogenannten „Kopf" des Protokolls, in dem
alle wichtigen Daten zur Situation stehen.
Orientiere dich an folgendem Muster:

Unterrichtsprotokoll	
Datum:	XXXXXXXXXXXXXXXXXXXXXX
Uhrzeit:	XXXXXXXXXXXXXXXXXXXXXX
Klasse:	XXXXXXXXXXXXXXXXXXXXXX
Lehrkraft:	XXXXXXXXXXXXXXXXXXXXXX
Fach:	XXXXXXXXXXXXXXXXXXXXXX
Thema:	XXXXXXXXXXXXXXXXXXXXXX

8 Bildet Kleingruppen und diskutiert eure
Protokolle in einer Schreibkonferenz.

9 Besprecht, in welchen Bereichen außerhalb
der Schule Protokolle nützlich sind.

Lernbox

Ein Unterrichtsprotokoll schreiben

Ein Unterrichtsprotokoll fasst das Ergebnis
und den Verlauf einer Unterrichtsstunde
zusammen. Es ist daher eine Mischung aus
Ergebnis- und Verlaufsprotokoll.

So gehst du dabei vor:

1 Notiere während der Stunde **Stichpunkte**.
(Wie du dir sinnvoll Notizen machst,
kannst du auf S. 279 nachlesen.)

2 Schreibe nur mit, was für das
Verständnis der Unterrichtstunde
wichtig ist. Unterbrechungen oder
Unterrichtsstörungen sind unwichtig.

3 Halte im **Kopf des Protokolls** die
wichtigsten Daten fest: das *Datum*, die
Uhrzeit der Stunde, das *Fach* und das
Thema der Stunde, den Namen der
Lehrkraft und die *Klasse*.

4 Beschreibe den **Ablauf der Stunde**.
Formuliere dafür deine Stichpunkte zu
ganzen Sätzen aus.

5 Halte die Arbeitsschritte in der Stunde
in der richtigen Reihenfolge fest.

6 Schreibe im **Präsens** und formuliere
sachlich (ohne Gefühle oder Wertungen).

3.2 (4) mit eigenen Texten über komplexere Sachverhalte oder aktuelle Ereignisse informieren und Unterrichtsabläufe,
Projekte oder Exkursionen protokollieren (z. B. als Präsentationsportfolio)

165

Kompetenzcheck

Nachweis von Stärke in Lebensmitteln

Jod-Kaliumjodid-Lösung

H_2O

Bild 1

Bild 2

Bild 3

Bild 4

dunkle Stellen: Zeichen für Stärke

Bild 5

→ Kartoffeln und Brot enthalten Stärke

Bild 6

3.3 (1) fremde und eigene Texte kriterienorientiert nach Form, Inhalt und Sprache entsprechend den selbstständig gewählten Überarbeitungszielen überprüfen (z. B. Adressatenbezug, stilistische Stimmigkeit) und bei Rückmeldungen an Mitschülerinnen und Mitschüler auf einen respektvollen Umgang miteinander achten

1 Bearbeite eine der folgenden Aufgaben.

a Sieh dir die Bilderfolge auf S. 166 an und erstelle eine Versuchsbeschreibung.

b Erstelle nach Absprache mit deiner Lehrkraft ein Unterrichtsprotokoll zu einer Unterrichtsstunde in einem anderen Fach. Mache dir dafür in der Stunde Notizen. Erstelle dann das Unterrichtsprotokoll.

2 a) Überprüfe deinen Text mit der Checkliste. Notiere dir, was du noch üben musst.

b) Tauscht zu zweit eure Texte und gebt einander Feedback mit der Checkliste (→ COPY C).

3 a) Überarbeite deinen Text mithilfe der Tipps deines Partners.

b) Gib den überarbeiteten Text deiner Lehrkraft.

✓ Checkliste – Überprüfe dein Unterrichtsprotokoll/ deine Vorgangsbeschreibung!

Ich habe / Du hast…	selbst überprüft	vom Partner überprüft	von der Lehrkraft überprüft	übe weiter	erledigt am
… eine passende Überschrift gewählt.	xxxxxxx	xxxxxxx	xxxxxxx	xxxxxxxxxxxxxx	xxxxxxx
… die äußere Form eingehalten (Kopf des Protokolls mit Datum, Uhrzeit, Klasse, Fach, Thema).	xxxxxxx	xxxxxxx	xxxxxxx	xxxxxxxxxxxxxx	xxxxxxx
… die Arbeitsschritte genau und in der richtigen Reihenfolge beschrieben.	xxxxxxx	xxxxxxx	xxxxxxx	xxxxxxxxxxxxxx	xxxxxxx
… Unwichtiges weggelassen.	xxxxxxx	xxxxxxx	xxxxxxx	xxxxxxxxxxxxxx	xxxxxxx
… passende Verben und Fachbegriffe verwendet.	xxxxxxx	xxxxxxx	xxxxxxx	xxxxxxxxxxxxxx	xxxxxxx
… abwechslungsreiche Satzanfänge gewählt.	xxxxxxx				xxxxxxx
… die Zeitform Präsens eingehalten.	xxxxxxx				xxxxxxx
… sachlich formuliert (ohne Gefühle oder Meinungen).	xxxxxxx				xxxxxxx
… gut leserlich sowie fehlerfrei geschrieben und den Text passend in Absätze gegliedert.	xxxxxxx				xxxxxxx
… Rückmeldungen von deinem Partner bei der Überarbeitung berücksichtigt.	xxxxxxx				xxxxxxx
Was ich dir noch sagen wollte:	xxxxxxxxx	xxxxxxxxxx	xxxxxxxx	xxxxxxxx	xxxxxxx

> **Verschaffe dir nun einen Überblick über die Ergebnisse im Kompetenzcheck und wähle aus den folgenden Übungen auf den Seiten 168 und 169 die für dich passenden aus.**
> **Besprich dich auch mit deiner Lehrkraft.**

3.3 (1) fremde und eigene Texte kriterienorientiert nach Form, Inhalt und Sprache entsprechend den selbstständig gewählten Überarbeitungszielen überprüfen (z. B. Adressatenbezug, stilistische Stimmigkeit); bei Rückmeldungen an Mitschülerinnen und Mitschüler auf einen respektvollen Umgang miteinander achten

Übungen

Passende Satzanfänge verwenden

1 Im folgenden Text passen einige Satzanfänge nicht und es gibt mehrere Lücken im Text.

   a) Schreibe den Text ab und verbessere dabei die unpassenden Satzanfänge.

   b) Ergänze die Lücken im Text und finde eine geeignete Überschrift.

XXXXXXXXXXXXXXXXX

Als Letztes stellst du alle Zutaten bereit, die du zum Backen brauchst: 2 große Äpfel, 4 Eier, 300 g Mehl, 250 g Zucker, 1 Packung Backpulver, 100 ml Milch und 200 ml Öl.

5   XXX   nimmst du deine Waage und wiegst das Mehl ab. Als Viertes vermischst du das Mehl mit dem Backpulver. Zuerst rührst du die Eier mit dem Zucker schaumig und gibst Öl und Milch hinzu. XXX verrührst du
10 alles mit dem Mehl.

Im zweiten Schritt entkernst du die Äpfel und schneidest sie in dünne Scheiben. XXX legst du die eingefettete Backform mit der Hälfte der Äpfel aus und gibst die Hälfte
15 des Teiges darauf.

Als Drittes legst du wieder Äpfel auf den Teig und gibst den restlichen Teig darauf. XXX backst du den Kuchen im vorgeheizten Backofen für 45 Minuten bei 180°C.

Eine sinnvolle Reihenfolge finden

2 In der Spielanleitung rechts (A–D) sind die Schritte nicht in der richtigen Reihenfolge.

   a) Bringe die Anleitung in die richtige Reihenfolge. Notiere die Buchstaben.

   b) Ein wichtiger Schritt fehlt in der Anleitung. Ergänze den Text entsprechend.

   c) Schreibe die Spielanleitung vollständig in der richtigen Reihenfolge auf.

A Nun versuchen alle, die Tabelle so schnell wie möglich auszufüllen, indem sie Begriffe mit dem entsprechenden Anfangsbuchstaben suchen. (Zum Beispiel kann man
5 beim Buchstaben B als Stadt *Berlin* und als Land *Brasilien* eintragen.) Um viele Punkte zu erzielen, ist es gut, wenn man möglichst ausgefallene Begriffe findet.

B Nachdem die Punkte zusammengezählt und notiert worden sind, geht es in die zweite Runde. Sie wird nach den gleichen Regeln gespielt. Man kann beliebig oft
5 spielen. Sieger ist am Schluss der Spieler mit den meisten Punkten.

C Der erste Spieler, der seine Tabelle fertig ausgefüllt hat, ruft „Stopp". Dann wird ausgewertet: Jeder richtige Begriff, den niemand anderes hat, gibt 10 Punkte. In
5 der Runde zwei- oder mehrfach genannte Begriffe geben 5 Punkte. Wenn man als Einziger ein Wort gefunden hat, gibt es 20 Punkte. Wer in einer Spalte gar nichts geschrieben hat, erhält keinen Punkt.

D „Stadt – Land – Fluss" ist ein Schreibspiel für unbegrenzt viele Spieler ab ca. 8 Jahren. Man braucht außer einem Blatt Papier und einem Stift pro Person kein Material.
5 Zunächst legt jeder eine Tabelle mit sieben Spalten an: *Stadt, Land, Fluss, Beruf, Name* und *Tier*. In der letzten Spalte können die Punkte notiert werden.

3.3 (4) den eigenen Schreibprozess dokumentieren und reflektieren (z. B. durch Kommentierungen im individuell angelegten Schreibportfolio) und sich Ziele für weitere Schreibaufgaben setzen

Notizzettel 1

- 18.06.20XX, GPG
- Klasse M8 bei Frau Nolte
- Beginn: Video über den Stromverbrauch tagsüber und nachts
- Schüler fassen Video zusammen
- Stundenthema an der Tafel: Der hohe Stromverbrauch auf der Erde
- Schüler werden in 4 Gruppen eingeteilt und bearbeiten verschiedene Infotexte über Stromverbrauch (in der Nacht, bei Stand-by-Modus, Küchengeräte, Heizung)
- Ergebnisse der Gruppen werden zusammengetragen und präsentiert
- Feedback zum Inhalt und zum Vortrag
- Hefteintrag entsteht

Notizzettel 2

- Start: Video von Strom auf der Erde
- unsere Klasse in GPG
- Gruppeneinteilung in 4 Gruppen
- Zusammenfassung des Videos
- Stundenthema: Der hohe Stromverbrauch
- Schüler bilden Viergruppen
- Gruppen präsentieren alle
- Hefteintrag

Notizen zu einer Unterrichtsstunde anfertigen

3 a) Vergleiche die beiden Notizzettel. Welcher ist besser gelungen?

b) Tauscht euch zu zweit darüber aus und begründet eure Einschätzung.

Die richtige Zeitform wählen

4 In folgendem Unterrichtsprotokoll wurde zu wenig auf die richtige Zeitform geachtet. Schreibe die folgenden Sätze ab und verbessere dabei die Fehler.

Die Lehrerin spielt ein Video über den Stromverbrauch auf der Erde ab. Die Schülerinnen und Schüler äußerten sich dazu. Anschließend fassen sie das Video in eigenen Worten zusammen. Die Schülerinnen und Schüler wurden dann in Viergruppen eingeteilt und die Lehrerin gab ihnen Arbeitsblätter für die Gruppenarbeit.

Ein Protokoll verfassen

5 Erstelle auf Grundlage der Notizzettel ein vollständiges Unterrichtsprotokoll.

Arbeitsrückschau

1 Du hast den Kompetenzcheck durchgeführt. Schau nun auf deine Arbeit zurück. Was fiel dir leicht, was nicht? Notiere es.

2 Was konntest du schon? Was hast du dazugelernt?

3 Gelang es dir, Tipps von Mitschülern anzunehmen und ihnen Tipps zu geben?

4 📁 Wähle einen deiner Texte und nimm ihn ins Portfolio auf. Entscheide so, dass dein Lernweg für dich und deine Lehrkraft sichtbar wird.

5 Besprich mit deiner Lehrkraft, was du noch üben oder wiederholen kannst.

3.3 (4) den eigenen Schreibprozess dokumentieren und reflektieren (z. B. durch Kommentierungen im individuell angelegten Schreibportfolio) und sich Ziele für weitere Schreibaufgaben setzen

169

Stärken erkennen und beschreiben

1 Beschreibe, was du auf dem Bild siehst.

2 Bearbeite eine der folgenden Aufgaben.

a Stell dir vor, du sollst jemanden aus deiner Klasse als Klassensprecher/-in vorschlagen. Was würdest du über sie oder ihn sagen? Notiere Ideen.

b Stell dir vor, du möchtest dich selbst als Klassensprecher/-in bewerben. Was würdest du über dich sagen, um die anderen zu überzeugen? Notiere Ideen.

3 a) Was versteht man unter einer Kompetenz? Tauscht euch zu zweit darüber aus.

b) Überlegt, welche Kompetenzen für Klassensprecher besonders wichtig sind. Lest dazu auch die *Lernbox*.

c) Ergänzt eure Notizen aus Aufgabe 2.

4 Bildet Kleingruppen und präsentiert euch gegenseitig eure Ergebnisse. Gebt einander Feedback zu euren Präsentationen.

5 a) Tauscht euch in der Klasse darüber aus, welche Präsentationen besonders über-zeugt haben und warum.

b) Besprecht, was die Übung mit dem Thema „Bewerbungen schreiben" zu tun hat.

Lernbox

Kompetenzen beschreiben

Als Kompetenz bezeichnet man, was jemand gut kann. Wenn es um die Bewerbung für Ämter oder Berufe geht, werden Kompetenzen eingeteilt in:

1 **Fachliche Kompetenzen:** Wissen, Kenntnisse und Fähigkeiten, die in diesem Bereich wichtig sind, z. B. *Fremdsprachen, technisches Wissen, handwerkliches Können*.

2 **Soziale Kompetenzen:** Fähigkeiten, die man für die Zusammenarbeit mit anderen braucht, z. B. *Teamfähigkeit, Hilfsbereitschaft*.

3 **Personale Kompetenzen:** das eigene Verhalten, z. B. *Pünktlichkeit, Zuverlässigkeit*.

4 **Medienkompetenzen:** Erfahrung und Übung im Umgang mit digitalen Medien, z. B. *im Internet recherchieren, Programme zur Textverarbeitung oder zur Bildbearbeitung nutzen*.

1.2 (1) mit den jeweils situationsangemessenen sprachlichen Mitteln sachlogisch argumentieren und die eigene Argumentation durch Beispiele veranschaulichen · 4.2 (1) den erweiterten Fach- und Bildungswortschatz nach Kategorien oder Begrifflichkeiten ordnen, um sich treffend auszudrücken

Eigene Kompetenzen benennen

1 a) Seht euch rechts das Bild von Lukas an und besprecht zu zweit, welchen Eindruck er auf euch macht.

b) Lest dann den Text, in dem Lukas von sich erzählt. Notiert seine Stärken und Schwächen in Stichpunkten.

Hi, mein Name ist Lukas Muster, ich bin 14 Jahre alt und gehe in die 8. Klasse der Mittelschule in Musterstadt.
Ich bin total begeistert, wenn es um Technik
5 geht. Wann immer meine Freunde ein Gerät nicht zum Laufen bringen oder es streikt, fragen sie mich um Rat – egal ob Handy, Tablet, TV oder PC. Ich habe fast immer eine Idee und kann helfen.
10 Solche Probleme beschäftigen mich dann aber oft so stark, dass ich das Lernen vergesse. Darunter leiden dann meine Schulnoten. Da ich aber später gern mit Technik arbeiten möchte, strenge ich mich an, um den
15 mittleren Schulabschluss zu schaffen. Gut in Informatik und Sport zu sein, reicht dafür ja leider nicht. Vor allem Deutsch macht mir zu schaffen, Englisch eigentlich auch. In meiner Freizeit trainiere ich im Fitnessstudio oder
20 spiele mit Freunden. Im Verein mache ich Mannschaftssport – Fußball, na klar. Ich trainiere auch selbst die Schülermannschaft. Um mein Taschengeld aufzubessern, helfe ich manchmal meinen Eltern im Laden. Die Kun-
25 den sagen oft zu meinen Eltern, ich sei sehr freundlich. Außerdem trage ich Zeitungen aus – und hoffe jedes Mal, dass ich keinen Briefkasten vergesse, das passiert mir leider öfter. Meine Mutter rät mir immer, ich solle
30 es mir aufschreiben. Auch das Aufstehen frühmorgens fällt mir schwer. „Kauf dir doch einen lauteren Wecker!", sagt mein Vater häufig zu mir.

2 Lukas benennt einige seiner sozialen, fachlichen und personalen Kompetenzen.

a) Lies den Text erneut und ordne alle Kompetenzen in eine Tabelle ein.

Kompetenzenprofil	Lukas
fachlich	XXXXXX
sozial	XXXXXX
personal	XXXXXX

b) Für welche Berufe wäre Lukas deiner Meinung nach geeignet? Notiere Ideen und Begründungen dazu.

c) Vergleicht zu zweit eure Ergebnisse.

3 a) Schreibe selbst einen Text über deine Stärken und Schwächen, wie Lukas.

b) Tausche den Text mit einem Partner, dem du vertraust. Gebt einander Feedback.

In diesem Kapitel …

kannst du auf dein Vorwissen aufbauen und dazulernen, wie du …

– einen Lebenslauf erstellst.
– ein Anschreiben verfasst und überarbeitest.
– vollständige Bewerbungsunterlagen zusammenstellst.

1.2 (1) mit den jeweils situationsangemessenen sprachlichen Mitteln sachlogisch argumentieren und die eigene Argumentation durch Beispiele veranschaulichen · 2.1 (1) pragmatische Texte informationsentnehmend, sinnkonstruierend, zügig und exakt lesen · 3.2 (2) anschaulich von Erfahrungen, Gedanken, Gefühlen und Sachverhalten erzählen

171

Stellenanzeigen lesen und verstehen

**1   Ausbildungsplatz ab Sept. 20XX
Bäckereifachverkäufer/-in**

Wir suchen für unser Team einen neuen Azubi. Du bist jung, motiviert, voller Energie und hast Lust,

mit frischen Lebensmitteln zu arbeiten?
Dann sende deine Bewerbungsunterlagen an:

MyBack GmbH, Hanna Mustermann
Dorfstraße 17, 84028 Musterstadt
www.myback-musterstadt.de

**2   Ab August 20XX Ausbildung zum
Kaufmann im Einzelhandel (m/w/d)**

Sie sind auf der Suche nach einem sicheren Job mit vielfältigen Aufstiegsmöglichkeiten? Sie kennen sich mit modernen Elektrogeräten aus und Sie beraten gerne? Sie verfügen über einen qualifizierenden Abschluss der Mittelschule? Sie arbeiten gerne im Team und sind kontaktfreudig?
Dann bieten wir Ihnen die Chance auf Ihren Traumjob! Senden Sie uns Ihre Bewerbungsunterlagen mit Zeugnissen:

Medienwelt
Max Richter
Personalabteilung
Industriestraße 33
84028 Musterstadt

**3   Arbeiten in einem Traditionsbetrieb?
Wir suchen Verstärkung
für unser engagiertes Team!**

Wir stellen ein:
→ Bauleiter (m/w/d)
→ Buchhalter (m/w/d)
→ Trockenbauer (m/w/d)

Ab September 20XX bilden wir aus zum
→ Zimmerer (m/w/d)
→ Elektroanlagenmonteur (m/w/d)

Wir haben Ihr Interesse geweckt?
Dann schicken Sie uns Ihre Bewerbungsunterlagen:

Fischer Fertigbau
Gemeindeplatz 2
84030 Beispieldorf

4   Ihre Energie wollen wir haben!

• Sie machen Ihre Ausbildung bei einem starken Arbeitgeber in einer Zukunftsbranche.
• Sie bauen im Verlauf Ihrer Ausbildung Ihr IT-Fachwissen im direkten Kundenkontakt aus.
• Sie arbeiten in einem großen Team.
• Sie warten IT-Systeme, analysieren Störungen und beheben sie.

Was erwarten wir?
• Sie haben mindestens einen qualifizierenden Abschluss der Mittelschule.
• Sie verfügen über technisches Verständnis.
• Sie arbeiten gewissenhaft und gerne im Team.

Bewerbungen an: elektro-it@schwup.xx

2.1 (1) auch komplexere pragmatische Texte informationsentnehmend, sinnkonstruierend, zügig und exakt lesen · 2.3 (1) lebensrelevante und berufsbezogene Informationen aus komplexen, selbst recherchierten kontinuierlichen und diskontinuierlichen Texten unterschiedlicher Medien zur Betrachtung von Themen aus verschiedenen Blickwinkeln verwenden

1 a) Tauscht euch zu zweit aus: Wo könnt ihr Stellenanzeigen finden?

b) 💡 Tragt zusammen, welche Informationen eine Stellenanzeige enthält.

c) Besprecht eure Ergebnisse in der Klasse. Ergänzt Kenntnisse aus dem Fach *Wirtschaft und Beruf*.

2 a) Lies die Stellenanzeigen Nr. 1–4 auf S. 172.

b) Notiere, welche Kompetenzen jeweils gefordert werden. Wenn die Anzeige dazu keine Angaben macht, überlege dir, welche Kompetenzen wohl benötigt werden. Sprich darüber mit einem Partner.

c) Überprüfe deine Überlegungen im Internet auf den Seiten der Arbeitsagentur oder unter *planet-beruf.de*.

3 a) Wähle zwei Ausbildungsstellen aus, auf die Lukas (→ S. 171) sich bewerben könnte.

b) Lege dazu eine Tabelle nach dem Muster rechts an und fülle sie aus.

c) Besprich die Ergebnisse mit einem Partner: Passen die Vorschläge gut zu Lukas' Kompetenzen und Interessen?

Welche Ausbildung passt zu mir? Wofür soll ich mich bewerben?

Anzeige Nr.	X	X
Ausbildungsstelle – Beruf – Einsatzort – Beginn der Ausbildung	XXXXX	XXXXX
Unternehmen – Name, Anschrift – Ansprechpartner – weitere Angaben	XXXXX	XXXXX
Anforderungen – Schulabschluss – Kompetenzen/Erfahrungen – benötigte Unterlagen	XXXXX	XXXXX

Tipp

💡 **zu 1b)** In Stellenanzeigen findest du in der Regel:
– *Angaben über den Betrieb/die Firma*
– *Informationen zum Ausbildungsplatz oder zur ausgeschriebenen Arbeitsstelle*
– *Anforderungen an den Bewerber (z.B. Schulabschluss, Kompetenzen)*
– *Kontaktdaten des Unternehmens (Adresse für Bewerbungsunterlagen)*

💡 **zu 4a)** Verwende in deiner Nachricht an Lukas z.B. folgende Aussagen:
Nachdem ich die Anzeigen gelesen habe, würde ich dir empfehlen, dass du … / Weil du doch so gut …, würde ich dir raten, … / … würde gut zu dir passen, weil …

4 a) 💡 Schreibe eine kurze Nachricht an Lukas, in der du ihm eine Stellenanzeige empfiehlst. Begründe deine Empfehlung.

b) Tauscht eure Nachrichten zu zweit und gebt einander Tipps zur Verbesserung.

5 a) Lies dir erneut Lukas' Kompetenzprofil durch (→ S. 171, Aufgabe 2). Fallen dir weitere Berufe ein, für die Lukas sich bewerben könnte?

b) Sprecht zu zweit über eure Ideen.

c) Tragt die Ergebnisse in der Klasse zusammen und sprecht darüber.

2.3 (1) lebensrelevante und berufsbezogene Informationen aus komplexen, selbst recherchierten kontinuierlichen und diskontinuierlichen Texten unterschiedlicher Medien zur Betrachtung von Themen aus verschiedenen Blickwinkeln verwenden · 2.3 (3) komplexere themengleiche Texte vergleichen und wesentliche Textaussagen herausarbeiten

173

Ein Anschreiben planen

Eine vollständige Bewerbung besteht aus verschiedenen Unterlagen. In jedem Fall gehören dazu ein Anschreiben, ein Lebenslauf, ein Foto sowie Zeugnisse und Bescheinigungen. Auf den folgenden Seiten erfährst du, worauf es bei der Formulierung und Zusammenstellung dieser Unterlagen ankommt.

1 a) Zu jeder Bewerbung gehört ein Anschreiben. Sammle Vorkenntnisse und Ideen dazu mit der Weißblattmethode (→ S. 277).
   – *Was ist ein Bewerbungsanschreiben?*
   – *Wofür ist ein Anschreiben gut?*
   – *Was muss darin alles enthalten sein?*
   – *Worauf musst du besonders achten?*

 b) Lest die *Lernbox* unten. Tauscht euch zu zweit aus und ergänzt eure Notizen.

2 Lukas hat für seine Bewerbung nach Mustern gesucht und in einem Ratgeber das Anschreiben auf S. 175 gefunden.
 a) Lies das Musteranschreiben auf S. 175.
 b) Sprich mit einem Partner darüber:
   – *Was fällt euch an dem Brief auf?*
   – *Was gefällt euch gut daran?*

Lernbox

Was ist ein Anschreiben?
Ein Anschreiben ist ein Brief, den du an den Betrieb oder das Unternehmen schreibst (bzw. an den zuständigen Ansprechpartner). Beachte dabei die formalen Regeln für Briefe (*Absender, Adresse, Datum und Ort, Betreff, höfliche Anrede und Grußformel*).

Wofür ist ein Anschreiben gut?
In deinem Anschreiben schreibst du, für welche Stelle/welche Ausbildung du dich bewirbst und warum. Außerdem machst du „Werbung" für dich selbst: Warum bist du für das Unternehmen als Auszubildender interessant? Warum sollte der Chef/die Chefin gerade dich einstellen?

3 a) Die folgenden Elemente sollte jedes Anschreiben enthalten. Ordne die Elemente 1–13 den Buchstaben A–M zu.
1 Unterschrift
2 Ort und Datum
3 Bewerbung, Berufswunsch und Gründe dafür
4 Absender (deine Anschrift)
5 Anrede (höflich)
6 Bitte um einen Vorstellungstermin
7 Liste der Anlagen (Lebenslauf, Zeugnisse, Bescheinigungen)
8 deine Kompetenzen (mit Bezug auf den Beruf, für den du dich interessierst)
9 Grußformel (höflich)
10 Betreff (Anliegen und Anlass des Anschreibens)
11 Adresse (Anschrift des Unternehmens, Name des Ansprechpartners)
12 Schulabschluss (mit Zeitpunkt, wann er voraussichtlich erreicht ist)
13 Begründung für die Wahl des Unternehmens.

 b) Vergleicht zu zweit eure Ergebnisse.

3.1 (1) komplexe Sachverhalte in Form von kontinuierlichen und diskontinuierlichen Texten strukturieren und gestalten und dabei begründet die Möglichkeiten der elektronischen Datenverarbeitung nutzen (z. B. Textverarbeitungs- und Präsentationsprogramme)

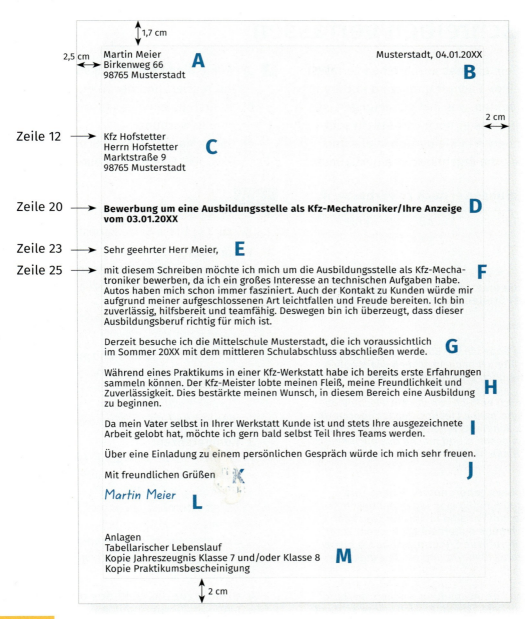

1,7 cm

2,5 cm

Martin Meier
Birkenweg 66
98765 Musterstadt
A

Musterstadt, 04.01.20XX
B

2 cm

Zeile 12

Kfz Hofstetter
Herrn Hofstetter
Marktstraße 9
98765 Musterstadt
C

Zeile 20

Bewerbung um eine Ausbildungsstelle als Kfz-Mechatroniker/Ihre Anzeige vom 03.01.20XX
D

Zeile 23

Sehr geehrter Herr Meier,
E

Zeile 25

mit diesem Schreiben möchte ich mich um die Ausbildungsstelle als Kfz-Mechatroniker bewerben, da ich ein großes Interesse an technischen Aufgaben habe. Autos haben mich schon immer fasziniert. Auch der Kontakt zu Kunden würde mir aufgrund meiner aufgeschlossenen Art leichtfallen und Freude bereiten. Ich bin zuverlässig, hilfsbereit und teamfähig. Deswegen bin ich überzeugt, dass dieser Ausbildungsberuf richtig für mich ist.
F

Derzeit besuche ich die Mittelschule Musterstadt, die ich voraussichtlich im Sommer 20XX mit dem mittleren Schulabschluss abschließen werde.
G

Während eines Praktikums in einer Kfz-Werkstatt habe ich bereits erste Erfahrungen sammeln können. Der Kfz-Meister lobte meinen Fleiß, meine Freundlichkeit und Zuverlässigkeit. Dies bestärkte meinen Wunsch, in diesem Bereich eine Ausbildung zu beginnen.
H

Da mein Vater selbst in Ihrer Werkstatt Kunde ist und stets Ihre ausgezeichnete Arbeit gelobt hat, möchte ich gern bald selbst Teil Ihres Teams werden.
I

Über eine Einladung zu einem persönlichen Gespräch würde ich mich sehr freuen.

Mit freundlichen Grüßen **K**
J

Martin Meier
L

Anlagen
Tabellarischer Lebenslauf
Kopie Jahreszeugnis Klasse 7 und/oder Klasse 8
Kopie Praktikumsbescheinigung
M

2 cm

Ein Anschreiben verfassen

1 Wähle für dein Anschreiben eine **gut lesbare Schrift** (z. B. Arial, Calibri, Größe 11 oder 12). Lass Rand an den Seiten und mache Absätze.

2 Beginne mit dem **Absender** (deine Adresse). Schreibe rechts oben **Ort** und **Datum**. Dann folgt die **Anschrift** des Unternehmens.

3 Nutze höfliche **Anrede- und Grußformeln**.

4 Mache im Brief deinen **Berufswunsch** und die Gründe dafür deutlich. Begründe die **Wahl des Unternehmens**. Gib auch deinen (erwarteten) **Schulabschluss** und den Zeitpunkt an.

5 Bitte zum Schluss um einen Termin für ein **Vorstellungsgespräch**.

3.2 (9) in Kooperation mit dem Fach Wirtschaft und Beruf und den berufsorientierenden Wahlpflichtfächern formalisierte, berufsorientierende Texte unter Berücksichtigung zeitgemäßer Medien verfassen, auch für das Berufswahlportfolio (z. B. Bewerbungsanschreiben)

175

Ein Anschreiben verfassen

1 Lukas hat ein eigenes Anschreiben verfasst.
  a) Lies seinen Entwurf unten und notiere in Stichpunkten, was ihm gut gelungen ist.
  b) Liste auf, was er noch verbessern sollte.
  c) Tauscht euch in Kleingruppen aus und sammelt die Ergebnisse in einer Tabelle:

schon gut gelungen	noch zu verbessern
— *Betreffzeile* — *XXX*	— *Absender fehlt* — *XXX*

> **Bewerbung um eine Ausbildung als Kaufmann im Einzelhandel / Stellenanzeige vom 04.01.20XX**
>
> *Hallo zusammen,*
>
> *in der Zeitung habe ich die Stellenanzeige gesehen und daher wollte ich mich so schnell wie möglich bewerben, damit ich schnell drankomme.*
>
> *Im Juni werde ich endlich von der Mittelschule abgehen. Dort sind meine Lieblingsfächer Informatik, NT und Sport. Schon als Kind habe ich mit technischen Geräten gespielt und mache das auch heute noch gern. Ich mache auch oft Geräte von Freunden wieder ganz.*
>
> *Zu meinen Hobbys gehört natürlich der Sport. Ich trainiere regelmäßig eine Jugendmannschaft in unserem Verein. Wir sind in unserer Liga sehr erfolgreich. Ich helfe außerdem oft meinem Vater in der Firma. Berufliche Erfahrung habe ich bisher bei einem Elektronikmarkt und als Zeitungsbote gesammelt.*
>
> *Ich würde gerne die Ausbildung machen, da Ihr ja richtig bekannt seid. Ich glaube, ich würde echt gut ins Team passen.*
>
> *Bis bald*
> *Luki Muster*

2 a) Schreibe eine verbesserte Version des Anschreibens.
  b) Besprecht eure Texte in der Gruppe: Habt ihr alle Verbesserungstipps umgesetzt?

3 a) Wähle einen Ausbildungsberuf, der dich interessiert und der zu dir passt.
  b) Erstelle ein eigenes Anschreiben für eine Bewerbung.
  c) Gebt einander in einer Schreibkonferenz (→ S. 306) Feedback zu euren Texten.

Tipp

zu 3 b) Diese Sätze kannst du nutzen:

1 Einleitung:
— *Hiermit möchte ich mich um … bewerben.*
— *Mit großem Interesse habe ich gelesen, dass …*
— *Für die ausgeschriebene Stelle als … eigne ich mich …, weil …*

2 Schulabschluss und Zeitpunkt:
— *Im Sommer dieses Jahres werde ich die Mittelschule … mit … verlassen.*
— *Zurzeit besuche ich die … und werde diese … mit dem … verlassen.*

3 Kompetenzen:
— *Zu meinen Stärken gehört/zählt …*
— *Besonderes Interesse habe ich an …*
— *Grundlagen für diesen Beruf konnte ich bereits durch … erlangen.*
— *In einem Praktikum bei … habe ich erste Erfahrungen mit … gemacht*
— *Ich würde gut in Ihr Unternehmen passen, da …*

4 Gründe für die Wahl des Unternehmens:
— *Ich kenne Ihren Betrieb schon seit …, weil …*
— *Auf Ihrer Website habe ich erfahren, dass …*
— *Aus persönlicher Erfahrung weiß ich, …*

5 Bitte um einen Vorstellungstermin:
— *Gerne möchte ich mich bei Ihnen persönlich vorstellen.*
— *Über eine Einladung zu einem Vorstellungsgespräch würde ich mich sehr freuen.*

3.2 (9) in Kooperation mit dem Fach Wirtschaft und Beruf und den berufsorientierenden Wahlpflichtfächern formalisierte, berufsorientierende Texte unter Berücksichtigung zeitgemäßer Medien verfassen, auch für das Berufswahlportfolio (z. B. Bewerbungsanschreiben)

Einen Lebenslauf erstellen

1 Zu jeder Bewerbung gehört ein Lebenslauf.
    a) Überlegt gemeinsam, welche Aufgabe ein Lebenslauf bei der Bewerbung hat.
    b) Sammelt Ideen, was in einen Lebenslauf alles hineingehört (und was nicht).

2 Lukas (→ S. 171) möchte sich für eine Ausbildung zum Kaufmann im Einzelhandel bewerben. Dafür hat er einen tabellarischen Lebenslauf erstellt.
    a) Lest den Lebenslauf unten und besprecht zu zweit, was euch auffällt.
    b) Würdet ihr etwas ändern oder ergänzen?

3 Lest die *Lernbox* und prüft, ob der Lebenslauf alle Anforderungen erfüllt. Besprecht, was fehlt und was Lukas ändern müsste.

4 Zu jedem Lebenslauf gehört ein Foto. Sieh dir die drei Bilder oben an. Begründe, welches Foto Lukas wählen sollte.

5 Erstelle deinen eigenen tabellarischen Lebenslauf. Verwende dazu ein Textverarbeitungsprogramm (→ S. 290–295).

Lebenslauf

Persönliche Daten   FOTO

Name:	Lukas Muster
Telefon:	0123/456789
E-Mail:	super-luki@beispielmail.de
Geburtsdatum:	25.05.20XX

Schulbildung

09/2012–07/2016	Grundschule Musterstadt
09/2016–07/2018	Mittelschule Musterstadt
09/2018–07/2022	Mittelschule Musterstadt, M-Zweig
07/2022	voraussichtlich mittlerer Schulabschluss
Lieblingsfächer	Informatik, Geschichte/Politik/Geografie, Sport

Praktische Erfahrungen

03/2020–04/2020	Praktikum bei Kfz-Service Mey, Bergdorf

Hobbys
Kino, Fußball, Fitness, mit Freunden abhängen
Reparatur von IT-Geräten

Musterstadt, 04.01.20XX
Lukas Muster

Lernbox

Einen Lebenslauf erstellen

Dein Lebenslauf informiert in knapper Form über dich, über deine bisherigen Erfahrungen, deine Leistungen, Fähigkeiten und Interessen. (Ein Muster findest du auf S. 295.)

1 Der Lebenslauf beginnt mit der **Überschrift** (fett gedruckt) und einem **Foto** (oben rechts).

2 Dann folgen **persönliche Daten**: *Name, Adresse, Telefon, E-Mail, Geburtsdatum*.

3 Weitere Angaben werden jeweils durch **Zwischenüberschriften** eingeleitet:
    – *Schulbildung* (Schulform mit Zeitraum, erwarteter Schulabschluss mit Zeitpunkt)
    – *Praktische Erfahrungen* (z. B. Praktika mit Zeitraum und Arbeitgeber)
    – *Besondere Kenntnisse* (passend zum Beruf, z. B. Sprachen, PC-Kenntnisse)
    – *Hobbys* oder *Interessen*, die einen guten Eindruck hinterlassen.

4 Am Schluss stehen **Ort und Datum** (= Datum des Anschreibens) und die **Unterschrift**.

Sich online bewerben

Von:	martina.muster@beispieladresse.de
An:	beispiel-baecker@adresse.de
Cc:	
Betreff:	Bewerbung um einen Ausbildungsplatz als Bäcker
Anlage:	Bewerbung_Martina_Muster.pdf

Sehr geehrter Herr Beispiel,

hiermit möchte ich mich bei Ihnen für eine Ausbildungsstelle zur Bäckerin bewerben. Meine vollständigen Bewerbungsunterlagen füge ich dieser E-Mail bei (als PDF-Datei).

Da mir das Praktikum in Ihrem Betrieb im April sehr gefallen hat, kann ich mir gut vorstellen, in diesem Beruf zu arbeiten.

Mit freundlichen Grüßen
Martina Muster

Musterstraße 32
56738 Musterstadt
Tel.: 0123/456789
E-Mail: martina.muster@beispieladresse.de

Bitte bewerben Sie sich hier für freie Ausbildungsplätze.
Bei Fragen wenden Sie sich an info@musteradresse.de

Online-Bewerbungsformular

Persönliche Daten

Name:*	XXXXXXXXXX
Vorname:*	XXXXXXXXXX
Straße:*	XXXXXXXXXX
PLZ/Ort:*	XXXXXXXXXX
Telefon:*	XXXXXXXXXX
E-Mail:*	XXXXXXXXXX
Geburtsdatum:*	XXXXXXXXXX
Geburtsort:*	XXXXXXXXXX
Staatsangehörigkeit:*	XXXXXXXXXX

Schul- und Ausbildung
Schulabschluss* | bitte wählen ▼ |

* Pflichtangaben

1
a) Lies die Texte in den beiden Kästen oben.
b) Besprecht zu zweit, worin sich die beiden Bewerbungen unterscheiden.
c) Überlegt gemeinsam, was ihr bei einer Online-Bewerbung beachten müsst.

2 Sende zur Übung eine Bewerbung per E-Mail an eine Mitschülerin oder einen Mitschüler.
a) Lies die *Lernbox* und formuliere eine E-Mail für deine Bewerbung.
b) Füge an die E-Mail einen PDF-Anhang an. Du kannst dafür deine Bewerbungsunterlagen nutzen oder einen Lebenslauf und ein Anschreiben erfinden.
c) Prüft, ob alles funktioniert hat, und gebt euch gegenseitig Tipps zur Verbesserung.

3
a) Suche verschiedene Bewerbungsformulare im Internet und notiere, welche Angaben dort jeweils verlangt werden.

b) Erstelle selbst ein Online-Bewerbungsformular für eine Fantasiefirma und gib es einem Partner zum Ausfüllen.

Lernbox

Sich online bewerben

1 Wähle für die E-Mail einen passenden **Betreff**, z. B. *Bewerbung um einen Praktikumsplatz*.
2 Formuliere eine **kurze E-Mail**. Lass zwischen Anrede und Text eine Leerzeile, ebenso zwischen den Absätzen.
3 Nenne unter deinem **Namen** deine **Kontaktdaten** (*Adresse, Telefon, E-Mail*).
4 Nutze **keine Sonderzeichen** (z. B. Emojis, Smileys) und keine besondere Formatierung.
5 Füge deine **Bewerbungsunterlagen in einer PDF-Datei** als Anlage bei.
6 Fülle in einem **Online-Formular** alle Felder wahrheitsgemäß und vollständig aus.
7 Auch bei Online-Formularen kannst du meist **Unterlagen als PDF hochladen**.

3.1 (2) komplexe Formulare selbstständig ausfüllen, auch digital · 3.2 (9) formalisierte, berufsorientierende Texte unter Berücksichtigung zeitgemäßer Medien verfassen, auch für das Berufswahlportfolio · 4.1 (8) die Sprache in digitalen Formaten untersuchen und sie auf ihre Angemessenheit in unterschiedlichen Situationen prüfen

Kompetenzcheck

A **Schülerpraktikumsplatz Friseur/-in (w/m/d)**

→ Du möchtest für ein, zwei Wochen das Friseurhandwerk kennenlernen?

→ Du bist kreativ und kannst auf Menschen zugehen?

→ Es freut dich, wenn du deinen Mitmenschen Wünsche erfüllen kannst?

Wenn du alle diese Fragen mit Ja beantwortet hast, dann passt du bestimmt in unser tolles Friseur-Team!

Schick deine Bewerbungsunterlagen an:

Salon „Schnittstelle"
Marktstr. 20
87654 Musterstadt

B **Schülerpraktikumsplatz Kfz-Mechatroniker/-in (w/m/d)**

Für unsere Kfz-Werkstatt suchen wir zum nächstmöglichen Zeitpunkt zwei Schülerpraktikanten/-praktikantinnen. Wir bieten dir die Chance, das abwechslungsreiche Handwerk des Mechatronikers kennenzulernen.

Du solltest an technischen und mechanischen Zusammenhängen interessiert sein und keine Angst vor schmutzigen Händen haben.

Wir sind ein tolles Team mit Spaß an der Arbeit und geben gern unser Wissen an Jüngere weiter!

Interesse? – Dann schick eine Bewerbung an:

Kfz-Max
Hauptstr. 16
87654 Musterstadt

1 Mache dir deine Stärken bewusst und erstelle ein eigenes **Kompetenzprofil** (→ S. 171).

2 Bearbeite eine der folgenden Aufgaben.
- **a** Wähle eine der Stellenanzeigen oben (A oder B) und erstelle ein Anschreiben und einen Lebenslauf für die Bewerbung.
- **b** Wähle eine der Stellenanzeigen auf S. 172 und erstelle ein Anschreiben und einen Lebenslauf, um dich bei der Firma für ein Praktikum zu bewerben.

- **c** Überlege dir, wo du ein Praktikum machen möchtest, und suche eine Firma in deiner Gegend, die infrage kommt. Erstelle ein Anschreiben und einen Lebenslauf.

3
a) Überprüfe deine Bewerbungsunterlagen mit der Checkliste auf S. 180 (→ COPY D).
b) Gib deine Texte einem Partner zur Prüfung.
c) Überarbeite deine Bewerbungsunterlagen mit den Tipps deines Partners.
d) Bitte auch deine Lehrkraft um Feedback.

3.3 (1) fremde und eigene Texte kriterienorientiert nach Form, Inhalt und Sprache entsprechend den selbstständig gewählten Überarbeitungszielen überprüfen (z. B. Adressatenbezug, stilistische Stimmigkeit) · 3.3 (2) zur Überarbeitung eigener Texte situationsangemessene Überarbeitungsstrategien sowie Hinweise aus Feedbackmethoden selbstverantwortlich nutzen

179

4 a) Überlege, bei welchem Thema in diesem Kapitel du noch unsicher bist.
   b) Blättere zurück und übe noch einmal.
   c) Sprich mit einem Partner oder deiner Lehrkraft, wenn du Unterstützung brauchst.

✅ Checkliste – Überprüfe deinen Lebenslauf und dein Anschreiben!

Ich habe / Du hast …	selbst überprüft	vom Partner überprüft	von der Lehrkraft überprüft	übe weiter	erledigt am
… im **Anschreiben**:	xxxxxxxx	xxxxxxxx	xxxxxxxx	xxxxxxxxxxxxxxxx	xxxxxxxx
– eine höfliche Anrede und eine passende Grußformel verwendet.	xxxxxxxx	xxxxxxxx	xxxxxxxx	xxxxxxxxxxxxxxxx	xxxxxxxx
– deinen Berufswunsch genannt und gut begründet.	xxxxxxxx	xxxxxxxx	xxxxxxxx	xxxxxxxxxxxxxxxx	xxxxxxxx
– deine Kompetenzen in Bezug zur Stelle/zum Beruf gesetzt.	xxxxxxxx	xxxxxxxx	xxxxxxxx	xxxxxxxxxxxxxxxx	xxxxxxxx
– die Wahl des Betriebes begründet.	xxxxxxxx	xxxxxxxx	xxxxxxxx	xxxxxxxxxxxxxxxx	xxxxxxxx
– um einen Termin für ein Gespräch gebeten.	xxxxxxxx	xxxxxxxx	xxxxxxxx	xxxxxxxxxxxxxxxx	xxxxxxxx
– überzeugend und abwechslungsreich formuliert.	xxxxxxxx				xxxxxxx
– eine gut lesbare Schrift gewählt und den Text in Absätze gegliedert.	xxxxxxxx				xxxxxxx
… im **Lebenslauf**:	xxxxxxxx				xxxxxxx
– deine persönlichen Daten vollständig angegeben.	xxxxxxxx				xxxxxxx
– Angaben zur Schulbildung, zum Abschluss und zu Praktika gemacht.	xxxxxxxx				xxxxxxx
– besondere Kenntnisse, Hobbys und Interessen genannt.	xxxxxxxx	xxxxxxxx	xxxxxxxx	xxxxxxxxxxxxxxxx	xxxxxxxx
– Zwischenüberschriften genutzt und den Text in Absätze gegliedert.	xxxxxxxx	xxxxxxxx	xxxxxxxx	xxxxxxxxxxxxxxxx	xxxxxxxx
– ein geeignetes Foto eingefügt.	xxxxxxxx	xxxxxxxx	xxxxxxxx	xxxxxxxxxxxxxxxx	xxxxxxxx
… auf die Rechtschreibung geachtet.	xxxxxxxx	xxxxxxxx	xxxxxxxx	xxxxxxxxxxxxxxxx	xxxxxxxx
Was ich dir noch sagen wollte:	xxxxxxxxxx	xxxxxxxxxx	xxxxxxxx	xxxxxxxxxxxxxxxx	xxxxxxxx

**Verschaffe dir nun einen Überblick über die Ergebnisse im Kompetenzcheck. Lass dir von Mitschülerinnen und Mitschülern Feedback geben.
Besprich dich auch mit deiner Lehrkraft.**

3.3 (1) fremde und eigene Texte kriterienorientiert nach Form, Inhalt und Sprache überprüfen und bei Rückmeldungen an Mitschülerinnen und Mitschüler auf einen respektvollen Umgang miteinander achten · 3.3 (2) zur Überarbeitung eigener Texte situationsangemessene Überarbeitungsstrategien sowie Hinweise aus Feedbackmethoden selbstverantwortlich nutzen

Sich auf das Praktikum vorbereiten

Endlich gehts los! Was ich heute wohl zuerst machen darf?

Oh Mann, bin ich nervös. Hoffentlich sind die nicht zu streng!

1 Betrachte die Bilder und stelle Vermutungen zu folgenden Fragen an:
- *Wo befinden sich die Schülerin und der Schüler?*
- *Was machen sie dort?*
- *Wie fühlen sie sich?*

2 Was geht dir durch den Kopf, wenn du an dein bevorstehendes Praktikum denkst?
- a) Nimm drei Zettel und notiere jeweils auf einem Zettel deine Erwartungen, deine Ängste und deine Hoffnungen. Schreibe deinen Namen nicht dazu.

Erwartungen

Hoffnungen

Ängste

- b) Sammelt alle Zettel ein und hängt sie sortiert an die Tafel.
- c) Besprecht die Ergebnisse in der Klasse.

3 Im Praktikum kannst du viel erfahren. Notiere zu jeder der folgenden Fragen deine Ideen (→ COPY 17).

- **A.** Was möchtest du im Hinblick auf deine **berufliche Zukunft** erfahren?
- **B.** Was möchtest du über deinen **Praktikumsbetrieb** erfahren?
- **C.** Was möchtest du über **die Mitarbeiter und die Arbeit** in deinem Betrieb erfahren?
- **D.** Was möchtest du **sonst noch** erfahren?

In diesem Kapitel ...

kannst du auf dein Vorwissen aufbauen und dazulernen, wie du ...
- dich auf dein Praktikum vorbereitest.
- deine Erfahrungen im Praktikum dokumentierst.
- ein Tagesprotokoll anfertigst.
- ein Protokoll zu einem Bericht ausarbeitest.
- deine Erfahrungen im Praktikum reflektierst.

1.3 (1) situations- und zielorientiert Gespräche führen, sich inhaltlich vorbereiten (z. B. Argumentationslinie) sowie während des Gesprächs Techniken des Nachfragens anwenden

181

4 a) Was ist dir im Praktikum besonders
wichtig? Vergib für deine Ideen aus
Aufgabe 3 jeweils Sterne:
   — *besonders wichtig* = ★★★
   — *ziemlich wichtig* = ★★
   — *nicht so wichtig* = ★
b) Vergleicht zu zweit eure Ergebnisse.
Gibt es Gemeinsamkeiten/Unterschiede?
c) Nimm das Blatt in deine Praktikumsmappe
auf.

Vorbereitung auf das Betriebspraktikum – ein Fragebogen

1. Ich habe mich über die Firma informiert
(z.B. auf der Internetseite).

☒ Nein
☒ Ja, das weiß ich über die Firma: _____XXX_____

2. Ich kenne den Namen meiner Ansprechpart-
nerin/meines Ansprechpartners.

☒ Nein
☒ Ja, ihr/sein Name ist: _____XXX_____

3. Ich weiß, welchen Schulabschluss ich für
meinen Praktikumsberuf benötige.

☒ Nein
☒ Ja, ich brauche diesen Abschluss: _____XXX_____

4. Ich habe mich über wichtige Aufgaben in
meinem Wunschberuf informiert.

☒ Nein
☒ Ja, das sind die Aufgaben: _____XXX_____

5. Ich kenne den Weg zum Betrieb, damit ich
am ersten Tag pünktlich bin.

☒ Nein
☒ Ja, Weg/Fahrzeiten usw.: _____XXX_____

6. Ich weiß, was ich am ersten Tag anziehen
werde.

☒ Nein
☒ Ja, das ziehe ich an: _____XXX_____

---

5 Wie gut hast du dich auf dein Praktikum
vorbereitet?
a) Beantworte den Fragebogen (→ COPY 18)
und hefte das Blatt später in deinen
Praktikumsbericht (→ *Lernbox*, S. 183).
b) 💡 Wenn du eine Frage mit *Nein* beantwortet hast, informiere dich entsprechend.
Ergänze dann die Informationen.

Tipp

💡 **zu 5 b)** Hier bekommst und findest du
weitere **Informationen und Tipps**:
— *Internetseite deines
Praktikumsbetriebes,*
— *Internetseite der Agentur für Arbeit,*
— *Eltern, Freunde, Geschwister und
Bekannte,*
— *Berufsinformationszentrum (BiZ).*

2.3 (1) lebensrelevante und berufsbezogene Informationen aus komplexen, selbst recherchierten kontinuierlichen und diskontinuierlichen Texten unterschiedlicher Medien zur Betrachtung von Themen aus verschiedenen Blickwinkeln verwenden

Das Praktikum dokumentieren

1 Überlegt zu zweit, wofür ein Praktikumsbericht gut ist und was darin enthalten sein sollte.

2 Beantwortet in der Klasse folgende Fragen:
   a) Welche Informationen sollten auf dem Deckblatt des Berichts stehen?
   b) Was solltest du generell bei der Erstellung deines Berichts beachten?

3 Lies die *Lernbox* und erstelle ein Inhaltsverzeichnis für deinen Praktikumsbericht (→ S. 290–295).

Lernbox

Einen Praktikumsbericht erstellen

Der Praktikumsbericht ist eine Mappe, in der du alle Unterlagen zum Praktikum sammelst und deine Erfahrungen dokumentierst.

1 Diese Teile sollte dein **Bericht** enthalten:
- ein **Deckblatt** (mit Name, Klasse, Zeitraum, Beruf, Betrieb),
- ein klar gegliedertes **Inhaltsverzeichnis**,
- ein **Tagesprotokoll** für jeden Praktikumstag,
- **Informationen** über den **Betrieb** und den **Beruf**,
- eine **Reflexion** mit Selbsteinschätzung und Fremdeinschätzung (vom Betrieb auszufüllen).

2 Das solltest du dabei **beachten**:
- Frage deine Betreuer **rechtzeitig** nach allen Informationen. (Erzähle im Betrieb gleich am ersten Tag von deinem Bericht.)
- Erstelle **jeden Tag** ein Tagesprotokoll, damit du nichts vergisst.
- Erstelle alle Texte **gut leserlich**.
- Kontrolliere die Rechtschreibung.

3 Hefte auch **Zusatzmaterial** ab, z. B. Flyer deines Betriebs, Kopie der Sicherheitsvorschriften, Fotos von Werkstücken.

4 Vermutlich hast du dich schon über deinen Praktikumsbetrieb informiert. Schreibe alle wichtigen Informationen auf und hefte sie in deinen Bericht (→ COPY 19). Wenn noch etwas fehlt, kannst du es im Betrieb erfragen.

> *Informationen über meinen Betrieb:*
> — *Name, Anschrift, Ansprechpartner, Telefonnummer*
> — *Anzahl der Beschäftigten*
> — *Was bietet mein Betrieb an? Was wird dort hergestellt?*
>
> *Informationen für das Praktikum:*
> — *Meine Arbeitszeiten / Pausenzeiten*
> — *Das benötige ich für meine Arbeit im Betrieb (z. B. Arbeitskleidung …)*

5 Bereite eine Seite vor, auf der du die Erlebnisse am ersten Tag festhältst (→ COPY 20).

> **Mein erster Tag im Betrieb**
>
> Diese Erwartungen hatte ich:
> XXXXXXXXX
>
> Diese Aufgaben habe ich am ersten Tag erledigt:
> XXXXXXXXX
>
> So haben sich die Kollegen verhalten:
> XXXXXXXXX
>
> Das fand ich gut:
> XXXXXXXXX
>
> Hier gab es Schwierigkeiten:
> XXXXXXXXX

3.2 (1) Planungsübersichten auch zu komplexeren inhaltlichen Zusammenhängen erstellen (z. B. in Form von Mindmaps oder einer numerisch differenzierten Gliederung) und über deren Funktionalität reflektieren · 3.2 (4) mit eigenen Texten über komplexere Sachverhalte oder aktuelle Ereignisse informieren und Unterrichtsabläufe, Projekte oder Exkursionen protokollieren

183

Ein Tagesprotokoll erstellen

Puh, bin ich geschafft. Aber ich habe heute ja auch eine Menge erlebt.

1 Überlege gemeinsam mit einem Partner, was du in einem Tagesprotokoll festhalten kannst und wofür du es benötigst.

2 a) Lies das Tagesprotokoll und die *Lernbox*.
   b) Besprecht zu zweit folgende Fragen:
      — Wurden im Tagesprotokoll alle Regeln aus der Lernbox beachtet?
      — Welche Informationen fehlen euch?
      — Was ist unnötig, was würdet ihr weglassen?

Tagesprotokoll Montag, 25.06.20XX			
Zeit	**Arbeitsplatz**	**Tätigkeit**	**Anmerkung**
8:00 – 8:30	gesamter Laden	Rundgang durch den Laden	Nebenräume sehr interessant
8:30 – 9:30	Umkleiden	Umkleiden reinigen	wird jeden Morgen gemacht!
9:30 – 11:00	Lager	neue Ware etikettieren und sichern	gar nicht so leicht
11:00 – 12:00	Verkaufsraum	neue Ware einräumen	
12:00 – 13:00		Mittagspause	sehr netter Azubi, guter Döner

3 Erstelle für jeden Tag deines Praktikums ein Tagesprotokoll (→ COPY 21).

4 Bearbeite eine der folgenden Aufgaben:
   a) Schreibe das Tagesprotokoll oben in einen Tagesbericht um.
   b) Erstelle selbst zunächst ein Tagesprotokoll und schreibe es dann in einen Bericht um.

Lernbox

Ein Tagesprotokoll anfertigen

1 Lege für jeden Tag eine Tabelle an.
2 Notiere oben das Datum, in jeder Zeile dann Uhrzeit, Ort und Art deiner Tätigkeit.
3 Schreibe Stichpunkte, z. B. *Umkleiden reinigen, neue Ware einräumen*.
4 Verwende Fachbegriffe, z. B. *etikettieren*.
5 Vermeide Unnötiges und Überflüssiges (z. B. Angaben über dein Mittagessen).

Tipp

zu 4) So kannst du ein **Tagesprotokoll** in einen **Tagesbericht** umschreiben:
- Schreibe in ganzen Sätzen.
- Gliedere deinen Text in *Einleitung, Hauptteil* und *Schluss*.
- Schreibe deine Meinung/Bewertung dazu.

3.2 (9) in Kooperation mit dem Fach Wirtschaft und Beruf und den berufsorientierenden Wahlpflichtfächern formalisierte, berufsorientierende Texte unter Berücksichtigung zeitgemäßer Medien verfassen, auch für das Berufswahlportfolio (z. B. Bewerbungsanschreiben, Praktikumsmappe)

Informationen einholen und festhalten

1 a) Beantwortet zu zweit folgende Fragen:
– *Welche Informationen möchtest du im Praktikumsbetrieb erhalten?*
– *Wie erhältst du die Informationen?*
b) Tauscht euch in der Klasse darüber aus.

2 a) Überlege dir Fragen zu deinem Praktikums-beruf und der entsprechenden Ausbildung.
b) 💡 Tausche dich mit einem Partner darüber aus. Ergänzt eure Notizen.
c) Schreibe deine Fragen so auf ein Blatt, dass du direkt dazu die Antworten notieren kannst (→ COPY 22).
d) Hefte das Blatt in deinen Praktikums-bericht.

Tipp

💡 **zu 2 b)** Mögliche Fragen:

– *Wie lautet die genaue Berufsbezeichnung?*
– *Was sind typische Tätigkeiten in meinem Beruf?*
– *Mit welchen Maschinen, Geräten, Werkzeugen oder Materialien arbeitet man?*
– *Welche körperlichen Anforderungen muss man in dem Beruf erfüllen?*
– *Welche geistigen Anforderungen muss man in dem Beruf erfüllen?*
– *Wie sind die typischen Arbeitszeiten?*
– *Welchen Schulabschluss braucht man?*
– *Welche Ausbildungsberufe kann man in dem Betrieb erlernen?*
– *Wie wählt der Betrieb die zukünftigen Auszubildenden aus?*
– *Worauf wird bei der Auswahl besonders geachtet (z. B. Fähigkeiten, Interessen)?*
– *Wie ist der Besuch von Betrieb und Berufsschule geregelt?*

3 Um die nötigen Informationen zu erhalten, musst du möglicherweise Mitarbeiter in deinem Praktikumsbetrieb befragen.
a) Sprich mit einem Partner darüber, was ein *Interview* ist.
b) Überlegt euch, was ihr bei einem Interview beachten müsst.
c) Macht euch einen Spickzettel, wie man sich Notizen bei einem Interview machen kann. Lest bei Bedarf auf S. 278–279 nach.

4 Erstelle eine Seite für deinen Praktikums-bericht, auf der du deinen Arbeitsplatz vorstellst und beschreibst (→ COPY 23).
So kannst du dabei vorgehen:
– *Fertige eine **Skizze** des Arbeitsplatzes an.*
– ***Beschreibe** deinen **Arbeitsplatz** (z. B. Ist es dort kalt oder warm?).*
– *Beschreibe, welche **Tätigkeiten** mit welchen Materialien ausgeführt werden.*
– *Halte alle **Besonderheiten** fest (z. B. Sicherheitsvorschriften).*

1.3 (1) situations- und zielorientiert Gespräche führen, sich inhaltlich vorbereiten (z. B. Argumentationslinie) sowie während des Gesprächs Techniken des Nachfragens anwenden · 3.2 (4) mit eigenen Texten über komplexere Sachverhalte oder aktuelle Ereignisse informieren und Unterrichtsabläufe, Projekte oder Exkursionen protokollieren (z. B. als Präsentationsportfolio)

185

Sich selbst einschätzen

Also mit der Aus-
bildung bei uns wird
das wohl nichts. Er ist
wirklich überhaupt
nicht für diesen Beruf
geeignet.

Boah, dieser Job ist echt
locker, ich hab' sogar Zeit, mit
dem Handy zu spielen.
Das ist _mein_ Beruf!

1 Betrachte das Bild und bearbeite dazu die
folgenden Aufgaben.
   a) Beschreibe, was du auf dem Bild siehst.
   b) Ist der Schüler für den Beruf geeignet?
      Begründe deine Einschätzung.
   c) Warum haben Praktikant und Mitarbeiterin
      so unterschiedliche Meinungen?
   d) Überlegt gemeinsam in der Klasse, wie
      ihr verhindern könnt, dass es euch im
      Praktikum genauso geht.

2 a) Sammelt zu zweit Bewertungskriterien
      für einen Selbsteinschätzungsbogen.
   b) Erstellt gemeinsam in der Klasse eine
      Tabelle nach dem Muster (→ COPY 24).

3 a) Vergleiche deine Selbsteinschätzung mit
      der Fremdeinschätzung des Betriebes
      (→ COPY 25) oder mit deiner Praktikums-
      bescheinigung (→ COPY 26).
      Beantworte folgende Fragen:
      — _In welchen Punkten stimmen die
        Einschätzungen überein?_
      — _In welchen Punkten unterscheiden
        sie sich?_
      — _Wie sind die Unterschiede zu erklären?_
   b) Fasse deine Erkenntnisse aus dem Ver-
      gleich in wenigen Sätzen zusammen.
      Beispiel: _Ich denke, dass ich für den Beruf
      gut geeignet wäre. Der Betrieb meint aber,
      dass ich noch an mir arbeiten müsste, um
      eine Ausbildung zu beginnen, weil …_

Selbsteinschätzung	trifft voll- ständig zu	trifft über- wiegend zu	trifft teil- weise zu	trifft gar nicht zu
Ich war immer pünktlich.	XXX	XXX	XXX	XXX
Ich habe mich mit den Mit- arbeitern gut verstanden.	XXX	XXX	XXX	XXX
…	XXX	XXX	XXX	XXX

1.3 (2) kritisch eigenes und fremdes Gesprächsverhalten (verbal, nonverbal) in schulischen sowie in außerschulischen
Gesprächssituationen reflektieren · 2.3 (3) themengleiche Texte vergleichen und wesentliche
Textaussagen herausarbeiten

Sich über Erfahrungen austauschen

1 Arbeitet in Gruppen und zeichnet folgendes Spielfeld ab oder verwendet COPY 27.

2 Ergänzt in den leeren Feldern gemeinsam weitere Aufgaben oder Fragen.

START	Das **Beste** am Praktikum war …	XXXXXXXX	Das war voll **peinlich**!	XXXXXXXX
ZIEL				**Abends** war ich immer …
XXXXXXXX				XXXXXXXX
Das sehe ich jetzt ganz **anders**: …				XXXXXXXX
XXXXXXXX	XXXXXXXX	**Nächstes Mal** würde ich …	XXXXXXXX	Das habe ich echt **gehasst**!

3 Lest die Anleitung und spielt das Spiel.

Spielanleitung

1. Ihr braucht einen **Würfel** und pro Mitspieler eine **Spielfigur** (z. B. Radiergummi, Anspitzer).
2. Alle beginnen bei Start. Es wird reihum gewürfelt und **im Uhrzeigersinn** gezogen.
3. Wenn ihr auf einem Spielfeld landet, lest vor, was darauf steht. Erzählt dann passend dazu etwas über euer Praktikum. Dann kommt der/die Nächste an die Reihe.
4. Wenn ihr am Ziel angekommen seid, ist das Spiel beendet – oder ihr spielt eine weitere Runde.

WICHTIG: Sinn des Spiels ist, dass ihr euch über euer Praktikum austauscht. Also: Sprecht bitte miteinander! Einsilbige Äußerungen (z. B. *ja, nein, keine Ahnung*) gelten nicht als Antwort.

1.3 (1) situations- und zielorientiert Gespräche führen, sich inhaltlich vorbereiten (z. B. Argumentationslinie) sowie während des Gesprächs Techniken des Nachfragens anwenden

187

Das Praktikum reflektieren

1 Vor Beginn des Praktikums hast du dir Gedanken über deine Erwartungen gemacht (→ S. 181, Aufgabe 3).
  a) Suche das entsprechende Blatt in deinem Bericht und lies es erneut durch.
  b) Vergleiche deine Erwartungen mit deinen tatsächlichen Erfahrungen. Markiere alles, was eingetroffen ist, grün, und alles, was nicht zutraf, rot.
  c) Tauscht euch zu zweit darüber aus.

2 Wie ist es deinen Mitschülern ergangen? Lest die Anleitung für die Methode „Einen Standpunkt beziehen" und findet es heraus.

Einen Standpunkt beziehen – so geht's!

1 Die Lehrkraft bestimmt eine Seite des Klassenzimmers. Sie bedeutet: *Alle meine Erwartungen wurden erfüllt.* Die gegenüberliegende Seite bedeutet: *Meine Erwartungen wurden überhaupt nicht erfüllt.*
2 Alle stellen sich nun auf einer gedachten Linie zwischen den Seiten auf – je nachdem, wie sehr ihre Erwartungen erfüllt wurden.
3 Die Lehrkraft fragt einzelne Schülerinnen und Schüler, warum sie sich so positioniert haben. Sie erzählen von ihren Erfahrungen.

3 Fasse deine Erfahrungen und Erkenntnisse aus deinem Praktikum zusammen.
  a) Beantworte dafür folgende Leitfragen (→ COPY 28).
— *Was hat dir an deinem Praktikum gefallen und was nicht?*
— *Wie war das Verhältnis zu Chef/-in und Kollegen?*
— *Welche Aufgaben hast du als sinnvoll empfunden und welche nicht?*
— *Welche Unterschiede zwischen Arbeit und Schule hast du festgestellt?*
— *Wie hat die Umstellung von der Schule auf die Arbeit geklappt? Was fiel dir leicht/schwer?*
— *Hat sich deine Einstellung zur Schule oder Arbeit dadurch geändert?*
— *Was hast du im Praktikum gelernt?*
— *Hat dir das Praktikum bei deiner Berufsorientierung geholfen?*

  b) Formuliere deine Antworten in ganzen Sätzen zu einer Reflexion aus.

Tipp

💡 **zu 3 b)**
Folgende Satzanfänge kannst du zur Formulierung nutzen:
— *Bevor ich ins Praktikum ging, dachte ich …*
— *Im Praktikum habe ich gemerkt, dass …*
— *Besonders überrascht hat mich …*
— *Positiv/Negativ war …*
— *Verglichen mit der Schule war die Arbeit …*
— *Das Praktikum hat mir gezeigt, dass …*
— *Insgesamt denke ich …*
— *Ich würde diesen Beruf wählen / nicht wählen, weil …*
— *Für das nächste Praktikum …*

1.3 (1) situations- und zielorientiert Gespräche führen, sich inhaltlich vorbereiten sowie während des Gesprächs Techniken des Nachfragens anwenden · 3.2 (9) in Kooperation mit dem Fach Wirtschaft und Beruf und den berufsorientierenden Wahlpflichtfächern formalisierte, berufsorientierende Texte unter Berücksichtigung zeitgemäßer Medien verfassen

Kompetenzcheck

Dein Praktikumsbericht ist fertig? Mit dieser Checkliste (→ COPY E) kannst du prüfen, ob du an alles gedacht hast. Lass dir auch von Mitschülerinnen und Mitschülern Feedback geben.

✔ Checkliste – Überprüfe deinen Praktikumsbericht!

Mein Bericht enthält …	selbst überprüft	überprüft am	von der Lehrkraft überprüft	Anmerkung
… ein **Deckblatt** mit Namen, Klasse, Zeitraum, Beruf und Betrieb.	xxxxxxxx	xxxxxxxx	xxxxxxxx	xxxxxxxx
… ein **Inhaltsverzeichnis**.	xxxxxxxx	xxxxxxxx	xxxxxxxx	xxxxxxxx
… alle **Tagesprotokolle/-berichte**.	xxxxxxxx	xxxxxxxx	xxxxxxxx	xxxxxxxx
… Informationen über den **Betrieb**.	xxxxxxxx	xxxxxxxx	xxxxxxxx	xxxxxxxx
… Informationen über den **Beruf**.	xxxxx			
… zusätzliche **Materialien**.	xxxxx			
… eine **Selbsteinschätzung**.	xxxxx			
… eine Bewertung vom Betrieb (**Fremdeinschätzung**).	xxxxx			
… eine abschließende **Reflexion**.	xxxxx			
Sonstiges:	xxxxxxxx	xxxxxxxx	xxxxxxxx	xxxxxxxx

> **Verschaffe dir einen Überblick über die Ergebnisse im Kompetenzcheck. Besprich dich auch mit deiner Lehrkraft.**

Ich habe …	selbst überprüft	überprüft am:	von Lehrkraft überprüft	Anmerkung
… den Praktikumsbericht dem **Inhaltsverzeichnis** entsprechend geordnet.	xxxxxxxx	xxxxxxxx	xxxxxxxx	xxxxxxxx
… die **Tagesprotokolle** stichpunktartig verfasst. *oder* … die **Tagesberichte** in ganzen Sätzen geschrieben.	xxxxxxxx	xxxxxxxx	xxxxxxxx	xxxxxxxx
… in meiner **Reflexion** meine **Erfahrungen** und meine Meinung zum Praktikum dargestellt.	xxxxxxxx	xxxxxxxx	xxxxxxxx	xxxxxxxx
… in meiner **Reflexion** begründet, ob ich mir vorstellen könnte, in dem Praktikumsberuf zu arbeiten.	xxxxxxxx	xxxxxxxx	xxxxxxxx	xxxxxxxx
… alle handschriftlichen Inhalte **leserlich** geschrieben.	xxxxxxxx	xxxxxxxx	xxxxxxxx	xxxxxxxx
… auf die **Rechtschreibung** geachtet.	xxxxxxxx	xxxxxxxx	xxxxxxxx	xxxxxxxx
… darauf geachtet, dass der Bericht in **ordentlicher Form** vorliegt.	xxxxxxxx	xxxxxxxx	xxxxxxxx	xxxxxxxx

3.3 (1) fremde und eigene Texte kriterienorientiert nach Form, Inhalt und Sprache entsprechend den selbstständig gewählten Überarbeitungszielen überprüfen (z. B. Adressatenbezug, stilistische Stimmigkeit) und bei Rückmeldungen an Mitschülerinnen und Mitschüler auf einen respektvollen Umgang miteinander achten

189

Schriftlich argumentieren

1 Auf dem Schulhof gibt es manchmal Ärger zwischen älteren und jüngeren Schülern.
  a) Wie kommt es dazu? Sammelt zu zweit Situationen, die ihr erlebt habt.
  b) Tauscht euch in der Klasse darüber aus.

2 a) Lies den Text im Kasten rechts. Gib mit eigenen Worten wieder, wie sich Ben und seine Freunde verhalten.
  b) Hast du schon ähnliche Dinge erlebt? Erzähle einem Partner davon.
  c) Notiere, wie Ben sein Verhalten begründet und erklärt.
  d) Habt ihr Verständnis für Ben? Besprecht in der Klasse, wie ihr sein Verhalten findet.

3 Sammle Gründe, warum Ben sein Verhalten ändern sollte. Notiere Stichpunkte und besprich sie mit einem Partner.

4 a) Stellt in einem Rollenspiel dar, wie Ben wohl auf eure Gedanken reagieren würde. Was könnte er erwidern oder einwenden?

Ben (13) erzählt von der Schule: „Manchmal in den Pausen, wenn uns die Aufsicht nicht sehen kann, ärgern meine Freunde und ich die Fünftklässler. Früher, als wir in der 5.
5 Klasse waren, da wurden wir ja auch fertiggemacht – und heute sind eben die Neuen dran. Neulich habe ich aber Ärger bekommen, weil der Sohn der Nachbarn gepetzt hat. Meine Mutter hat einen totalen Aufstand gemacht
10 und etwas von „Zivilcourage" erzählt. Sie sagte, dass man sich um Schwächere kümmern muss und sie nicht ärgern darf. Und sie meinte, dass ich mich früher ja auch schlecht gefühlt hätte, wegen der älteren Schüler. Na
15 ja, da hat sie schon irgendwie recht. Manchmal tun mir die Kleinen ja auch leid, aber meine Freunde machen immer total Druck. Und ich will doch bei ihnen dazugehören!"

  b) Spielt die Szene in der Klasse vor.
  c) Besprecht, welches Ziel Ben hat, und überlegt, wie ihr ihn überzeugen könntet, sich anders zu verhalten.

1.4 (1) sprechgestaltende Mittel und verschiedene Ausdrucksformen in Gestik, Mimik und Körperhaltung bewusst einsetzen ·
2.1 (3) verschiedene Lesetechniken zur Erschließung von Inhalt und Intention kontinuierlicher und diskontinuierlicher Texte sowie
zum Textvergleich verwenden · 3.2 (2) anschaulich von Erfahrungen, Gedanken, Gefühlen und Sachverhalten erzählen

5 Sprecht zu zweit über folgende Fragen:
- *Was heißt „argumentieren"?*
- *Wann habt ihr zuletzt argumentiert?*
- *Was ist beim Argumentieren wichtig?*

6 Stell dir vor, du kennst Ben aus der Nachbarschaft und möchtest ihm einen Brief schreiben, damit er sein Verhalten ändert.
a) Sammelt in Gruppen Argumente und Überlegungen für einen solchen Brief.
b) 💡 Tragt zusammen, was ihr beim Schreiben eines Briefes beachten müsst.
c) Schreibt dann allein einen Brief an Ben.

> Musterstadt, 15.01.20XX
>
> *Lieber Ben,*
> *heute schreibe ich dir, weil …*
>
> *Viele Grüße*
> *Dein / Deine xxx*

Tipp

 zu 6 b)

Einen argumentativen Brief schreiben

So bereitest du einen argumentativen Brief vor:

1 Lege eine **Stichwortliste** mit Ideen und Argumenten an. Unterteile deine Notizen nach *Einleitung, Hauptteil* und *Schluss*.
2 Ordne die **Argumente** nach ihrer Überzeugungskraft: schwache Argumente stehen am Anfang, starke am Ende.
3 Nenne dein **Anliegen** gleich zu Beginn des Briefes. Formuliere dann die Argumente.
4 Denke beim Schreiben daran, an wen du schreibst. Sprich den **Adressaten** direkt an. Überlege, mit welcher Sprache und mit welchen Argumenten du ihn erreichst.
5 Schreibe **sachlich** und **knapp**.
6 Beachte den **formalen Aufbau** eines Briefes (*Datum, Anrede, Grußformel, Unterschrift*).

7 a) Tauscht zu zweit eure fertigen Briefe aus.
b) Gebt euch gegenseitig Rückmeldung, ob alle Punkte berücksichtigt wurden.

8 a) Überarbeite deinen Brief mithilfe der Tipps.
b) Lest einige Briefe in der Klasse vor. Sammelt in der Klasse, was darin jeweils besonders gut gelungen ist.

In diesem Kapitel …

kannst du auf dein Vorwissen aufbauen, wiederholen und üben, wie du …
- ein Argument aufbaust (aus Behauptung, Begründung und Beispiel).
- Argumente überzeugend formulierst.
- Argumente als stark oder schwach bewertest.
- einen Leserbrief schreibst.

3.2 (1) Planungsübersichten auch zu komplexeren inhaltlichen Zusammenhängen erstellen (z. B. in Form von Mindmaps oder einer numerisch differenzierten Gliederung) · 3.2 (6) Argumente formulieren, Schlüsse ziehen und adressatengerechte Texte in Form einer sachlich plausiblen und nachvollziehbaren Stellungnahme verfassen

191

Eine Meinung vertreten

Maria: *Ich finde, eine Videoplattform ist wichtig. Ich kann mich damit auch über Themen informieren, die im Unterricht wichtig sind. Durch ein Video habe ich verstanden, wie die Nationalsozialisten ab 1933 die Bevölkerung gleichgeschaltet haben.*

Michaela: *Ich brauche meine Internetvideos, vor allem am Abend im Bett. Sonst ist es ja voll langweilig!*

Henry: *Ich sehe das kritisch. In den Kommentaren wird oft persönlich beleidigt. Weil sich viele im Netz unbeobachtet fühlen, kennen sie keine Grenzen. Früher habe ich selbst oft Videos gepostet, aber die Kommentare haben mir sehr zugesetzt.*

1 Die Klasse M8 diskutiert über das Thema „Videoplattformen im Internet".
a) Wer ist dafür, wer ist dagegen? Gib mit eigenen Worten wieder, welche Meinungen die Jugendlichen vertreten.
b) Vergleiche die Aussagen. Welche findest du besonders überzeugend? Begründe.

2 a) Maria und Henry haben ihre Aussagen ähnlich aufgebaut. Besprecht zu zweit, was euch an ihren Äußerungen auffällt.
b) Lies die *Lernbox*. Ordne Teile von Marias und Henrys Aussagen in eine Tabelle ein:

Behauptung	Begründung	Beispiel
XXX	XXX	XXX
XXX	XXX	XXX

c) Vergleiche mit der Aussage von Michaela. Was fehlt in ihrer Sprechblase?

Lernbox

Aufbau eines Arguments

Gute Argumente bestehen aus den **„3 Bs"**:

1 Behauptung: In einem Satz vertritt jemand seine Meinung und macht den eigenen Standpunkt klar.

2 Begründung: Im zweiten Teil des Arguments wird die Behauptung begründet. Diese Begründung kann auch mehrere Sätze umfassen. Oft erkennt man die Begründung an den Konjunktionen *weil, da, denn …*

3 Beispiel: Ein konkretes Beispiel macht das Argument anschaulich und besonders überzeugend.

1.3 (3) in Diskussionen, Debatten oder Konfliktgesprächen eigene Standpunkte vertreten, auf Gegenargumente in angemessener Form eingehen und zur Kompromissfindung beitragen · 3.2 (6) Argumente formulieren und gewichten, Schlüsse ziehen und adressatengerechte Texte in Form einer sachlich plausiblen und nachvollziehbaren Stellungnahme verfassen

A

Eine Videoplattform ist ein Zeitfresser.

B

Ich habe mir selbst Nachhilfe erspart, als ich z. B. in Mathematik den Satz des Pythagoras nicht verstanden und mir ein Video dazu angesehen habe.

C

Ich bemerke es oft selbst nicht, wie sehr die Zeit verrinnt, wenn man sich von Video zu Video klickt.

D

Auf Videoplattformen kann man viel lernen.

E

Denn es gibt viele User, die Videos hochladen, mit Themen zu Geschichte, Politik oder Naturwissenschaften.

F

Da die Werbung in den Videos immer mehr wird, scheinen sich die Firmen davon einen Gewinn zu versprechen.

G

Ich habe selbst auch schon etwas gekauft, weil es in einem Video beworben wurde. Das war aber leider ein Fehlkauf.

H

Die Leute in den Videos treiben unnötig zum Konsum an.

I

Weil die Plattform einem User stets die Videos vorschlägt, die ihn höchstwahrscheinlich interessieren.

3 In den Sprechblasen oben stehen Teile von drei Argumenten. Ordne zu und schreibe die Argumente vollständig auf.
Du kannst auch COPY 29 nutzen.

4 Der folgenden Behauptung fehlt noch eine Begründung und ein Beispiel.
Ergänze und notiere das Argument.

> Internetvideos können
> einsam machen.

5 a) Notiert weitere Argumente zum Thema.
   b) Bildet Gruppen und vergleicht eure Ergebnisse. Bewertet die Argumente mit Punkten:
— *das Argument überzeugt mich*   *3 Punkte*
— *das Argument klingt gut*   *2 Punkte*
— *das Argument ist eher schwach*   *1 Punkt*
— *das Argument ist unsinnig*   *0 Punkte*

1.3 (3) in Diskussionen, Debatten oder Konfliktgesprächen eigene Standpunkte vertreten, auf Gegenargumente in angemessener Form eingehen und zur Kompromissfindung beitragen · 3.2 (6) Argumente formulieren und gewichten, Schlüsse ziehen und adressatengerechte Texte in Form einer sachlich plausiblen und nachvollziehbaren Stellungnahme verfassen

193

Begründungen und Beispiele finden

1 Die Klasse M8 diskutiert über Schuluniformen.
Lies die beiden Argumente unten.

a) Welcher Teil des Argumentes fehlt?
Tauscht euch zu zweit darüber aus und
formuliert eine Ergänzung.

b) Schreibt die Argumente vollständig auf
und stellt sie in der Klasse vor.

c) Sammelt weitere Argumente mit
Begründungen und Beispielen.

Mit Schuluniformen würde es weniger Mobbing geben. ➡	Viele werden in der Schule gemobbt, weil sie nicht die „richtigen" Marken tragen. ➡	*XXXXXX XXXXXX XXXXXX XXXXXX XXXXXX*
Schuluniformen stärken den Zusammenhalt an der Schule. ➡	*XXXXXX XXXXXX XXXXXX XXXXXX XXXXXX* ➡	Das zeigt sich zum Beispiel im Sport: Fans einer Mannschaft tragen oft das Vereinstrikot.

Tipp

🔆 **zu 1)**

Begründungen überzeugend formulieren

1 Der wichtigste Teil eines Arguments ist die
Begründung. Um sie zu formulieren, frage
dich: „Warum kann ich das behaupten?"
Selbst wenn etwas für dich logisch und
normal ist, musst du andere womöglich
erst überzeugen.

2 Argumentiere **in kleinen Schritten**: Dein
Argument wird überzeugender, wenn du
mehrere Begründungen verbindest.

3 Achte auf eine **logische Verknüpfung**
deiner Sätze, zum Beispiel mit: *da, weil,
denn, daher*.
Ergänze weitere Begründungen mit: *zudem,
außerdem, darüber hinaus, des Weiteren*.

Beispiele passend wählen

1 Beispiele machen dein Argument besonders
überzeugend. Je nach Thema sind **geeignet**:
— *eigene Erinnerungen und Erlebnisse,*
— *Erfahrungen, die jeder schon gemacht hat,*
— *Fakten aus wissenschaftlichen
Untersuchungen,*
— *Aussagen von Experten (mit Beleg).*

2 Als Beispiele **nicht geeignet** sind dagegen:
— *sehr persönliche Dinge (aus der Familie),*
— *frei erfundene Erlebnisse und
Erfahrungen,*
— *Übertreibungen und
Verallgemeinerungen.*

3.2 (6) Argumente formulieren und gewichten, Schlüsse ziehen und adressatengerechte Texte in Form einer sachlich plausiblen
und nachvollziehbaren Stellungnahme verfassen · 3.2 (7) sprachliche Mittel des argumentierenden Schreibens zielgerichtet
in eigenen Texten einsetzen und eigene Argumente durch Beispiele und Vergleiche stützen

Eigene Argumente formulieren

1 Sprecht zu zweit über folgende Fragen:
   a) Wofür nutzt du häufig ein Smartphone?
   b) Was würde dir am meisten fehlen, wenn du kein Smartphone zur Verfügung hättest?

2 a) Betrachtet die Bilder 1 bis 3 unten. Besprecht zu zweit, worum es geht.
   b) Tauscht euch in der Klasse darüber aus, wie ihr die Bilder versteht.

3 a) Manche Erwachsene sehen Smartphones kritisch und sind sogar dafür, Jugendlichen die Nutzung der Geräte zu verbieten. Notiere Argumente, die sie dafür anführen könnten. Die Bilder helfen dir dabei.
   b) Vergleicht zu zweit eure Argumente. Achtet auf die „3 Bs" (→ S. 192). Ergänzt eure Notizen.

4 Stellt die Ergebnisse in der Klasse vor und erstellt eine Rangliste. Welche Argumente überzeugen mehr, welche weniger?

5 Bereite eine schriftliche Stellungnahme vor:
Soll für Jugendliche die Nutzung von Smartphones weiterhin erlaubt sein?
   a) Lege eine Mindmap an. Sammle darin Argumente dafür und dagegen.
   b) Ordne die Argumente nach ihrer Überzeugungskraft (stark/schwach). Nummeriere sie dafür durch; beginne mit dem schwächsten Argument (= Nr. 1).

6 a) Schreibe eine Stellungnahme (→ S. 196). Gliedere deinen Text in *Einleitung*, *Hauptteil* und *Schluss*.
   b) Lest die Texte in der Klasse vor und gebt einander Feedback.

Bild 1

Bild 2

Bild 3

3.2 (6) Argumente formulieren und gewichten, Schlüsse ziehen und adressatengerechte Texte in Form einer sachlich plausiblen und nachvollziehbaren Stellungnahme verfassen · 3.2 (7) sprachliche Mittel des argumentierenden Schreibens zielgerichtet in eigenen Texten einsetzen und eigene Argumente durch Beispiele und Vergleiche stützen

Eine Stellungnahme verfassen

1 Sprecht zu zweit über folgende Fragen:
- *Was bedeutet „Stellung nehmen"?*
- *Was muss man bei einer schriftlichen Stellungnahme beachten?*

2 a) Lies die Themen im Kasten.

Mögliche Themen
- Gegen Graffitisprayer muss etwas unternommen werden!
- Vegane Ernährung ist ungesund und schädlich.
- Werbung auf Videoplattformen sollte verboten werden.
- Drogen einmal auszuprobieren ist ungefährlich und daher kein Problem.
- Erklärvideos helfen beim Lernen; alle sollten daher in der Schule Internetzugang haben.

b) Gibt es in eurer Klasse andere Themen, die gerade aktuell sind? Sammelt Vorschläge und ergänzt die Liste.

3 a) Suche dir aus der Liste ein Thema aus.
b) Recherchiere Informationen dazu in Zeitungen, Zeitschriften und im Internet.

4 Lies die *Lernbox* und plane deine Stellungnahme.
a) Lege eine Mindmap an und schreibe das Thema in die Mitte. Notiere alle Ideen, die sich als Argumente eignen könnten.
b) Entscheide dich für einen Standpunkt (pro oder kontra). Formuliere einzelne Argumente aus (→ *Tipp* S. 66).
c) Ordne die Argumente nach ihrer Überzeugungskraft (das stärkste zuletzt).
d) Lege zur Übersicht einen Argumentationsplan an (→ S. 198).

5 a) Verfasse deine Stellungnahme als zusammenhängenden Text. Gliedere ihn in *Einleitung, Hauptteil* und *Schluss*.
b) Bildet Gruppen und diskutiert eure Texte in einer Schreibkonferenz (→ S. 306).

Lernbox

Eine Stellungnahme schreiben

In einer Stellungnahme setzt du dich mit einem vorgegebenen Thema auseinander und stellst deine Meinung ausführlich und begründet dar. So kannst du deine Stellungnahme aufbauen:

1 Einleitung: Mache deine Leser neugierig und führe zum Thema hin: *Häufig hört man … / In letzter Zeit war oft die Rede davon, dass … / In unserer Klasse … / In der Zeitung … / Im Internet …*

2 Hauptteil: Stelle deinen Standpunkt dar, begründe ihn und gib Beispiele (die „3 Bs", siehe *Lernbox* S. 192). Gehe auch auf Gegenargumente ein und entkräfte sie: *Ich bin der Auffassung, dass … / Meiner Meinung nach … / Ich möchte betonen, dass … / Man könnte einwenden … / Doch dagegen spricht …*

3 Schluss: Wiederhole deine Auffassung und bekräftige im Schlusssatz deinen Standpunkt: *Mein Anliegen ist also … Zusammenfassend möchte ich sagen … Abschließend möchte ich betonen …*

3.2 (6) Argumente zu Sachverhalten, die über den eigenen Erfahrungsbereich hinausgehen, formulieren und gewichten, Schlüsse ziehen und adressatengerechte Texte in Form einer sachlich plausiblen und nachvollziehbaren Stellungnahme verfassen

Einen Leserbrief planen und schreiben

1 Lies den folgenden Zeitungsartikel.
Du kannst dafür auch COPY 30 nutzen.

Das Internet sorgt für Einheitsmode
Von Bernhard Meyer

Sich modebewusst zu kleiden, war früher
einmal Ausdruck von Individualität. Heute
ist das Gegenteil der Fall: Alle sehen einander zum Verwechseln ähnlich. Der Grund:
5 Jugendliche sind heute leicht zu beeinflussen; blind laufen sie jedem Trend hinterher,
den die Medien verbreiten. Das zeigt sich
zum Beispiel, wenn wieder einmal eine neue
Billig-Modekette eröffnet, wie dieser Tage in
10 München. Dann stehen die ersten schon im
Morgengrauen Schlange, um sich die neuesten Markenartikel zu sichern.

Am Ende tragen dann alle die gleichen Shirts,
Hosen und Sneakers – Hauptsache mit dem
15 richtigen Label, Hauptsache angepasst.
Schuld daran sind vor allem die neuen Medi-
en. Denn im Internet wird vorgeführt, welche
Sachen man tragen und welche Marken man
kaufen muss, wenn man dazugehören will. In
20 sogenannten Modeblogs zum Beispiel führen
Jugendliche die neueste Mode vor – und
machen fleißig Werbung für den uniformen
Einheitslook, den man überall auf den Schul-
höfen und Straßen des Landes sehen kann.

2 a) Welche Meinung vertritt der Autor?
Wie denkt er über *Jugendliche*, über die
aktuelle Mode und über das *Internet*?
Sprecht zu zweit darüber.

b) Tauscht euch in einer Gruppe aus:
Seid ihr der gleichen Meinung?

3 Untersuche den Artikel genauer. Zitiere aus
dem Text folgende Stellen (oder markiere sie
mit verschiedenen Farben auf COPY 30):
— die **Behauptungen** des Autors
— die **Begründungen** im Text
— die **Beispiele**, die der Autor anführt.

4 a) Vermutlich bist du in einigen Punkten
anderer Meinung als Bernhard Meyer.
Lies die *Lernbox* und sammle Ideen
für einen Leserbrief (→ S. 277).

b) Tauscht euch zu zweit über eure
Überlegungen aus. Besprecht, welche
Aussagen ihr überzeugend findet und
welche nicht. Ergänzt eure Notizen.

Lernbox

Einen Leserbrief schreiben

Die meisten Zeitungen haben eine Rubrik
„Leserbriefe". Im Internet gibt es außerdem
oft eine Kommentarfunktion. So kannst du
zu einem Artikel direkt Stellung nehmen.

1 In einem Leserbrief antwortest du auf
einen **Artikel** aus einer Zeitung, einer
Zeitschrift oder aus dem im Internet.

2 Du gehst auf **Argumente** des Textes ein
und begründest deinen Standpunkt dazu.

3 Ein Leserbrief kann sich auf den **Inhalt**
beziehen, aber auch auf die **Art der
Berichterstattung** über ein Thema.

4 Zu Beginn gibst du an, auf welchen
Artikel du dich beziehst (Titel, Autor).

2.3 (2) selbstständig journalistische Textsorten (z. B. Leserbrief, Kommentar) unter Einbeziehung ihrer Funktionen
(z. B. Information, Wertung) unterscheiden und ihre Deutung mit Zitaten belegen · 3.2 (7) sprachliche Mittel des argumentierenden
Schreibens zielgerichtet in eigenen Texten einsetzen und eigene Argumente durch Beispiele und Vergleiche stützen

197

5 Plane deinen Leserbrief mit einem Argumentationsplan nach dem Muster unten.
  a) Notiere darin zunächst den *Adressaten*, das *Thema* und deinen *Standpunkt*.
  b) Ergänze dann in Stichpunkten:
    — *Argumente aus dem Text, auf die du eingehen willst,*
    — *Argumente für deinen Standpunkt zum Thema (sortiert nach Überzeugungskraft, das stärkste zuletzt).*

Argumentationsplan: Leserbrief

Artikel: *Das Internet sorgt für Einheitsmode*
Autor: *Bernhard Meyer*

Adressat: _XXXXXXXXXXX_
Thema: _XXXXXXXXXXX_
Mein Standpunkt: _XXXXXXXXX_

Argumente im Text:
  1. _XXXXXX_
  2. _XXXXXX_
  3. _XXXXXX_

Meine Argumente:
1. *Behauptung + Begründung + Beispiel*
2. *Behauptung + Begründung + Beispiel*
3. *Behauptung + Begründung + Beispiel*

---

6 a) Formuliere deine beiden stärksten Argumente vollständig aus.
  b) Tauscht zu zweit eure Argumente aus. Bewertet gegenseitig die Überzeugungskraft (0–3 Punkte).
  c) Besprecht gemeinsam Verbesserungen und schreibt die Argumente neu auf.

7 Schreibe nun deinen Leserbrief zum Artikel von Bernhard Meyer. Gehe dabei auf seine Argumente ein und mache deine Meinung zum Thema deutlich.

8 a) Arbeitet in Gruppen, tauscht eure Texte aus und prüft den Aufbau der Argumente (→ S. 192).
  b) Prüft den gesamten Leserbrief mit der Checkliste auf S. 199. Gebt einander Feedback und Tipps zur Verbesserung.

Tipp

zu 7)
Argumente einleiten und verknüpfen

Nutze folgende Satzanfänge und Satzverbindungen, damit die Leser dir gut folgen können.
1 Argumente oder Meinungen aufgreifen:
  — *Im Text wird behauptet, dass …*
  — *Der Autor schreibt …*
  — *Häufig wird die Ansicht vertreten …*
  — *Man hört oft …*
  — *Manche sagen …*
2 Den eigenen Standpunkt formulieren:
  — *Ich denke (aber) …*
  — *Nach meiner Erfahrung …*
  — *Trotzdem bleibe ich dabei …*
3 Begründungen und Argumente verknüpfen:
  — *Andererseits … Aber … Schließlich …*
  — *Besonders aber … Am wichtigsten ist …*
  — *Vor allem möchte ich betonen, dass …*

3.2 (6) Argumente formulieren und gewichten, Schlüsse ziehen und adressatengerechte Texte in Form einer sachlich plausiblen und nachvollziehbaren Stellungnahme verfassen · 3.2 (7) sprachliche Mittel des argumentierenden Schreibens zielgerichtet in eigenen Texten einsetzen und eigene Argumente durch Beispiele und Vergleiche stützen

Kompetenzcheck

Völkerball an Schulen verbieten!
Völkerball passt nicht mehr in unsere Zeit:
Das Spiel stellt eine Schlacht zwischen
Völkern nach. Der Ball ist die Waffe – und
5 jeder kämpft für sich allein. Wer schlecht
fangen kann oder zu langsam ist, wird abge-
schossen – und oft auch noch verspottet.
So führt Völkerball zu Mobbing.
Die Botschaft des Spiels ist: „Es ist okay, an-
10 dere zu verletzen." Spaß haben nur die Sieger
und Supersportler. In der Schule sollte das
Spiel daher verboten werden.   *Layla Renz*

1 Lies den Kommentar zum Spiel „Völkerball"
und plane dazu einen Leserbrief.
a) Sammle Argumente in einer Mindmap
(pro und kontra). Sortiere die Argumente
nach ihrer Stärke / Überzeugungskraft.
b) Erstelle dann einen Argumentationsplan.

2 Nimm zum Kommentar von Layla Renz
Stellung und schreibe ihr einen Leserbrief.

3 a) Überprüfe deinen Leserbrief mit der
Checkliste (→ COPY F).
Notiere, was du noch üben möchtest.
b) Lass deinen Text auch von einem Partner
prüfen. Arbeite seine Ideen in den Text ein.
c) Gib deine Ergebnisse deiner Lehrkraft.

✓ Checkliste – Überprüfe deinen Leserbrief!

Ich habe / Du hast …	selbst überprüft	vom Partner überprüft	von der Lehrkraft überprüft	übe weiter	erledigt am
… eine Stichwortsammlung zum Thema angelegt (mit Argumenten und Gegenargumenten).	xxxxxxxx	xxxxxxxxxx	xxxxxxxxxx	xxxxxxxxxxxxxxxxx	xxxxxxxx
… die Stichworte zu vollständigen Argumenten (aus Behauptung, Begründung und Beispiel) ausformuliert.	xxxxxxxx	xxxxxxxxxx	xxxxxxxxxx	xxxxxxxxxxxxxxxxx	xxxxxxxx
… die Argumente nach Überzeugungskraft sortiert (schwache Begründungen zuerst, die stärksten am Schluss).	xxxxxxxx	xxxxxxxxxx	xxxxxxxxxx	xxxxxxxxxxxxxxxxx	xxxxxxxx
… zu Beginn auf den Zeitungsartikel Bezug genommen.	xxxxxxxx				xxxx
… deinen Text in Einleitung, Hauptteil und Schluss gegliedert.	xxxxxxxx				xxxx
… deine Meinung formuliert und begründet.	xxxxxxxx				xxxx
… adressatenbezogene Sprache verwendet.	xxxxxxxx				xxxx
… alle formalen Vorgaben eines Briefes eingehalten.	xxxxxxxx				xxxx
… sachlich und knapp formuliert.	xxxxxxxx				xxxx
… abwechslungsreich geschrieben.	xxxxxxxx	xxxxxxxxxx	xxxxxxxxxx	xxxxxxxxxxxxxxxxx	xxxxxxxx
… auf einen fehlerfreien Text geachtet.	xxxxxxxx	xxxxxxxxxx	xxxxxxxxxx	xxxxxxxxxxxxxxxxx	xxxxxxxx
Was ich dir noch sagen wollte:	xxxxxxxxxx	xxxxxxxxxx	xxxxxxxxxx	xxxxxxxxxxxxxxxxx	xxxxxxxx

**Verschaffe dir nun einen Überblick über
die Ergebnisse im Kompetenzcheck und
wähle aus den folgenden Übungen auf
den Seiten 200 und 201 die für dich
passenden aus.
Besprich dich auch mit deiner Lehrkraft.**

3.3 (1) fremde und eigene Texte kriterienorientiert nach Form, Inhalt und Sprache entsprechend den selbstständig gewählten
Überarbeitungszielen überprüfen (z. B. Adressatenbezug, stilistische Stimmigkeit) · 3.3 (2) zur Überarbeitung eigener Texte
situationsangemessene Überarbeitungsstrategien sowie Hinweise aus Feedbackmethoden selbstverantwortlich nutzen

199

Übungen

Vollständige Argumente formulieren

1 Aus den Bausteinen im Kasten (A–F) lassen sich zwei vollständige Argumente bilden.

a) Ordne die Bausteine in: (1) Behauptungen, (2) Begründungen, (3) Beispiele.

b) Formuliere aus den Bausteinen zwei vollständige Argumente. Verwende dabei passende Verknüpfungen.

> **A** Wenn ein Schüler etwas im Unterricht nicht verstanden hat, wird er auch zu Hause Probleme haben.
>
> **B** Wenn ich bei Hausaufgaben Teile nicht verstanden habe, kann ich die Lehrkraft später gezielt danach fragen.
>
> **C** Hausaufgaben fördern das Lernen nicht.
>
> **D** Mit zusätzlichen Übungen kann der Schüler erkennen, wo er noch Probleme hat.
>
> **E** Hausaufgaben unterstützen das Lernen.
>
> **F** Leider passe ich in der Schule oft nicht gut auf, daher habe ich bei den Hausaufgaben dann häufig Probleme.

Argumente nach Überzeugungskraft sortieren

2 a) Sortiere die folgenden Begründungen (A–E) nach Überzeugungskraft.

b) Vergleiche mit einem Partner.

c) Ergänzt Beispiele und verwandelt schwache Argumente in starke Argumente.

d) Vergleicht eure Argumente in der Klasse.

Hausaufgaben müssen sein, weil …
A … sie sinnvoll sind.
B … damit Wissen gefestigt und vertieft wird.
C … das schon immer so war.
D … so gelernt wird, dass man auch Dinge erledigen muss, die keinen Spaß machen.
E … Kinder dadurch selbstständiger werden.

Überzeugende Beispiele finden

3 a) Überlege dir eine Behauptung, zu der die folgende Begründung passen könnte:
Denn ohne Kontrolle und Verbesserung sind Hausaufgaben sinnlos.

b) Überlege dir dazu ein überzeugendes Beispiel.

c) Formuliere aus den drei Bausteinen ein vollständiges Argument.

Argumente aufgreifen und entkräften

4 a) Lies das folgende Argument und formuliere ein Gegenargument. *Hausaufgaben sind unsinnig, weil es mittlerweile Ganztagsschulen und Ganztagsklassen gibt.* Wichtig: Achte darauf, dass du auf das genannte Argument tatsächlich eingehst!

b) Vergleicht zu zweit eure Ergebnisse und gebt einander Tipps zur Verbesserung.

Auf den Adressatenbezug achten

5 Lege eine Tabelle an und ordne die Anrede- und Grußformeln den Adressaten zu:

> *Mitschüler   Eltern   Zeitung   Elternbeirat*
> *Freund   Bürgermeister   Brieffreund*
> *Firma   Lehrkraft   Partner   Schulleiter*

> *LG   Hallo   Bussi   Gruß*
> *Servus Ihr   Hochachtungsvoll   Moin*
> *Mit freundlichen Grüßen   Liebe/-r*
> *Hallo Herr/Frau   Guten Tag*
> *Sehr geehrte Damen und Herren*

Adressat	Anrede	Grußformel
XXX	*XXX*	*XXX*
XXX	*XXX*	*XXX*

3.2 (6) Argumente formulieren und gewichten, Schlüsse ziehen und adressatengerechte Texte in Form einer sachlich plausiblen und nachvollziehbaren Stellungnahme verfassen · 3.2 (7) sprachliche Mittel des argumentierenden Schreibens zielgerichtet in eigenen Texten einsetzen und eigene Argumente durch Beispiele und Vergleiche stützen

Eine Stellungnahme gliedern

6 Lege eine Tabelle an. Ordne darin die folgenden Satzanfänge nach *Einleitung*, *Hauptteil* und *Schluss*.

— *In letzter Zeit war oft die Rede von …*
— *Meiner Meinung nach …*
— *Ich möchte betonen, dass …*
— *Doch dagegen spricht …*
— *Zusammenfassend möchte ich sagen …*
— *In unserer Klasse … / In der Zeitung …*
— *Man könnte einwenden …*
— *Abschließend möchte ich betonen …*
— *Ich bin der Auffassung, dass …*
— *Mein Anliegen ist also …*
— *Häufig hört man …*

Einen Leserbrief schreiben

7 a) Lies den folgenden Leserbrief zu einem Zeitungsartikel.

Liebe Redaktion,
ich habe den Artikel gelesen und ich bin anderer Meinung. Dazu reicht ein Blick auf meine eigene Situation: Ich mache fast nie Hausaufgaben und habe kaum Probleme. Auch in meiner Klasse sieht es ähnlich aus. Viele schreiben entweder ab oder machen Hausaufgaben nicht, weil sie im Unterricht nichts verstanden haben. Ich glaube außerdem, dass es keinen Sinn ergibt, etwas zu wiederholen, was man schon verstanden hat.

b) Tausche dich mit einem Partner über den Brief aus. Besprecht folgende Punkte:
  — *Aufbau des Briefes,*
  — *Abfolge und Stärke der Argumente.*
c) Notiere weitere Argumente zum Thema.
d) Schreibe einen neuen, verbesserten Brief.
e) Tausche den Text mit einem Partner und gebt euch gegenseitig Feedback (→ S. 199).
f) Vergleicht die Ergebnisse in der Klasse.

Eine Stellungnahme überarbeiten

8 Lies die Stellungnahme unten und überarbeite sie. Ergänze den Text an folgenden Stellen:

(A) *Notiere einen Einleitungssatz.*
(B) *Ergänze ein Beispiel zum ersten Argument.*
(C) *Verknüpfe die weiteren Argumente.*
(D) *Ergänze am Schluss noch ein Argument.*

(A) Ich meine, es ist für einen Jugendlichen gar nicht so leicht, nicht irgendwann zur Zigarette zu greifen und zum Raucher zu werden. Es ist doch selbst für Kinder überhaupt kein Problem, an Zigaretten zu kommen. *(B)* Die Eltern sind oft keine guten Vorbilder, wenn sie ständig rauchen. *(C)* Viele Kinder lernen zu Hause, dass Rauchen selbstverständlich ist, und tun es dann später selbst. Auch in der Schule … *(D)*

Arbeitsrückschau

1. Du hast den Kompetenzcheck durchgeführt. Schau nun auf deine Arbeit zurück. Was fiel dir leicht, was nicht? Notiere es.
2. Was konntest du schon? Was hast du dazugelernt?
3. Ist es dir gelungen, Tipps von Mitschülern anzunehmen und ihnen Tipps zu geben?
4. 🗀 Wähle aus deinen Texten aus, was du in dein Portfolio aufnehmen willst. Entscheide so, dass dein Lernweg für dich und deine Lehrkraft sichtbar wird.
5. Besprich mit deiner Lehrkraft, was du noch üben oder wiederholen kannst.

2.3 (2) selbstständig journalistische Textsorten (z. B. Leserbrief, Kommentar) unter Einbeziehung ihrer Funktionen (z. B. Information, Wertung) unterscheiden und ihre Deutung mit Zitaten belegen · 3.2 (7) sprachliche Mittel des argumentierenden Schreibens zielgerichtet in eigenen Texten einsetzen und eigene Argumente durch Beispiele und Vergleiche stützen

201

Einen Sachtext verstehen

1 a) Betrachte das Bild. Schreibe auf,
was dir dazu einfällt.

b) Sprich darüber mit einem Partner.

2 **Jeder Mensch hat Rechte!**

a) Schreibe auf, was dir zu diesem Satz
durch den Kopf geht.

b) Tauscht euch in einer Kleingruppe aus.

3 Entscheide dich für eine Aufgabe, um den
Sachtext auf Seite 203 zu erschließen.

a Wenn du dir bei der 5-Schritt-Lesemetho-
de nicht sicher bist, bearbeite die Aufgaben 4 bis 8 Schritt für Schritt. Sie helfen
dir bei der Anwendung der Methode.

b Wenn du die 5-Schritt-Lesemethode
schon gut beherrschst, bearbeite
den Text auf Seite 203 selbstständig.
Gehe dann weiter zu Aufgabe 9.

Schritt 1: Feststellen, wovon ein Text handelt

4 a) Lies die Überschrift und überlege dir,
wovon der Text handeln könnte.

b) Notiere dir Fragen zum Text. Beispiele:
— *Welche Rechte haben Menschen?*
— *Gelten diese Rechte für alle Menschen?*

c) Lies den Text aufmerksam durch.
Wahrscheinlich kannst du jetzt schon
einige deiner Fragen beantworten.

Schritt 2: Unbekannte Wörter klären

5 a) Unterstreiche auf COPY 31 alle dir
unbekannten Wörter, die du zum
Verstehen des Textes brauchst.

b) Versuche zunächst, ihre Bedeutung
aus dem Zusammenhang zu klären:
universell = allgemein, weltweit.

c) Kläre die übrigen Wörter mithilfe
des Wörterbuchs oder des Internets.

2.1 (1) auch komplexere pragmatische Texte informationsentnehmend, sinnkonstruierend, zügig und exakt lesen ·
2.1 (3) selbstständig verschiedene Lesetechniken und -strategien zur Erschließung von Inhalt und Intention verwenden ·
2.3 (3) mithilfe von Lesestrategien wesentliche Textaussagen herausarbeiten

Schritt 3: Schlüsselstellen im Text markieren

6 a) Markiere auf COPY 31 die Schlüsselstellen im Text.

b) Vergleicht zu zweit eure Ergebnisse. Korrigiert eure Auswahl, falls nötig.

Schritt 4: Den Text in Sinnabschnitte gliedern

7 a) Erstelle eine Tabelle und fülle sie aus:

Nr.	Zeilen	Überschrift
1	xxx – xxx	XXXXXXXXXXXX

b) Vergleicht zu zweit eure Lösungen und begründet eure Einteilung des Textes.

Schritt 5: Die Informationen zusammenfassen

8 Fasse die wichtigsten Informationen zusammen. Schreibe auch eine kurze Einleitung.

9 a) Arbeitet zu zweit und tauscht eure Texte untereinander.

b) Lest gegenseitig eure Texte und schreibt darunter, was gut gelungen ist. Schreibt auch auf, wenn noch Informationen fehlen.

c) Verbessert eure Zusammenfassung mit den Anmerkungen eures Partners.

10 a) Informiere dich im Internet über die Menschenrechte.

b) Welcher der 30 Artikel ist dir besonders wichtig? Begründe deine Meinung.

c) Hast du schon einmal eine Situation erlebt, in der du das Gefühl hattest, dass gegen ein Menschenrecht verstoßen wird?

Jeder Mensch hat Rechte

Regina Riepe

Die Geschichte der Menschenrechte reicht lange zurück. Schon die alten Griechen
5 haben Rechte und Pflichten für ihre Bürger festgelegt – allerdings galten nur wohlhabende männliche Einwohner als „Bürger". Frauen, Kinder und Sklaven/Sklavinnen hatten diese Rechte und Pflichten nicht.
10 Keine vorhergehende Regelung war jedoch so wichtig wie die Allgemeine Erklärung der Menschenrechte, die bis heute wichtigste Menschenrechtskonvention. Sie wurde als Reaktion auf die Gräuel des Zweiten
15 Weltkrieges am 10. Dezember 1948 von den Vereinten Nationen (UN) verkündet. Seither ist der 10. Dezember weltweit der offizielle Tag der Menschenrechte. Menschenrechte bilden die Grundlage unserer Gesellschaft.
20 Sie geben jedem Menschen auf dieser Erde Rechte und Pflichten: das Recht zu leben, zu essen und zu wohnen, das Recht zu sein, wie wir sind, zur Schule zu gehen, eine eigene Meinung zu haben und sie äußern zu dür-
25 fen und so weiter. Der Besitz dieser Rechte verpflichtet uns Menschen allerdings auch, Menschenrechtsverletzungen anzuprangern und uns für den Erhalt dieser Rechte einzusetzen. Denn Menschenrechte schützen uns:
30 vor Ungerechtigkeit, Ausbeutung und Unterdrückung, egal, ob diese durch Mitmenschen, durch ein Unternehmen oder durch den eigenen Staat ausgeübt werden. Die Menschenrechte sind zwar universell gültig, sie werden
35 aber nicht überall respektiert und müssen oft mühsam eingefordert werden.*

In diesem Kapitel ...

kannst du auf dein Vorwissen aufbauen, wiederholen und dazulernen, ...

– wie du den Inhalt eines Textes erfasst.
– wie du ermittelst, welche Informationen für eine Zusammenfassung wichtig sind.
– wie du Sachtexte und literarische Texte knapp zusammenfasst.

3.2 (5) Inhalte zu kontinuierlichen und diskontinuierlichen Texten zusammenfassen · 3.3 (1) fremde und eigene Texte kriterienorientiert nach Form, Inhalt und Sprache entsprechend den selbstständig gewählten Überarbeitungszielen überprüfen und bei Rückmeldungen an Mitschülerinnen und Mitschüler auf einen respektvollen Umgang miteinander achten – * verändert

Einen Sachtext erschließen

1 a) Betrachte das Bild und beschreibe, was du darauf siehst.
b) Was ist das Thema des Bildes? Überlege dir, worum es geht.
c) Fallen dir ähnliche Situationen ein? Tauscht euch in der Klasse darüber aus.

2 a) Lies die Überschrift des Textes. Besprecht zu zweit, was in dem Text stehen könnte.
b) Kennst du Vorurteile gegen Behinderte? Tauscht euch in der Klasse darüber aus.
c) Lies den Text und erschließe ihn mit den Schritten 1–4 der 5-Schritt-Lesemethode. Du kannst dazu COPY 32 nutzen.

Vorurteile gegen Behinderte
Peter Widmann

Während gegenüber sozial Benachteiligten ein vorwurfsvoller und lauter Ton herrscht, vollzieht sich die Ausgrenzung Behinderter leiser. Viele Behinderte sehen sich isoliert,
5 weil Nichtbehinderte sie aus Angst, falsch zu reagieren, zu übersehen versuchen. Wo Kontakte zustande kommen, bleiben sie oft befangen, etwa weil Nichtbehinderte in ihrer Unsicherheit die Behinderung ihres
10 Gegenübers krampfhaft überspielen, um der Situation den Anschein der Normalität zu geben. Dabei leiden Behinderte oft weniger darunter, dass Nichtbehinderte etwas Falsches sagen, als darunter, dass sie das
15 Gespräch von vornherein vermeiden.
Die Trennung zwischen Behinderten und Nichtbehinderten im Alltag ist ein Grund für die Hilflosigkeit. Würde man sich öfter begegnen, könnte sich das Verhältnis
20 entspannen. Mitunter stoßen aber Versuche auf Widerstand, die Trennung zu überwinden. Behinderte berichten, dass man ihnen den Zutritt zu Lokalen verwehrt oder dass Fluggesellschaften es ablehnen, sie mit-
25 zunehmen. Der Zugang zum Arbeitsmarkt erweist sich als schwierig. Viele Arbeitgeber denken: „Behinderte Mitarbeiterinnen und Mitarbeiter passen nun einmal nicht in das Bild eines modernen, dynamischen Unter-
30 nehmens. Behinderte Menschen könnten vielleicht imageschädigend sein."
Viele Vorurteile gegen Behinderte lernt man bereits als Kind kennen, so z. B. durch Kinofilme und Märchen. Die Hexe in „Hänsel und
35 Gretel" etwa ist bucklig und hässlich. Andere körperliche Entstellungen sind Strafen: Weil

2.1 (1) auch komplexere pragmatische Texte informationsentnehmend, sinnkonstruierend, zügig und exakt lesen ·
2.1 (3) selbstständig verschiedene Lesetechniken und -strategien zur Erschließung von Inhalt und Intention kontinuierlicher und diskontinuierlicher Texte verwenden

Konrad, der Daumenlutscher aus Heinrich Hoffmanns „Struwwelpeter", das Lutschen nicht lässt, schneidet ihm der Schneider
40 mit einer großen Schere beide Daumen ab. Die Guten dagegen entsprechen oft dem herrschenden Schönheitsideal, ob es im Märchen die schöne Prinzessin ist oder im Hollywoodfilm die gefeierte Diva. Werbung
45 und die für den beruflichen Erfolg vorausgesetzten Anforderungsprofile folgen dem Ideal des Gesunden, Schönen und Leistungsfähigen.
Behinderte stoßen auf viele Barrieren
50 von eher sozialer als medizinischer Natur. Rollstuhlfahrer bekommen das täglich zu spüren. Die Architektur der Städte orientiert sich an Nichtbehinderten, trotz vieler Verbesserungen der vergangenen Jahre. Bauli-
55 che Hindernisse schließen Behinderte von Veranstaltungen aus und damit von Chancen auf sozialen Kontakt. Erst die an Nichtbehinderten orientierte Norm sorgt dabei für die Behinderung.
60 Seit 1994 verbietet das Grundgesetz der Bundesrepublik Deutschland ausdrücklich die Diskriminierung von Behinderten. Den Artikel 3, der die Gleichheit aller Menschen vor dem Gesetz verbrieft, ergänzt seit-
65 her der Satz: „Niemand darf wegen seiner Behinderung benachteiligt werden." Das Verbot verhindert zwar Ausgrenzung und Vorurteile nicht. Immerhin können sich aber diejenigen auf den Grundsatz berufen, die
70 Diskriminierung bekämpfen. Weitere Gesetze sollen die Ausgrenzung von Behinderten abbauen, etwa das „Gesetz zur Gleichstellung behinderter Menschen" aus dem Jahr 2002.
75 Viele Organisationen und Verbände versuchen, die Bevölkerung über die Lage Behinderter zu informieren. Noch wirkungsvoller dürfte es sein, den Alltagskontakt zwischen

Behinderten und Nichtbehinderten zur
80 Normalität werden zu lassen. Sozialwissenschaftliche Untersuchungen zeigen, dass Vorurteile gegen Behinderte im Zusammenhang mit feindlichen Einstellungen gegen andere Gruppen stehen. Wer
85 Fremde ablehnt und auf Autoritäten fixiert ist, geht mit höherer Wahrscheinlichkeit auch zu Behinderten auf Distanz. Wie Vorurteile gegen andere Gruppen sind auch die gegenüber Behinderten starr und schwer zu
90 beeinflussen.*

Aus: Vorurteile. Bundeszentrale für politische Bildung 2006 (= Informationen zur politischen Bildung, Heft 271)

3 Entscheide, ob die Aussagen *wahr* (w) oder *falsch* (f) sind. Schreibe auf, welche richtig sind, und korrigiere falsche Aussagen.

	w	f
A. Viele Menschen mit Behinderung werden ausgegrenzt.	X	X
B. Viele Betroffene wollen nicht auf ihre Behinderung angesprochen werden und werden lieber ignoriert.	X	X
C. Für behinderte Menschen ist es oft schwierig, eine Arbeitsstelle zu finden.	X	X
D. In Kinderbüchern haben behinderte Menschen oft die Rolle der Helden.	X	X
E. Seit 1994 ist die Benachteiligung von behinderten Menschen in Deutschland gesetzlich verboten.	X	X
F. Es ist belegt, dass Menschen, die gegen Ausländer sind, häufig auch behinderte Menschen ablehnen.	X	X

2.1 (3) selbstständig verschiedene Lesetechniken und -strategien zur Erschließung von Inhalt und Intention kontinuierlicher und diskontinuierlicher Texte verwenden · 2.3 (3) mithilfe von Lesestrategien (z. B. selektives, antizipierendes und hypothesenüberprüfendes Lesen) wesentliche Textaussagen aus anspruchsvollen Texten herausarbeiten – * verändert

205

Einen Sachtext zusammenfassen

1 a) Lies die *Lernbox* und schreibe dir zum Text auf S. 204–205 die Informationen auf, die du für die Einleitung benötigst.
Titel: Vorurteile gegen Behinderte
Autor: Peter Widmann

b) Fasse den Text zusammen. Orientiere dich dabei an deinen bisherigen Notizen zum Text und berücksichtige die Regeln der *Lernbox*. Auch die Checkliste auf S. 212 kann dir helfen.

2 Tauscht zu zweit eure Zusammenfassungen. Lest gegenseitig eure Texte durch, überprüft sie mit der Checkliste auf Seite 212 und gebt einander Tipps zur Verbesserung.

3 Stell dir folgende Situation vor: Du hörst, wie ein Mitschüler zu einem anderen sagt: *Du bist doch behindert!* Wie reagierst du?

4 Hast du schon einmal erlebt, dass ein Mensch aufgrund seiner Behinderung ausgegrenzt wurde? Sprecht darüber in der Klasse.
a) Was glaubst du, wie sich diejenige oder derjenige in diesem Moment gefühlt hat?
b) Wie ging es dir selbst in dieser Situation?

5 a) Im Text „Vorurteile gegen Behinderte" (S. 205) steht: „Noch wirkungsvoller dürfte es sein, den Alltagskontakt zwischen Behinderten und Nichtbehinderten zur Normalität werden zu lassen" (Z. 77–80). Überlegt, was damit gemeint ist, und schreibt zu zweit konkrete Beispiele auf.
b) Präsentiert eure Ergebnisse in der Klasse.

Lernbox

Einen Sachtext zusammenfassen

1 Nenne in der **Einleitung** den **Titel**, den **Autor**, die **Quelle**, die **Textsorte** (z. B. Reportage, Interview, Zeitungsnachricht), **das Erscheinungsjahr** und das **Thema**. (Mit „Thema" ist gemeint, womit sich der Text insgesamt auseinandersetzt, hier z. B. *Ausgrenzung behinderter Menschen*.)
Der/Die/Das ... (Textsorte) „..." (Titel)
von ... (Autor) wurde ... (Jahr)
in ... (Quelle) veröffentlicht.
In dem Text geht es um ... (Thema).

2 Fasse im **Hauptteil** den Text abschnittsweise zusammen. Nutze deine Notizen.

3 Formuliere **mit eigenen Worten**, schreibe sachlich und vermeide persönliche Kommentare. **Zahlen, Fachbegriffe** und **Namen** darfst du aus dem Text übernehmen.

4 Schreibe im **Präsens**.

5 Schreibe am Schluss deine **Meinung** zum Text. (Du kannst zum Beispiel schreiben, was der Text bei dir bewirkt hat, was du über ihn denkst oder wie du ihn findest.)
— Der Text macht deutlich, dass ...
— Ich verstehe den Text so, dass ...
— Für mich wirkt der Text so, als ob ...
— Ich halte den Text für ...
— Ich empfehle den Text, weil ...

3.2 (5) Inhalte zu kontinuierlichen und diskontinuierlichen Texten zusammenfassen · 3.3 (1) fremde und eigene Texte kriterienorientiert nach Form, Inhalt und Sprache entsprechend den selbstständig gewählten Überarbeitungszielen überprüfen (z. B. Adressatenbezug, stilistische Stimmigkeit)

Einen literarischen Text erschließen

1 a) Sieh dir das Bild an und beschreibe, was
du darauf siehst.
b) Überlege dir, warum Menschen aus ihren
Ländern fliehen.
c) Sprecht darüber in einer Kleingruppe.

2 Setzt euch zu zweit zusammen und lest den
Auszug aus dem Roman „Im Meer schwimmen
Krokodile" rechts mit verteilten Rollen (der
Ich-Erzähler Enaiat und der Ladenbesitzer).

Im Meer schwimmen Krokodile

Fabio Geda erzählt in dem Roman „Im Meer
schwimmen Krokodile" aus dem Jahr 2011 eine
wahre Geschichte: die Flucht eines Jungen,
5 Enaiattollah Akbari, aus seinem Heimatland
Afghanistan nach Italien. Enaiattollah, genannt Enaiat, tritt dabei als Ich-Erzähler auf,
der immer wieder mit
dem Autor Fabio Geda
10 in einen Dialog tritt.
In diesen Gesprächen
berichtet Enaiat von
seiner Heimat, von
den Stationen seiner
15 langjährigen Flucht,
seinen Gedanken
und Wünschen.

Das Angebot

Eines Tages gab es einen Sandsturm, und
einer der Ladenbesitzer lud mich ein, mich
kurz zu ihm zu setzen und etwas Chai mit-
5 zutrinken. Ich wusste nicht, ob das erlaubt
war, aber da er mich darum bat, hätte ich es
unhöflich gefunden abzulehnen. Ich setzte
mich im Schneidersitz auf den Boden, auf
einen Teppich.
10 *Ladenbesitzer:* „Wie alt bist du, Enaiat?"
„Das weiß ich nicht."
Ladenbesitzer: „So ungefähr."
„Elf."
Ladenbesitzer: „Inzwischen arbeitest du schon
15 eine ganze Weile im *Samavat*[1], stimmt's?"
„Fast ein halbes Jahr, *Sahib*[2]."
„Ein halbes Jahr", sagte er. Anschließend
richtete er den Blick zum Himmel und dachte
nach. „Noch nie ist jemand so lange bei Rahim
20 geblieben", sagte er. „Das bedeutet, dass er
zufrieden ist."
„Onkel Rahim sagt nie, dass er zufrieden mit
mir ist."
Ladenbesitzer: „*Affarin*! Gut gemacht! Wenn er
25 sich nicht beschwert, Enaiat, heißt das, dass
er mehr als nur zufrieden mit dir ist."
„Wenn Sie meinen, *Sahib*."
Ladenbesitzer: „Ich möchte dir eine Frage
stellen, und du musst sie wahrheitsgemäß
30 beantworten, einverstanden?"

[1] *Samavat* = Dorf im Iran
[2] *Sahib* = höfliche Anrede im indischen und pakistanischen
Sprachraum

 Bearbeite die folgenden Aufgaben,
bevor du weiterliest.

3 a) Überlege, was du bis jetzt erfahren hast.
b) Wie könnte es weitergehen?

2.2 (1) komplexe, altersgemäße Texte deuten und die zentralen Aussagen und Intentionen der Texte mithilfe analytischer und
produktiver Methoden erschließen

207

Ich nickte.

Ladenbesitzer: „Bist du mit deiner Arbeit im *Samavat* zufrieden?"

„Ob ich zufrieden bin, dass Onkel Rahim mir
35 Arbeit gegeben hat? Natürlich bin ich das."
Er schüttelte den Kopf.

Ladenbesitzer: „Ich habe dich nicht gefragt, ob du zufrieden bist, dass Rahim dir Arbeit gegeben hat. Das ist doch klar. Ihm ver-
40 dankst du ein Bett, abends eine Schale Reis und mittags eine Tasse Joghurt. Ich habe dich gefragt, ob dir die Arbeit gefällt. Oder ob du schon mal daran gedacht hast, etwas anderes zu machen?"

45 „Etwas anderes?"

Ladenbesitzer: „Ja."

„Was denn?"

Ladenbesitzer: „Verkäufer zum Beispiel."

„Verkäufer von was?"

50 *Ladenbesitzer:* „Von irgendetwas."

„Wie die Jungen mit den Bauchläden unten auf dem Basar, *Sahib*? So wie sie?"

Ladenbesitzer: „So wie sie."

„Ich habe darüber nachgedacht, ja. Gleich
55 am ersten Tag. Aber da konnte ich die Sprache noch nicht gut genug. Jetzt würde ich es schaffen, wüsste aber nicht, wovon ich die Waren kaufen soll."

Ladenbesitzer: „Hast du nichts gespart?"

60 „Von welchem Geld denn?"

Ladenbesitzer: „Von dem Geld, das dir Rahim dafür zahlt, dass du im *Samavat* arbeitest. Schickst du es nach Hause, oder gibst du es aus?"

65 „*Sahib*, ich bekomme kein Geld für meine Arbeit im *Samavat*. Nur Kost und Logis³."

Ladenbesitzer: „Wirklich? Ich könnte ihn umbringen! Dieser Geizhals von einem Rahim zahlt dir nicht einmal eine halbe Rupie?"

70 „Nein."

Ladenbesitzer: „Hör zu, ich mache dir einen Vorschlag. Du arbeitest im *Samavat* nur für Kost und Logis. Aber wenn du für mich arbeitest, gebe ich dir Geld. Ich kaufe dir die
75 Ware, du verkaufst sie, und anschließend teilen wir uns das Geld. Wenn du zwanzig Rupien verdienst, bekomme ich fünfzehn und du fünf. Die gehören dann ausschließlich dir. Na, was sagst du dazu? Du kannst
80 damit tun und lassen, was du willst."

„Aber dann erlaubt mir Onkel Rahim nicht mehr, im *Samavat* zu schlafen."

Ladenbesitzer: „Das macht nichts. In der Stadt gibt es noch viele andere Übernach-
85 tungsmöglichkeiten."

„Ganz bestimmt?"

Ladenbesitzer: „Ganz bestimmt."

Ich schwieg einen Moment. Dann bat ich den *Sahib*, eine Runde um den Block machen
90 zu dürfen, um darüber nachzudenken. Ich hatte Zweifel, denn ich war klein, sehr klein, so klein wie ein Holzlöffelchen. Man konnte mich umpusten wie nichts, und schon hätte man mich beraubt oder übervorteilt.
95 Andererseits gab es in Quetta viele Kinder, die auf der Straße arbeiteten. Die im Großhandel Waren kauften und anschließend

³ *Logis* = Unterkunft, Schlafplatz

2.2 (1) komplexe, altersgemäße Texte deuten und die zentralen Aussagen und Intentionen der Texte mithilfe analytischer und produktiver Methoden erschließen

wieder verkauften. Der Vorschlag war also durchaus realistisch. Und dann war da noch
100 die Aussicht auf eigenes Geld. Ich wusste zwar nicht, wo ich schlafen würde, aber der *Sahib* hatte gesagt, das sei kein Problem. Mir fiel ein, dass die anderen Kinder schließlich auch irgendwo schlafen mussten, und für
105 den Rest – also für das Essen und so – hätte ich mein eigenes Geld. Zum Waschen konnte ich in die Moschee gehen. Und so habe ich an jenem Morgen die Runde um den Block nicht einmal beendet, sondern den Vor-
110 schlag des *Sahib* angenommen. Ich kehrte zu Onkel Rahim zurück und sagte ihm, dass ich fortgehe. Ich erklärte ihm auch, warum. Ich dachte, er würde wütend werden, aber stattdessen meinte er, das sei eine gute
115 Idee. Wenn er einen Jungen bräuchte, würde er schon wieder einen finden. Dann sagte er noch, dass ich immer zu ihm kommen könne, wenn etwas wäre. Und dafür war ich ihm wirklich sehr dankbar.

120 Der *Sahib* und ich fuhren an den Stadtrand nach Sar Ab (die beiden Worte bedeuten „Kopf" und „Wasser"), um Waren zu kaufen.

Sar Ab ist ein großer Platz mit unzähligen verrosteten Autos und Lastwagen, die dort
125 geduldig parken. Daneben stehen ihre Besitzer vor dem offenen Kofferraum, und jeder von ihnen verkauft etwas anderes. Wir sahen uns ein wenig um und prägten uns ein, welche Großhändler die günstigsten Preise
130 und das interessanteste Angebot hatten. Der *Sahib* verhandelte mit ihnen über jede einzelne Ware. Er ist wirklich der geborene Händler. Er kaufte ein paar eingeschweißte Brote, Kaugummis, Socken und Feuerzeuge.
135 Wir legten alles in einen Pappkarton, der so von einer Schnur zusammengehalten wur-

de, dass man ihn umhängen konnte. Dann fuhren wir wieder zurück. Der *Sahib* gab mir ein paar Ratschläge. Er sagte mir, mit wem
140 ich reden und mit wem ich nicht reden solle. Wo ich verkaufen könne und wo nicht. Was ich tun solle, wenn ich der Polizei begegnete. Aber sein wichtigster Rat lautete: Lass dich nicht beklauen!*

4 a) Besprecht, worum es in dem Text geht.
b) Schreibt auf, was ihr über Enaiat erfahren habt. Erstellt dazu gemeinsam ein Cluster.

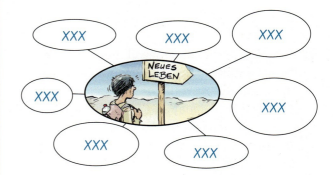

2.2 (1) komplexe, altersgemäße Texte deuten und die zentralen Aussagen und Intentionen der Texte mithilfe analytischer und produktiver Methoden erschließen · 2.3 (3) mithilfe von Lesestrategien wesentliche Textaussagen aus anspruchsvollen Texten herausarbeiten · 3.2 (5) Inhalte zu kontinuierlichen und diskontinuierlichen Texten zusammenfassen – * verändert

209

Einen literarischen Text zusammenfassen

1 Sieh dir die Bilder an. Bringe sie passend zum Text (S. 207–209) in die richtige Reihenfolge.

2 a) Lies dir den Text „Das Angebot" auf den Seiten 207–209 erneut durch und stelle fünf W-Fragen an den Text.
b) Tausche die Fragen mit einem Partner.
c) Beantworte die W-Fragen deines Partners.
d) Besprecht die Antworten.

3 Schreibe die Satzanfänge ab und ergänze sie:
A. Enaiat bekommt ein Angebot von …
B. Er soll …
C. Nachdem Enaiat einen Moment geschwiegen hat, …
D. Sein bisheriger Chef …
E. Am Stadtrand …

4 Lies dir die *Lernbox* auf Seite 206 durch.
a) Schreibe dir die Informationen, die du für die Einleitung benötigst, heraus.
Titel: Das Angebot, Autor: Fabio Geda
b) Fasse den Text zusammen. Berücksichtige dabei die Regeln der *Lernbox* auf S. 206. Die Checkliste im Kompetenzcheck auf Seite 212 kann dir helfen.

5 Tauscht zu zweit eure Zusammenfassungen. Lest gegenseitig eure Texte durch, überprüft sie mit der Checkliste auf Seite 212 und gebt einander Tipps zur Verbesserung.

6 a) Notiere stichpunktartig, welche Menschenrechte verletzt werden. Gib die Zeilen an.
b) Vergleicht zu zweit eure Ergebnisse.

2.2 (1) komplexe, altersgemäße Texte deuten und die zentralen Aussagen und Intentionen der Texte erschließen · 3.3 (1) fremde und eigene Texte kriterienorientiert nach Form, Inhalt und Sprache überprüfen · 3.2 (8) die Ergebnisse einer Textuntersuchung aufgabenbezogen darstellen (z. B. Gestaltungsmittel sowie Kernaussagen darlegen, Stellung beziehen)

Kompetenzcheck

1 Lies dir den Text durch und erschließe ihn mit den Schritten 1–4 der 5-Schritt-Lesemethode.

Gleichberechtigung bedeutet, dass alle die gleichen Rechte haben

Dass alle die gleichen Rechte haben, hört sich vielleicht ganz selbstverständlich an, ist es aber nicht. Es ist noch nicht so lange her, dass die meisten Menschen dachten, Söhne
5 seien besser und wertvoller als Töchter. Erst seit 1958 steht im Grundgesetz, dass Frauen dieselben Rechte haben wie Männer.

Lieber einen Jungen

Früher war es ganz normal, dass die Frau
10 zu Hause ist und sich um den Haushalt kümmert.
Fast alle, auch die Frauen, wollten lieber Jungs als Nachwuchs. Die Jungen bekamen die bessere Ausbildung. Mädchen dagegen
15 sollten hauptsächlich lernen, wie der Haushalt funktioniert. Man fand es ganz normal, dass Mädchen und Frauen fürs Kochen, Putzen, Nähen und die Kinder zuständig sind und die Männer für den Beruf. In der
20 damaligen Zeit mussten Frauen den Männern gehorchen und durften nichts alleine entscheiden. Noch bis 1971 durfte eine Frau in Deutschland nur arbeiten gehen, „wenn sie ihre familiären Verpflichtungen nicht
25 vernachlässigte". Das heißt, sie war allein für den Haushalt und die Kinder verantwortlich. Auch bei Wahlen dürfen Frauen in Deutschland erst seit 1918 mitbestimmen.

Die Situation heute

30 Heute sind Männer und Frauen, Jungen und Mädchen in Deutschland gesetzlich gleich-

berechtigt. Trotzdem gibt es immer noch Unterschiede. In Deutschland gibt es immer noch sehr wenige Frauen, die Chefin einer
35 Firma sind. Außerdem bekommen Frauen in vielen Berufen weniger Geld als Männer, obwohl sie genauso viel und genauso gut arbeiten.

In vielen anderen Ländern der Erde haben
40 Frauen wenige oder fast gar keine Rechte. In Indien kommt es vor, dass neugeborene Mädchen getötet werden, weil die Eltern männliche Nachkommen bevorzugen. In vielen afrikanischen Ländern werden Mädchen
45 nicht zur Schule geschickt und sie bekommen weniger zu essen als die Jungen. In einigen arabischen Ländern dürfen Frauen nicht wählen gehen. Das heißt, dass sie nicht mitbestimmen können, was in ihrem Land passiert.

50 Weltfrauentag

Gegen solche Benachteiligungen protestieren Frauen auf der ganzen Welt. Seit rund 90 Jahren gibt sogar einen speziellen Protesttag: den Weltfrauentag. Das ist jedes Jahr der
55 8. März. Es gibt noch viel zu tun, bis Frauen überall auf der Welt die gleichen Rechte haben wie Männer und damit auch die gleichen Chancen auf ein gutes Leben.*

08.03.2017, ZDF Logo!

2 Fasse den Text zusammen.

.3 (3) mithilfe von Lesestrategien (z. B. selektives, antizipierendes und hypothesenüberprüfendes Lesen) wesentliche Text-
ussagen aus anspruchsvollen Texten herausarbeiten · 3.2 (5) Inhalte zu kontinuierlichen und diskontinuierlichen Texten
usammenfassen – * verändert

211

3 a) Überprüfe deine Zusammenfassung mit der Checkliste (COPY G).
b) Gib den Text einem Partner zur Prüfung.
c) Tauscht eure Texte wieder zurück und gebt euch gegenseitig Feedback.
d) Überarbeite deinen Text mit den Anregungen deines Partners.

Eine Gleichberechtigungswaage. Irgendwann kapiert auch der, dass reine Masse hier keine Rolle spielt!

5 a) Sieh dir das Bild an. Überlege, was mit einer *Gleichberechtigungswaage* gemeint ist.

4 a) Trefft euch erneut zu zweit. Besprecht die Überarbeitungen eurer Texte und prüft, ob die Verbesserungstipps umgesetzt wurden.
b) Gebt die überarbeiteten Texte eurer Lehrkraft und besprecht sie in der Klasse.

Arbeitsrückschau

1. Du hast den Kompetenzcheck durchgeführt. Schau nun auf deine Arbeit zurück. Was fiel dir leicht, was nicht? Notiere es.
2. Was konntest du schon? Was hast du dazugelernt?
3. Ist es dir gelungen, Tipps von deinen Mitschülerinnen und Mitschülern anzunehmen und ihnen Tipps zu geben?
4. 📁 Wähle aus deinen Texten aus, was du in dein Portfolio aufnehmen willst. Entscheide so, dass dein Lernweg für dich und deine Lehrkraft sichtbar wird.
5. Besprich mit deiner Lehrkraft, was du noch üben oder wiederholen kannst.

b) Erkläre, worauf es stattdessen ankommt, wenn *Masse* keine Rolle spielt.

✓ Checkliste – Überprüfe deine Zusammenfassung!

Ich habe / Du hast …	selbst überprüft	vom Partner überprüft	von der Lehrkraft überprüft	übe weiter	erledigt am
… eine Einleitung geschrieben (mit Titel, Autor, Quelle, Textsorte, Erscheinungsjahr und Thema).	xxxxxxxx	xxxxxxxx	xxxxxxxx	xxxxxxxxxxxx	xxxxxxxx
… im Hauptteil die wichtigsten Inhalte des Textes wiedergegeben.	xxxxxxxx	xxxxxxxx	xxxxxxxx	xxxxxxxxxxxx	xxxxxxxx
… einen Schluss mit meiner / deiner Meinung geschrieben.	xxxxxxxx				xxx
… im Präsens geschrieben.	xxxxxxxx				xxx
… einen inhaltlich zusammenhängenden und verständlichen Text geschrieben.	xxxxxxxx				xxx
… abwechslungsreiche und eigene Wörter benutzt.	xxxxxxxx				xxx
… Einleitung, Hauptteil und Schluss durch Absätze getrennt.	xxxxxxxx				xxx
Was ich dir noch sagen wollte:	xxxxxxxxxx	xxxxxxxxxx	xxxxxxxx	xxxxxxxxxxxx	xxxxxxxx

Verschaffe dir nun einen Überblick über die Ergebnisse im Kompetenzcheck und wähle aus den folgenden Übungen auf Seite 213 die für dich passenden aus. Besprich dich auch mit deiner Lehrkraft.

3.3 (1) fremde und eigene Texte kriterienorientiert nach Form, Inhalt und Sprache entsprechend den selbstständig gewählten Überarbeitungszielen überprüfen · 3.3 (2) zur Überarbeitung eigener Texte situationsangemessene Überarbeitungsstrategien sowie Hinweise aus Feedbackmethoden selbstverantwortlich nutzen (z. B. Expertenteam)

Übungen

1 a) Eine Schülerin hat eine Zusammenfassung des Textes auf S. 211 geschrieben. Lies ihre Zusammenfassung rechts im Kasten.

b) Schreibe Textstellen heraus, in denen die Schülerin ihre eigene Meinung notiert hat.

c) 💡 Schreibe diese Textstellen um und formuliere sie sachlich.

2 Was hätte die Schülerin darüber hinaus besser machen können? Mache dir Notizen.

3 a) In der Zusammenfassung werden einige Informationen wiedergegeben, die eher unwichtig oder sogar erfunden bzw. falsch sind. Findest du sie? Schreibe sie auf.

b) Vergleicht zu zweit eure Ergebnisse.

4 An einigen Stellen hat die Autorin die falsche Zeitform verwendet. Notiere die Zeilen und Verben. Notiere die nötige Verbesserung.
Beispiel: *Zeile 7: hieß → heißt*

5 Schreibe eine verbesserte Version der Zusammenfassung.

6 Tauscht zu zweit die verbesserten Zusammenfassungen. Überprüft gegenseitig eure Texte mit der Checkliste auf Seite 212.

Zusammenfassung (Text einer Schülerin)

Der am 08.03.17 von „ZDF Logo!" veröffentlichte Artikel „Gleichberechtigung bedeutet, dass alle die gleichen Rechte haben" handelt
5 davon, dass es nicht überall selbstverständlich ist, dass Frauen und Männer gleichberechtigt sind. Im Text hieß es, dass erst seit 1958 im Grundgesetz steht, dass Männer und Frauen in Deutschland die gleichen Rechte
10 haben. Ganz schön spät, finde ich! Außerdem dürfen Frauen erst seit 1918 wählen. Bis 1971 konnten sie nur arbeiten gehen, wenn sie den Haushalt erledigt hatten. Denn das war die eigentliche Aufgabe der Frauen. Ist
15 ja eigentlich klar! Des Weiteren steht im Text, dass es noch heute Unterschiede in Deutschland gibt, obwohl Männer und Frauen gesetzlich gleichberechtigt sind. Frauen verdienen immer weniger Geld und werden
20 leider nur selten Chefin. Außerdem wurde im Artikel berichtet, dass es viele Länder gibt, in denen Frauen kaum Rechte haben und dass dagegen viele Frauen auf der ganzen Welt am Weltfrauentag protestieren. Dieser Tag
25 ist der 9. März.

Tipp

💡 **zu 1c)**
Sachlich formulieren

1 Gib nur Fakten wieder und vermeide Interpretationen.

2 Schreibe klar und möglichst treffend, was du sagen bzw. wiedergeben möchtest.

3 Schreibe kurze, einfache Sätze. Vermeide komplizierte Nebensätze und Satzgefüge.

4 Formuliere erst ganz am Schluss deine persönliche Meinung zum Text oder Thema.

3.2 (5) Inhalte zu kontinuierlichen und diskontinuierlichen Texten zusammenfassen (z. B. als Schaubild, Fließtext mit grafischer Veranschaulichung) und dabei die Funktionalität reflektieren · 3.3 (1) fremde und eigene Texte kriterienorientiert nach Form, Inhalt und Sprache entsprechend den selbstständig gewählten Überarbeitungszielen überprüfen

213

Der Wortarten-Check – kennst du dich aus?

1 Stell dir vor, es ist das Jahr 2525. Mit ihren Weltraumteleskopen haben Forscher die folgenden Funksprüche empfangen:

A. *So lun paro sunt ell ad lo mir.*

B. *Se lunen parone sunnen ell ad le miren.*

a) Was könnten die Sätze A und B bedeuten?

b) Untersucht die beiden Sätze. Stellt Gemeinsamkeiten und Unterschiede fest.

2 a) Satz A bedeutet übersetzt:

Das neue Raumschiff fliegt heute zu der Nachbargalaxie.

Was heißt dann möglicherweise Satz B? Notiert und vergleicht eure Lösungen.

b) Vergleicht die beiden Übersetzungen. Stellt Gemeinsamkeiten und Unterschiede fest.

3 a) Schreibt die Tabelle ab und tragt die Wörter mit ihrer Übersetzung ein.

Wörter, die sich verändern	Wörter, die gleich bleiben
Singular – Plural so (das) – se (die) lun (…) – lunen (…) …	ell (heute) …

b) Vergleicht eure Tabellen. Besprecht, was ihr daraus entnehmen könnt.

4 a) Schreibe den folgenden Satz ab:

Der kleine Hund spielt seit gestern mit dem Ball und dem Knochen.

b) Schreibe den Satz nun im Plural: *Die …*

c) Lies die *Lernbox*. Betrachte dann die Sätze. Trage die Wörter in eine Tabelle ein und notiere dazu jeweils die Wortart.

Wörter, die sich verändern	Wörter, die gleich bleiben
Nomen: *Hund …* Verb: … Adjektiv: … Artikel: …	Präposition: *seit …* Adverb: … Konjunktion: …

Lernbox

Veränderbare Wörter

Bei der Unterscheidung von Wortarten kann dir eine **Veränderungsprobe** helfen.

1 Die wichtigste Veränderungsprobe ist die **Plural-Probe**. Damit kann man **Nomen** und Verben verändern: *das Pferd* → *die Pferde; (er/sie) schläft* → *(sie) schlafen.*

2 Statt *verändert* sagt man von Wörtern, dass sie *gebeugt* oder *flektiert* werden.

3 Wie Wörter flektiert werden, hängt von ihrer Verwendung im Satz ab. Die richtige Flexion der wichtigsten Wortarten (Nomen, Verb und Adjektiv) muss man lernen.

4.2 (3) die bekannten Wortarten (z. B. auch Modalformen des Verbs) sicher unterscheiden und dies nutzen, um sich situationsgerecht auszudrücken · 1.3 (1) situations- und zielorientiert Gespräche führen, sich inhaltlich vorbereiten (z. B. Argumentationslinie) sowie während des Gesprächs Techniken des Nachfragens anwenden

5 a) Notiere alle Wortarten, die du kennst.

b) Tauscht euch zu zweit aus und ergänzt eure Sammlung.

c) 💡 Tragt in einer Gruppe die Wortarten zusammen. Teilt die Wortarten ein in *veränderbar* und *nicht veränderbar*.

d) Vergleicht die Ergebnisse in der Klasse.

6 a) Arbeitet in Gruppen zusammen. Jede Gruppe übernimmt eine *veränderbare* und eine *nicht veränderbare* Wortart. Achtet darauf, dass alle Wortarten in der Klasse bearbeitet werden.

b) 💡 Tragt alles zusammen, was ihr über eure Wortarten schon wisst oder herausfinden könnt. Schlagt nach, recherchiert im Internet und besprecht euch in der Gruppe.

c) Macht in der Gruppe einen Entwurf für Lernplakate zu euren Wortarten. Hinweise für die Gestaltung übersichtlicher Plakate findet ihr auf S. 35 (→ *Lernbox*).

7 a) Jede Gruppe trägt ihre Ergebnisse in der Klasse vor und präsentiert ihren Plakatentwurf. Besprecht jede Wortart und ergänzt, was euch noch dazu einfällt.

b) Erstellt jetzt in den Gruppen die Lernplakate, sodass ihr am Ende für jede Wortart ein Plakat aufhängen könnt.

Tipp

💡 **zu 5 c)**
– <u>Veränderbare Wortarten</u> sind: *Nomen, Verben, Adjektive, Artikel* und *Pronomen.*
– <u>Nicht veränderbare Wortarten</u> sind z. B.: *Adverbien, Konjunktionen* und *Präpositionen.*

💡 **zu 6 b)** Weitere Informationen zu den Wortarten findet ihr auf den Seiten 216 – 223.

8 Überlege nun für dich:
— *Was habe ich noch gewusst?*
— *Wo hatte ich Probleme oder Lücken?*
Mache dir dazu Notizen.

9 a) Arbeite mit einem Partner zusammen. Beantwortet die Fragen von Feld 1 bis 4.

1 Thema „Wortarten": Wobei hatte ich Schwierigkeiten?	**2** Was für Probleme kann ich bekommen, wenn ich mich nicht verbessere?
3 Was muss passieren, damit ich mich verbessere? Was kann ich dafür tun?	**4** Wie sehen die ersten Schritte aus? Was nehme ich mir konkret vor?

b) Sucht Mitschüler, die die gleichen oder ähnliche Probleme notiert haben. Erstellt einen Plan, wie ihr euch verbessern könnt, und übt gemeinsam.

10 Diskutiert in der Klasse die folgende Frage: Warum ist es gut, etwas über die Wortarten und ihren Gebrauch zu wissen?

4.2 (3) die bekannten Wortarten (z. B. auch Modalformen des Verbs) sicher unterscheiden und dies nutzen, um sich situationsgerecht auszudrücken · 1.3 (1) situations- und zielorientiert Gespräche führen, sich inhaltlich vorbereiten sowie während des Gesprächs Techniken des Nachfragens anwenden

215

Nomen und Pronomen

Auf den Seiten 216 und 217 könnt ihr wiederholen und lernen, wie ihr Nomen, Pronomen, Artikel und Adjektive in Texten so verwendet, dass es eurer Aussageabsicht entspricht. Dafür untersucht ihr zunächst, wie die Wörter wirken. Dann schreibt ihr eigene Texte. Arbeitet am besten zu zweit.

A. Eine unglaubliche ___(1)___

Die ___(2)___ einer amerikanischen ___(3)___ wurden kürzlich aufgeschreckt. Sie holten ihre ___(4)___ von der ___(5)___ und riefen
5 die ___(6)___. Was war geschehen? Am späten ___(7)___ torkelten einige Waschbären durch den Ort. Die Leute dachten, dass sie die Tollwut hätten. Die herbeigerufenen ___(8)___ konnten einige der ___(9)___
10 einfangen. Da erkannten sie, dass diese ganz einfach betrunken waren. Sie hatten draußen vor dem Ort Holzäpfel gefressen, die schon vergoren waren. Das machte sie betrunken. Nach einer ___(10)___ in der ___(11)___
15 wurden sie wieder in die ___(12)___ entlassen.

1 a) Lies Text A und überlege, was ihn so schwer verständlich macht.
 b) Sprecht zu zweit darüber.

2 a) 💡 Lest noch einmal die Zeilen 6 bis 8. Versucht dann, die Lücken 1 bis 12 sinnvoll mit Wörtern zu ergänzen.
 b) Bildet mit einem anderen Zweierteam eine Gruppe und besprecht eure Ideen.
 c) Notiert die Wörter, mit denen der Text einen Sinn ergibt: 1 = xxx; 2 = xxx; …

3 a) Welche Wortart habt ihr eingesetzt? Was habt ihr damit erreicht? Diskutiert darüber.
 b) Fasst zusammen: Welche Aufgabe haben *Nomen* in einem Text?

B. Welches Tier wird gesucht?

Er ist etwa ein bis eineinhalb Meter groß. Sein Fell ist dunkelbraun bis grau. An ihm fallen seine lange Schnauze und sein Bauch-
5 fell auf. Er lebt gerne in Rudeln. Er wird langsam auch bei uns wieder heimisch. Aber Bauern und Tierhalter mögen ihn nicht so gerne. Denn zu seiner Nahrung gehören auch größere Säugetiere.
10 Erraten? Gesucht wird <u>nicht</u> der Waschbär, sondern …

4 a) Lest Text B. Überlegt zu zweit: An welcher Stelle des Textes wusstet ihr die Lösung?
 b) Schreibt die Wörter heraus, mit denen der Verfasser vermieden hat, den Wolf zu nennen. Bestimmt die Wortart.

5 a) Schreibt selbst Rätseltexte über *die Biene* und *das Eichhörnchen*.
 b) Vergleicht eure Texte in der Gruppe und besprecht, ob sie gelungen sind.
 c) Schreibt aus euren Texten die Wörter heraus, mit denen ihr die Tiernamen ersetzt habt. Vergleicht eure Notizen.

Tipp

💡 **zu 2 a)**

Wildnis (oder: Natur).
Ausnüchterungszelle (oder: Zelle),
Beamten, Waschbären, Nacht,
Kinder, Straße, Polizei, Nachmittag,
Geschichte, Bewohner, Kleinstadt,

4.2 (3) die bekannten Wortarten sicher unterscheiden und dies nutzen, um sich situationsgerecht auszudrücken · 1.3 (1) situations- und zielorientiert Gespräche führen, sich inhaltlich vorbereiten sowie während des Gesprächs Techniken des Nachfragens anwenden · 2.1 (1) pragmatische Texte informationsentnehmend, sinnkonstruierend, zügig und exakt lesen

Artikel und Adjektive

1 a) Lies die Aussage eines Verkäufers:

> Mir fiel **ein** Mann auf, der sich bei den Handys
> zwischen den Regalen herumdrückte. Plötzlich
> sah ich **den** Mann nicht mehr. Als ich näher
> kam, tauchte **er** plötzlich wieder auf und schob
> ₅ **eine** Schachtel unter seine Jacke. Dann ging **er**
> schnell zum Ausgang. Als ich genauer nachsah,
> fehlte **die** Schachtel mit dem neuesten Modell.

  b) Bestimme die Wortarten: *ein Mann – den
  Mann; eine Schachtel – die Schachtel.*
  c) Besprecht zu zweit, warum im Text beim
  Nomen erst *ein/eine* steht, dann *den/die.*
  d) Erklärt die folgende Aussage: Das Pronomen *er* macht den Text besser.

2 a) Lest, wie die Geschichte weitergeht:

> Ein Polizist nimmt die Aussage auf und
> spricht mit dem Verkäufer. Schließlich
> fragt der Polizist:
> – „Sie sagen also, Sie haben den Dieb noch
> ₅ gesehen. Wie sah er denn aus?"
> – „Ja. Er war groß und hatte dunkle Haare."
> – „Das können viele sein. Geht's etwas ge-
>   nauer?"
> – „Warten Sie. Ich erinnere mich. Er ..."

  b) Im Text wird der Artikel an einer Stelle
  so gebraucht, wie ihr es in Aufgabe 1 c)
  besprochen habt. Notiert das Beispiel.
  c) Würdet ihr im zweiten Satz „der Polizist"
  durch „er" ersetzen oder den Text so lassen, wie er ist? Begründet eure Meinung.

3 ☼ Wie der Dieb genau aussah, bleibt im Text
  offen. Wie stellt ihr euch den Dieb vor?
  Erstellt zu zweit eine genaue Beschreibung.

4 Bildet mit einem anderen Zweierteam eine
  Gruppe. Lest eure Beschreibungen vor.
  Die beiden anderen malen und zeichnen
  jeweils, was sie über den Dieb erfahren.

5 a) Besprecht in der Gruppe, welche Wörter
  für das Bild besonders wichtig waren.
  b) Bestimmt die Wortarten.
  c) Tragt zusammen, was ihr über Nomen,
  Pronomen, Artikel und Adjektive wisst.
  Haltet alles in einer Tabelle fest. Lest bei
  Bedarf auf den Seiten 307 und 309 nach.

6 Blickt mit der Think-Pair-Share-Methode
  (→ S. 296) auf eure Arbeit zurück.
  a) Notiert zunächst allein, um welche Wortarten es auf den Seiten 216 und 217 ging.
  Was habt ihr dabei gelernt?
  b) Sprecht dann zu zweit, in einer Gruppe
  oder in der Klasse über eure Notizen.
  c) Besprecht auch, was noch unklar
  geblieben ist. Klärt offene Fragen.

Tipp

☼ **zu 3)** Denkt dabei zum Beispiel an:
*Alter, Frisur, Kleidung, Statur, Gang,
Besonderheiten (z. B. Narben,
Tätowierungen, Schmuck).*

4.2 (3) die bekannten Wortarten sicher unterscheiden und dies nutzen, um sich situationsgerecht auszudrücken · 1.3 (1) situations-
und zielorientiert Gespräche führen, sich inhaltlich vorbereiten sowie während des Gesprächs Techniken des Nachfragens
anwenden · 2.1 (1) pragmatische Texte informationsentnehmend, sinnkonstruierend, zügig und exakt lesen

217

Die Zeitformen der Verben

Auf den Seiten 218 bis 222 könnt ihr zunächst wiederholen und üben, wie man Verben in der richtigen Personal- und Zeitform gebraucht. Dann lernt ihr eine Möglichkeit kennen, mit Verben besonders höflich zu formulieren und Wünsche vorzubringen. Zum Schluss geht es um die indirekte Rede, die oft in Berichten und Nachrichten verwendet wird. Arbeitet zu zweit oder in der Gruppe.

Montag Dienstag	Mittwoch	Donnerstag Freitag
Z U K U N F T →	G E G E N W A R T	← V E R G A N G E N H E I T

Ich werde die
1 000 Meter laufen.
Futur I

Ich laufe gerade
die 1 000 Meter.
Präsens

Ich bin am Mittwoch
die 1 000 Meter gelaufen.
Perfekt

Blick nach vorne ======>   **<===== Blick zurück**

1 a) Bildet Vierergruppen. Jedes Gruppenmitglied übernimmt eines der Verben links.

Verben		Pronomen		
laufen	werfen	ich	du	er
		sie		es
reden	holen	wir	ihr	sie

b) Verwendet euer Verb mit allen acht Pronomen, z. B. *ich frage, du fragst …*

c) Verwendet euer Verb in der Er-/Sie-Form in allen Zeiten, z. B. *er fragt, er fragte, er hat xxx, er xxx xxx, er wird xxx, er xxx xxx xxx.*

2 a) 💡 Besprecht die Ergebnisse in der Gruppe. Tragt zusammen, welche Unterschiede zwischen den Verben auffallen.

b) Benennt die einzelnen Zeitformen, z. B. *er fragt = Präsens; er fragte = …*

3 a) Stellt eure Ergebnisse der Klasse vor und klärt offene Fragen (→ S. 308–309).

b) Erstellt ein Lernplakat, auf dem alles steht, was euch bei den Verben wichtig ist.

4 a) Schreibt die Sätze A und B ab. Notiert sie jeweils im *Präteritum*, im *Perfekt*, im *Plusquamperfekt*, im *Futur I* und im *Futur II*:
A. *Lena schreibt eine E-Mail.*
B. *Wir wandern zu einem Badesee.*

b) Unterstreicht in den Sätzen das Prädikat (→ S. 310). Manchmal ist es zweigeteilt.

c) Vergleicht und besprecht eure Lösungen.

Tipp

 zu 2 a) Unterschiede können sein:

er ist gelaufen ↔ er hat geworfen oder
werfen, warf, geworfen ↔ holen, holte, geholt

4.2 (4) Wörter der bekannten Wortarten auch im Konjunktiv I und II sicher flektieren und dies für das eigene Sprachhandeln nutzen · 1.3 (1) situations- und zielorientiert Gespräche führen, sich inhaltlich vorbereiten sowie während des Gesprächs Techniken des Nachfragens anwenden

Präteritum oder Perfekt, Präsens oder Futur?

1 a) Lest die beiden kurzen Texte (A und B):

> **A.** Jana **erzählt** von der Klassenfahrt nach London: „*Wir haben am dritten Tag eine Stadtrundfahrt gemacht. Da sind wir schon ganz früh mit dem Bus aufgebrochen. Der hat uns zuerst zum London Eye gebracht. Mit dem sind wir hochgefahren und haben über die Stadt geschaut. Am anderen Ufer der Themse haben wir links das Parlament gesehen …*"

Das London Eye ist ein Riesenrad.

> **B.** In der Klassenzeitung **schreibt** Jana:
> *Am dritten Tag der Klassenfahrt machten wir eine Stadtrundfahrt. Wir brachen ziemlich früh mit dem Bus auf.*
> *Er brachte uns zuerst zum London Eye.*
> *Dort fuhren wir hoch und schauten weit über die Stadt. Am anderen Ufer der Themse sahen wir links das Parlament …*

b) Worum geht es? Klärt unbekannte Begriffe.

c) Arbeitet zu zweit: Einer schreibt Text A fehlerfrei ab, der andere Text B. Unterstreicht in jedem Satz das Prädikat.

d) Tragt die Unterschiede bei den Verbformen zusammen und erklärt sie. Vergleicht eure Ideen mit der *Lernbox*, Punkte 1 und 2.

2 a) Schreibe den folgenden Satz ab und markiere darin die Zukunftsform:
Wenn ich meinen Abschluss habe, werde ich eine Banklehre beginnen.

b) Setzt folgende Sätze in die Zukunftsform:
– *Am Nachmittag geht Tom zum Training.*
– *In den Ferien fliegen wir nach Mallorca.*

c) Unterstreicht in den Sätzen das Prädikat.
Beispiel: *Ich werde eine Lehre beginnen.*

d) Formt die folgenden Sätze so um, wie ihr sie normalerweise sagen würdet:
Wir werden am Samstag ins Kino gehen.
Dann wird schon der neue Film laufen.

e) Vergleicht und besprecht eure Sätze. Lest dazu die *Lernbox*, Punkte 3 und 4.

Lernbox

Verben richtig verwenden

1 Beim **mündlichen Erzählen** verwendet man die **Verben im Perfekt**: Ich bin losgerannt und habe um Hilfe gerufen.

2 Beim **schriftlichen Erzählen** nutzt man das **Präteritum**: Ich rannte los und rief um Hilfe. Wenn es in einer Geschichte besonders spannend wird, kann man auch ins **Präsens** wechseln: Ich renne los und rufe laut um Hilfe.

3 Die Zukunft hat eine eigene Form, das **Futur I**: Ich werde nach dem Training noch duschen.

4 Meist verwendet man aber das **Präsens**, wenn man über die Zukunft spricht – vor allem, wenn eine Zeitangabe mit im Satz steht: Heute Nachmittag gehe ich zum Training. Danach dusche ich, anschließend essen wir ein Eis.
→ Alle verstehen bei diesen Sätzen sofort, dass sie sich auf die Zukunft beziehen.

4.2 (4) Wörter der bekannten Wortarten auch im Konjunktiv I und II sicher flektieren und dies für das eigene Sprachhandeln nutzen · 1.3 (1) situations- und zielorientiert Gespräche führen, sich inhaltlich vorbereiten sowie während des Gesprächs Techniken des Nachfragens anwenden

219

Verben im Konjunktiv II

Wenn ich meinen Abschluss habe, möchte ich eine Banklehre beginnen.

1 a) Seht euch das Bild an und besprecht, was der Satz in der Sprechblase ausdrückt.

b) Welches Wort weist auf einen Wunsch hin?

c) Schreibt die Sätze A–C ab, vervollständigt sie und verwendet dabei den Konjunktiv II.

A. Wenn ich in Mathe eine Eins hätte, xxx (mich ganz toll freuen).

B. Wenn sie nicht so teuer wäre, xxx (neue Spielekonsole kaufen).

C. Ich schaffe das Referat nicht rechtzeitig. Ich wünschte, xxx (mehr Zeit haben).

2 a) Schreibe die Sätze A–L im Kasten ab. Du kannst auch COPY 33 nutzen.

A. Könntest du mir bitte beim Tragen helfen?
B. Wäret ihr so nett, mal Platz zu machen?
C. Ich hätte gerne eine Pizza und eine Cola.
D. Das hätte ich nicht gedacht: eine Eins!
E. Wenn ich doch auch eine Eins hätte.
F. Das gefiele meiner Mutter.
G. Ich könnte dir das Buch borgen.
H. Diese Geschichte solltest du nicht lesen.
I. Wow, wer hätte das gedacht?
J. Wenn doch bloß schon Freitag wäre!
K. Wärst du so nett, mir deinen Stift zu leihen?
L. Wenn ich im Lotto gewönne, würde ich eine Weltreise machen.

b) Lest die *Lernbox* und unterstreicht in den Sätzen jeweils das Verb im Konjunktiv II.

c) Besprecht, was die Sätze jeweils ausdrücken wollen, z. B. *einen Wunsch*.

3 a) Lest die *Lernbox* Punkte 2 bis 7. Formuliert zu jedem Punkt einen eigenen Beispielsatz.

b) Besprecht einige Sätze in der Gruppe, dann in der Klasse. Achtet auf die richtige Form der Verben und auf die Satzstellung.

Lernbox

Verben im Konjunktiv

1 Der **Konjunktiv I** kommt oft in der **indirekten Rede** vor: Mein Freund sagt, das Spiel <u>sei</u> sehr spannend. Er sagt, es <u>stehe</u> gerade unentschieden. Das <u>habe</u> er im Radio <u>gehört</u>.

2 Mit dem **Konjunktiv II** kann man ausdrücken, wenn etwas **nicht wirklich** eintreten wird: Am Samstag muss ich arbeiten. Sonst käme ich zur Party. Oder: Sonst <u>würde</u> ich zur Party <u>kommen</u>.

3 Man kann auch **einen Wunsch** ausdrücken: Dieses Wetter! <u>Wäre</u> es doch etwas wärmer. Der Wunsch wird oft verstärkt durch kleine Wörter wie: *doch, nur, bloß, endlich.*

4 Man kann mit dem Konjunktiv II eine **besonders höfliche Bitte** äußern: <u>Könnte</u> ich bitte noch ein Brötchen <u>bekommen</u>?

5 Man kann etwas **vermuten**: Das Spiel noch zu gewinnen, <u>dürfte</u> schwierig <u>werden</u>.

6 … oder etwas **empfehlen**: Diese Jacke <u>würde</u> ich nicht <u>kaufen</u>!

7 … oder über etwas **staunen**: Ich <u>hätte</u> nicht mehr an den Sieg <u>geglaubt</u>.

8 Der **Konjunktiv II** wird mit dem Wortstamm des Präteritums gebildet. Bei den unregelmäßigen Verben (→ S. 313) kommen ein -e und oft ein Umlaut (ä, ö, ü) hinzu: ich begänne, er stände/er stünde. Mündlich nutzt man meist die würde-Form: ich würde beginnen, er würde stehen.

4.2 (4) Wörter der bekannten Wortarten auch im Konjunktiv I und II sicher flektieren und dies für das eigene Sprachhandeln nutzen · 1.3 (1) situations- und zielorientiert Gespräche führen, sich inhaltlich vorbereiten sowie während des Gesprächs Techniken des Nachfragens anwenden

Die indirekte Rede

Diese Zimmereinrichtung ist zum Beispiel schon 40 Jahre alt.

1 a) Lies die folgende Situation (Text A).

> **A.** *Bei der Schulhausbesichtigung geht es um die alten Möbel in den Klassenzimmern.*
> „Diese Zimmereinrichtung ist zum Beispiel schon 40 Jahre alt", erklärt die Rektorin. „Bei
> 5 wem von Ihnen stehen im Wohnzimmer so alte Möbel?", fragt sie. „An dem Tisch habe ich als Schüler schon gesessen", meint ein Mitglied des Gemeinderats, „denn ich erkenne die Kerbe da oben." Der Bürgermeister
> 10 antwortet: „Da müssen wir freilich was tun." Er äußert: „Die Gemeinde strebt eine schnelle Lösung an, auch wenn das sicher nicht billig wird."

b) Schreibe Text A ab oder nutze COPY 34.
c) Unterstreiche darin die redebegleitenden Verben, z.B. *erklärt, fragt*.
d) Markiere die Satzzeichen der wörtlichen Rede farbig.
e) Unterstreiche in der wörtlichen Rede das Prädikat. Schreibe es heraus und bestimme die Zeitform: *ist ... alt = Präsens.*
f) Vergleicht zu zweit eure Ergebnisse. Besprecht Zweifelsfälle in der Klasse.

2 a) Lies den Zeitungsbericht (Text B).

> **B.** *Bei der Schulhausbesichtigung ging es um die alten Möbel in den Klassenzimmern.*
> Die Rektorin erklärte, dass die Zimmereinrichtung schon 40 Jahre alt sei. Bei welchem
> 5 Gemeinderat so alte Möbel im Wohnzimmer stünden, fragte sie weiter. Ein Mitglied des Gemeinderats meinte sogar, an einem der Tische habe er schon als Schüler gesessen. Er erkenne eine Kerbe. Der Bürgermeister
> 10 antwortete, dass man etwas tun müsse. Die Gemeinde strebe eine schnelle Lösung an, obwohl es sicher nicht billig werde.

b) Schreibe Text B ab oder nutze COPY 34.
c) Unterstreiche im Text die Verben der indirekten Rede, z.B. *sei, stünden*.
d) Vergleicht eure Ergebnisse erst zu zweit, dann in einer Gruppe.

3 Im mündlichen Sprachgebrauch bildet man die indirekte Rede oft mit *würde*.
Statt: *Er erkenne eine Kerbe.* (Z. 9) z.B.:
Er sagte, er würde eine Kerbe erkennen.
a) Findet drei weitere Stellen im Text, die ihr mit *würde* umformulieren könnt.
b) Vergleicht eure Ergebnisse in der Klasse.

4.2 (4) Wörter der bekannten Wortarten auch im Konjunktiv I und II sicher flektieren und dies für das eigene Sprachhandeln nutzen · 4.2 (5) die indirekte Rede zur Wiedergabe von Äußerungen eines Dritten sicher anwenden · 1.3 (1) situations- und zielorientiert Gespräche führen, sich inhaltlich vorbereiten sowie während des Gesprächs Techniken des Nachfragens anwenden

221

4 a) Lest das folgende Gespräch.

> *Lea und Aylin telefonieren:*
> **Lea** sagt: „Ich muss noch Mathe fertig machen.“
> **Aylin** fragt: „Wann kommst du dann?“
> **Lea** antwortet: „Ich soll noch Kai vom Kindergarten abholen.“
> **Aylin** drängt: „Kommst du danach?“
> **Lea** meint: „Anschließend kann ich zu euch kommen.“
> **Aylin** will wissen: „Wann wird das sein?“
> **Lea** vermutet: „Ich kann in 45 Minuten da sein.“
> **Aylin**: „Bringst du dein neues Handy mit?“
> **Lea** äußert: „Ja, ich will es euch gern zeigen.“

b) Schreibt die Sätze, die Lea sagt, in wörtlicher Rede aus dem Text heraus:
 — *Lea sagt: „Ich muss noch …“*
 — *Lea antwortet: „Ich …“*

Tipp

zu 5) Verben im *Indikativ, Konjunktiv I* und *Konjunktiv II* für die 3. Person (er/sie/es):
– Hilfsverben: er wird – er werde – er würde; ist – sei – wäre; hat – habe – hätte.
– Modalverben: sie kann – sie könne – sie könnte; darf – dürfe – dürfte; muss – müsse – müsste; will – wolle – wollte; soll – solle – sollte; mag – möge – möchte.

5 Stellt euch vor, Aylin erzählt Tom und Mahmud, was Lea gesagt hat. Formt die Sätze dafür in die indirekte Rede um:
 — *Lea sagte, sie müsse noch …*
 — *Lea antwortete, sie …*

6 Lest die Reportage auf den Seiten 86 bis 87.
a) Findet zwei Textstellen mit indirekter Rede und schreibt sie auf.
b) Findet drei Textstellen mit direkter Rede und schreibt sie in indirekte Rede um.

Lernbox

Die indirekte Rede

1 In **Berichten**, in **Zeitungen** und in **Radio- und Fernsehnachrichten** wird das, was jemand gesagt hat (wörtliche Rede), oft in indirekter Rede wiedergegeben.

2 Bei der indirekten Rede steht das **Verb im Konjunktiv I**: *Er sagte, er komme.* (Wenn die Form im Konjunktiv I nicht eindeutig ist, steht der Konjunktiv II: *Sie sagten, sie kämen* (statt *kommen*).

3 Der Konjunktiv wird vorwiegend schriftlich verwendet. **Mündlich** nutzt man meist die *würde*-**Form**: *Sie sagten, sie würden kommen.*

4 Wird die indirekte Rede mit einem *dass*-**Satz** gebildet, steht das Verb darin oft im Indikativ: *Er sagte, dass er gleich kommt* (statt: *komme*).

4.2 (4) Wörter der bekannten Wortarten auch im Konjunktiv I und II sicher flektieren und dies für das eigene Sprachhandeln nutzen · 4.2 (5) die indirekte Rede zur Wiedergabe von Äußerungen eines Dritten sicher anwenden · 1.3 (1) situations- und zielorientiert Gespräche führen, sich inhaltlich vorbereiten sowie während des Gesprächs Techniken des Nachfragens anwenden

Check dein Wissen!

1 a) Schreibe den folgenden Satz ab und bestimme die Wortarten:
Der Wandertag verlief ruhig. (4 P.)

b) Überlege dir selbst einen Satz, in dem dieselben vier Wortarten vorkommen. Es dürfen auch noch weitere Wortarten dabei sein. (4 P.)

2 a) Notiere alle sechs Zeitformen, die es bei Verben gibt. (6 P.)

b) Bilde zum Verb erklären alle sechs Zeitformen in der 1. Person (Ich-Form):
ich erkläre, ich … (6 P.)

c) Bilde zum Verb schließen alle sechs Zeitformen in der 3. Person (Er-/Sie-Form):
er/sie schließt, er/sie … (6 P.)

3 a) Schreibe aus Satz A und Satz B die Wörter heraus, die sich unterscheiden. (2 P.)
A. Wir sind gestern Abend noch in die Eisdiele gegangen.
B. Wir gingen gestern Abend noch in die Eisdiele.

b) Bestimme jeweils die Zeitform. (3 P.)

c) Erkläre in ein bis zwei Sätzen, wann man in der Regel das Verb im *Perfekt* und wann man es im *Präteritum* gebraucht. (2 P.)

4 Du sagst: Am Samstag gehe ich zum Fußballspiel ins Stadion. Jemand erwidert: „Der Satz ist falsch, es geht doch um die Zukunft! Es muss richtig heißen: „…"

a) Ergänze den Satz und nutze dabei die korrekte Form im *Futur*. (1 P.)

b) Notiere, was du antworten könntest, um deinen Satz zu verteidigen. (1 P.)

5 a) Das Mädchen auf dem Bild hat den Wunsch, Sneaker zu kaufen. Was könnte sie sagen? Formuliere höflich (mit Konjunktiv). (2 P.)

b) Das Mädchen bittet seine Mutter um einen Zuschuss. Die Mutter empfiehlt ihrer Tochter die blauen Schuhe im Regal. Notiere auch die Bitte und die Empfehlung in höflicher Form. (4 P.)

6 Formuliere die Sätze in indirekte Rede um:
Kai fragt Wanda: „Kommst du mit ins Kino?"
Wanda antwortet: „Eigentlich bin ich zu müde."
Kai meint: „Das ist schade. Wir könnten danach noch ein Eis essen." (6 P.)

Gesamtzahl der möglichen Punkte: 47
Du kannst anhand deiner Punkte deinen Lernfortschritt selbst einschätzen:

47 – 42	Super, du weißt sehr viel!
41 – 36	Gut, du weißt schon ziemlich viel.
35 – 28	Du weißt einiges, musst aber noch üben.
27 – 20	Du hast noch Lücken. Sprich mit deiner Lehrkraft und übe mit einem Partner.
19 – 0	Du musst mehr üben. Lass dich von deiner Lehrkraft beraten.

4.2 (3) die bekannten Wortarten (z. B. auch Modalformen des Verbs) sicher unterscheiden und dies nutzen, um sich situationsgerecht auszudrücken · 4.2 (4) Wörter der bekannten Wortarten auch im Konjunktiv I und II sicher flektieren und dies für das eigene Sprachhandeln nutzen · 4.2 (5) die indirekte Rede zur Wiedergabe von Äußerungen eines Dritten sicher anwenden

223

Sätze untersuchen und gezielt verändern

1 a) Schau dir die Bilder an und überlege, was da wohl gerade geschieht.
b) Besprecht zu zweit eure Ideen.

2 💡 Lest den Satz im Kasten. Was erfahrt ihr darin über die Situation?
Notiert W-Fragen und beantwortet sie.

> Ben schreibt am Nachmittag seiner Freundin Klara in seinem Zimmer heimlich eine Mail, um sich mit ihr zu verabreden.

3 a) Welche der Informationen erscheinen dir wichtig? Welche würdest du weglassen? Schreibe den Satz verkürzt auf.
b) Vergleicht eure Sätze zu zweit.

4 a) Kürze den Satz so stark wie möglich. Es soll aber ein vollständiger Satz bleiben.
b) Besprecht eure gekürzten Sätze in der Klasse. Lest auch die *Lernbox* auf S. 225.

5 a) Bildet Gruppen. Jeder denkt sich einen langen Satz aus und schreibt ihn auf.
b) Untersucht eure Sätze gemeinsam. Findet Subjekt und Prädikat. Nutzt dafür die *Weglassprobe* (→ S. 310).

6 a) 💡 Stelle den Satz Ben schreibt … dreimal um. Schreibe die Sätze auf.
b) Prüfe, ob die einzelnen Satzglieder beim Umstellen zusammengeblieben sind. Die Farben können dir dabei helfen.
c) Vergleicht euer Ergebnis zu zweit.

7 a) Verändere den Satz, indem du einzelne Satzglieder ersetzt, zum Beispiel:
Ben = Ein Junge; am Nachmittag = nach der Schule; seiner Freundin Klara = …
b) Schreibe den veränderten Satz auf.
c) Vergleicht eure Sätze in der Klasse.
d) Besprecht, wie das Ersetzen von Wörtern dabei hilft, gute Texte zu schreiben.

Tipp

💡 **zu 2)** Mögliche W-Fragen:
— *Wer (oder was) tut etwas?*
— *Was tut er/sie?*
— *Wen oder was? Wem?*
— *Wann? Wo? Wie? Warum? Wozu?*

💡 **zu 6)** Du kannst die Sätze so beginnen:
— *Am Nachmittag schreibt Ben …*
— *Seiner Freundin Klara schreibt …*
— *Heimlich …*
— *Um sich mit …*

4.2 (6) verschiedene Formen der Satzbildung unterscheiden (z. B. Satzgefüge, Schachtelsatz), deren unterschiedliche Verwendung und Wirkung erkennen und dies im eigenen Sprachgebrauch nutzen · 4.2 (7) bekannte und weitere Satzglieder (Finaladverbiale) sowie Attribute sicher unterscheiden und verwenden, um variantenreichere Texte zu gestalten

A. <u>Seiner Freundin Klara</u> schreibt Ben
am Nachmittag heimlich eine Mail.

B. <u>Am Nachmittag</u> schreibt Ben heimlich
seiner Freundin Klara eine Mail.

C. <u>Heimlich</u> schreibt Ben seiner Freundin Klara
am Nachmittag eine Mail.

8 a) Vergleicht die drei Sätze A – C. Wie wirken
die unterschiedlichen Satzanfänge?
Begründet eure Meinungen.

b) Ordnet die Bilder den Sätzen zu. Was war
dem Verfasser der Sätze jeweils wichtig?
Begründet eure Zuordnung.

c) Besprecht, wie ihr eure Beobachtung beim
Schreiben eigener Texte nutzen könnt.

9 a) Schreibe zu den Bildern auf S. 224 eine
Geschichte. Achte darauf, dass du …
 – vollständige Sätze schreibst,
 – das Wichtige an den Satzanfang bringst,
 – den Satzbau abwechslungsreich machst,
 – Wortwiederholungen vermeidest.

b) Diskutiert eure Texte: Sind sie spannend
und schlüssig? Passt der Satzbau?

Lernbox

Satzglieder

Sätze bestehen aus Satzgliedern. Zwei Satzglieder müssen in jedem vollständigen Satz stehen.
Andere können hinzukommen, zusätzliche Informationen liefern und den Satz anschaulicher
machen.

Satzglieder

unverzichtbar (muss immer sein) — **verzichtbar** (können dazukommen)

Subjekt	**Prädikat**	**Objekte**	**Adverbialien**
Das Subjekt steht im Nominativ.	Das Prädikat wird von einem Verb gebildet. Es verändert sich je nach Person, Zeit, Anzahl (Singular/Plural).	Objekte ergänzen den Satz … – im 4. Fall (Akkusativ) – im 3. Fall (Dativ) – im 2. Fall (Genitiv).	Adverbialien ergänzen Angaben … – zur Zeit, – zum Ort, – zur Art und Weise – zum Grund oder – zum Zweck.

4.2 (6) verschiedene Formen der Satzbildung unterscheiden, deren unterschiedliche Verwendung und Wirkung erkennen und
dies im eigenen Sprachgebrauch nutzen · 3.2 (2) anschaulich von Erfahrungen, Gedanken, Gefühlen und Sachverhalten
erzählen, auf die Erzähllogik achten und dabei stilistische sowie sprachlich gestalterische Mittel bewusst einsetzen

225

Sätze erweitern und Texte bewusst gestalten

1 Sieh dir die Bildergeschichte an und überlege, was darin geschieht.

2 a) Zu **Bild 1** kann man folgende Sätze schreiben (A–D). Schreibe die vier Sätze ab:

> **A** Der Ball – flog – auf die Straße.
> **B** Scherben – liegen – auf dem Boden.
> **C** Ein Junge – reißt aus.
> **D** Der Vater – rennt – ihm – wütend – nach.

b) Lies die *Lernbox*. Finde jeweils Subjekt und Prädikat und unterstreiche sie farbig.
c) Überprüft eure Lösungen in einer Gruppe.

3 a) Lest die folgenden Varianten von Satz D.
- Der Vater rennt ihm nach.
- Der Vater rennt ihm auf die Straße nach.
- Der Vater rennt ihm wütend auf die Straße nach.

b) Vergleicht die Sätze und besprecht zu zweit, welche Unterschiede ihr erkennt und was man dadurch erfährt.

Lernbox

Subjekt und Prädikat

1 **Ein Satz** besteht aus mehreren Wörtern, die zusammen **einen Sinn** ergeben.
Beispiel: *Der Junge schreibt am Abend eine Mail.*

2 Man spricht dann von einem vollständigen Satz, wenn er mindestens ein **Subjekt** und ein **Prädikat** enthält. Es sind die zwei wichtigsten Satzglieder.
Beispiel: *Der Junge schreibt.*
→ *Der Junge* = **das Subjekt**
  Wer oder was schreibt? – *der Junge*
→ *schreibt* = das **Prädikat**
  Was tut der Junge? – *[er] schreibt.*

4.2 (6) verschiedene Formen der Satzbildung unterscheiden, deren unterschiedliche Verwendung und Wirkung erkennen und dies im eigenen Sprachgebrauch nutzen · 4.2 (7) bekannte und weitere Satzglieder (Finaladverbiale) sowie Attribute sicher unterscheiden und verwenden, um variantenreichere Texte zu gestalten

4 Erweitert auch die Sätze A–C, sodass sie einen anschaulichen Text bilden.

5 a) Die Geschichte zu den Bildern auf der Seite 226 könnte so beginnen:
Ein Junge spielte an einem Nachmittag in seinem Zimmer Fußball.

b) 💡 Oder klingt es besser, wenn du den Satz umstellst? Probiere es einmal aus.

c) Folgende Sätze erzählen die Geschichte weiter. Sie beginnen aber immer mit dem gleichen Satzglied. Stelle sie so um, dass sie flüssig an den Anfang anschließen.

> Der Ball flog dummerweise durch das geschlossene Fenster. Der Vater wurde darüber sehr wütend. Der Sohn riss mit einem Höllentempo aus. Der Vater rannte ihm wütend auf die Straße nach.

d) Arbeitet zu zweit und erklärt einander eure Sätze. Begründet eure Umstellungen.

6 a) Zu **Bild 2** könnte man schreiben:
E. Der Vater las.
F. Der Vater schaute.
Die beiden Sätze sagen aber nicht viel aus. Wähle einen Satz aus. Notiere ihn.

b) 💡 Erweitere den Satz um passende Satzglieder. Wähle aus den Möglichkeiten im Kasten. (Achtung, nicht alle passen!)

> *aber – ängstlich – auf der Couch – danach, die Zeitung – hungrig – im Wohnzimmer – später – um sieben Uhr – voller Sorge – wegen des Regens – zufrieden*

c) Schreibe den erweiterten Satz auf.

d) Vergleicht eure Sätze zu zweit oder in einer Gruppe. Begründet eure Wahl.

7 Plane eine Geschichte zu den Bildern auf S. 226. Gehe dabei folgendermaßen vor:

a) Finde einen Satz, der von Bild 1 zu Bild 2 führt. Überlege, was zwischen den Bildern geschieht. Notiere einen Schreibplan (→ S. 153, 304).

b) Betrachte das Ende, die Bilder 5 und 6 oben. Nimm sie in deinen Schreibplan auf.

8 a) Schreibe die Geschichte auf. Achte dabei auf Vollständigkeit der Sätze. Schreibe anschaulich und abwechslungsreich.

b) Besprecht und verbessert eure Geschichten in einer Schreibkonferenz (→ S. 157). Nehmt sie in euer Portfolio auf.

Tipp

💡 **zu 5 b)** Mit der **Umstellprobe** kannst du den Satz finden, der am besten zu deiner Geschichte passt: *An einem Nachmittag spielte ein Junge in seinem Zimmer Fußball.*
→ *In seinem Zimmer spielte ein Junge an einem Nachmittag Fußball.*
Mit der Umstellprobe kannst du auch die einzelnen Satzglieder erkennen. Sie bleiben beim Umstellen immer zusammen, z. B. *an einem Nachmittag* oder *ein Junge*.

💡 **zu 6 b)** Mit der **Erweiterungsprobe** wird aus dem Satz *Ein Junge spielte*
→ *Ein Junge spielte an einem Nachmittag in seinem Zimmer Fußball.* Überlege dir ähnliche Erweiterungen für deinen Satz.

4.2 (6) verschiedene Formen der Satzbildung unterscheiden, deren unterschiedliche Verwendung und Wirkung erkennen und dies im eigenen Sprachgebrauch nutzen · 3.2 (2) anschaulich von Erfahrungen, Gedanken, Gefühlen und Sachverhalten erzählen, auf die Erzähllogik achten und dabei stilistische sowie sprachlich gestalterische Mittel bewusst einsetzen

227

Subjekt und Prädikat genau untersuchen

> **Ein erfolgreicher Start in die Basketballsaison**
>
> Elias spielt Basketball. Er geht gerne zum Training.
> Am Sonntag hat seine Mannschaft ihr erstes Spiel ausgetragen.
> In der Sporthalle lief dazu eine tolle Veranstaltung.
> Elias und sein Freund Lukas machten ein gutes Spiel.
> Seine 22 Punkte freuten ihn.
> Ein ums andere Mal wurde der Ball im gegnerischen Korb
> versenkt.
> Die jungen Spieler jubelten, sangen und tanzten vor Freude.
> Wer so ein Spiel gewinnt, feiert voll Freude.

1 Lies den kurzen Text oben. Besprecht zu zweit oder in einer Gruppe, worum es geht.

2 a) Notiert aus dem Text je einen Satz, bei dem das Subjekt aus einem Wort und aus mehreren Wörtern besteht.
b) Notiert ebenso je einen Satz, bei dem das Subjekt am Anfang, in der Mitte und am Ende des Satzes steht.
c) Notiert den letzten Satz und erläutert, woraus das Subjekt hier besteht.

3 a) Notiert nun je einen Satz, bei dem das Prädikat aus einem, aus zwei und aus mehr Wörtern besteht.
b) Stellt die Sätze um und markiert darin jeweils das Prädikat farbig.

4 *Elias spielt* Basketball.
a) Setze den Satz ins Perfekt und ins Futur.
b) Verwende diesen Satz zusammen mit *wollen, dürfen, können: Elias will …*
c) Markiere das Prädikat in den Sätzen farbig.

5 a) Betrachtet zu zweit eure Sätze aus den Aufgaben 2 bis 4 und besprecht, was ihr über Subjekt und Prädikat erfahren habt.

b) Vergleicht eure Überlegungen mit der *Lernbox*. Klärt offene Fragen in der Klasse.

Lernbox

Subjekt und Prädikat

1 Das **Subjekt** gibt an, wer (oder was) etwas tut. *Elias spielt* Basketball.
Das Subjekt erfragst du mit dem Prädikat: *Wer oder was* spielt …? → *Elias*
Das Subjekt kann aus einem oder aus mehreren Wörtern bestehen.
Es kann im Satz am Anfang, in der Mitte oder am Ende stehen. Manchmal bildet ein Nebensatz das Subjekt:
Was du mir geschrieben hast, freut mich.
Ein solcher Nebensatz heißt Subjektsatz.

2 Das **Prädikat** gibt an, was geschieht oder was jemand tut: *Was tut Elias? Er spielt …*
Das Prädikat wird mit Verben gebildet und richtet sich nach dem Subjekt: *Elias trainiert. Die jungen Spieler jubelten.*
Im Aussagesatz steht das Prädikat an zweiter Stelle: *In der Sporthalle lief dazu eine tolle Veranstaltung.*
Im Perfekt, im Futur und bei Modalverben ist das Prädikat zweiteilig: *Elias hat viele Punkte gemacht. Er wird weiter trainieren. Er will noch besser spielen.*

4.2 (6) verschiedene Formen der Satzbildung unterscheiden, deren unterschiedliche Verwendung und Wirkung erkennen und dies im eigenen Sprachgebrauch nutzen · 4.2 (7) bekannte und weitere Satzglieder (Finaladverbiale) sowie Attribute sicher unterscheiden und verwenden, um variantenreichere Texte zu gestalten

Formen von Objekten kennen und nutzen

1 a) Lies die Sätze A – E und die *Lernbox* zum Thema „Objekte".
b) Arbeitet zu zweit und bestimmt die Satzglieder in den Sätzen A – E.
c) Vergleicht eure Lösungen mit einem anderen Team.

A. Kilian hilft seiner Banknachbarin. → Wem hilft er?
B. Theresa sieht einen Film. → Wen oder was sieht sie?
C. Elias leiht seiner Freundin eine CD. → Wem leiht er was?
D. Sie freut sich über das Geschenk → Über wen oder was freut sie sich?
E. Lukas beobachtet, dass die Mannschaft trainiert. → Wen oder was beobachtet Lukas?

2 a) Sucht euch aus den vier Verbgruppen im Kasten unten (1–4) zwei aus und bildet damit insgesamt acht Beispielsätze.
b) Unterstreicht jeweils die Objekte farbig.
c) Lest eure Sätze in der Gruppe vor. Prüft, ob die Objekte richtig eingesetzt wurden.

3 a) Wählt vier Verben aus dem Wortkasten und schreibt damit eine Geschichte.
b) Markiert in den Sätzen die Objekte.
c) Besprecht eure Lösungen.

Verben, die Objekte verlangen:

1 Dativobjekt: *antworten, danken, glauben, gratulieren, helfen, vertrauen, verzeihen, zustimmen*

2 Akkusativobjekt: *brauchen, essen, hören, kaufen, lesen, nehmen, sehen, suchen, trinken, vergessen*

3 Dativ- und Akkusativobjekt: *bringen, erklären, erzählen, geben, kaufen, leihen, schenken, schreiben*

4 Präpositionalobjekte: *fragen nach, achten auf, sich erinnern an, sich freuen auf, sich freuen über, hoffen auf, lachen über, sich informieren über, sich vorbereiten auf*

Lernbox

Objekte

1 Objekte (Satzergänzungen) ergänzen Verben, die nicht alleine stehen können (z. B. *schenken, leihen, geben, nehmen*). Sie geben dem Satz zusätzliche Informationen.

2 Das **Dativobjekt** gibt Antwort auf die Frage *Wem?* *Ben schreibt seiner Freundin Klara. Wem schreibt Ben?* → *seiner Freundin Klara.*

3 Das **Akkusativobjekt** gibt Antwort auf die Frage *Wen oder was?*
Klara nimmt ein Erdbeereis.
Was nimmt Klara? → *ein Erdbeereis.*

4 Manche Verben verlangen **beide Objekte** (Akkusativobjekt und Dativobjekt):
Ben schenkt seiner Freundin ein Erdbeereis.

5 Manche Verben sind fest mit einer Präposition verbunden, z. B. achten auf: *Der Fahrschüler achtet auf den Querverkehr.* Diese Satzglieder nennt man **Präpositionalobjekte**.

6 Manchmal steht ein Nebensatz für ein Objekt: *Ben schreibt, dass er Klara einlädt.* Solche Sätze nennt man **Objektsätze**.

4.2 (6) verschiedene Formen der Satzbildung unterscheiden, deren unterschiedliche Verwendung und Wirkung erkennen und dies im eigenen Sprachgebrauch nutzen · 4.2 (7) bekannte und weitere Satzglieder (Finaladverbiale) sowie Attribute sicher unterscheiden und verwenden, um variantenreichere Texte zu gestalten

229

Adverbialien unterscheiden

A. Die Mädchen trainieren am Nachmittag.
B. Die Mädchen trainieren auf dem Fußball-
platz.
C. Die Mädchen trainieren voller Begeisterung.
D. Die Mädchen trainieren wegen des Turniers.

1 a) Lies die vier Sätze A–D und bestimme
darin Subjekt und Prädikat.
b) Notiere Fragewörter, mit denen du nach
den weiteren Satzgliedern fragen kannst.
Schreibe auch die Antwort dazu.
c) Vergleiche mit einem Partner.

E. *Die Mädchen schossen in der zweiten Halb-
zeit das Siegtor.*
F. *Mit hochgereckten Armen verließen sie das
Spielfeld.*
G. *Nach dem Duschen feierten sie ihren Sieg
im Sportlerheim.*
H. *Durch diese drei Punkte war ihnen die Meis-
terschaft sicher.*

2 a) Schreibt die vier Sätze E–H ab und überlegt in der Gruppe, welche Wörter schwierig sind. Achtet auf die Rechtschreibung.
b) Markiert *Subjekt*, *Prädikat* und *Objekte*.
c) Lest die *Lernbox* und markiert die
Adverbialien in den Sätzen.
d) Mit welchen Fragen habt ihr die
Adverbialien erkannt? Notiert sie.

3 a) Notiert die vier Sätze E–H in der kürzest-
möglichen Form.
b) Vergleicht die Kurzform der Sätze mit dem
Original (Sätze E–H).
c) Beschreibt die Wirkung der Adverbialien.

Lernbox

Adverbialien

1 **Adverbialien** liefern zusätzliche
Informationen und machen Sätze und
Texte anschaulicher.
2 Je nach Art der Information unterschei-
det man:
– **Temporaladverbialien**
Umstandsbestimmung der Zeit: *Wann?
Wie lange? Seit wann? Bis wann?*
– **Lokaladverbialien**
Umstandsbestimmung des Ortes: *Wo?
Woher? Wohin?*
– **Modaladverbialien**
Umstandsbestimmung der Art und
Weise: *Wie?*
– **Kausaladverbialien**
Umstandsbestimmung des Grundes
oder der Bedingung: *Warum? Weshalb?*
– **Finaladverbialien**
Umstandsbestimmung des Zweckes
oder des Zieles: *Wozu?*
3 Oft passen in einem Satz zwei oder mehr
Adverbialien gut zusammen. Beispiel:
*Am Nachmittag schreibt Ben in seinem
Zimmer eine Mail an seine Freundin
Klara, um sich mit ihr zu verabreden.*

4.2 (6) verschiedene Formen der Satzbildung unterscheiden (z. B. Satzgefüge, Schachtelsatz), deren unterschiedliche Verwendung und Wirkung erkennen und dies im eigenen Sprachgebrauch nutzen · 4.2 (7) bekannte und weitere Satzglieder
(Finaladverbiale) sowie Attribute sicher unterscheiden und verwenden, um variantenreichere Texte zu gestalten

Mit Adverbialien anschaulich schreiben

Wegen des starken Regens fällt der Wandertag aus. Bei besserem Wetter wird er nachgeholt. Die Klasse hat trotz des Ausfalls nicht unterrichtsfrei. Wegen der anstehenden Prüfungen muss sie noch viele Aufgaben üben. Aus diesem Grund bleiben die Schüler ohne Protest den ganzen Vormittag im Klassenzimmer.

1 a) Arbeitet in Gruppen und lest den Text oben. Klärt, worum es darin geht.
b) Kürzt die Sätze auf Subjekt und Prädikat.

2 a) Schreibt den Text ab. Achtet auf die Rechtschreibung.
b) Markiert Subjekt, Prädikat und Objekte.
c) Lest die *Lernbox* und markiert die Adverbialien.
d) Mit welchen Fragen habt ihr die Adverbialien erkannt? Notiert sie in einer Tabelle:

Frage	Adverbiale	Bezeichnung
Weshalb?	wegen des starken Regens	Kausaladverbiale (Begründung)
xxxxx?	xxxxx	xxxxx

e) Vergleicht eure Lösungen in der Klasse.

A. *Laura kommt heute zum Lernen zu Larissa.*
B. *Um gute Noten zu erreichen, üben sie am Nachmittag die neuen Aufgaben.*
C. *Zur Erfrischung trinken sie einen Eistee.*

3 a) Schreibt die drei Sätze A–C ab.
b) Lest die *Lernbox* und markiert die Finaladverbialien.
c) Vergleicht in der Klasse.

4 Bearbeitet eine der folgenden Aufgaben. Präsentiert eure Ergebnisse in der Klasse.
a Sucht in der Zeitung Berichte über Unfälle oder andere Ereignisse. Unterstreicht darin die Adverbialien und bestimmt, um welche Art es sich handelt.
b Erinnert euch an den gestrigen Tag. Was habt ihr *wann, wo, warum* und *auf welche Weise* gemacht? Schreibt mindestens acht Sätze und verwendet darin Adverbialien.

Lernbox

Kausaladverbialien und Finaladverbialien

1 Kausaladverbialen geben Auskunft darüber, warum etwas geschieht: *wegen des starken Regens, aufgrund der guten Noten.* Sie können auch als Nebensatz mit um … zu gebildet werden. Beispiel: *Er übte fleißig, um eine gute Note zu erreichen.*

2 Kausaladverbialien können im Satz …
– eine **Begründung** angeben (Warum? Weshalb?): *deshalb, also, nämlich.*
– **Bedingungen** nennen (Unter welchen Umständen?): *notfalls, anderenfalls, sonst, schlimmstenfalls.*
– **Einwände** einräumen: *dennoch, trotzdem, auch wenn, gleichwohl.*
– die **Folge** einer Sache bezeichnen: *folglich, demzufolge, also, dadurch.*

3 Finaladverbialien geben den Zweck oder das Ziel an. Beispiel: *Zum konzentrierten Lernen suchte er Ruhe in seinem Zimmer. Wozu?* → *zum konzentrierten Lernen.*

4.2 (7) bekannte und weitere Satzglieder (Finaladverbiale) sowie Attribute sicher unterscheiden und verwenden, um variantenreichere Texte zu gestalten · 2.1 (1) auch komplexere pragmatische Texte informationsentnehmend, sinnkonstruierend, zügig und exakt lesen

231

Attribute und Attributsätze verwenden

In den Sätzen A – F geht es um ein Fahrrad. Es wird durch verschiedene Attribute genauer beschrieben. Rechts stehen (in falscher Reihenfolge) Erklärungen, wie die **Attribute** gebildet wurden.

A. Laura hat sich **ein neues Fahrrad** gekauft.
B. **Das glänzende Fahrrad** gehört ihr.
C. **Das Fahrrad meiner Freundin** war teuer.
D. **Das Fahrrad am Geländer** meine ich.
E. **Das Fahrrad dort** gehört Laura.
F. **Das Fahrrad, das sie fährt,** gefällt mir.

1 durch einen **Relativsatz**
2 durch ein **Adjektiv**
3 durch ein **Nomen im Genitiv**
4 durch ein **Partizip**
5 durch ein **Adverb**
6 durch ein **Nomen mit einer Präposition**

1 a) Lies die Sätze (A – F). Notiere in Stichpunkten, was du über das Fahrrad erfährst.
　　b) Lies die *Lernbox*. Markiere in deinen Stichpunkten, welche Informationen in einem Attribut stehen.
　　c) Ordne die Beispielsätze (A – F) den Erläuterungen der Attribute (1 – 6) zu.

　　b) Lies erneut in der *Lernbox* den Punkt 5. Wandle die Attribute zu *Elfmeter, Schuss, Spiel* und *Freund* aus dem Text in Attributsätze um. Schreibe die Sätze auf.
　　c) Vergleicht eure Lösungen.
　　d) Beurteilt, ob euch der Originaltext oder der Attributsatz besser gefallen.

2 a) Denke an einen guten Freund oder eine gute Freundin. Finde drei Eigenschaften und schreibe einen kleinen Text über ihn oder sie. Verwende dabei Attribute (z. B. *meine kluge Freundin, ein netter Junge*).
　　b) Besprecht zu zweit eure Texte.

3 a) Schreibe den folgenden Text ab und unterstreiche darin die sieben Attribute.

Der von Paul verschuldete Elfmeter brachte die Führung des Gegners. Der unhaltbare Schuss ging in die linke untere Ecke. So haben wir das spannende Spiel gestern verloren. Am Schluss musste ich meinen traurigen Freund trösten.

Lernbox

Attribut und Attributsatz

1 **Attribute** („Beifügungen") gehören immer zu einem Nomen. Sie erläutern es genauer.
2 **Links vom Nomen** stehen **Adjektivattribute** (*das grüne Fahrrad*) und **Partizipialattribute** (*das glänzende Fahrrad*).
3 Meist **rechts vom Nomen** stehen Attribute im **Genitiv** (*das Rad meiner Freundin*) oder mit Präposition (*das Rad am Zaun*).
4 Auch **Adverbien** wie *dort, hier, oben, gestern* können ein Nomen näher bestimmen. Beispiel: *das Fahrrad dort*.
5 Ein Relativsatz, der ein Nomen näher beschreibt, wird auch **Attributsatz** genannt. Attributsätze können Adjektive oder Partizipien ersetzen (*das grüne Rad → das Rad, das grün ist; das reparierte Rad → das Rad, das repariert wurde*).

4.2 (6) verschiedene Formen der Satzbildung unterscheiden, deren unterschiedliche Verwendung und Wirkung erkennen und dies im eigenen Sprachgebrauch nutzen · 4.2 (7) bekannte und weitere Satzglieder (Finaladverbiale) sowie Attribute sicher unterscheiden und verwenden, um variantenreichere Texte zu gestalten

Auf Präpositionen und Adverbien achten

Um Texte anschaulich und genau zu gestalten, sind Präpositionen und Adverbien besonders wichtig. Auf dieser Seite kannst du üben, diese Wortarten wirkungsvoll zu verwenden.

1 a) Lest die Sätze A – F. Bestimmt die Wortart der gelb markierten Wörter.

> **A.** Ben schreibt ==am== Nachmittag ==in== seinem Zimmer eine Mail ==an== seine Freundin Klara, um sich ==mit== ihr zu verabreden.
> **B.** Er geht gerne ==zum== Training.
> **C.** Fast ==bei== jedem Angriff wurde der Ball ==im== gegnerischen Korb versenkt.
> **D.** Sie freut sich ==über== das Geschenk.
> **E.** Der Fahrschüler achtet ==auf== den Querverkehr.
> **F.** Die Mädchen spielen ==auf== dem Fußballplatz.

b) Lest die Sätze einmal mit und einmal ohne die unterstrichenen Satzglieder. Beschreibt und vergleicht die Wirkung.

c) Bestimmt die unterstrichenen Satzglieder.

d) Wählt drei Sätze aus und tauscht die unterstrichenen Satzglieder durch andere Satzglieder mit Präpositionen aus.

e) Lest die *Lernbox* und vergleicht eure Lösungen mit einem anderen Team.

2 Bearbeite eine der folgenden Aufgaben.

a Bilde mit jeder dieser Präpositionen einen Satz: *bis, seit, auf, bei, außer, für.*

b Wähle sechs Präpositionen aus der *Lernbox*. Verwende sie in einer Geschichte.

Tipp

> 💡 **zu 3 b)** Nutze Adverbien …
> – des Ortes: *dort, da, draußen*
> – der Zeit: *sofort, später, abends, danach*
> – der Art und Weise: *gern, kaum, häufig*
> – des Grundes: *darum, trotzdem, dennoch.*

3 a) Lest die folgenden Sätze. Worum geht es?
> *Wir treffen uns immer im Jugendzentrum „Auszeit". Im Jugendzentrum „Auszeit" gibt es Räume zum Chillen, die wir aufsuchen. Man hat in den Räumen zum Chillen seine Ruhe. Wir können auch mal Fußball spielen. Wir sind da.*

b) 💡 Verbessert den Text und macht ihn aussagekräftiger, indem ihr Adverbien benutzt. Vermeidet auch Wiederholungen.

c) Vergleicht eure Überarbeitungen in der Klasse und beurteilt sie.

Lernbox

Präpositonen und Adverbien

1 Präpositionen helfen dabei, genauer zu beschreiben, wie sich etwas verhält:
→ *Zeit: bis, ab, seit, während, jetzt, nach*
→ *Raum: vor, auf, unter, in, bei, hinter*
→ *Beziehungen: außer, für, mit, gegen.*

2 **Adverbien** (Singular: Adverb) sind einzelne, nicht veränderbare Wörter, die beschreiben, *wo, wann, wie* und *warum* etwas geschieht. Adverbien helfen dabei, in einem Satz oder Text **genaue Informationen** zu geben und **Wiederholungen zu vermeiden**.
Beispiel: *Die Mädchen spielen in der Halle. Dort waren sie auch gestern.*

3 Weitere Hinweise zu Präpositionen und Adverbien findest du auf der Seite 309.

4.2 (7) bekannte und weitere Satzglieder (Finaladverbiale) sowie Attribute sicher unterscheiden und verwenden, um variantenreichere Texte zu gestalten · 4.3 (5) bekannte Regeln der Zeichensetzung, insbesondere der Kommasetzung auch bei längeren Satzfolgen, Infinitivgruppen oder Appositionen anwenden

233

Satzreihen und Satzgefüge bilden

Zwei Sätze, die inhaltlich zusammengehören, kann man zu einer Satzreihe oder zu einem Satzgefüge verbinden. Wie das geht, könnt ihr auf den Seiten 234–235 wiederholen und üben. Arbeitet dabei zu zweit und besprecht vor allem die Wirkung der Sätze.

1 a) Lest die folgenden beiden Sätze:
Herr Mey kommt heute nicht in die Schule.
Er besucht seine Schüler im Praktikum.

   b) Besprecht, auf welche Weise diese zwei Sätze zusammengehören.

2 a) Lest die *Lernbox*. Verknüpft dann die beiden Sätze so, wie es eurer Meinung nach am besten passt.

   b) Besprecht eure Sätze in der Klasse. Nennt die Gründe für eure Wahl.

3 a) Vergleicht die folgenden Sätze (A–C).

A. Jonas geht in die Bücherei, weil er ein Buch über Solarenergie ausleihen möchte.

B. Weil er ein Buch über Solarenergie ausleihen möchte, geht Jonas in die Bücherei.

C. Jonas geht, weil er ein Buch über Solarenergie ausleihen möchte, in die Bücherei.

b) Formuliert eine Regel zur Ergänzung der *Lernbox*: Wo können Nebensätze stehen?

c) Vergleicht eure Ergebnisse in der Klasse.

Lernbox

Satzreihen und Satzgefüge bilden

1 Manche Sätze sind **inhaltlich so eng verbunden**, dass man das auch beim Sprechen und Schreiben ausdrücken möchte. Beispiel: *Ihr tut ein Zahn weh. Sie geht zum Zahnarzt.* → *Sie geht zum Zahnarzt,* **weil** *ihr ein Zahn wehtut.*

2 Sätze kann man auf verschiedene Weise verbinden: Man kann **zwei Hauptsätze** verknüpfen oder einen **Hauptsatz** mit einem **Nebensatz** kombinieren. Zwischen den Sätzen steht dann ein **Komma**.

3 Verknüpft man **zwei Hauptsätze**, entsteht eine **Satzreihe**. Beispiele: *Werbung ist geschickt, sie informiert und lockt zugleich. Werbung ist geschickt, denn sie informiert und lockt zugleich.*

4 Wichtige **Konjunktionen für Satzreihen** sind: *aber, und, denn, doch, oder, sondern.* Vor *und* bzw. *oder* muss kein Komma stehen.

5 Wenn man einen **Hauptsatz** und einen **Nebensatz** verknüpft, entsteht ein **Satzgefüge**. Der Nebensatz beginnt mit einer Konjunktion, das Prädikat steht am **Ende**. Beispiel: *Werbung ist geschickt,* **weil** *sie zugleich* **informiert und lockt.**

6 **Konjunktionen für Nebensätze** sind: *als, weil, bevor, bis, damit, dass, indem, wenn, sodass, nachdem, obwohl, während.*

4.2 (6) verschiedene Formen der Satzbildung unterscheiden (z. B. Satzgefüge, Schachtelsatz), deren unterschiedliche Verwendung und Wirkung erkennen und dies im eigenen Sprachgebrauch nutzen · 4.2 (7) bekannte und weitere Satzglieder (Finaladverbiale) sowie Attribute sicher unterscheiden und verwenden, um variantenreichere Texte zu gestalten

Relativsätze und Nebensätze mit *dass*

1 a) Ergänzt die Sätze A–E und schreibt sie auf.

> **A.** Martina hofft, dass … (Kuchen gelingt)
> **B.** Leon meint, dass … (Training fällt heute aus)
> **C.** Der Arzt sieht, dass … (Bein gebrochen)
> **D.** Ben spürt, dass … (Wasser zu kalt zum Schwimmen)
> **E.** Anna denkt, dass … (Probe gut gelungen)

4 ☀ Forme die Sätze H–J jeweils in Hauptsatz und Relativsatz um.

H. Der so schön gemusterte Pulli im Schaufenster gefällt mir.
I. Der günstige Preis auf dem Schild könnte mich glatt verlocken.
J. Die schicke Hose daneben kaufe ich gleich mit.

b) Bildet mit folgenden Verben dass-Sätze: *äußern, behaupten, berichten, glauben*.

c) Lest in der *Lernbox* Punkt 1 und besprecht eure Sätze mit einem anderen Team.

2 a) Bildet Haupt- und Relativsätze. Verwendet dafür die Attribute links vom Nomen.
  – Die <u>schwere</u> Probe wird wiederholt.
  – Das <u>für heute angesetzte</u> Spiel wird verschoben.
  – Das <u>neu entwickelte</u> Handy ist teuer.

b) Lest in der *Lernbox* Punkt 2 und besprecht eure Lösungen.

3 a) Die Satzpaare F und G scheinen gleich. Bildet daraus jeweils ein Satzgefüge mit Haupt- und Relativsatz.
  F. Am Tisch neben uns sitzt Herr Weber. Ich habe ihn dir neulich schon gezeigt.
  G. Herr Weber sitzt am Tisch neben uns. Ich habe ihn dir neulich schon gezeigt.

b) Lest in der *Lernbox* Punkt 3 und besprecht eure Lösungen.

Tipp

☀ **zu 4)** Es gibt immer zwei Lösungen:
H. *Der so schön gemusterte Pulli, der …*
H. *Der Pulli im Schaufenster, der so …*

Lernbox

Sätze miteinander verknüpfen

1 **Nebensätze**, die mit der **Konjunktion** *dass* beginnen, stehen oft nach Verben des Denkens, Sagens oder Fühlens. Beispiele: *Er <u>sagt</u>, dass er zum Spiel kommt. Ich <u>hoffe</u>, dass wir dann gewinnen.*

2 **Nebensätze**, die mit den **Relativpronomen** *der, die, das* oder *welcher, welche, welches* beginnen, heißen **Relativsätze** oder **Attributsätze**: *Heute Abend gehen wir zum <u>Spiel</u>, <u>das</u> über den Aufstieg entscheidet. Das <u>Spiel</u>, <u>das</u> über den Aufstieg entscheidet, findet in der neuen Sporthalle statt. Die <u>Sporthalle</u>, <u>die</u> heute neu eröffnet wird, ist schon ausverkauft.*

3 **Relativsätze** sind einem Nomen beigefügt und erläutern es näher: *Die Sporthalle, die heute eröffnet wird, ist ausverkauft.* Um Missverständnisse auszuschließen, stehen sie immer dicht beim Nomen. Sie können dem Hauptsatz folgen oder sie können ihn unterbrechen.

4.2 (7) bekannte und weitere Satzglieder (Finaladverbiale) sowie Attribute sicher unterscheiden und verwenden, um variantenreichere Texte zu gestalten · 4.3 (5) bekannte Regeln der Zeichensetzung, insbesondere der Kommasetzung auch bei längeren Satzfolgen, Infinitivgruppen oder Appositionen anwenden

235

Check dein Wissen!

Auf den Seiten 236–237 kannst du selbst überprüfen, was du in diesem Schuljahr über Wörter und Sätze gelernt hast. Dafür gestaltest du einen Text nach deinen Vorstellungen und erläuterst mit Fachbegriffen, was du gemacht hast. Folge den Aufgaben sorgfältig, Schritt für Schritt.

1 a) **Die ersten Menschen auf dem Mond**
Heute sorgen Weltraumfahrer wie Alexander Gerst für Schlagzeilen.

1 b) betraten   den Mond   die ersten Menschen   aber schon vor mehr als 50 Jahren.

1 c) Das war ein großes Abenteuer mit ungewissem Ausgang.

2 a) das Raumschiff   durch den Weltraum   durch die Weite des Raumes   schwebte
schon seit drei Tagen   zog

3 a) Es näherte sich nun seinem Ziel.   *oder*   Nun näherte es sich seinem Ziel.
In aller Ruhe machten zwei Astronauten die Landefähre „Eagle" startklar.

3 b) Ihre Düsen sprangen mit einem leisen Fauchen an.   *oder*
Mit einem leisen Fauchen sprangen ihre Düsen an.
Fast unmerklich löste sich die „Eagle" vom Raumschiff.

3 c) dem fremden Himmelskörper   langsam   sie   strebte zu

4 a) An Bord herrschte gespannte Aufmerksamkeit. Mit einem letzten Schub zog der Pilot die
Kapsel über einen todbringenden Krater hinweg und landete auf einer ebenen, staubigen
Fläche.
Die Ausstiegsluke öffnete sich.   Nach kurzer Zeit öffnete sich die Ausstiegsluke.

4 b) Einer der beiden Astronauten kletterte hinunter.
Der zweite Astronaut folgte ihm sogleich.
Die beiden bestaunten die Landschaft.

5 a) Aber dann hatten sie viel zu tun. Zuerst stellten sie wissenschaftliche Geräte auf.
Besonders interessant war ein Laser-Reflektor. Mit ihm kann man die Entfernung zur Erde
zentimetergenau messen.   *oder*   Besonders interessant war ein Laser-Reflektor, weil man
mit ihm die Entfernung zur Erde zentimetergenau messen kann.   *oder*   Besonders interessant war ein Laser-Reflektor, denn mit ihm kann man die Entfernung zur Erde zentimetergenau messen.

5 b) Anschließend erkundeten die Männer die nähere Umgebung des Landeplatzes,
dabei bewegten sie sich mit seltsam hopsenden Schritten.   *oder*
wobei sie sich mit seltsam hopsenden Schritten bewegten.
Immer wieder packten sie Gesteinsproben ein, die später auf der Erde untersucht wurden.
Nach nicht ganz einem Tag starteten die Männer zum Rückflug.

4.2 (3) die bekannten Wortarten sicher unterscheiden und dies nutzen, um sich situationsgerecht auszudrücken · 4.2 (4) Wörter
der bekannten Wortarten auch im Konjunktiv I und II sicher flektieren und dies für das eigene Sprachhandeln nutzen ·
4.2 (5) die indirekte Rede zur Wiedergabe von Äußerungen eines Dritten sicher anwenden

Der Text auf S. 236 soll in der Schülerzeitung erscheinen. Lies ihn und überarbeite ihn, indem du die Aufgaben 1–6 bearbeitest. (Links neben dem Text steht jeweils die Nummer der Aufgabe.) Beachte: Der Text besteht aus schwarz und blau *gedruckten Sätzen. Die Überschrift und die schwarzen Sätze übernimmst du unverändert. Die* blau *gedruckten Sätze musst du bearbeiten.*

1 a) Schreibe den Beginn des Textes ab (Überschrift und erster Satz).

b) Die vier Satzglieder sind alphabetisch geordnet. Überlege, wie du den Text fortführen willst. Schreibe den Satz auf (1 P.) und benenne die vier Satzglieder. (4 P.)

c) Schreibe den folgenden Satz ab.

2 a) Für diesen Satz benötigst du vier Satzglieder, hast aber sechs zur Auswahl. Wähle vier Satzglieder aus und schreibe den Satz auf. (1 P.)

b) Benenne die Satzglieder. (4 P.)

3 a) Wähle den Satz aus, der dir als Anschluss am besten gefällt.

b) Wähle den Satz aus, mit dem du fortfahren möchtest.

c) Gestalte diesen Satz passend dazu.

d) Schreibe den Abschnitt 3 a) bis 3 c) auf.
(3 P.)

4 a) Vergleiche die beiden blauen Sätze. Wie heißt das Satzglied, um das der zweite Satz erweitert ist? Notiere den Begriff.
(1 P.)

b) Die beiden blau gedruckten Sätze kann man um mehrere Informationen erweitern.
– 1. Satz: Finde 2 Adverbialien. (2 P.)
– 2. Satz: Finde 2 Attribute. (2 P.)

c) Schreibe nun den Abschnitt 4 a) bis 4 b) mit deinen erweiterten Sätzen auf.

5 a) In diesem Absatz gibt es drei blaue Vorschläge zur Auswahl. Vorschlag 1 besteht aus zwei Hauptsätzen.
In Vorschlag 2 und 3 sind die Sätze verbunden. Notiere, wie man die Verknüpfungen nennt:
– *Der Satz mit* weil *ist …*
– *Der Satz mit* denn *ist …* (2 P.)

b) Wähle zum ersten Satz die Fortsetzung, die dir besser gefällt. (1 P.)
Notiere, wie man den Satz *die später auf der Erde untersucht werden* nennt. (1 P.)

c) Schreibe den Abschnitt 5 a) bis 5 b) auf.

6 a) Notiere aus dem gesamten Text je zwei *Nomen, Artikel, Pronomen, Verben, Adjektive* und *Präpositionen.* (12 P.)

b) In den Beispielsätzen zu Aufgabe 5 a) kommen die Wörter *weil* und *denn* vor. Wie nennt man solche Wörter? (1 P.)

c) Notiere vier weitere Wörter dieser Wortart. (4 P.)

d) In Aufgabe 5 b) beginnt der letzte blaue Satz mit *die*. Du kennst *die* als Artikel. Welche Wortart ist es hier? Notiere. (1 P.)

Gesamtzahl der möglichen Punkte: 40
So kannst du deine Leistung selbst einschätzen:

40 – 35	/	34 – 28	/	27 – 16	/	15 – 0
☺ ☺		☺		☺		☹

4.2 (6) verschiedene Formen der Satzbildung unterscheiden und im eigenen Sprachgebrauch nutzen · 4.2 (7) bekannte und weitere Satzglieder sowie Attribute sicher unterscheiden und verwenden, um variantenreichere Texte zu gestalten · 3.3 (1) fremde Texte kriterienorientiert nach Form, Inhalt und Sprache überprüfen · 4.3 (5) bekannte Regeln der Zeichensetzung anwenden

237

Kurzwörter verstehen

A. UFO	**1.** Personenkraftwagen
B. Pkw	**2.** Kindertagesstätte
C. Auto	**3.** Aluminium
D. Akku	**4.** unbekanntes Flugobjekt
E. Alu	**5.** Schiedsrichter
F. Kita	**6.** Akkumulator
G. Schiri	**7.** Automobil

A B C D

1 a) Was bedeuten die Kurzwörter (A–G) auf der linken Seite? Ordne ihnen jeweils die richtige Bedeutung (1–7) zu.

  b) Untersuche die Kurzwörter genau. Wie sind sie gebildet worden?

  c) Sprecht zu zweit über eure Ideen. Vergleicht dann mit der *Lernbox*.

2 Welche Kurzwörter benutzt du häufig? Schreibe sie in eine Tabelle. Notiere daneben das vollständige Wort. Beispiel:

Kurzwort	Bedeutung
Kita	*Kindertagesstätte*

3 Recherchiere, auf welche Vollwörter folgende Kurzwörter zurückgehen. Nutze für die Suche ein Wörterbuch oder das Internet.

A. EU	**D.** Lkw
B. Azubi	**E.** S-Bahn
C. USA	**F.** Deo

4 a) Gibt es Situationen, in denen Kurzwörter zu Missverständnissen führen können? Sammelt zu zweit mögliche Beispiele.

  b) Wann und warum sind Kurzwörter sinnvoll? Diskutiert darüber in der Klasse.

5 a) Denke dir neue Kurzwörter aus, die es noch nicht gibt.

  b) Tauscht zu zweit eure Kurzwörter. Versucht, die Bedeutung herauszufinden.

  c) Kontrolliert euch gegenseitig.

Lernbox

Kurzwörter

1 Kurzwörter können aus **Buchstaben oder Silben** zusammengesetzter Wörter gebildet werden. Beispiel: *Kindertagesstätte → Kita*

2 Kurzwörter können auch dadurch entstehen, dass nur der **erste Teil eines Wortes** genutzt wird. Beispiel: *Deodorant → Deo*

3 **Typische Beispiele** für Kurzwörter sind die Bezeichnungen: *Auto* (→ **Auto**mobil) und *Pkw* (→ **P**ersonen**k**raft**w**agen).

4 **Kurzwörter** ersetzen längere Wörter. Sie werden geschrieben und gesprochen – im Unterschied zu **Abkürzungen** (wie z. B.), die man meist vollständig spricht (*zum Beispiel*).

5 Im Gegensatz zu anderen Wörtern haben Kurzwörter **keinen Wortstamm.**

4.2 (2) bekannte und neu erworbene Formen der Wortbildung (Änderung des Stammvokals, Kurzwörter) auch in den Fachsprachen (z. B. Nominalisierungen) und bei Fremdwörtern analysieren und sie zur Erweiterung des eigenen Wortschatzes und zum aktiven Sprachhandeln nutzen

Wörter bilden und auf den Stammvokal achten

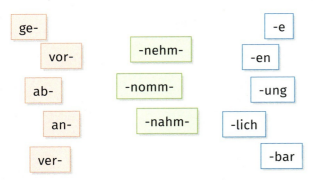

ge- | vor- | ab- | an- | ver- | -nehm- | -nomm- | -nahm- | -e | -en | -ung | -lich | -bar

**Nie mehr kaputte Pflanzen –
im Gewachshaus**

Letztes Jahr sind Ihre Pflanzen wegen
Regen oder Hagel nicht so gewuchsen,
wie sie sollten?

Wir haben die perfekte Lösung – mit
unseren neuen Gewachshausern müssen
Sie sich keine Sorgen mehr machen!
Suchen Sie sich aus unserer riesigen
Auswahl das passende Gewachshaus aus.
Achten Sie darauf, dass sie die Pflanzen
im richtigen Abstand einpflanzen, um ein
Zusammenwächsen zu verhindern.
Kommen Sie bei Fragen gern in unser
Geschäft und lassen Sie sich beraten!

1 Wörter bestehen aus Wortbausteinen.

a) Schreibe alle Wörter auf, die du spontan
mit den Bausteinen oben bilden kannst.

b) Vergleicht eure Ergebnisse zu zweit.
Wer hat mehr Wörter gefunden?

c) Trage die Wörter in eine Tabelle ein:

Vorsilbe	Wortstamm	Nachsilbe
ge-	*-nomm-*	*-en*

d) Lege eine zweite Tabelle an und sortiere
deine Wörter nach Wortarten.

Nomen	Adjektive	Verben
An-nahm-e	*xxx*	*xxx*

2 a) Ein Praktikant im Baumarkt sollte
einen Werbeflyer für ein Gewächshaus
erstellen. Lies seinen Entwurf rechts.

b) Schreibe die falsch gebildeten Wörter
heraus und korrigiere sie.

c) Kontrolliert eure Lösungen zu zweit.

3 a) Schreibe in fünf Minuten alle Wörter
mit Umlaut auf, die dir einfallen.

b) Tauscht eure Wörter zu zweit.

c) Schreibe mit mindestens drei Wörtern
deines Partners eine kleine Geschichte.

Tipp

💡 **zu 1c)**

1 Jedes Wort hat einen **Wortstamm**, an
den **Vor- und Nachsilben** angehängt
werden.

2 Durch Vor- und Nachsilben ändert sich
die **Bedeutung** des Wortes.

Lernbox

Der Stammvokal

1 Der Vokal im Wortstamm (*a, e, i, o, u*)
wird als **Stammvokal** bezeichnet.

2 Bei manchen Wörtern ändert sich der
Stammvokal je nach **Flexionsform**, z. B.
bei den unregelmäßigen Verben
(→ S. 313).
Beispiel: *nehmen – nahm – genommen*

3 Auf den Stammvokal muss man auch
bei der **Wortbildung** achten. Beispiele:
*finden → Fundbüro; wachsen →
Gewächshaus*

4.2 (2) bekannte und neu erworbene Formen der Wortbildung (Änderung des Stammvokals, Kurzwörter) auch in den Fachsprachen
(z. B. Nominalisierungen) und bei Fremdwörtern analysieren und sie zur Erweiterung des eigenen Wortschatzes und zum aktiven
Sprachhandeln nutzen

239

Jugendsprache passend verwenden

1 a) Sieh dir das Bild an und beschreibe es.
  b) Besprecht zu zweit, warum die ältere Frau die Musik wohl nicht gut findet.

2 a) Lies folgenden Auszug aus dem Lied „Cruisen" von der Gruppe *Massive Töne*:

> Wir sind die Coolsten, wenn wir cruisen,
> Wenn wir durch die City düsen.
> Wir sind die Coolsten, wenn die süßen
> Ladies uns mit Küsschen grüßen.
> 5 Wir sind die Coolsten, wenn wir cruisen,
> wenn wir durch die City düsen.
> Wir sind die Coolsten, nie am Losen,
> weil wir rulen, wenn wir cruisen.

  b) Schreibe alle Wörter aus dem Text heraus, die Menschen im Alter deiner Großeltern vermutlich nicht verwenden würden.
  c) Finde jeweils eine Entsprechung in der Sprache deiner Großeltern.

3 Du sprichst mit einem Freund/einer Freundin darüber, was du am Nachmittag vorhast.
  a) Schreibt zu zweit einen Dialog und spielt ihn. Achtet auch auf Gestik und Mimik.
  b) Überlegt, wie sich eure Sprache verändert, wenn ihr eurer Lehrkraft von euren Aktivitäten am Nachmittag erzählt.
  c) Spielt auch diesen Dialog.

4 a) Überlegt euch gemeinsam Situationen, in denen die Sprache von heute zu Missverständnissen führen kann.
  b) Überlegt in Kleingruppen, warum sich Sprache verändert.
  c) Tragt eure Überlegungen in der Klasse zusammen.

Oh je, diese Musik!

5 a) Lies folgenden Dialog:

> **Direktor:** Hallo Anna, kannst du dir vorstellen, warum dich Herr Huf zu mir geschickt hat?
> **Anna:** Ja, hey, sorry, der Huf war aber schon auch ein bisschen drüber. Nur weil ich Kaugummi gekaut hab! Der soll mal bisschen chillen.
> **Direktor:** Anna, es ging nicht nur um das Kaugummikauen, sondern auch um deinen Ton dem Kollegen gegenüber! Und wenn ich dir so zuhöre, kann ich ihn auch verstehen …

  b) Schreibe Annas Text so um, dass ihre Sprache der Situation angemessen ist.

6 a) Recherchiere, was das „Jugendwort des Jahres" ist.
  b) Notiere die Jugendwörter der letzten Jahre. Klärt zu zweit ihre Bedeutung.
  c) Welches Wort würdest du als neues „Jugendwort des Jahres" vorschlagen? Sammelt Vorschläge in der Klasse, diskutiert sie und stimmt darüber ab.

4.1 (2) Merkmale von Sprachvarietäten reflektieren (z. B. Soziolekt, Dialekt oder Regiolekt) und sie bewusst, der Situation angemessen einsetzen · 4.1 (4) Gemeinsamkeiten und Unterschiede im gegenwärtigen und vergangenen Sprachgebrauch des Deutschen erkennen (z. B. im Schriftbild, Bedeutungswandel)

Dialekte erkunden

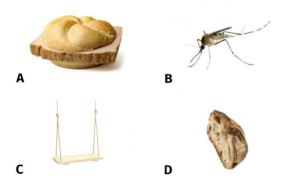

A

B

C

D

1 a) Sieh dir die Bilder an. Wie nennst du das?
   b) Betrachte die Karte rechts und ordne deinen Wohnort einer Dialektregion zu. Nutze gegebenenfalls einen Atlas. Welchen Dialekt spricht man bei euch?

2 Notiere folgenden Satz in verschiedenen Dialekten: *Ich hätte gerne ein Fleischkäse-brötchen.* Lies bei Bedarf im Internet nach.

3 Finde für folgende Wörter die Entsprechung in der Standardsprache und schreibe sie auf: *Erdapfel, Knödel, Semmel, Fleischpflanzerl.*

4 a) Kennst du weitere typische Dialektwörter?
   b) Notiere sie in einer Tabelle, jeweils mit der Entsprechung in der Standardsprache.

Dialekte

1 Ein **Dialekt** ist eine Mundart (Redeweise), die in einer bestimmten Region gesprochen wird.
2 Die drei großen Dialektgruppen in Bayern sind: *Bairisch, Fränkisch* und *Schwäbisch.*
3 Das Gegenteil von Dialekt ist die **Standardsprache**. Sie wird zum Beispiel bei offiziellen Anlässen und in den Medien gesprochen. Man nennt sie auch Hochsprache oder **Hochdeutsch**.

5 Jede Dialektregion hat auch typische Sprüche, Redensarten und Zungenbrecher.
Beispiel: *Wou die Hasen Hoosn und die Hosen Huusn haassn* (Fränkisch, Nürnberg).
   a) Suche einen weiteren Spruch im Dialekt.
   b) Bildet Vierergruppen, lest die Anleitung und spielt „Wer versteht den Dialekt?".

Wer versteht den Dialekt?
1 Jeder schreibt zu seinem Spruch die standard-sprachliche Bedeutung auf ein Extrablatt.
2 In jeder Runde liest einer seinen Spruch vor, ohne die Bedeutung zu verraten.
3 Alle überlegen, was er bedeutet, und notieren eine standardsprachliche Übersetzung.
4 Der Vorleser sammelt alle Zettel ein. Dann liest er alle Zettel vor und mischt auch die richtige Übersetzung darunter.
5 Alle raten, welche Übersetzung die richtige ist.
6 Wer die richtige Bedeutung errät, erhält einen Punkt. Einen Punkt erhält auch jeder, dessen Übersetzung für richtig gehalten wurde.

4.1 (2) Merkmale von Sprachvarietäten reflektieren (z. B. Soziolekt, Dialekt oder Regiolekt) und sie bewusst, der Situation angemessen einsetzen

241

Fachbegriffe und Fremdwörter verstehen

Heute zeige ich dir, wie man die Diagnose in die Patientenakte einträgt. Richtest du bitte vorher noch eine Infusion für die Patientin Frau Meyer her und bereitest das Elektrokardiogramm in Behandlungsraum 5 vor? Außerdem braucht Herr Korkmaz noch eine Überweisung für eine Magnetresonanztomographie.

1
a) Sieh dir das Bild an und beschreibe es.
b) Erkläre, warum die Auszubildende Probleme hat, die Ärztin zu verstehen.
c) Sprecht zu zweit über den Text. Versteht ihr alle Begriffe?

2
a) Recherchiere die Bedeutung und die Herkunft der Begriffe *Diagnose, Elektrokardiogramm, Infusion* und *Magnetresonanztomographie*. Notiere deine Ergebnisse.
b) Finde heraus, ob es neben der Medizin weitere Bereiche gibt, in denen diese Begriffe vorkommen.
c) Vergleicht gemeinsam eure Ergebnisse.

3
a) Schreibe die Wörter aus Aufgabe 2 ab und markiere darin schwierige Stellen.
b) Besprich mit einem Partner, warum diese Stellen schwierig sind. Vergleicht eure Überlegungen mit der *Lernbox* auf S. 243.
c) Nimm die Wörter in deine Rechtschreibkartei auf.

4
a) Nicht nur in bestimmten Berufsfeldern kommen Fremdwörter vor. Überlege, welche Fremdwörter du täglich benutzt.
b) Tauscht euch zu zweit darüber aus.

5 Fremdwörter und Fachbegriffe bestehen häufig aus zusammengesetzten Wörtern.
a) Bilde so viele Wörter wie möglich aus den Bausteinen im Kasten.

App – entwickeln – Information – Text – Leben – Funktion – tüchtig – surfen – Verhalten – Situation

b) Lege eine Tabelle mit zwei Spalten an.
c) Schreibe alle Wörter in die linke Spalte und notiere rechts ihre Bedeutung.

Fach-/Fremdwort	Bedeutung
XXX	*XXX*

d) Ergänze in deiner Tabelle weitere Wörter.
e) Besprecht die Ergebnisse in der Klasse.

4.1 (1) Herkunft und Bedeutung ausgewählter fachsprachlicher Begriffe erklären, Merkmale von Fachsprachen erkennen (z. B. aus der Arbeitswelt) und diese Erkenntnisse für das eigene Sprachhandeln nutzen · 4.1 (5) die Herkunft, Bedeutung und Verwendung gängiger Fremdwörter und Internationalismen erklären, um den aktiven und passiven Wortschatz zu erweitern

6 a) Lies den Informationstext über den Beruf *Kaufmännische/-r Assistent/-in für Betriebsinformatik* im Kasten rechts.

b) Schreibe alle blau gedruckten Fachbegriffe und Fremdwörter heraus.

c) Überprüfe mithilfe des Internets, aus welcher Sprache die Wörter kommen.

7 a) Notiere, welche Fachbegriffe du aus den folgenden Bereichen (A – D) kennst.
   A. *Bäckereifachverkäufer/-in,*
   B. *Bankkauffrau/-kaufmann*
   C. *Industriekauffrau/-kaufmann*
   D. *Kfz-Mechatroniker/-in*

b) Vergleicht zu zweit eure Ergebnisse.

c) Recherchiert gemeinsam, aus welcher Sprache die Fachbegriffe stammen.

8 a) Schreibe einen kurzen Informationstext über deinen Traumberuf.
   Verwende dabei typische Fachbegriffe, die für den Beruf wichtig sind.

b) Tauscht in einer Kleingruppe eure Texte.

c) Schlagt die Fachbegriffe und Fremdwörter im Text eurer Mitschüler/-innen nach.

Kaufmännische/-r Assistent/-in für Betriebsinformatik

Was macht man in diesem Beruf?
Kaufmännische Assistenten und Assistentinnen für Betriebsinformatik stellen sicher, dass die betriebswirtschaftlichen, organisa-
5 torischen und technischen Prozesse eines Betriebs mithilfe von IT-Systemen reibungslos ablaufen. Sie analysieren die Geschäftsprozesse, schlagen geeignete informationstechnische Systemlösungen vor und wählen EDV-Anwen-
10 dungen nach wirtschaftlichen und bedarfsgerechten Gesichtspunkten aus. Zudem lösen sie technische Probleme, die bei der Installation von Programmen oder dem Betrieb von Netzwerken auftreten, und passen Standardsoft-
15 ware an die betrieblichen Anforderungen an. Auch bei der Dokumentation der technischen und betrieblichen Abläufe sowie der Anwenderbetreuung und -schulung wirken sie mit.

Lernbox

Fremdwörter und Fachbegriffe verstehen

1 **Fremdwörter** sind Wörter, die aus einer anderen Sprache übernommen wurden. Für viele Fremdwörter findet sich keine deutsche Entsprechung, z.B. *Smartphone*.

2 Viele Fremdwörter erkennt man an ihrer besonderen **Schreibung**. Die Endungen **-tion** und **-iell** sind Hinweise auf Fremdwörter: *Information, kommerziell.*

3 **Fachbegriffe** sind Wörter, die nur in einem bestimmten Bereich oder Berufsfeld verwendet werden. Sie dienen dazu, eine Sache oder Vorgehensweise genau zu beschreiben: *die Injektion (medizinischer Fachbegriff) → eine Spritze mit einem Medikament.*

4 Viele **Fachbegriffe** stammen aus anderen Sprachen; sie sind zugleich **Fremdwörter**.

4.1 (1) Herkunft und Bedeutung ausgewählter fachsprachlicher Begriffe erklären, Merkmale von Fachsprachen erkennen (z. B. aus der Arbeitswelt) und diese Erkenntnisse für das eigene Sprachhandeln nutzen · 4.1 (5) die Herkunft, Bedeutung und Verwendung gängiger Fremdwörter und Internationalismen erklären, um den aktiven und passiven Wortschatz zu erweitern

243

Redensarten und Sprichwörter erschließen

1 a) Betrachte die Bilder. Welche Sprichwörter könnten gemeint sein? Schreibe sie auf.
 b) Notiere, was die Sprichwörter bedeuten.

2 a) Im folgenden Dialog verwechseln Lea und Ben einige Sprichwörter und Redensarten. Lies das Gespräch zwischen den beiden.

> **Ben:** Guck mal, die hässlichen Socken habe ich von meiner Großtante bekommen.
> **Lea:** Na ja, so schlimm sind sie nicht, finde ich. Außerdem ist es ja ein Geschenk und
> 5 über ein Geschenk lässt man schließlich Gras wachsen.
> **Ben:** Nun, ich habe meiner Tante direkt gesagt, dass ich die Socken nicht so schön finde. Hoffentlich vergisst sie das bis zum
> 10 nächsten Mal und schaut einem geschenkten Gaul nicht ins Maul.
> **Lea:** Das ist aber gemein von dir! Das hast du dir ja schön hinter die Ohren geschrieben!
> **Ben:** Ja, stimmt. Meine Tante meint es nur gut.
> 15 Fürs nächste Mal setze ich das in den Sand.

 b) Schreibe alle vier Redensarten und Sprichwörter heraus.
 c) Ordne sie und schreibe den Dialog so um, dass sie in den Zusammenhang passen.
 d) Vergleicht zu zweit eure Lösungen.

3 Finde für folgende Sprichwörter und Redensarten (A–D) die passende Bedeutung (1–4).

A. *Neue Besen kehren gut.*
B. *jemanden um den Finger wickeln*
C. *Ein blindes Huhn findet auch mal ein Korn.*
D. *etwas aus dem Ärmel schütteln*

1. *etwas ohne Vorbereitung gut machen*
2. *jemanden beeinflussen und für sich gewinnen*
3. *Jemand ist (nur am Anfang) besonders eifrig.*
4. *Jemandem, der normalerweise nicht viel kann, gelingt ausnahmsweise einmal etwas.*

4 Die Redensarten (E–J) sind durcheinandergeraten. Ordne die Satzbausteine richtig zu und schreibe die Redensarten korrekt auf.

E. Asche | *im Sack kaufen*
F. Jemanden an der Nase | *wachsen lassen*
G. Die Katze | *auf mein Haupt*
H. Einen Denkzettel | *schreiben*
I. Gras über eine Sache | *herumführen*
J. Etwas hinter die Ohren | *verpassen*

5 Lies die *Lernbox* und erkläre die Bedeutung der Redensarten (E–J) mit eigenen Worten.

4.1 (6) Unterschiede und Gemeinsamkeiten zwischen unterschiedlichen anderen Sprachen (z. B. aus den Erstsprachen der Schülerinnen und Schüler) und dem Deutschen feststellen · 4.1 (7) die Wirkung bekannter und neu erworbener rhetorischer Formen des Sprachgebrauchs ausdrücken, um Kommunikationsabsichten zu verstehen und sich selbst anschaulicher zu verständigen

6 Lies die englischen Redensarten und Sprichwörter (K–P). Gibt es eine deutsche Redensart mit der gleichen Bedeutung? Notiere sie. Recherchiere im Internet, falls nötig.

> **K.** Barking dogs seldom bite.
> **L.** See the forest for the trees.
> **M.** To be fed up.
> **N.** Old flame never dies.
> **O.** The early bird catches the worm.
> **P.** All roads lead to Rome.

7 a) Sammle Redensarten und Sprichwörter aus einer Sprache, die du gut kannst.
b) Schreibe sie mit ihrer Bedeutung auf.
c) Finde, wenn möglich, eine deutsche Entsprechung.

8 a) Geht in Kleingruppen zusammen und sammelt weitere Redensarten und Sprichwörter. Fragt eure Eltern und eure Großeltern oder lest in Büchern nach.
b) Findet die Bedeutung der Sprichwörter und Redensarten heraus.
Präsentiert eure Ergebnisse in der Klasse.

9 Sieh dir das Bild oben rechts an.
Welche Redensart ist hier dargestellt?

10 a) Notiert alle Redensarten und Sprichwörter, die ihr kennt, auf einzelnen Zetteln.
b) Bildet Vierergruppen, lest die Anleitung im Kasten und spielt das Ratespiel.

> **Redensarten und Sprichwörter raten**
>
> **1** Ihr braucht: einen Würfel, einen Stift und ein großes Blatt Papier.
> **2** Bildet in der Gruppe zwei **Zweierteams**, die gegeneinander antreten.
> **3** Ein Team beginnt und würfelt. Das eine Teammitglied agiert, das andere muss raten, was gemeint ist. Die Würfelzahl entscheidet:
> → Bei **1** und **2** müsst ihr **zeichnen**.
> → Bei **3** und **4** wird **mit Worten** umschrieben. (Dabei dürft ihr keine Wörter nutzen, die in der Redensart/dem Sprichwort vorkommen!)
> → Bei **5** und **6** müsst ihr etwas **pantomimisch** darstellen (ohne Worte).
> **4** Das andere Teammitglied hat eine Minute Zeit, die Redensart/das Sprichwort zu erraten. Gelingt das, gibt es einen Punkt. Dann ist das andere Team an der Reihe.
> **5** Das Team, das am Ende die meisten Punkte hat, hat gewonnen.

Lernbox

Redensarten und Sprichwörter

1 **Redensarten** haben eine übertragene Bedeutung. Beispiel: *jemanden um den Finger wickeln → jemanden völlig für sich einnehmen.*

2 **Sprichwörter** geben oft eine Lebenserfahrung wieder. Im Unterschied zu Redensarten bestehen sie aus einem **ganzen Satz**.

3 Redensarten und Sprichwörter machen Aussagen und Texte **anschaulich** und **lebendig**.

4.1 (6) Unterschiede und Gemeinsamkeiten zwischen unterschiedlichen anderen Sprachen (z. B. aus den Erstsprachen der Schülerinnen und Schüler) und dem Deutschen feststellen · 4.1 (7) die Wirkung bekannter und neu erworbener rhetorischer Formen des Sprachgebrauchs ausdrücken, um Kommunikationsabsichten zu verstehen und sich selbst anschaulicher zu verständigen

245

Richtig schreiben – was kann ich schon?

1 a) Lest die Überschrift und überlegt zu zweit, worum es in dem Text gehen könnte.

b) Besprecht, was für euch einen Helden ausmacht. Lest dann den Text.

Gibt es heute noch Helden?

Kann man heute noch irgendwie ein Held sein? Das kommt ganz darauf an, was für dich ein Held ist. Heldenhaft kann es zum
5 Beispiel sein, wenn man bei einem Verkehrsunfall den Mut hat, sich um schwer verletzte Opfer zu kümmern. Oder sich einzumischen, wenn irgendwo jemand bedrängt, bedroht oder geschlagen wird. Dabei spürt man
10 schon einmal die Angst, das heftige Schlagen des Herzens. Die Furcht packt einen, man würde lieber vorbeigehen – und man hilft trotzdem. Zugleich muss man aber vorsichtig bleiben und an den Selbstschutz denken.
15 Doch auch schon Kleinigkeiten können einen Helden ausmachen. Denn es erfordert zum Beispiel Mut, Fehler einzugestehen oder in der Clique Nein zu sagen, wenn sie etwas Falsches plant. Die Einschätzung hängt von
20 der Situation ab. Eine funktionierende Gesellschaft braucht auf jeden Fall Menschen, die helfen, die sich kümmern und die ehrlich ihren Weg gehen.

2 a) Fasse den Text mit eigenen Worten zusammen. Schreibe zwei bis drei Sätze.

b) Warst du schon einmal besonders mutig? Sprecht in der Klasse darüber.

3 a) Baut die Stationen im Klassenzimmer auf.

b) Erstellt einen Laufzettel nach der Vorlage auf S. 248 oder nutzt COPY 35.

c) Bearbeitet die Stationen 1 bis 8. Löst, wenn Zeit ist, zusätzlich die Stationen 9 und 10.

Station 1 Schreibung nach lang gesprochenem Vokal

1 Suche aus dem Text drei Wörter heraus, deren Vokal lang gesprochen wird und die kein besonderes Kennzeichen haben, wie zum Beispiel *rot* oder *haben*. Schreibe sie auf.

2 Suche drei Wörter, bei denen das lange *-i* mit *-ie* geschrieben wird.

3 Notiere, was du zum *-ie* weißt.

Station 2 Schreibung nach lang gesprochenem Vokal

1 Suche im Text drei Wörter mit einem *silbentrennenden -h*. Es kann auch in einer gebeugten oder zusammengesetzten Form dastehen (*ru-hen → ruht, ausruhen*).

2 Suche ebenso drei Wörter mit einem *Dehnungs-h* (z. B. *Lehm, wohnen*).

3 Erkläre den Unterschied.

Station 3 Schreibung nach kurz gesprochenem Vokal

1 Notiere fünf Wörter aus dem Text mit kurz gesprochenem Vokal vor einem Doppelkonsonanten.

2 Notiere je ein Wort mit *-ck* und mit *-tz*.

3 Überlege dir zu *-ck* und *-tz* noch je fünf weitere Wörter. Schreibe sie auf.

Station 4 Großschreibung von Nomen

1 Im Text kommen viele Nomen vor. Schreibe zehn heraus.

2 Notiere, woran du diese Wortart erkennst.

3 Drei Wörter haben für Nomen typische Endungen. Schreibe sie auf und unterstreiche die Endung.

4.3 (1) bekannte und weitere Regelhaftigkeiten der Rechtschreibung sicher einhalten: Groß- und Kleinschreibung (z. B. Nominalisierungen, Erweiterung des nominalen Kerns) · 4.3 (3) Rechtschreibstrategien und -prinzipien sicher und weitgehend selbstständig bei der Überarbeitung von eigenen und fremden Texten anwenden

Station 5 Großschreibung von Adjektiven

1 Schreibe fünf Adjektive aus dem Text auf.
2 Ein Adjektiv im Text ist großgeschrieben. Schreibe es mit seinem Begleiter auf.
3 Notiere, warum Adjektive manchmal großgeschrieben werden müssen und woran man das erkennen kann.

Station 6 Großschreibung von Verben

1 Im Text findest du viele Verben. Schreibe fünf heraus.
2 Schreibe die Verben in der Er-Form im *Präsens*, im *Präteritum* und im *Perfekt* auf.
3 Ein Verb ist im Text großgeschrieben. Schreibe es mit seinem Begleiter auf.
4 Notiere, warum Verben manchmal großgeschrieben werden müssen und woran man das erkennen kann.

Station 7 Wörter mit a/ä und au/äu

1 Im Text kommen die Wörter *Angst, Verkehrsunfall, hat, bedrängt, schlagen, packt, hängt, braucht* vor. Schreibe sie heraus und setzte jeweils ein Wort der Wortfamilie mit *a/ä* oder *au/äu* dazu: *Verkehrsunfall → Fall/Fälle*.
2 Suche je drei Wörter mit *angst-* und mit *ängst-* und schreibe sie auf.
3 Beschreibe, wie dir die Wortfamilie beim richtigen Schreiben hilft. Finde noch ein weiteres Beispiel dafür.

Station 8 Fremdwörter

1 Im Text stehen im zweiten Absatz (Z. 15 – 23) drei Fremdwörter. Schreibe sie auf.
2 Schlage sie im Wörterbuch nach und notiere die Seitenzahl.
3 Verwende jedes Wort in einem neuen Satz.

Station 9 Den Wortstamm und weitere Wortbausteine nutzen

1 Schreibe zehn Wörter der Wortfamilie *kehr-*. Unterstreiche jeweils den Wortstamm. Notiere, was dir dabei auffällt.
2 Schreibe zehn Wörter zu *schlag-/schlug-/schläg-*. Betrachte den Wortstamm und notiere, was dir dabei auffällt.
3 Verwende *lassen* und *fassen* in der Er-Form in Präsens, Präteritum und Perfekt. Unterstreiche die Veränderungen. Was unterscheidet beide Verben?
4 Schreibe zu *-tion* und *-ieren* je drei Wörter. Bestimme ihre Wortart.

Station 10 Wortarten und Besonderheiten

1 Viele Nomen und Adjektive kann man an ihrer Endung erkennen. Lege eine Tabelle an und notiere alle Endungen, die dir dazu einfallen.
2 Schreibe zu jeder Endung ein Wort und unterstreiche die Endung.
3 Überlege je zwei Adjektive und Verben und verwende sie so in Sätzen, dass sie einmal klein-, einmal großgeschrieben werden müssen.
4 Unterstreiche jeweils das Adjektiv und das Verb sowie das Signalwort, das vorausgeht.

4.3 (4) orthografische Sicherheit durch bewusste Arbeit an individuellen Fehlerschwerpunkten erlangen (z. B. durch Finden eigener Wortbeispiele) · 2.1 (1) auch komplexere pragmatische Texte informationsentnehmend, sinnkonstruierend, zügig und exakt lesen

247

Mit einer Checkliste den Lernweg planen

Mit der Checkliste auf dieser Seite kannst du dich selbst einschätzen und überprüfen, wie gut du die Aufgaben auf den Seiten 246 und 247 lösen konntest. Plane dann deine individuelle Weiterarbeit mit den Angaben in der rechten Spalte. Dabei ist es hilfreich, die Rechtschreibstrategien (S. 249) zu wiederholen, Probleme miteinander zu besprechen (S. 250) und gezieltes Nachschlagen zu üben (S. 251).

1 a) Besprecht eure Lösungen mit Mitschülern, die die gleiche Station bearbeitet haben.

b) Schätzt gemeinsam ein, wie gut ihr die Aufgaben lösen konntet.

Richtig schreiben: Was kann ich schon? – Laufzettel und Checkliste (→ COPY 35)

Station	Thema/Kompetenz	erl. am	++	+	–	– –	übe auf
1	Ich erkenne Wörter mit lang gesprochenem Vokal. Ich kann die Schreibung mit *-ie* erklären.	XXX	X	X	X	X	S. 252
2	Ich finde Wörter mit *silbentrennendem -h* und mit *Dehnungs-h*. Ich kann den Unterschied erklären.	XXX	X	X	X	X	S. 252
3	Ich erkenne Wörter mit kurz gesprochenem Vokal und erkenne Doppelkonsonanten und *-ck* und *-tz*.	XXX	X	X	X	X	S. 253 und 254
4	Ich finde in einem Text Nomen. Ich weiß, woran man sie erkennt. Ich kenne Endungen für Nomen.	XXX	X	X	X	X	S. 255, 256 und 257
5	Ich erkenne Adjektive, auch wenn sie großgeschrieben sind. Ich kann die Großschreibung erklären.	XXX	X	X	X	X	S. 256 und 258
6	Ich erkenne Verben und kann sie in verschiedene Zeitformen setzen. Ich erkenne sie auch, wenn sie großgeschrieben sind. Ich kann dies erklären.	XXX	X	X	X	X	S. 256 und 258
7	Ich finde Wörter mit *-a* und mit *-ä*, die zusammengehören, auch zu *angst-/ängst-*. Ich kann erklären, wie die Wortfamilie mir beim Schreiben hilft.	XXX	X	X	X	X	S. 249 und 312
8	Ich finde im Text Fremdwörter, kann sie nachschlagen und erklären. Ich kann sie in anderen Sätzen verwenden.	XXX	X	X	X	X	S. 251
9	Ich finde zu *kehr-* und *schlag-* Wörter und erkenne den Wortstamm. Ich setze Verben richtig in verschiedene Zeitformen. Ich finde Wörter zu *-tion* und *-ieren*.	XXX	X	X	X	X	S. 252–254 und 218–219
10	Ich kenne Endungen für Nomen und Adjektive. Ich kann Verben und Adjektive in Sätzen so verwenden, dass sie klein- oder großgeschrieben werden.	XXX	X	X	X	X	S. 249, 257, 258 und 309

2 a) Entscheide mit deiner Lehrkraft, welche der folgenden Seiten du bearbeitest und wie du dabei vorgehst.

b) Bearbeite die folgenden Seiten entweder alleine, mit einem Partner oder in einer Gruppe. Deine Lehrkraft berät dich dabei.

4.3 (1) bekannte und weitere Regelhaftigkeiten der Rechtschreibung sicher einhalten: Groß- und Kleinschreibung · 4.3 (3) Rechtschreibstrategien und -prinzipien sicher und weitgehend selbstständig bei der Überarbeitung von eigenen und fremden Texten anwenden · 4.3 (4) orthografische Sicherheit durch bewusste Arbeit an individuellen Fehlerschwerpunkten erlangen

Rechtschreibstrategien wiederholen

Alexander Gerst

Wie und wo man heut-
zutage noch zu einem
Helden werden kann,
5 steht in den Sternen.
Und das im <u>wahrsten</u>
Sinne des Wortes.
Alexander Gerst ist einer,
der nach den <u>Sternen gegriffen</u> hat. Aber
10 sein Erfolg stellte sich erst mit gründlicher
und fleißiger <u>Arbeit</u> ein. Der 1976 geborene
Astronaut besuchte Grundschule und Gym-
nasium. Bereits in der Schulzeit engagierte er
sich ehrenamtlich als Leiter der Pfadfinder,
15 in der Jugendfeuerwehr und als Rettungs-
schwimmer. Später studierte er <u>Geophysik</u>
und spezialisierte sich als <u>Vulkanologe</u>.
Alexander Gerst ist nun als <u>Wissenschaftler</u>
tätig. Er hält sich aber auch körperlich fit.
20 Beides ist <u>wichtig</u>, um in seinem Job erfolg-
reich zu sein. Deswegen <u>schickte</u> ihn sein
<u>Arbeitgeber</u> bereits zweimal in den Weltraum.

1 a) Lies den Text über Alexander Gerst.
  b) Besprich mit einem Partner, was Alexander
     Gerst getan hat, um erfolgreich zu sein.

2 a) Arbeitet in Gruppen. Lest die *Lernbox* und
     besprecht die einzelnen Strategien.
  b) In einigen Wörtern im Text sind Stellen
     unterstrichen. Schreibt diese Wörter auf.
  c) Erklärt, was ihr zu den Wörtern wisst und
     wie ihr die Schreibung begründen könnt.

3 a) Was bedeuten die folgenden Sätze?
     *Ohne Fleiß kein Preis! — Er greift nach
     den Sternen. — Es steht in den Sternen.*
     Schreibt dazu eure Gedanken auf.
  b) Prüft zu zweit eure Texte auf Recht-
     schreibfehler. Korrigiert, falls nötig.

c) Besprecht eure Texte in einer Gruppe.
d) Ist Alexander Gerst für euch ein Held?
   Diskutiert darüber in der Klasse.

Lernbox

Rechtschreibstrategien im Überblick

1 Wörter deutlich sprechen: Sprich die
Wörter deutlich aus. Die meisten schreibt
man, wie man sie spricht: *fragen*.

2 Auf den Vokal achten
– In jeder **Silbe** ist ein Vokal: *fra-gen,
  ren-nen*.
– Nach einem **lang gesprochenen Vokal**
  steht nur ein Konsonant: *fragen*. Das
  lange *-i* schreibt man meist mit *-ie*: *Liebe*.
– Auf einen **kurz gesprochenen Vokal** folgen
  zwei Konsonanten: *gerne*. Hört man nur
  einen, wird der verdoppelt: *fallen, Kette,
  Himmel*. Für den k-Laut und den z-Laut
  schreibt man *-ck* und *-tz*: *Decke, Katze*.

3 Wörter verändern
– Verlängere Wörter mit *b/d/g*: *gro(b/p)* →
  grobe.
– Bilde den Infinitiv: *sa(g/k)st* → *sa-gen,
  sie(h)st* → *se-hen, ka(n/nn)st* → *kön-nen*.
– Suche verwandte Wörter: *nahm — nehmen;
  häufig — Haufen; Kälte — kalt*.

4 Groß-/Kleinschreibung
– Schreibe Satzanfänge und Nomen groß.
– Nomen kannst du an Signalwörtern erken-
  nen: *das Schwimmen, beim Spielen, ihr
  Lächeln, dieses Arbeiten, etwas Neues*.
– Nomen kannst du an Endungen erkennen:
  -ung, -heit, -keit, -nis, -schaft: Einigkeit.
– Adjektive kannst du an Endungen erken-
  nen: *-ig, -lich, -bar, -sam, -haft, -los, -isch*.

5 Wörter ohne Regeln auswendig lernen:
– Wortstamm merken: *nehm-en* → *abnehmen*.
– Vorsilben: *ver-/vor-* → *Verkehr, Vorfahrt*.
– Fremdwörter: *transportieren, Nation*.

4.3 (1) bekannte und weitere Regelhaftigkeiten der Rechtschreibung sicher einhalten · 4.3 (3) Rechtschreibstrategien und
-prinzipien sicher und weitgehend selbstständig bei der Überarbeitung von eigenen und fremden Texten anwenden

249

Ein Rechtschreibgespräch führen

Weltraummissionen
Im Jahr 2009 wurde Alexander Gerst unter 8 400 Bewerbern aus-
5 gewählt und arbeitet seitdem für die Euro-

päische Raumfahrtagentur ESA. Es folgten fünf Jahre Training. Er lernte, wie man eine Raumkapsel an die Raumstation andockt
10 und wie man sie notfalls per Hand zur Erde zurücksteuert. Im Mai 2014 startete er dann zum ersten Mal zur ISS. Ein halbes Jahr lang umkreiste er in der Raumstation die Erde. Er führte über 100 wissenschaftliche Experi-
15 mente durch. Höhepunkt war der EVA-Einsatz am 7. Oktober. Dabei erledigten Gerst und ein Kollege sechs Stunden lang Wartungsarbeiten von außen an der Raumstation. Richtig berühmt wurde er aber mit seiner
20 zweiten Mission im Weltall. Im Juni 2018 ging es für ihn erneut hoch zur ISS, wieder für ein halbes Jahr. Und diesmal war er im letzten Vierteljahr sogar Kommandant der Station. Er schickte faszinierende Bilder aus dem
25 Weltall, vor allem von der Erde. Dazu gab er Live-Interviews aus der ISS. So wurde er zu einem Helden, den viele Menschen bewundern.

führte mit *-h*? Kann mir das mal jemand erklären?

Da gehört ein *-h* rein. Das kommt von *fahren*.

Nein, das ist doch ein *-ü*, kein *-a*.

Aber zu *fahren* gehört auch *fuhr* und *führen*.

1 a) Lies den Text und fasse ihn in eigenen Worten zusammen.
   b) Sprecht in einer Gruppe über Alexander Gersts Einsätze im Weltall.

2 a) Lest das Gespräch rechts oben. Worum geht es? Sucht das Wort im Text.
   b) Besprecht selbst dieses Wort.

3 a) Führt Rechtschreibgespräche über die unterstrichenen Wörter im Text.
   b) Besprecht regelmäßig schwierige Wörter.

Tipp

💡 **zu 2 b)**
Ein Rechtschreibgespräch führen

Ein Rechtschreibgespräch könnt ihr **in Gruppen** oder **in der Klasse** führen. Wendet die Methode möglichst regelmäßig an.
1 Wählt ein Wort aus, das euch schwierig erscheint. Notiert es.
2 Überlegt, was euch **alles zur Schreibung** einfällt. Greift dabei auf **Rechtschreibregeln** und auf **Strategien** (→ S. 249) zurück.
   – Überlegt, was ihr über die **Wortfamilie** zusammentragen könnt.
   – Betrachtet die jeweilige **Wortart**.
   – Manchmal ist es wichtig, wie **das Wort in einem Satz** gebraucht wird.
   – Ihr könnt auch die **Zeichensetzung in Texten** als Thema wählen.
3 Macht euch bei Bedarf **Stichpunkte** und **diskutiert** eure Erkenntnisse gemeinsam.
4 Haltet wichtige Ergebnisse in eurer **Rechtschreibkartei** fest.

4.3 (4) orthografische Sicherheit durch bewusste Arbeit an individuellen Fehlerschwerpunkten erlangen (z. B. durch Finden eigener Wortbeispiele) · 2.1 (1) auch komplexere pragmatische Texte informationsentnehmend, sinnkonstruierend, zügig und exakt lesen

Wörterbuch und Rechtschreibkartei nutzen

1 a) Im Text auf Seite 250 steht das Wort ESA. Lies den Wörterbucheintrag und erkläre die Entstehung und die Großschreibung.

Erz	Eskalation
Erz, das, -es, -e Erz... in Titel wie Erzbischof, ... **Erzader** **erzählen**	**ESA**, die = **E**uropean **S**pace **A**gency (Europäische Weltraumorganisation) **escape** (engl.) entkommen

b) Besprecht zu zweit, was *Leitwörter* sind und wie sie beim Suchen helfen.

2 a) Schlage die Wörter *ISS* und *EVA* nach. Notiere die genaue Bezeichnung.

b) Notiere aus dem Text zehn weitere Wörter, die dir schwierig erscheinen. Schlage sie nach, gib die Seitenzahl und die Leitwörter an. Notiere, was die Wörter bedeuten.

3 a) Ordne die zehn Wörter aus Aufgabe 2 b) nach *Nomen, Verben* und *Adjektiven*.

b) Notiere sie einzeln auf Karteikarten:

> **die Station (Nomen)**
> die Stationen, Sta-ti-on; Sta-ti-o-nen
> Haltestelle, Abteilung im Krankenhaus ...
> Ich steige an der nächsten Station aus.

> **auswählen (Verb)**
> ich wähle aus, du wählst aus. er wählte aus
> aus-wäh-len → die Wahl
> Ich habe heute ein rotes Hemd ausgewählt.

> **berühmt (Adjektiv)**
> berühmt, berühmter (als), (am) berühmtesten
> be-rühmt, be-rühm-ter, be-rühm-tes-ten
> Das Lokal ist berühmt für seine Schnitzel.

c) Übe die Wörter, wie es in der *Lernbox* beschrieben wird.

Lernbox

Im Wörterbuch nachschlagen

1 Die Wörter im Wörterbuch sind **alphabetisch** geordnet (*ä, äu, ö, ü* wie *a, au, o, u*).

2 **Leitwörter** am oberen Seitenrand nennen das erste und das letzte Wort auf der Seite.

3 **Stichwörter** stehen für das gesuchte Wort (z. B. *Erz*). Um ein Wort zu finden, musst du Nomen in den Singular, Verben in den Infinitiv und Adjektive in die Grundform setzen.

4 **Zusammengesetzte Wörter** musst du zerlegen: *Freistoßtor = Freistoß + Tor*.

5 Manche **Laute am Wortanfang** können unterschiedlich geschrieben werden: *f-Laut* → *f, v, ph*; *k-Laut* → *k, c, ch*; *w-Laut* → *w, v*.

Lernbox

Mit einer Rechtschreibkartei üben

1 Bereite einen **Karteikasten** mit **fünf Fächern** vor.

2 **Notiere schwierige Wörter** auf Karteikarten. Lege sie in **Fach 1**.

3 Beginne mit Wörtern aus Fach 1. **Übe sechs bis zehn Wörter.** Schreibe sie alphabetisch auf, sortiere sie nach der Zahl der Silben, nach der Wortart oder verwende sie in Sätzen.

4 Erledige nun andere Aufgaben. Schreibe etwa **30 Minuten später** die Wörter auswendig auf. Jedes richtige Wort wandert ein Fach weiter.

5 Übe immer nur **Wörter aus einem Fach**.

6 Wenn du **Wörter aus Fach 5** richtig kannst, darfst du sie herausnehmen.

4.3 (1) bekannte und weitere Regelhaftigkeiten der Rechtschreibung sicher einhalten · 4.3 (3) Rechtschreibstrategien und -prinzipien sicher und weitgehend selbstständig bei der Überarbeitung von eigenen und fremden Texten anwenden · 4.3 (4) orthografische Sicherheit durch bewusste Arbeit an individuellen Fehlerschwerpunkten

251

Wörter mit lang gesprochenem Vokal

1 a) Schreibe die folgenden vier Wörter alphabetisch geordnet auf:
Wall — Wal — Wahl — Waal.

b) Sprich sie deutlich aus. Setze unter das lang gesprochene *-a* einen Strich, unter das kurz gesprochene *-a* einen Punkt.

c) Beschreibe, was die Wörter gemeinsam haben und was sie unterscheidet.

d) Es gibt alle vier Wörter. Schreibe in je einem Satz, was sie bedeuten.

2 Lest die Aufgaben 3 und 4 und teilt in der Klasse auf, wer welche Aufgabe bearbeitet.

Lernbox

Wörter mit lang gesprochenem Vokal

1 Wird in einem Wort der Vokal lang gesprochen, schreibt man fast immer, wie man spricht: *rot, Nase, Leben, Kuchen, Schiene*. Weil man jeden Laut, den man hört, auch schreibt, nennt man solche Wörter **Mitsprechwörter**. Das lang gesprochene *-i* wird fast immer mit *-ie* geschrieben: *sieben*.

2 Überlege aber immer, ob du zwei Vokale direkt nacheinander hörst: [ge:en; mü:e]. Zwischen diesen beiden Silben steht ein **silbentrennendes -h**: *ge-hen; Mü-he*. Manchmal musst du das Wort verlängern: *Schuh — Schu-he, geht — ge-hen*. Bei diesen Wörtern handelt es sich um **Nachdenkwörter**.

3 Es gibt auch **Merkwörter** mit einem **Dehnungs-h**: *Wahl, wahr, Sohn* (selten) oder einem **Doppelvokal**: *Waal, Seele*, (ganz selten). Das Dehnungs-h kommt nur vor *-l, -m, -n, -r* vor. Diese Wörter muss man lernen.

3 a) Arbeitet in Gruppen. Lest die *Lernbox* und besprecht die einzelnen Punkte.

b) Findet weitere Wortbeispiele.

c) Erstellt für die Klasse ein Plakat im DIN-A3-Format (quer) nach diesem Muster:

Wörter mit lang gesprochenem Vokal	Wörter mit kurz gesprochenem Vokal
XXX	*XXX* (→ S. 254, 2 c)

d) Füllt zunächst nur die linke Seite aus. Notiert zum lang gesprochenen Vokal mit eigenen Worten, was ihr wisst. Ergänzt immer auch Beispiele.

4 a) Arbeitet zu zweit oder in einer Gruppe. Lest die Wörter im Wortkasten unten. Prüft, ob ihr sie alle versteht.

b) Legt eine Tabelle wie im Beispiel an. Lest die *Lernbox* und tragt die Wörter richtig ein. Wählt, wenn nötig, eine Langform.

> Bahn, bar, Bienen, Buch, drohst, fehlt, fragen, früh, Gehsteig, hohe, klagt, Kohle, leer, legt, Lehm, leiht, lesen, nähen, Naht, nämlich, niest, Moor, Saal, sieben, Sohn, steht, unsagbar, Verzeihung, wahr, wohnlich, zieht

Vokal wird lang gesprochen			
normal	silben-trennendes -h	Dehnungs-h	Doppel-vokal
lesen	*nähen*	*Kohle*	*leer*

c) Ergänzt möglichst viele weitere Beispiele.

5 Tragt die Plakate aus Aufgabe 3 und die Wortlisten aus Aufgabe 4 in der Klasse zusammen. Präsentiert eure Ergebnisse.

4.3 (1) bekannte und weitere Regelhaftigkeiten der Rechtschreibung sicher einhalten: Groß- und Kleinschreibung (z. B. Nominalisierungen, Erweiterung des nominalen Kerns)

Wörter mit kurz gesprochenem Vokal

1 a) Betrachte das Bild und lies die Überschrift des Textes. Worum könnte es gehen?

b) Lies den Text.

> **Ein Hobby mit Gewinn für die Allgemeinheit**
> Heute <u>Nachmittag</u> haben Svenja und Ben keine Zeit. Heute gehen sie wie an jedem Freitag zu einer <u>Gruppenstunde</u> bei der Jugendfeuerwehr.
> 5 In Bayern gibt es freiwillige Feuerwehren, egal ob im Dorf oder in der Großstadt. <u>Besonders</u> auf dem Land, wo es meist keine Berufsfeuerwehren gibt, bieten sie <u>Schutz</u>. Außerdem <u>packen</u> sie bei Unfällen an und helfen in
> 10 Notsituationen wie Sturm und Schneefall. Der Jugendfeuerwehr <u>kann</u> man bereits mit 12 Jahren beitreten und Übungen und Gruppenstunden besuchen. Mit 16 Jahren absolviert man die Feuerwehrgrundausbildung. Ab dann
> 15 nimmt man an richtigen Einsätzen teil. Das Arbeiten im Team macht Spaß. Auch wenn man mal Geräte putzen oder in Eile hetzen muss. So sagen es auch Mitglieder der Jugendfeuerwehr: „Es gibt immer was zu tun und es
> 20 wird einem nie langweilig" (Max, 13). „Ich will anderen Menschen helfen, weil es genug Leute auf der Erde gibt, die nur zuschauen und nicht helfen. So will ich nicht sein!" (Dominik, 15). „Ich lerne Verantwortung
> 25 zu tragen" (Julia, 17). „Man lernt immer neue Jugendliche kennen" (Sandra, 14). „Wir haben viel Spaß zusammen!" (Luis, 14). – Interesse geweckt? Dann informier dich doch einmal über die Jugendfeuerwehr bei dir im Ort!

2 a) Besprecht miteinander den Text.
   – *Was macht die Freiwillige Feuerwehr?*
   – *Was finden die Jugendlichen daran gut?*
   Belegt eure Aussagen am Text.

b) Wäre das ein Hobby für dich? Begründe.

3 a) Im Text sind sechs Wörter unterstrichen. Schreibe sie heraus.

b) In den sechs Wörtern sind sieben Stellen farbig markiert. Überlege, auf welche Gemeinsamkeiten und auf welche Unterschiede die Markierungen hinweisen. Halte deine Ideen in Stichpunkten fest.

c) Besprecht eure Überlegungen zu zweit, dann in einer Gruppe. Einigt euch auf ein gemeinsames Ergebnis.

4 Führt in der Klasse ein Rechtschreibgespräch (→ S. 250) über eure Erkenntnisse durch. Haltet die wichtigsten Ergebnisse fest.

5 a) Legt eine Tabelle nach folgendem Muster an und tragt die markierten Wörter ein.

Doppel-konsonant	zwei Konsonanten	-tz und -ck
Nachmittag Gruppenstunde kann	Gruppenstunde Besonders	Schutz packen

b) Sucht im Text weitere Wörter, die dazu passen, und ergänzt die Tabelle.

c) Markiert den kurz gesprochenen Vokal.

d) Vergleicht und ergänzt eure Tabellen.

4.3 (1) bekannte und weitere Regelhaftigkeiten der Rechtschreibung sicher einhalten: Groß- und Kleinschreibung (z. B. Nominalisierungen, Erweiterung des nominalen Kerns) · 2.1 (1) auch komplexere pragmatische Texte informationsentnehmend, sinnkonstruierend, zügig und exakt lesen

253

Wörter mit Doppelkonsonanten

1 Lies den Text. Setze dabei in Gedanken bereits die richtigen Buchstaben ein.

Glü(*) gehabt

Familie Müller geht mit ihrem Da(*)el im Wald spazieren. Plö(*)lich ziehen am Hi(**m/mm**)el dunkle Wolken auf. Schon bald tre(**f/ff**)en gro-ße Regentropfen die Wanderer. Bli(*)e zu(*)en, Do(**n/nn**)er gro(**l/ll**)t. Sie re(**t/tt**)en sich gerade noch in eine Hü(**t/tt**)e. Der Vater re(**n/nn**)t ins I(**n/nn**)ere und stolpert über die Tre(**p/pp**)e. Er wäre fa(**s/ss**)t hingefa(**l/ll**)en, doch schnell hat er das Geländer gefa(**s/ss**)t und ka(**n/nn**) sich halten. „Glü(*) gehabt!", ruft die Mu(**t/tt**)er.

---

2 a) Schreibe den Text korrekt ab. Lies dazu die *Lernbox* und die Tipps rechts unten.
   b) Korrigiert und verbessert zu zweit.
   c) Ergänzt dann die rechte Spalte auf euren Plakaten aus Aufgabe 3 auf S. 252.

3 a) Notiere aus dem Text alle Wörter mit Dop-pelkonsonanten, z. B. Himmel, treffen.
   b) Finde zu jedem noch drei weitere Beispiele.
   c) Vergleicht in der Gruppe.

4 a) Schau dir die Bilder an und überlege:
   — *In welcher Situation könnten die beiden sein?*
   — *Was könnten sie denken?*
   — *Was könnte demnächst geschehen?*
   b) Schreibe einen kurzen Text dazu, etwa sechs bis zehn Sätze.
   c) Lies deinen Text durch: Gefällt er dir? Sind deine Gedanken schlüssig?
   d) Prüfe die Rechtschreibung. Unterstreiche alle Wörter mit kurz gesprochenem Vokal.
   e) Tauscht und prüft eure Texte zu zweit.

Lernbox

Wörter mit kurz gesprochenem Vokal

1 Nach einem kurz gesprochenen Vokal (*a, e, i, o, u; ä, ö, ü*) folgen immer zwei oder mehr Konsonanten: *wandern, Herbst, Winter, rund*.

2 Hörst du nur einen Konsonanten, musst du ihn verdoppeln: [*halle*] → *Halle*.
Sprich das Wort dazu in Silben: *Hal-le*.

3 Wird der k-Laut oder der z-Laut verdoppelt, schreibt man *-ck* (*Jacke*) und *-tz* (*blitzen*).

4 Besteht das Wort nur aus einer Silbe, musst du es verlängern: *schafft* → *schaf-fen*.

5 In der Wortfamilie bleibt der Wortstamm meist gleich: *kennen, Kenntnis, anerkennen*.

6 Die kleinen Wörter *im, in, bis, zum, am* haben nur einen Konsonanten.

Tipps und Tricks zu den Doppelkonsonanten

1 So machst du Doppelkonsonanten hörbar:
 – **Adjektive** verlängern (mit Nomen gebrau-chen): *hell* → *helle Tage*
 – **Verben** in die Grundform setzen:
 kennt → *kennen; schwamm* → *schwimmen*
 – zu **Nomen** den Plural bilden:
 der Schwamm → *die Schwämme*.

2 Manchmal hilft ein **Merkspruch** „Nach l, m, n, r, das merke ja, steht nie -tz und nie -ck":
Falke, Imker, blinken, Werk, falzen, kurz.

4.3 (1) bekannte und weitere Regelhaftigkeiten der Rechtschreibung sicher einhalten: Groß- und Kleinschreibung (z. B. Nomi-nalisierungen, Erweiterung des nominalen Kerns) · 2.1 (1) auch komplexere pragmatische Texte informationsentnehmend, sinn-konstruierend, zügig und exakt lesen · 3.2 (2) anschaulich von Erfahrungen, Gedanken, Gefühlen und Sachverhalten erzählen

Großschreibung – was kann ich schon?

1 a) Betrachte die Bilder und lies den Text.
b) Besprecht zu zweit, warum das Thema aktuell ist.

> **eine alternative energie-quelle: windenergie**
> in manchen gegenden bayerns kann man wind-
> 5 räder sehen. sie stehen manchmal einzeln in der landschaft, manchmal aber auch zu mehreren in kleinen windparks.
>
> 10 neben der sonnenkraft bietet die windkraft eine saubere möglichkeit der energie-gewinnung. und das ist schon seit jahrhun-derten der fall. bevor die dampfmaschine und der verbrennungsmotor erfunden wur-
> 15 den, nutzten die menschen windmühlen als antriebsquelle. große segelschiffe ermög-lichten den handel über die weltmeere.

2 a) Lies den Text erneut und prüfe, welche Wörter großgeschrieben werden müssen.
b) Schreibe nun Satz für Satz ab und achte auf korrekte Groß- und Kleinschreibung.

3 a) Vergleicht zu zweit. Unterstreicht die Wörter, die ihr großgeschrieben habt.
b) 💡 Begründet jeweils, warum ihr großgeschrieben habt. Korrigiert euch gegenseitig, falls nötig.
c) Vergleicht eure Ergebnisse in Gruppen.

Tipp

💡 **zu 3 b)** Groß geschrieben werden ...

das erste Wort der Überschrift, sechs Satzanfänge und 21 Nomen (insgesamt 28 Wörter).

4 a) Besprecht in Gruppen, was ihr groß-geschrieben habt.
b) Notiert zwei oder drei Regeln dazu.
c) Besprecht eure Ergebnisse in der Klasse.

5 a) Nomen schreibt man groß. Woran er-kennst du Nomen? Sprecht in der Klasse darüber.
b) Besprecht zu zweit, worin beim zweiten Beispiel die Schwierigkeit liegt: *die Wind-kraft – eine saubere Möglichkeit.* Wie könnt ihr euch dabei helfen?

6 a) Blicke zurück: Worum ging es auf dieser Seite? Was wusstest du schon, was fiel dir leicht? Wo hattest du Schwierigkeiten?
b) Schätze dich mit der Checkliste selbst ein.

Checkliste

Groß- und Kleinschreibung (1)

Ich ...	++	+	–	––
– schreibe die Überschrift groß.	X	X	X	X
– schreibe Satzanfänge groß.	X	X	X	X
– erkenne Nomen und schreibe sie groß.	X	X	X	X
– kann erklären, woran man Nomen erkennt.	X	X	X	X

4.3 (1) bekannte und weitere Regelhaftigkeiten der Rechtschreibung sicher einhalten: Groß- und Kleinschreibung (z. B. Nominalisierungen, Erweiterung des nominalen Kerns) · 4.3 (3) Rechtschreibstrategien und -prinzipien sicher und weitgehend selbstständig bei der Überarbeitung von eigenen und fremden Texten anwenden

255

Großschreibung – teste dein Können!

Die Kraft des Windes

heute hilft der wind häufig bei sportlichen freizeitaktivitäten, beim segeln auf den bayerischen seen, beim surfen oder auch
5 beim fliegen – ob mit dem segelflugzeug, dem gleitschirm oder dem drachen. das blau des himmels, das ruhige gleiten, das rauschen des windes, sein flattern an den segeltüchern und der blick auf die welt von
10 oben sorgen für entspannung im alltag. allerdings darf man dabei das gefährliche an den hobbys nicht vergessen.

1 a) Lies den Text genau und prüfe, welche Wörter großgeschrieben werden müssen.

  b) Schreibe nun Satz für Satz in korrekter Groß- und Kleinschreibung ab.

2 a) Vergleicht zu zweit. Unterstreicht die Wörter, die ihr großgeschrieben habt.

  b) 💡 Begründet, warum ihr sie großgeschrieben habt. Korrigiert euch gegenseitig, falls nötig.

  c) Vergleicht eure Lösungen in Gruppen.

3 a) Markiert in euren Texten Satzanfänge und Nomen mit einem Bleistift.

  b) Markiert die restlichen großgeschriebenen Wörter mit einer anderen Farbe.

  c) Zu welcher Wortart gehören die farbig markierten Wörter?

Tipp

💡 **zu 2 b)** Groß geschrieben werden …

drei Satzanfänge und 14 Nomen. Dazu kommen sechs Verben und zwei Adjektive, die als Nomen gebraucht werden (insgesamt 25 Wörter).

4 a) Ordnet die Wörter aus den Aufgaben 3 b) und 3 c) in eine Tabelle ein:

Verben (6)	Adjektive (2)
beim Segeln	*das Blau*

  b) Besprecht in einer Gruppe, wann man Verben und Adjektive großschreiben muss. Denkt dabei auch an Signalwörter.

  c) Besprecht zu zweit, worin beim zweiten Beispiel die Schwierigkeit liegt: *das Rauschen – das ruhige Gleiten*. Beschreibt, wie ihr zur Lösung kommt.

5 Diskutiert in der Klasse: Wie fändet ihr eine generelle Kleinschreibung aller Wörter?

6 a) Blicke zurück: Was fiel dir auf dieser Seite leicht? Wo hattest du Schwierigkeiten?

  b) Schätze dich mit der Checkliste selbst ein.

Checkliste

Groß- und Kleinschreibung (2)

Ich …	++	+	–	––
– schreibe Satzanfänge groß.	X	X	X	X
– erkenne Nomen und schreibe sie groß.	X	X	X	X
– erkenne Verben und Adjektive, die als Nomen gebraucht werden.	X	X	X	X
– kann die Großschreibung von Verben und Adjektiven erklären.	X	X	X	X

4.3 (1) bekannte und weitere Regelhaftigkeiten der Rechtschreibung sicher einhalten: Groß- und Kleinschreibung (z. B. Nominalisierungen, Erweiterung des nominalen Kerns) · 4.3 (3) Rechtschreibstrategien und -prinzipien sicher und weitgehend selbstständig bei der Überarbeitung von eigenen und fremden Texten anwenden

Nomen schreibt man groß

1 Lest den Text und sprecht über den Inhalt.

Windkraftanlagen
Die heutigen Wind-
räder haben mit den
früheren Windmühlen
5 nicht mehr viel gemein-
sam. Nur der äußere
Aufbau ist noch ähnlich:
ein Turm, in den eine
drehbare Achse führt.
10 An der Achse sind Flügel
befestigt. Und wenn der
Wind gegen sie bläst,
drehen sie die Achse und
bewegen einen Antrieb.

----

15 Auch Die Idee Ist Geblieben. Heute Baut Man
Einen Turm Auf Ein Solides Fundament.
Solche Türme Sind Bis Zu 160 Meter Hoch
Und So Groß Im Durchmesser, Dass Man
In Ihnen In Einem Aufzug Hochfahren Kann.
20 Oben Auf Dem Turm Sitzt Die „Gondel".
Weithin Sichtbar Sind Auch Die Drei Rotor-
blätter, Die Daran Befestigt Sind Und Die
Wie Flugzeugtragflächen Geformt Sind. Sie
Können Bis Zu 70 Meter Lang Sein. Bei Wind
25 Versetzen Sie Die Achse In Eine Drehung. In
Der Gondel Wird Die Drehbewegung In
Elektrischen Strom Umgewandelt. Dafür
Sorgt Ein Generator.

2 a) Schreibe den Text bis Zeile 14 ab.
b) Unterstreiche in diesem Abschnitt alle Wörter, die großgeschrieben sind.
c) Warum sind die Wörter großgeschrieben? Sprecht zu zweit darüber.
d) Lest die *Lernbox* und vergleicht mit euren Überlegungen.

3 Ab Zeile 15 ist der Text mühsam zu lesen. Arbeitet zu zweit und lest immer abwechselnd einen Satz vor. Bestimmt darin die Satzanfänge und die Nomen.

4 a) Schreibt den zweiten Teil des Textes ab (Z. 15–28).
b) Unterstreicht Satzanfänge und Nomen mit verschiedenen Farben.
c) Vergleicht eure Texte in einer Gruppe.

5 a) Was sind eigentlich Nomen? Tragt wie in einem Rechtschreibgespräch alles zusammen, was ihr über Nomen wisst.
b) Haltet das auf einem Lernplakat fest.

Lernbox

Großschreibung

1 Im Deutschen schreibt man **normaler-weise klein**.
2 Groß schreibt man …
– das **erste Wort einer Überschrift**,
– das **erste Wort eines Satzes**,
– **Nomen**.
3 Nomen erkennt man oft an **Signalwörtern**:
– am **Artikel**: *die Idee – eine Idee*
– an einem **Pronomen**: *ihre Idee*
– an einem **Adjektiv**, das zum Nomen gehört: *eine gute Idee, durch ihre tolle Idee*.
– Manchmal ist der **Artikel** in kleinen Wörtern **verborgen**: *am, ans, beim, im, ins, vom, zum, zur*. Beispiel: *zur Idee = zu der Idee*.
4 Viele **Nomen** kann man an ihrer **Endung** erkennen: *-ung, -heit, -keit, -schaft, -nis, -tum, -sal, -ling, -ei*. Beispiele: *Drehung, Klugheit, Landschaft, Eigentum*.

4.3 (1) bekannte und weitere Regelhaftigkeiten der Rechtschreibung sicher einhalten: Groß- und Kleinschreibung (z. B. Nominalisierungen, Erweiterung des nominalen Kerns) · 4.3 (3) Rechtschreibstrategien und -prinzipien sicher und weitgehend selbstständig bei der Überarbeitung von eigenen und fremden Texten anwenden

257

Großschreibung bei Verben und Adjektiven

1 a) Lest den Text und sprecht darüber.

  b) Überlegt, wo in eurer Nähe Wind- und Wasserkraft genutzt werden.

Menschen nutzen die Kraft der Natur

Das Wasser wurde auch in früheren Zeiten schon vielfältig genutzt, zum
5 Beispiel zum Kochen, Waschen und zum eifrigen Putzen. Das Schlaueste aber war es, die Kraft der Strömung
10 zu nutzen. Sie diente zum Antreiben von Mühlen und Sägewerken, später dann auch zum Gewinnen von Strom. Auch die Windmühlen waren eine wichtige Erfindung. Sie wurden zum Mahlen, Boh-
15 ren, Hämmern oder Schöpfen von Wasser verwendet. Dort also, wo Kraft für etwas Schweres, für handwerkliche Arbeiten, nötig war. Heute gibt es dafür Maschinen und so braucht man das nicht mehr. Dafür hat man
20 entdeckt, dass man mithilfe von Wind auch Strom gewinnen kann. Das Beste daran ist, dass man damit unsere Umwelt schont. Am besten funktioniert das dort, wo es regelmä-ßig sehr windig ist, zum Beispiel auf Bergen.

2 a) Lest Punkt 1 der *Lernbox*.

  b) Legt eine Tabelle an und tragt ein:

Nomen (17)	Verben als Nomen (9)	Adjektive als Nomen (3)
Menschen	*zum Kochen*	*das Schlaueste*

  c) Vergleicht eure Tabellen.

  d) Wählt aus jeder Spalte zwei Wörter und verwendet sie in eigenen Sätzen.

3 a) Verwende die Ausdrücke in Sätzen:

  am schönsten − beim genauen Lesen − etwas Neues − zum Genießen − das Schöne − vieles Üben − langes Warten.

  b) Diktiert euch zu zweit die Sätze. Achtet auf die richtige Groß- und Kleinschreibung.

  c) Besprecht eure Diktate.

4 a) Überlege und notiere drei Verben und drei Adjektive, die bisher noch nicht vorkamen.

  b) Verwende sie in je einem Satz.

  c) Verwende sie dann so, dass sie im Satz wie Nomen gebraucht werden.

  d) Vergleicht zu zweit eure Ergebnisse. Stellt die Sätze dann in der Klasse vor.

Lernbox

Großschreibung von Verben und Adjektiven

1 **Verben** und **Adjektive** können **im Satz als Nomen** gebraucht werden. Beispiele: Beim *Rechnen* habe ich keine Mühe. Ich fange immer mit dem *Leichtesten* an.

2 **Verben** stehen dabei im Infinitiv: beim *Rechnen,* zum *Schreiben, das Lesen.*

3 **Adjektive** können in verschiedenen Formen vorkommen: das *Lustige,* etwas *Lustiges,* das *Lustigste.*

4 Den **Superlativ** in Verbindung mit *am* schreibt man immer klein: *am leichtesten, am lustigsten, am besten, am schnellsten.*

5 **Signalwörter** weisen auf den **Gebrauch als Nomen** hin:

  – **Artikel** (der, die, das, ein, eine): *ein* Lachen

  – **versteckte Artikel** (am, beim, im, zum): es wendet sich *zum Guten*

  – **Pronomen** (mein, dein, ihr): *ihr* Lachen

  – **Zahlwörter** (alles, einige, etwas, jedes, manche, nichts, viele): *etwas* Gutes.

4.3 (1) bekannte und weitere Regelhaftigkeiten der Rechtschreibung sicher einhalten: Groß- und Kleinschreibung (z. B. Nominalisierungen, Erweiterung des nominalen Kerns) · 4.3 (3) Rechtschreibstrategien und -prinzipien sicher und weitgehend selbstständig bei der Überarbeitung von eigenen und fremden Texten anwenden

Groß oder klein? – Knifflige Fälle

Der erste Führerschein und die Erste Hilfe

Mancher denkt vielleicht schon an den ersten Führerschein. Mit 15
5 kann man ja die Mofa-Prüfbescheinigung (den Mofa-Führerschein) machen und dann mit dem Mofa fahren. Mit 16 kommt dann
10 vielleicht der AM oder der A1 dazu. Damit ist dann auch eine Erste-Hilfe-Schulung verbunden, denn alle Verkehrsteilnehmer sollten bei Unfällen Erste Hilfe leisten können. In Bayern gibt es drei große, bekannte
15 Organisationen, die solche Kurse in Erster Hilfe anbieten. Neben dem Roten Kreuz sind das die Malteser und die Johanniter. Vielleicht führt ja eure Schule eine Führerscheinausbildung in Zusammenarbeit mit
20 den Verkehrserziehern der Polizei durch?

1 a) Lest den Text. Sprecht darüber.
b) Gibt es auch an eurer Schule solche Kurse? Informiert euch darüber.

2 a) Schreibe folgendes Zitat aus dem Text ab: „mit dem Mofa fahren" (Z. 8 – 9).
b) Unterstreiche darin Nomen und Verb in unterschiedlichen Farben.
c) Verwende *Mofa fahren* in einem Satz.
d) Bilde aus folgenden Bausteinen fünf Sätze:

Das Mofafahren … Zum Mofafahren … Beim Mofafahren …	– benötigt man eine Prüfbescheinigung. – macht Spaß. – erspart Zeit. – muss man einen Helm tragen.

e) Vergleicht zu zweit eure Sätze.

3 a) Lies Punkt 1 in der *Lernbox* und schreibe je einen Satz mit *Rad fahren, Müll sammeln, Hilfe leisten, Fußball spielen*.
b) Schreibe dann vier Sätze, in denen diese Ausdrücke zusammen- und großgeschrieben werden.
c) Vergleicht eure Ergebnisse.

4 a) Lies Punkt 2 in der *Lernbox*.
b) Erstelle eine Tabelle und trage die folgenden Ausdrücke ein: *der Erste des Monats, der erste April, der Erste Mai, das erste Ziel, der Erste Bürgermeister, erste Hilfe, Erste Hilfe, das Rote Kreuz, der rote Faden, der rote Teppich, der Rote Main, das Rote Meer, ein rotes Tuch*.

Adjektiv plus Nomen	Adjektiv im Namen/ Titel
der erste April	*der Erste Mai*

5 a) Sammelt weitere Namen, zu denen ein Adjektiv gehört. Prüft im Wörterbuch.
b) Besprecht die Beispiele in der Klasse.

Lernbox

Knifflige Fälle der Großschreibung (1)

1 Nomen und **Verb** schreibt man normalerweise getrennt und nur das Nomen groß: *Rad fahren, Müll sammeln, Hilfe leisten*. Groß schreibt man solche Ausdrücke in Sätzen wie diesem: *Am Samstag treffen sich die Freunde zum Radfahren.*
2 Bei **Nomen** und **Adjektiv** schreibt man normalerweise nur das Nomen groß: *bekannte Sportler, leckeres Essen*. In **Namen** und **Titeln** schreibt man beide groß: *der Erste Weltkrieg, die Rote Beete, die Schwarze Mamba, die Fränkische Schweiz*.

4.3 (1) bekannte und weitere Regelhaftigkeiten der Rechtschreibung sicher einhalten: Groß- und Kleinschreibung (z. B. Nominalisierungen, Erweiterung des nominalen Kerns), Schreibung mehrteiliger oder inoffizieller Eigennamen) · 2.1 (1) pragmatische Texte informationsentnehmend, sinnkonstruierend, zügig und exakt lesen · 1.3 (1) situations- und zielorientierte Gespräche führen

259

Groß oder klein? – Weitere knifflige Fälle

Der Rettungsdienst in Bayern

Der Rettungsdienst ist in Bayern über ein Landesgesetz
5 geregelt. Ob bei lebensbedrohlichen Notfällen wie einem akuten Herzinfarkt oder einem Schlag-
10 anfall oder bei schweren Unfällen, man kann immer auf rasche Hilfe zählen. Unter der Notrufnummer 112 erreicht man eine soge-nannte Leitstelle, die dann Rettungswagen, Notarzt und wenn nötig auch die Feuerwehr
15 losschickt. Diese gut ausgebildeten Helfer sind jeden Tag und jede Nacht im Einsatz. Besonders nachts fällt der verantwortungs-volle, oft belastende Dienst nicht leicht. Und manchmal werden die Sanitäter auch noch
20 angepöbelt. Das tut nicht nur anfangs weh, sondern jedes Mal.

1 a) Lies den Text.
   b) Hast du schon einmal einen Einsatz eines Rettungsdienstes erlebt? Berichte darüber.

2 a) Lies den folgenden Satz: *Besonders nachts fällt der verantwortungsvolle, oft belastende Dienst nicht leicht.*
   b) Ermittle das Subjekt und schreibe es auf.
   c) Unterstreiche den Artikel und das Nomen.
   d) Vergleiche mit Punkt 1 der *Lernbox*. Welche Rechtschreibfehler könnten hier passieren? Sprecht darüber.

3 a) Lest die Punkte 2 bis 4 in der *Lernbox*.
   b) Schreibt aus dem Text die Sätze mit Tageszeiten und mit *mal/Mal* heraus.
   c) Überlegt euch weitere Beispiele, die zu den Punkten 2 bis 4 passen, und notiert sie.

4 a) Lies die Punkte 5 und 6 in der *Lernbox*. Schreibe dann die Sätze A – C in korrekter Groß- und Kleinschreibung auf.

> **A.** das t-shirt dort ist jeansblau. mir gefallen die neuen t-shirts, besonders dieses jeans-blaue.
> **B.** er ist ein guter läufer. bei uns an der schule ist er der schnellste.
> **C.** der router zeigt rot. das grüne wäre das richtige signal.

   b) Vergleicht eure Lösungen in einer Gruppe.

Lernbox

Knifflige Fälle der Großschreibung (2)

1 Das **Signalwort** steht **nicht beim Nomen**:
*das Buch – das aufregende Buch –
das aufregende, spannend geschriebene Buch.*
Das Nomen wird dennoch großgeschrie-ben.

2 **Tageszeiten nach Adverbien** schreibt man groß: *heute Mittag, morgen Abend, gestern Morgen, jeden Nachmittag.*

3 **Zeitadverbien** und andere **Adverbien** mit **-s** schreibt man klein: *samstags, abends, morgens, anfangs, teils, rechtens.*

4 **Mal** schreibt man groß, wenn es als Nomen gebraucht wird: *das erste Mal, mehrere Male. Klein schreibt man: ein-mal, manchmal.*

5 **Farbadjektive**, die wie Nomen gebraucht werden, schreibt man groß: *Das T-Shirt ist grün. Die Ampel zeigt Grün.*

6 Wenn sich ein Adjektiv auf ein Nomen bezieht, das im Text vorkommt, bleibt es klein:
Das blaue ist mein Fahrrad. Sie ist eine gute Schülerin. In unserer Klasse ist sie die beste.

4.3 (1) bekannte und weitere Regelhaftigkeiten der Rechtschreibung sicher einhalten: Groß- und Kleinschreibung (z. B. Nomina-lisierungen, Erweiterung des nominalen Kerns) · 4.3 (3) Rechtschreibstrategien und -prinzipien sicher und weitgehend selbstständig bei der Überarbeitung von eigenen und fremden Texten anwenden

Check dein Wissen!

Nachschlagen: *Galaxie – Ökologie – Symbol*

1 Schlage die drei Wörter in deinem Wörterbuch nach. Notiere …
- die Seitenzahl, auf der sie stehen,
- die beiden Leitwörter der Seite,
- jeweils das Wort davor und danach,
- was die drei Wörter bedeuten,
- aus welcher Sprache sie kommen.

Fehler finden und Strategien nutzen

Die Mutter hänkt die gewaschenen Hemdn auf.

2 a) Schreibe den Satz ab und unterstreiche die beiden falsch geschriebenen Wörter.
b) Schreibe sie richtig darunter.
c) Beschreibe die Strategie, mit der du auf die richtige Schreibung gekommen bist.

Die Schreibung nach einem lang gesprochenen Vokal erklären

Es geschah an einem Sonntag. – Ist das wahr? – Na klar! Ich war selbst im Saal dabei.

3 a) Schreibe das Gespräch ab.
b) Unterstreiche nur die Wörter, in denen der Vokal *-a* lang gesprochen wird.
c) Schreibe nun die auf, in denen das lange *-a* ohne Kennzeichen steht: *Sonntag … .*
d) Wie erklärst du die Schreibung von *geschah*, *wahr* und *Saal*?

Die Schreibung nach einem kurz gesprochenen Vokal finden

mit viel Kra(f/ff)t gescha(f/ff)t – hö(f/ff)lich, aber besti(m/mm)t – Que(l/ll)wa(s/ss)er – tre(p/pp)auf – ka(n/nn)st du ko(m/mm)en – erst den(k/ck)en, dann me(k/ck)ern – Hol(z/tz) schni(z/tz)en

4 a) Schreibe die Wörter ab und setze die Konsonanten richtig ein.
b) Wähle fünf Wörter aus und erkläre, wie du zur richtigen Schreibung gekommen bist.

Groß- und Kleinschreibung

schreibe diesen text in richtiger groß- und kleinschreibung auf. unterstreiche dann die wörter, die du großgeschrieben hast. überle-
5 ge dir dazu jeweils eine erklärung. du sollst das richtige ja nicht nur können, sondern dein tun auch belegen. so wird das dich sicher ärgernde unschöne rot immer weniger auf deinen probearbeiten. und du kannst
10 dich abends beruhigt zum schlafen legen.

5 a) Lies den Text im Kasten.
b) Schreibe ihn in korrekter Groß- und Kleinschreibung auf. Unterstreiche die Wörter, die großgeschrieben werden.
c) Markiere die Satzanfänge farbig.
d) Markiere alle Nomen und überlege, woran du sie erkannt hast.
e) Markiere Wörter anderer Wortarten, die großgeschrieben werden. Suche auch hierfür eine Regel.

Checkliste

Nachschlagen und Strategien anwenden

Ich …	++	+	–	––
– kann im Wörterbuch Wörter finden und erklären.	X	X	X	X
– kann die Schreibung von Wörtern mithilfe von Strategien erklären.	X	X	X	X
– kann die Schreibung nach einem lang gesprochenen und einem kurz gesprochenen Vokal erklären.	X	X	X	X
– kann Regeln der Groß- und Kleinschreibung anwenden und erklären.	X	X	X	X

4.3 (3) Rechtschreibstrategien und -prinzipien sicher und weitgehend selbstständig bei der Überarbeitung von eigenen und fremden Texten anwenden · 4.3 (4) orthografische Sicherheit durch bewusste Arbeit an individuellen Fehlerschwerpunkten erlangen (z. B. durch Finden eigener Wortbeispiele)

261

Wörter mit s-Laut

1 Lies den folgenden Text.

Urlaub in Wasserburg

Dieser Urlaub machte dem Namen des Ortes
alle Ehre. Eine Woche lang goss es wie aus
Kübeln. Der Markt und die Straßen wirkten

5 verlassen. In den engen Gassen tropfte das
Wasser von den Häu■ern. Bald waren die
Jacken durchnä■t und die Fü■e ■teckten in
feuchten ■ocken. Gro■e Pfützen bildeten
■ich. Auto■ ra■ten hindurch und erzeug-

10 ten ■cheußliche Fontänen. Erst am Tag der
Abrei■e wurde es wieder ■onnig.

2 a) Schreibe alle Wörter, in denen ein -s
vorkommt, aus dem Text heraus.
In der zweiten Hälfte des Textes musst
du für ■ jeweils -s, -ss oder -ß ergänzen.

  b) Überlege dir, wie du die Wörter sortieren
kannst. Erstelle eine Tabelle und trage
die Wörter entsprechend ein.

3 a) Vergleicht eure Tabelle zu zweit, in einer
Gruppe und dann in der Klasse.
Diskutiert eure Meinungen.

  b) Lest die *Lernbox* und vergleicht mit
euren Ergebnissen.

4 a) Arbeitet zu zweit. Lest die Wörter im roten
Kasten. Ordnet sie nach -s, -ß, und -ss.

  b) Überlegt, wie ihr sie euch merken könnt.

  c) Wählt zehn Wörter aus und bildet damit
Sätze. Achtet auf die korrekte Schreibung.

---

*besser, am besten, bis, du bist, bloß, draußen,
etwas, du fasst, fast, fest, gießen, am größten,
Gruß, du hast, du lässt, meistens, müssen,
du musst, nichts, niemals, Spaß, sie vergaß*

Lernbox

Wörter mit s-Laut

Die Schreibung des s-Lautes mit -s, -ß
oder -ss lässt sich oft an der Aussprache
erkennen. Die Aussprache ist aber regional
verschieden und nicht immer eindeutig.
Viele Wörter muss man sich daher merken
oder sie nachschlagen.

1 Den **s-Laut** kann man stimmhaft (sum-
mend) wie in *lesen* sprechen. Dann
schreibt man nur ein einfaches -s.
Man kann den **s-Laut** auch stimmlos
(zischend) wie in *Fuß/Füße* oder *messen*
sprechen. Dann schreibt man -ß oder -ss.

2 Das -s kann an unterschiedlichen Stellen
stehen:
  – am Anfang eines Wortes oder einer
Silbe: *le-sen, Ma-sern, Mäu-se, Ro-sen,
Blu-se, sehr*.
  – am Ende einer Silbe: *Wes-te, Kos-ten,
ras-ten, Wes-pe*.
  – am Ende kleiner Wörter: *aus, was*.

3 In zweisilbigen Wörtern steht das -ß nach
einem **lang gesprochenen Vokal**, einem
Umlaut (ä, ö, ü) oder einem **Doppellaut**
(au, ei, eu), wenn der *s-Laut* stimmlos ist:
mäßig, größer, süßen, außen, reißen.
Es bleibt in der Regel in allen Formen der
Wortfamilie erhalten: *Maß, groß, süß*.

4 Das -ss steht immer nach einem **kurz
gesprochenen Vokal**: *Wasser, Sessel,
Kissen, Schloss, Nuss*.

4.3 (4) orthografische Sicherheit durch bewusste Arbeit an individuellen Fehlerschwerpunkten erlangen (z. B. durch Finden
eigener Wortbeispiele) · 4.3 (2) Wörter mit weiteren rechtschriftlichen Besonderheiten (z. B. Homonyme, Homographe,
Homophone) sowie Fremd- und Fachwörter richtig schreiben

Besondere Wörter mit s-Laut

Auf dieser Seite geht es um Wörter mit -s, bei deren Schreibung man besonders aufpassen muss.
Arbeitet zu zweit oder in einer Gruppe an den Wörtern und besprecht die Schwierigkeiten.
Findet für euch einen Weg, wie ihr euch die Schreibung dieser Wörter gut merken könnt.

Business, Coolness, Fairness, Fitness, Guinness, Kongress, Stewardess, Wellness	*essen — isst — aß — gegessen* *reißen — riss — gerissen* *gießen — goss — gegossen*	*Missbrauch, Missgeschick, Misshandlung, Missverständnis*
Ärgernis, Ereignis, Ergebnis, Erkenntnis, Erlaubnis, Gedächtnis, Geheimnis, Hindernis, Kürbis, Zeugnis	*Expresssendung, Fitnessstudio, Imbissstand, Nussschokolade, Passstraße*	*Egoismus, Fanatismus, Globus, Journalismus, Kaktus, Omnibus, Organismus, Radius, Tourismus, Vandalismus, Virus, Zirkus, Zyklus*

1 a) Lest die Wörter in den Kästen oben. Macht euch klar, was sie bedeuten.
    b) Schreibt aus jedem Kasten mindestens fünf Wörter ab und unterstreicht die Stellen, die euch schwierig vorkommen.
    c) Besprecht in Gruppen, worin die Schwierigkeiten bestehen.

2 a) Lest die *Lernbox* und vergleicht mit euren Überlegungen aus Aufgabe 1.
    b) Schlagt die Wörter nach, deren Bedeutung euch unklar ist.
    c) Diskutiert einzelne Fälle, die euch besonders schwierig erscheinen, in einem Rechtschreibgespräch.

3 a) Plant, wie ihr diese Wörter üben wollt.
    b) Nehmt schwierige Wörter in eure Rechtschreibkartei auf.
    c) Sucht noch weitere Wörter mit den gleichen Schwierigkeiten und prägt sie euch ein.

Lernbox

Besondere Wörter mit s-Laut

Die Wörter mit s-Laut auf dieser Seite sind allesamt Wörter, für die es keine Regel gibt. Man muss sie sich merken oder nachschlagen. Folgende Punkte können dabei helfen:

1 In manchen Wortfamilien gibt es Wörter mit *-ss* und *-ß*: *essen, isst, aß, gegessen.*

2 Wörter mit der Endung *-is/-nis* schreibt man im Plural mit *-ss*: *Ergebnis — Ergebnisse.*

3 Die Vorsilbe *miss-/Miss-* schreibt man immer mit *-ss*: *missbrauchen — Missbrauch.*

4 Wörter mit der Endung *-us* oder der Nachsilbe *-mus* sind oft Fremdwörter. Sie haben im Plural verschiedene Formen: *Kaktus — Kakteen; Omnibus — Omnibusse; Radius — Radien; Rhythmus — Rhythmen; Tempus — Tempora; Modus — Modi.*

5 Nomen mit der Endung *-ess* oder *-ness* werden mit *-ss* geschrieben: *Fitness.*

6 Endet ein Wort auf *-ss* und beginnt das zweite mit *-s*, so stehen in der Zusammensetzung drei *-s*: *Fitnessstudio.*

4.3 (4) orthografische Sicherheit durch bewusste Arbeit an individuellen Fehlerschwerpunkten erlangen (z. B. durch Finden eigener Wortbeispiele) · 4.3 (2) Wörter mit weiteren rechtschriftlichen Besonderheiten (z. B. Homonyme, Homographe, Homophone) sowie Fremd- und Fachwörter richtig schreiben

263

Wörter richtig trennen

1 Lies den folgenden Text:

> **Geburtstag im Sommer**
> Drei Jungen waren zu Daniels Einladung an
> den Baggersee gekommen. Nur Matthias
> fehlte. Nun lagen sie nach einem guten
> 5 Essen um ein Lagerfeuer herum, das
> Daniels Vater entzündet hatte. Es war ein
> sehr warmer Sommerabend und so
> beschlossen sie, noch eine Runde im
> Baggersee zu schwimmen. Nach einem
> 10 kurzen Anlauf warfen sich die Jungen mit
> Begeisterung in die Fluten. Sie kraulten bis
> zu einer nahe gelegenen Insel und wieder
> zurück. Anschließend ruhten sie sich aus,
> bis Daniels Vater das Signal zum Aufbruch
> 15 gab. – So kann eine gelungene Geburtstags-
> feier im Sommer aussehen. Und man muss
> kein Prophet sein, um zu wissen, dass das
> so ähnlich auch im kommenden Sommer
> wiederholt werden wird!

2 a) Arbeitet zu zweit und lest die *Lernbox*.
    b) Findet aus dem Text zu jeder Regel
       wenigstens ein Beispiel und notiert es.
       Regel 1: *Jun-gen, wa-ren …*
       Regel 2: *gu-ten, kur-zen …*
       Regel 3: *…*
    c) Trefft euch mit einem anderen Zweier-
       team und vergleicht eure Ergebnisse.
    d) Führt bei Problemen ein Rechtschreib-
       gespräch durch.

3 a) Erklärt die unterschiedliche Trennung:
       krau-len ↔ kraul-ten
       ru-hen ↔ ruh-ten
       feh-len ↔ fehl-ten
    b) Sucht weitere solche Beispiele und
       erklärt sie.

Lernbox

Wörter richtig trennen

1. Mehrsilbige Wörter werden in Sprechsilben getrennt: *he-ben, rei-ten, dre-hen, feh-len, stür-zen, fan-gen, ren-nen, heim-kom-men.*
2. Die zweite Silbe beginnt meistens mit nur einem Konsonanten: *stür-zen – stürz-te, dre-hen – dreh-te, feh-len – fehl-te.*
3. Einsilbige Wörter kann man nicht trennen: *Haus, Ball, Kind.*
4. Einzelne Vokale am Anfang oder am Ende darf man nicht abtrennen: Man spricht zwar *O-fen*, man schreibt aber *Ofen*.
5. Vokale, die zu unterschiedlichen Silben gehören, werden getrennt: *Mau-er, Fei-er, ide-al*.
6. Doppelvokale und Zwielaute werden nicht getrennt: *Paa-re, Spee-re, kau-fen, Feu-er*.
7. Nicht getrennt werden -ch, -ck, -sch: *Bü-cher, we-cken, wa-schen.*
8. In Fremdwörtern werden -ph, -rh, -sh, -th nicht getrennt: *Pro-phet, Myr-rhe, Asth-ma, Ca-shew-nuss*.
9. Zusammengesetzte Wörter werden nach ihren Wortbausteinen getrennt: *Halte-stelle, Vor-fahrt, Rad-weg, um-ziehen*.
10. Bei manchen Wörtern gibt es zwei Möglichkeiten: *hi-nauf/hin-auf; he-raus/her-aus, wa-rum/war-um; Hek-tar/Hekt-ar; inte-ressant/inter-essant; Sig-nal/Si-gnal*.

4.3 (4) orthografische Sicherheit durch bewusste Arbeit an individuellen Fehlerschwerpunkten erlangen (z. B. durch Finden eigener Wortbeispiele) · 4.3 (2) Wörter mit weiteren rechtschriftlichen Besonderheiten (z. B. Homonyme, Homographe, Homophone) sowie Fremd- und Fachwörter richtig schreiben

Wörter mit Verwechslungsgefahr

1 a) Benenne die rechts abgebildeten Dinge.

b) Besprecht zu zweit, was euch auffällt. Vergleicht eure Beobachtungen und Ideen mit Punkt 1 in der *Lernbox*.

2 a) Notiere drei weitere Wörter, die eine doppelte Bedeutung haben.

b) Überlege und notiere in Sätzen, was die drei Wörter deines Partners bedeuten.

c) Kontrolliert gemeinsam die Erklärungen. Nutzt, wenn nötig, das Wörterbuch.

3 a) Lies die folgenden Sätze A bis C:

A. *Montage sind für den Praktikanten immer am spannendsten, denn da geht es mit dem Bauleiter auf Montage.*

B. *In dem Text, den ich übersetzen musste, geht es um das Übersetzen eines Bootes auf die andere Flussseite.*

C. *Die modernen Handtücher sind super, denn sie modern nicht so schnell, wenn man sie nach dem Sport mal in der Tasche vergisst.*

b) Lest die unterstrichenen Wörter zu zweit laut. Was fällt euch daran auf?

c) Vergleicht eure Überlegungen mit Punkt 2 in der *Lernbox*.

4 a) Verwende folgende Wörter in Sätzen und schreibe sie auf: *Spielende – spielende; umgehen – umgehen; Vers-endung – Ver-sendung; Stau-becken – Staub-ecken.*

b) Besprecht eure Sätze in einer Gruppe. Achtet auf Betonung, die Aussprache und die unterschiedliche Bedeutung.

5 a) In den folgenden Sätzen sind zwei Wörter verwechselt worden. Finde die Fehler und verbessere die Sätze:

Im letzten Urlaub wahren wir in den Bergen.
Es ist war, oben lag noch Schnee.

b) Begründe deine Verbesserungen.

c) Vergleicht zu zweit eure Begründungen mit Punkt 3 in der *Lernbox*.

d) Findet fünf weitere homophone Wortpaare.

e) Verwendet sie in Sätzen.

Lernbox

Homonyme, Homographen und Homophone

1 Homonyme sind Wörter, die zwei oder mehr Bedeutungen haben. Die Wörter werden gleich geschrieben und gleich gesprochen: *Kiefer (der Baum)* ↔ *Kiefer (der Knochen)*.

2 Homographen sind Wörter mit verschiedenen Bedeutungen, die gleich geschrieben, aber unterschiedlich gesprochen werden: *sie rasten (schnell fahren)* ↔ *sie rasten (ausruhen)*.

3 Homophone sind Wörter mit verschiedenen Bedeutungen, die gleich ausgesprochen, aber unterschiedlich geschrieben werden: *mahlen (zerkleinern)* ↔ *malen (ein Bild herstellen)*.

4.3 (4) orthografische Sicherheit durch bewusste Arbeit an individuellen Fehlerschwerpunkten erlangen (z. B. durch Finden eigener Wortbeispiele) · 4.3 (2) Wörter mit weiteren rechtschriftlichen Besonderheiten (z. B. Homonyme, Homographe, Homophone) sowie Fremd- und Fachwörter richtig schreiben

265

Zusammengesetzte Wörter bilden

1 Schreibe den folgenden Text fehlerfrei ab.

Der kleine Hobbit

Bilbo, der Hobbit, lebt in einer Welt, die
Mittelerde heißt. Dort gibt es Zauberdrachen
und Zwerghöhlen voll uralter Geheimnisse.
5 Mit dem Zauberer Gandalf und 13 Zwergen
machte sich Bilbo an einem schönen Herbsttag auf den Weg zum Drachen Smaug. Eine
Woche sollte die Abenteuerreise dauern.
Von Tag zu Tag bezweifelte Bilbo jedoch
10 mehr, dass eine Rückkehr bald möglich sein
würde. Bilbo hatte sich bereit erklärt, den
Goldschatz des Drachen zu rauben.
Aber eigentlich lag ihm mehr am Schätze-
verteilen als am Drachentöten. Er hoffte
15 auf eine baldige Rückkehr.

---

2 a) Tauscht und prüft zu zweit eure Texte.
   b) Unterstreiche in deinem Text alle
      zusammengesetzten Wörter.
   c) Schreibe ihre einzelnen Teile auf.
   d) Lege eine Tabelle an und ordne die
      zusammengesetzten Wörter ein.

Nomen + Nomen	Adjektiv + Nomen	Verb + Nomen
XXX	XXX	XXX

   e) Ergänze pro Spalte zwei weitere Beispiele.

3 a) Lies die folgenden Sätze (A–C).
   A. *Der Ich-Erzähler stellt sich zu Beginn vor.*
   B. *Das Musikstück ist in C-Dur geschrieben.*
   C. *Meine Eltern müssen Kfz-Steuer zahlen.*
   b) Überlegt gemeinsam, warum hier Binde-
      striche gesetzt wurden. Vergleicht eure
      Überlegungen mit der *Lernbox*.

4 Schreibe die Sätze D bis F korrekt auf.
   Nutze Bindestriche, wo es nötig ist.
   D. Ich kaufe mir ein neues ■■■ (TSHIRT).
   E. Schwarzer Tee eignet sich gut als ■■■
      (KAFFEEERSATZ).
   F. Meine Eltern haben bei der Arbeit einen
      ■■■ (8STUNDENTAG).

5 a) Lest die *Lernbox* und notiert zu zweit
      Wörter, die zu den Punkten 2 bis 4 passen.
   b) Bildet damit Sätze wie in Aufgabe 4.
   c) Tauscht eure Sätze mit einem anderen
      Team und füllt die Lücken aus.
   d) Kontrolliert die Aufgaben eurer Mitschüler.

Lernbox

Wörter zusammensetzen

1 Man kann zwei Wörter zusammensetzen
und so ein neues Wort bilden:
hoch/Haus → das Hochhaus.
Das letzte Wort ist das **Grundwort**. Es
legt die Wortart fest. Das erste Wort ist
das **Bestimmungswort**. Es bestimmt das
Grundwort näher: *Hochhaus, Eckhaus,
Einfamilienhaus*.
2 Man kann in zusammengesetzten Wörtern
einen **Bindestrich** setzen …
– wenn drei gleiche Buchstaben aufeinan-
   derfolgen: *Schwimm-Meisterschaft*.
– um einzelne Teile zu betonen: *Ich-
   Erzähler*.
– um Missverständnisse zu vermeiden:
   Druck-Erzeugnis ↔ Drucker-Zeugnis.
3 Ein **Bindestrich** muss stehen …
– in Zusammensetzungen mit
   Abkürzungen: *Kfz-Steuer, Pkw-Maut, …*
– in Zusammensetzungen mit einzelnen
   Buchstaben oder Ziffern: *C-Dur, 12-fach*.

4.3 (1) bekannte und weitere Regelhaftigkeiten der Rechtschreibung sicher einhalten: Groß- und Kleinschreibung
(z. B. Nominalisierungen, Erweiterung des nominalen Kerns), Zusammensetzungen mit Bindestrich,
Getrennt- und Zusammenschreibung (z. B. nicht steigerungsfähige oder erweiterbare Ausdrücke)

Getrennt oder zusammen? Verben mit Vorsilben

1 a) Schreibe die Sätze A bis D ab und ergänze passende Verben. Die Bilder helfen dir.

A. Ahmed ▪▪▪ heute früher ▪▪▪.

B. Der Mann ▪▪▪ in das Haus ▪▪▪.

C. Martin ▪▪▪ Leas Hausaufgaben ▪▪▪.

D. Alina ▪▪▪ ihren Schrank ▪▪▪.

b) Schreibe die Verben nun in der Grundform auf. Was fällt dir dabei auf? Besprecht zu zweit, wie sich die Wörter ändern.

2 a) Schreibe den folgenden Text ab.

> Jeden Morgen ist es das Gleiche: Es ist noch dunkel, wenn der Wecker mich aufweckt. Ich möchte ausschlafen, doch ich muss leider aufstehen. Wenn man sich in den Pausen wenigstens kurz ausruhen könnte! So kann das nicht weitergehen, nach der Schule muss ich mich erst einmal ein bisschen hinlegen …

b) Tauscht und prüft zu zweit eure Texte.

Tipp

💡 **zu 3 c)** Typische Vorsilben sind:
ab-, an-, auf-, aus-, durch-, ein-, nach-, über-, um-, vor-, heraus-, hinein-, vorbei-, zurück-.

3 a) Unterstreiche alle Verben in deinem Text, die aus zwei Teilen bestehen.

b) Bilde mit jedem Verb einen Satz, in dem die Teile getrennt geschrieben werden.

c) 💡 Finde für jedes Verb eine weitere passende Vorsilbe. Bilde damit einen Satz.

4 a) Schreibe jeweils einen Satz mit: *beraten, verreisen, besorgen, entsorgen*.

b) Vergleiche mit den Wörtern aus Aufgabe 3. Sprecht zu zweit über den Unterschied.

c) Vergleicht eure Überlegungen mit Punkt 2 in der *Lernbox*.

Lernbox

Verben mit Vorsilben richtig schreiben

Ob ein Verb mit Vorsilbe trennbar ist oder nicht, ermittelst du mit der Betonungsprobe:

1 Verben mit einer **betonten Vorsilbe** schreibt man im Infinitiv zusammen. In allen anderen Formen schreibt man die Teile getrennt: *aus*schlafen ➔ Morgen schlafe ich mal *aus*.

2 Verben mit **unbetonten Vorsilben** können nicht getrennt geschrieben werden: *be*raten ➔ Ich *be*rate meine Freundin beim Einkaufen.

3 Unbetonte Vorsilben sind zum Beispiel: *be- , ver- , ent-, ge-, zer-, er-* .

4.3 (1) bekannte und weitere Regelhaftigkeiten der Rechtschreibung sicher einhalten: Groß- und Kleinschreibung
(z. B. Nominalisierungen, Erweiterung des nominalen Kerns), Getrennt- und Zusammenschreibung
(z. B. Zusammensetzungen mit Bindestrich, Verbindungen wie mit so-, mit-, -einander, -wärts)

267

Wortverbindungen aus Verben

spaziaren   tanzen   schätzen

gehen   schlafen   sprechen

liegen   bleiben   baden

lernen   lassen   schreiben

duschen   üben   laufen   spielen

rechnen   stecken

1 a) Bilde mit den Verben oben sinnvolle zweiteilige Ausdrücke: *schreiben lernen*.
   b) Verwende jeden Ausdruck in einem Satz.
   c) Kontrolliert eure Sätze zu zweit.
   d) Was fällt euch auf? Schreibt gemeinsam eine Regel für zweiteilige Ausdrücke auf.
   e) Vergleicht anschließend mit Punkt 1 in der *Lernbox*.

2 a) Verwende die Ausdrücke aus Aufgabe 1 wie im folgenden Beispiel:
   Wir gehen am Sonntag spazieren. Beim Spazierengehen unterhalten wir uns.
   b) Besprecht eure Sätze zu zweit.

3 Schreibe mit fünf Ausdrücken aus Aufgabe 1 eine kleine Geschichte.

4 a) 💡 Bilde das Partizip II der Verben *fangen, schenken, trennen, lieben*. Beispiel: *arbeiten – gearbeitet*.
   b) Kontrolliert eure Lösungen zu zweit.

5 a) Notiert zu den vier Verben im Partizip II aus Aufgabe 4 jeweils ein passendes Verb:
   geschenkt → geschenkt bekommen.
   b) Überlegt euch dazu eine Regel. Vergleicht anschließend mit Punkt 3 in der *Lernbox*.

6 a) 💡 Um welche Form des Verbs handelt es sich beim ersten Wort in folgender Verbindung: *spielend lernen*?
   b) Findet zu zweit weitere Verbindungen mit dem Partizip I. Schreibt sie auf.
   c) Besprecht eure Wörter in der Klasse.

Tipp

💡 **zu 4 a) und 6 a)**
Das Partizip II wird in der Regel mit **ge-** und **-t** gebildet: *ge*schenk*t*, *ge*kauf*t*.
Das Partizip I wird in der Regel mit **-end** gebildet: *spiel**end**, träum**end***.

Lernbox

Wortverbindungen aus Verben

1 Zweiteilige Ausdrücke **aus Verben** werden getrennt geschrieben: *schwimmen gehen*.
2 Werden sie **als Nomen** gebraucht, schreibt man sie zusammen: *das Schwimmengehen*.
3 Zweiteilige Ausdrücke aus einem **Partizip** und einem **Verb** werden getrennt geschrieben: *geschenkt bekommen, spielend lernen*.

4.3 (1) bekannte und weitere Regelhaftigkeiten der Rechtschreibung sicher einhalten: Zusammensetzungen mit Bindestrich, Kurzformen, Abkürzungen, Schreibung mehrteiliger oder inoffizieller Eigennamen, Getrennt- und Zusammenschreibung (z. B. Verb + Verb, Partizip + Verb, Adjektiv + Verb, zusammengesetzte Wörter)

Wortverbindungen aus Adjektiven und Verben

1 a) Lies die Sätze A bis C und bestimme die Wortart der fett gedruckten Wörter:

A. *Du musst die Kartoffeln **klein schneiden**.*

B. *Ich **bin** heute sehr **müde**.*

C. *Er **hält** das Kind **fest** im Arm.*

b) Kontrolliert die Lösungen zu zweit.

c) Schreibe alle Verben im Infinitiv auf.

2 a) Arbeitet zu zweit und lest in der *Lernbox* die Punkte 1 und 2.

b) Bildet aus den folgenden Adjektiven und Verben zweiteilige Ausdrücke:

> **Adjektive:** *fröhlich, heilig, hoch, müde, lang, leicht, schwer, groß, klein, fest*
>
> **Verben:** *sein, schreiben, halten, schneiden, weilen, sprechen, rechnen*

c) Verwendet mindestens fünf davon in Sätzen.

d) Besprecht und vergleicht eure Sätze mit einem anderen Team.

3 a) Lest zu zweit die Sätze D und E.

D. *Der Schüler hat bei seinem Referat **frei gesprochen**.*

E. *Der Beschuldigte wurde **freigesprochen**.*

b) Bestimmt die Wortarten der markierten Ausdrücke. Erklärt den Unterschied in der Bedeutung mit eigenen Worten.

c) Lest die Sätze deutlich. Was fällt euch auf?

d) Formuliert eine Regel, wann man zweiteilige Ausdrücke zusammenschreibt.

e) Vergleicht eure Überlegungen mit Punkt 3 in der *Lernbox*.

4 a) Schreibe die Sätze F bis H fehlerfrei ab und setze die Ausdrücke in Klammern in korrekter Schreibung in die Lücken ein:

F. *Morgen habe ich einen wichtigen Termin. Da darf ich nicht* ■■■ *(MÜDESEIN).*

G. *Die Polizei hat die Zeugenaussage schriftlich* ■■■ *(FESTHALTEN)*

H. *Meine Mutter hatte die letzten Wochen sehr viel Stress und möchte jetzt in der Arbeit* ■■■ *(KÜRZERTRETEN).*

b) Vergleicht eure Lösungen zu zweit und kontrolliert sie mithilfe der *Lernbox*.

Lernbox

Wortverbindungen aus Adjektiv und Verb

1 Zweiteilige Ausdrücke aus Adjektiv und Verb schreibt man in der Regel getrennt, wenn sie wörtlich gemeint sind:
Der Schüler hat frei gesprochen.
(= Er hat nicht abgelesen.)

2 Zweiteilige Ausdrücke aus Adjektiv und Verb schreibt man zusammen, wenn durch die Verbindung eine neue Gesamtbedeutung entsteht:
Der Angeklagte wurde freigesprochen.
(= Er wurde nicht verurteilt.)

3 Oft hilft die **Betonungsprobe**: Betont man die erste Silbe, schreibt man das Wort zusammen.

4 Verbindungen aus *sein* und einem Adjektiv schreibt man immer getrennt:
fröhlich sein.

4.3 (1) bekannte und weitere Regelhaftigkeiten der Rechtschreibung sicher einhalten: Zusammensetzungen mit Bindestrich, Kurzformen, Abkürzungen, Schreibung mehrteiliger oder inoffizieller Eigennamen, Getrennt- und Zusammenschreibung (z. B. Verb + Verb, Partizip + Verb, Adjektiv + Verb, zusammengesetzte Wörter)

269

Satzschlusszeichen und die wörtliche Rede

1 a) Arbeitet zu zweit und erklärt euch gegenseitig, wann ihr folgende Satzzeichen setzt: *Ausrufezeichen, Fragezeichen, Punkt, Komma, Anführungsstriche*.

b) Schreibe zu jedem Satzzeichen einen Beispielsatz. Besprecht eure Sätze zu zweit und korrigiert, falls nötig.

2 a) Schreibe einen Aussagesatz auf.

b) Wandle den Aussagesatz in eine Frage und in einen Ausruf um.

c) Tauscht eure Sätze zu zweit aus und kontrolliert euch gegenseitig.

3 a) Lies die *Lernbox* und bilde zu jedem Punkt einen eigenen Beispielsatz.

b) Erklärt euch gegenseitig die Regeln anhand eurer Beispielsätze.

4 a) Lies den folgenden Text.

> Paul und Anna trafen sich zum Eisessen Als sie an der Eisdiele ankamen, fragte Paul Welches Eis möchtest du Anna antwortete Heute habe ich Lust auf einen Schokoeisbecher
> ⁵ Und du Paul wollte einen Erdbeereisbecher Leider waren die Erdbeeren aus Oh, nein Was sollte Paul nun tun Er entschied sich um und bestellte ebenfalls einen Schokoeisbecher

b) Schreibe aus dem Text je einen Aussagesatz, eine Frage und einen Ausruf heraus.

c) Vergleicht eure Lösungen in der Klasse.

5 a) Im Text fehlen die Satzschlusszeichen und die Anführungsstriche. Schreibe den Text ab und füge alle Satzzeichen richtig ein.

b) Unterstreiche die Sätze, die die wörtliche Rede einleiten.

c) Stelle die Sätze so um, dass die Redebegleitsätze am Ende stehen.

d) Vergleicht eure Sätze in der Klasse.

Lernbox

Satzschlusszeichen und wörtliche Rede

1 Zur **wörtlichen Rede** (blau gedruckt) gehört oft ein Redebegleitsatz (grün gedruckt). Paul fragt: „Möchtest du ein Eis?" Die wörtliche Rede beginnt mit Anführungsstrichen unten und endet mit Anführungsstrichen oben.

2 Ein **Aussagesatz** in der wörtlichen Rede endet mit einem Punkt. Lea meint: „Ich nehme den Schokoeisbecher." Ist der Redebegleitsatz nachgestellt, entfällt der Punkt: „Ich nehme den Schokoeisbecher", meint Lea.

3 Der **Fragesatz** in der wörtlichen Rede endet mit einem Fragezeichen. Lea fragt: „Welches Eis möchtest du?" Ist der Redebegleitsatz nachgestellt, kommt noch ein Komma hinzu: „Welches Eis möchtest du?", fragt Lea.

4 Beim **Ausrufe- oder Aufforderungssatz** steht ein Ausrufezeichen: Paul ruft: „Oh, nein!" Ist der Redebegleitsatz nachgestellt, kommt noch ein Komma dazu: „Oh, nein!", ruft Paul.

5 Der **Redebegleitsatz** kann auch **eingeschoben** werden. Er wird dann mit Kommas abgetrennt: „Dann", sagt Paul, „nehm ich auch den Schokoeisbecher."

6 a) Lies den folgenden Text.

> Ich war das nicht!

> Du hast schon wieder meine Klamotten, oder?

Der verschwundene Pullover

Anja und Marlies teilen sich ein Zimmer. Oft kommt es daher vor, dass sie ihre Kleidung vertauschen. Als Marlies einmal ihren Lieb-
5 lingspullover suchte, verdächtigte sie ihre Schwester. „Du hast doch schon wieder meine Klamotten, oder?", rief sie. „Ich war das nicht!", antwortete Anja. „Immer verdächtigst du mich, das nervt langsam", setzte sie hin-
10 zu. „Wer soll es denn sonst gewesen sein?", erwiderte Marlies.

Der Streit ging noch einige Zeit so weiter, bis ihre Mutter mit der frisch gewaschenen Wäsche hereinkam. Da trauten die beiden
15 ihren Augen nicht Was war denn das Da lag oben auf dem Stapel der nicht auffindbare Pullover Die Schwestern guckten verwirrt. Dann entschuldigte sich Marlies Tut mir leid, ich habe vergessen, dass ich den Pulli letzte
20 Woche anhatte und ihn dann in die Wäsche getan habe Schon okay antwortete Anja – und beide fingen an zu lachen

---

b) Bildet aus euren Papierstreifen zwei Stapel und mischt diese gut durch.
c) Zieht nun immer abwechselnd einen Redebegleitsatz und eine wörtliche Rede.
d) Baut gemeinsam die verschiedenen Möglichkeiten der Redebegleitsätze zusammen (vorangestellt, nachgestellt, eingeschoben). Ihr könnt die Streifen mit der wörtlichen Rede auch zerschneiden.
e) Ergänzt mit Bleistift die Satzzeichen.

b) Schreibe Teil 1 des Textes (Z. 1–11) ab. Achte besonders auf die Satzzeichen.
c) Schreibe dann Teil 2 (Z. 12–22) ab. Setze dabei alle fehlenden Satzschlusszeichen, Kommas und Anführungsstriche ein.
d) Unterstreiche die wörtliche Rede im Text blau, die Redebegleitsätze grün.
e) Prüft eure Texte zu zweit. Besprecht offene Fragen dann in der Klasse.

7 a) Bildet Kleingruppen. Jeder schreibt auf drei Papierstreifen jeweils einen Rede-begleitsatz und auf drei weitere Papier-streifen einen Satz in wörtlicher Rede. Lasst dabei die Satzzeichen weg.

8 Lies die Sätze (A–C) im Kasten unten und bearbeite eine der Aufgaben dazu. Besprecht eure Ergebnisse in der Klasse.
   a Schreibe die Sätze in korrekter Groß- und Kleinschreibung ab und ergänze alle Satzzeichen.
   b Wähle zwei oder drei Sätze aus und schreibe damit eine Geschichte. Achte dabei auf die wörtliche Rede und die korrekte Groß- und Kleinschreibung.

A. LUKAS FRAGT KOMMST DU MIT INS FREEPLAY
B. ICH LERNE HEUTE MATHE ANTWORTET ELIAS
C. ABER SPÄTER MEINT ER KANN ICH NACH-KOMMEN

4.3 (5) bekannte Regeln der Zeichensetzung, insbesondere der Kommasetzung auch bei längeren Satzfolgen, Infinitivgruppen oder Appositionen anwenden

271

Besondere Satzzeichen richtig verwenden

1 a) Arbeitet zu zweit. Lest die Sätze A–C laut:

A. Plötzlich – ein ohrenbetäubender Lärm.

B. Kiosk überfallen – die Polizei ermittelt

C. Es war – leider! – nicht mehr zu ändern.

b) Besprecht, warum in den Sätzen statt eines Kommas ein Gedankenstrich steht.

2 a) Schreibe die Sätze D bis G ab und verbinde sie entweder mit einem Komma oder mit einem Gedankenstrich.

D. Ich gehe schwimmen./Es ist gutes Wetter.

E. Er dachte, es wäre warm./Ein Fehler.

F. Ich freue mich auf morgen./Die Schule fängt später an.

G. Wir müssen über deine Praktikumsbewerbung sprechen./Wann kommt eigentlich dein Bruder nach Hause?

b) Vergleicht eure Lösungen zu zweit. Sprecht über die unterschiedliche Wirkung der Satzzeichen.

c) Lest die *Lernbox* rechts und prüft, welche Regel auf die Beispielsätze jeweils zutrifft.

3 a) Lest die *Lernbox* zum Semikolon und sprecht darüber in der Klasse.

b) Bildet Gruppen. Jede Gruppe notiert einen Satz, der aus zwei Hauptsätzen besteht, die durch ein Semikolon getrennt sind.

c) Sucht in unterschiedlichen Texten weitere Beispielsätze mit Semikolon (z. B. in Schulbüchern, in der Zeitung). Begründet jeweils, warum ein Semikolon steht.

d) Besprecht eure Beispielsätze in der Klasse.

Lernbox

Der Gedankenstrich

Der Gedankenstrich wird häufig da verwendet, wo man beim Sprechen eine deutliche Pause macht.

1 Oft steht er bei **Einschüben** anstelle eines Kommas: *Am Abend — es war mitten im Winter — badeten wir. Am Abend — es war mitten im Winter! — badeten wir. Am Abend — war es mitten im Winter? — badeten wir.*

2 Der Gedankenstrich kündigt an, dass **etwas Unerwartetes** folgt: *Er glaubte sich in Sicherheit — ein großer Irrtum.*

3 Zwischen Sätzen kann der Gedankenstrich den **Wechsel eines Themas** anzeigen. *Wir sprachen letzte Stunde über das Komma. — Wer hat übrigens Tafeldienst?*

4 Mit Gedankenstrichen kann man **Zusätze oder Nachträge** vom restlichen Text abgrenzen: *Das Bild — es war das wertvollste der Sammlung — wurde gestohlen.*

Lernbox

Das Semikolon

1 Trennt ein Komma zu schwach, ein Punkt aber zu stark, kann man ein **Semikolon** (einen sogenannten „Strichpunkt") setzen.

2 Das Semikolon kann **gleichrangige Hauptsätze** voneinander trennen: *Mein Freund hatte den Bus verpasst; er kam eine Stunde später zu meiner Geburtstagsfeier.*

3 Er trennt auch **gleichrangige Wortgruppen bei Aufzählungen** voneinander: *In meinem Rucksack ist Platz für frische Wäsche, Regenjacke und Schuhe; Pflaster, Verbandszeug und Taschenmesser; Essen und Getränke.*

4.3 (6) erweitertes Regelwissen zur Zeichensetzung (z. B. Ergänzungsstriche, Auslassungspunkte, Semikolon, Gedankenstrich) zur Strukturierung von Texten und zur Kennzeichnung von Zitaten nutzen

Check dein Wissen!

Zeichensetzung und wörtliche Rede

1 Schreibe den folgenden Aussagesatz in zwei andere Satzarten um.

Alina fährt mit dem Fahrrad nach Hause.

2 a) Schreibe den Witz im Kasten ab und setze alle Satzzeichen und Anführungsstriche.

> Ich möchte ein Konto bei Ihnen eröffnen
> sagt der Bankkunde
> Erstaunt fragt der Angestellte
> Haben Sie nicht gerade erst letzte Woche bei
> 5 uns ein Konto eröffnet
> Ach, das taugt nichts Da ist ja schon wieder
> kein Geld mehr drauf sagt der Kunde

b) Markiere die wörtliche Rede und die Redebegleitsätze im Text.

Getrennt- und Zusammenschreibung

3 a) Bilde aus den folgenden Wörtern möglichst viele zweiteilige Ausdrücke.

frei – spazieren – ruhig – halten – lernen – nehmen – schnell – gefangen – sein – gehen – müde – bleiben – ruhig – spielend

b) Wähle acht deiner zweiteiligen Ausdrücke aus und verwende sie in Sätzen.

c) Vergleicht eure Ergebnisse zu zweit.

Wörter mit s-Laut

4 a) Schreibe die Wörter ab und setze *-s, -ß* oder *-ss* ein:

be■er, der Be■en, am be■ten;
der grö■te ■pieler, mu■te, Spa■;
Fitne■, die Ergebni■e, Nu■■chokolade.

b) Erkläre mit eigenen Worten, warum es bei *Ra■en* zwei mögliche Lösungen gibt.

> Kennst du den schon? Kommt ein Kunde in die Bank …

Homonyme, Homophone und Homographen

5 a) Erkläre, was folgende Wörter bedeuten können: *Kiefer, Schloss, Leiter, Gericht*.

b) Nenne ein Beispiel für Wörter, die gleich klingen, aber unterschiedlich geschrieben werden. Erkläre die Bedeutungen.

6 Schätze dich mithilfe der Checkliste ein.

Checkliste

Zeichen setzen und richtig schreiben

Ich …	++	+	–	––
– kann verschiedene Satzarten unterscheiden.	X	X	X	X
– kann die Satzzeichen der wörtlichen Rede richtig setzen.	X	X	X	X
– kann Wörter mit s-Laut richtig schreiben.	X	X	X	X
– kann Wortverbindungen mit Verben, Adjektiven und Partizipien richtig schreiben.	X	X	X	X
– kann Homonyme, Homophone und Homographen unterscheiden.	X	X	X	X

4.3 (1) bekannte und weitere Regelhaftigkeiten der Rechtschreibung sicher einhalten · 4.3 (6) erweitertes Regelwissen zur Zeichensetzung (z. B. Ergänzungsstriche, Auslassungspunkte, Semikolon, Gedankenstrich) zur Strukturierung von Texten und zur Kennzeichnung von Zitaten nutzen

273

Ein Lerntagebuch führen

Lernen solltest du nicht dem Zufall überlassen. Du kannst es vielmehr planen, es beobachten, darüber nachdenken – und dich so immer weiter verbessern. Dabei hilft dir ein Lerntagebuch. Darin notierst du, was du erreichen willst, was gut klappt und wo du noch Schwierigkeiten hast.

1 Besorge dir ein kleines Notizbuch (DIN A6).

2 Gestalte die erste Seite so, wie es dir gefällt.

3 Trage auf der ersten Doppelseite deine Ziele für das Schuljahr ein, zum Beispiel:
— *Was möchtest du erreichen?*
— *Welche Hürden willst du nehmen?*
— *Welche Noten möchtest du erzielen?*

4 Notiere oben immer das Datum.

5 💡 Schreibe am Ende jedes Schultages in dein Tagebuch, was du von diesem Tag festhalten möchtest. Nutze dafür die linke Seite:
— *Was hat dir Spaß gemacht?*
— *Wo hattest du Schwierigkeiten?*
— *Was könntest du verbessern?*
  Was möchtest du in Zukunft ändern?

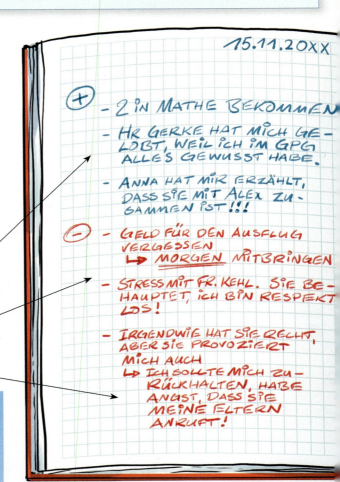

Wichtig – das musst du wissen!

Das Lerntagebuch ist DEIN Buch. „Richtig" oder „falsch" gibt es darin nicht. Und niemand kontrolliert, was du dir aufschreibst – nicht deine Lehrkräfte und auch nicht deine Eltern! Das Lerntagebuch dient dazu, dass du dein Lernverhalten selbst reflektierst und optimierst.

6 Nutze für deine Notizen verschiedene Farben.
— *Verwende eine Farbe für alles, was mit deinem eigenen Lernen zu tun hat.*
— *Nimm einen anderen Stift für alles, was mit deinen Mitschülern zu tun hat.*
— *Benutze eine dritte Farbe für Erlebnisse, die deine Lehrkräfte betreffen.*

1.3 (6) eigenes und fremdes Lernverhalten versiert reflektieren, Rückmeldung über den jeweiligen Lernstand geben und weiteres Lernen strukturiert planen · 3.2 (4) mit eigenen Texten über Sachverhalte und aktuelle Ereignisse informieren (z. B. für Präsentationsportfolio bei Übungsprojekten im Rahmen des Faches Wirtschaft und Beruf)

Zu Beginn jeder Woche
- Was nimmst du dir diese Woche vor?
- Was willst du diese Woche erreichen?
- Was ist diese Woche besonders wichtig?
- Was darfst du diese Woche nicht vergessen?

Am Ende jeder Woche
- Hast du alles geschafft und erreicht, was du dir vorgenommen hast?
- Was war diese Woche besonders gut/schlecht?
- Wann hast du diese Woche besonders viel geleistet?

Am Ende des Halbjahres
- Hast du alle Ziele erreicht, die du dir vorgenommen hattest?
- Was lief besonders gut/schlecht?
- Was willst du im kommenden Halbjahr verbessern/anders machen?

Am Ende des Jahres
- Was ist dir von diesem Schuljahr in Erinnerung geblieben?
- Was würdest du im Rückblick anders machen?
- Worauf kannst du besonders stolz sein?

Tipp

💡 **zu 5)** An diesen Beispielen kannst du dich bei deinen Eintragungen orientieren:

— *Gruppenarbeit in GPG hat gut geklappt; wir müssen aber noch besser auf die Zeit achten → Plakat muss nächste Woche fertig sein!*
— *Simon hat mir seine Lernkartei für Rechtschreibung gezeigt; wirklich gut, muss ich auch mal ausprobieren …*
— *Konnte in Englisch nur wenige Vokabeln, obwohl ich heute früh im Bus gelernt hatte → muss in Zukunft früher mit dem Lernen beginnen; vielleicht kann Caro mich zu Hause abfragen?*
— *Referat in GPG hat gut geklappt, Lob für meinen Vortrag, aber Kritik an den Folien: zu viel Text → muss nächstes Mal …*

7 Nutze die rechte Seite für dich persönlich.
 — *Gibt es noch etwas, was dich beschäftigt und was du aufschreiben möchtest?*
 — *Hast du weitere Ideen oder Fragen?*
 — *Vielleicht möchtest du etwas zeichnen oder etwas Besonderes einkleben?*

8 Die Fragen oben rechts im Kasten kannst du dir stellen, um dein Lerntagebuch zu füllen.

1.3 (6) eigenes und fremdes Lernverhalten versiert reflektieren, Rückmeldung über den jeweiligen Lernstand geben und weiteres Lernen strukturiert planen · 3.2 (4) mit eigenen Texten über Sachverhalte und aktuelle Ereignisse informieren (z. B. für Präsentationsportfolio bei Übungsprojekten im Rahmen des Faches Wirtschaft und Beruf)

275

Placemat

1

2

1 Sieh dir die Bilder 1–3 an und überlege, was die Schülerinnen und Schüler machen. Sammelt eure Ideen in der Klasse.

3

2 Lest die *Lernbox* durch und bildet Kleingruppen (je vier Personen).

3 Bereitet für eure Gruppe eine Papiervorlage nach einem der Muster vor (A oder B).

4 Führt ein Placemat zu einem der Themen aus dem Kasten rechts durch:

> *Generationenvertrag – Nordamerika – Kinderrechte – Menschenrechte – Drogen – Mikroorganismen – Infektionskrankheiten*

Lernbox

Das Placemat

Mit dem Placemat (engl.: *Tischdeckchen*) könnt ihr euch in einer Kleingruppe über eine Fragestellung, ein Thema und über eigene Ideen und Überlegungen austauschen und gemeinsam zu einem Ergebnis kommen.
Dazu benötigt jede Gruppe eine Papiervorlage, auf der jedes Gruppenmitglied ein eigenes Feld bekommt (die Felder außen).

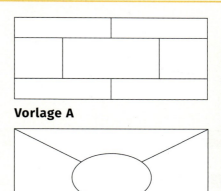

Vorlage A

Vorlage B

1 **Nachdenkphase:** Denke leise über die Aufgabe oder das Problem nach und mache dir auf deinem Feld Notizen. Das Placemat kann auch gedreht werden, um die Notizen der anderen anzusehen und die eigenen Ideen weiterzuentwickeln.

2 **Austauschphase:** Jeder stellt mithilfe seiner Notizen in der Gruppe seine Gedanken vor.

3 **Diskussionsphase:** In der Gruppe diskutiert ihr die verschiedenen Ideen und einigt euch auf ein Gesamtergebnis. Dieses schreibt ihr in das mittlere Feld (Gemeinschaftsfeld).

4 **Präsentationsphase:** Jede Gruppe präsentiert ihr Ergebnis in der Klasse.

1.3 (4) Gespräche auf einer situationsangemessenen und an der jeweiligen Gesprächspartnerin bzw. am jeweiligen Gesprächspartner orientierten Sprachebene führen · 3.1 (1) komplexe Sachverhalte in Form von kontinuierlichen und diskontinuierlichen Texten strukturieren und gestalten

Weißblattmethode und Kugellager

1 Immer wieder gibt es aktuelle Themen, die in der Klasse besprochen werden müssen. Vielleicht liegt gerade so ein Thema bei euch in der Luft? Wenn nicht, einigt euch gemeinsam auf eine der Fragen im Kasten.

> — *Was war letztes Wochenende los?*
> — *Was habe ich in den Ferien gemacht?*
> — *Was war in meinem Praktikum gut/schlecht?*
> — *Wohin möchte ich am Wandertag und warum?*
> — *Wie bereiten wir uns optimal auf die nächste Matheprobe vor?*
> — *Warum sind viele Drogen verboten?*

2 a) Lies die *Lernbox* zur **Weißblattmethode** und besprich mit einem Partner, wie diese Methode geht.

b) Mache dir Gedanken zum Thema, das ihr in Aufgabe 1 gewählt habt, und sammle deine Vorkenntnisse, Fragen und Ideen mit der Weißblattmethode.

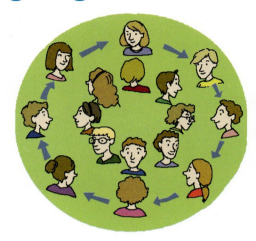

3 Lest die *Lernbox* zum **Kugellager** und führt einen Austausch mit dieser Methode durch.

4 a) Sprecht im Rückblick über die Methoden. Was hat gut geklappt, was weniger? Was fandet ihr hilfreich?

b) Welche weiteren Methoden zum Sammeln und Austauschen von Ergebnissen kennt ihr? Womit habt ihr gute Erfahrungen gemacht? Sprecht darüber in der Klasse.

Lernbox

Die Weißblattmethode

Du benötigst ein leeres Blatt, auf dem du alles notierst, was dir zu einem Thema einfällt.
So kannst du dein *Vorwissen*, deine *Fragen* und *Interessen* aufschreiben, um später darüber mit Mitschülerinnen und Mitschülern zu sprechen.
Du kannst dabei ganz unterschiedlich vorgehen:

1 **Cluster:** Schreibe das Thema in die Mitte und deine Gedanken in Stichpunkten drumherum.
2 **Mindmap:** Ordne deine Gedanken grafisch.
3 **Skizze:** Fertige eine schnelle Zeichnung an.
4 **Fragen:** Formuliere Fragen zum Thema.
5 **Eigene Ideen:** Vielleicht möchtest du deine Ideen ganz anders auf dem weißen Blatt notieren? Sei kreativ und probiere es aus!

Das Kugellager

Beim Kugellager präsentierst du deinen Mitschülern deine Ideen bzw. Ergebnisse. Dabei steht oder sitzt ihr euch in einem Innen- und einem Außenkreis gegenüber. Wie geht das?

1 Bildet einen Steh- oder Stuhlkreis.
2 Jeder Zweite stellt oder setzt sich seinem Nachbarn gegenüber. So entstehen ein Innen- und ein Außenkreis.
3 Erst berichtet der Schüler im Innenkreis, danach der im Außenkreis.
4 Nach einer vorgegebenen Zeit oder auf ein Kommando bewegen sich alle im Außenkreis einen Platz weiter. Nun findet der Austausch mit dem neuen Gesprächspartner statt.

1.2 (1) mit den jeweils situationsangemessenen sprachlichen Mitteln strukturiert erzählen und berichten, sachlogisch argumentieren und die eigene Argumentation durch Beispiele veranschaulichen · 3.2 (1) Planungsübersichten auch zu komplexeren inhaltlichen Zusammenhängen erstellen und über deren Funktionalität reflektieren

277

Ein Experteninterview vorbereiten

1 a) Beschreibe, was du auf dem Bild siehst.
   b) Überlege dir, was sich die Jugendlichen aufschreiben könnten.
   c) Vielleicht hast du selbst schon einmal ein solches Interview durchgeführt. Berichte, wie es dir dabei ergangen ist.

2 Deine Klasse plant ein Interview zum Ausbildungsberuf „Koch/Köchin".
   a) Notiere in einem Cluster fünf Punkte, über die du Informationen bekommen möchtest.
   b) Tausche dich mit einem Partner über sein Cluster aus und ergänze dein eigenes.

Tipp

💡 **zu 3)**

1 *Verdient man als Koch viel?*
   Diese Frage beginnt mit einem **Verb**. Die Antwort kann nur ein *Ja* oder *Nein* sein. Man nennt solche Fragen **geschlossene Fragen**. Durch solche Fragen erfährst du nicht viel.

2 *Wie viel verdient man als Koch?*
   Diese Frage beginnt mit einem **Fragewort**. Als Antwort bekommst du mehr und genauere Informationen. Man nennt solche Fragen **offene Fragen**. Fragewörter sind z. B. *Wer? Wo? Wie? Was? Wann? Warum? Weshalb?*

3 💡 Formuliere Fragen zu den Punkten, die du in Aufgabe 2 gesammelt hast. Stelle die Fragen so, dass du schnell viele Informationen bekommst.

4 a) Lies die *Lernbox* und überlege, welche der folgenden Fragen nicht angemessen sind.

> A. *Wie oft muss Ihr Azubi in die Schule?*
> B. *Sorry, was hast du gesagt?*
> C. *Hä? Wie schreibt man das?*
> D. *Können Sie immer in der Arbeit essen?*
> E. *Ist Ihr Beruf nicht langweilig?*
> F. *Kannst du am Wochenende auch mal sagen, dass du keinen Bock hast?*

   b) Sprich mit einem Partner über mögliche Verbesserungen. Macht euch Notizen.

5 Lies die *Lernbox* erneut und überarbeite deine Fragen aus Aufgabe 3.

Lernbox

Höflich fragen

1 In der Regel kennst du den Experten nicht. Stelle daher **keine persönlichen Fragen** und verwende die **Anrede** *Sie*.

2 Halte **Blickkontakt**, wenn du eine Frage stellst.

3 Sage *bitte* und **formuliere höflich**:
   – *Entschuldigung, können Sie das bitte wiederholen?*
   – *Können Sie mir bitte sagen …?*
   – *Ich möchte noch wissen: …?*
   – *Können Sie das Wort … bitte buchstabieren?*
   – *Darf ich Sie noch fragen …?*

4 Verwende angemessene Wörter. Bedenke: Du sprichst nicht mit einem Freund. Der Experte hat sich für dich Zeit genommen.

1.3 (1) situations- und zielorientiert Gespräche führen, sich inhaltlich vorbereiten sowie während des Gesprächs Techniken des Nachfragens anwenden · 1.3 (2) kritisch eigenes und fremdes Gesprächsverhalten (verbal, nonverbal) in schulischen sowie in außerschulischen Gesprächssituationen reflektieren und in angemessener Form Rückmeldung geben

Ein Experteninterview durchführen

1 a) Notiere deinen Wunschberuf.

b) Schreibe auf, was du über diesen Beruf erfahren möchtest.

2 Formuliere mindestens vier Fragen für ein Experteninterview zu deinem Wunschberuf.

3 Wähle eine der beiden Aufgaben aus.

a Höre dir die Fragen deines Partners an und gib ihm Feedback dazu.

b Trefft euch in einer Kleingruppe und gebt eure Fragen aus Aufgabe 2 reihum weiter. Notiert jeweils dazu, ob die Fragen angemessen und höflich sind.

4 🔊 Höre dir das Experteninterview mit dem Küchenchef eines Restaurants an und notiere die wichtigsten Informationen.

5 a) Lies die *Lernbox* und die Notizen, die sich Anna bei dem Interview gemacht hat, im blauen Kasten oben.

b) Was fällt dir an der Mitschrift von Anna auf? Tausche dich mit einem Partner aus.

c) Überlege dir, warum Anna Fragezeichen notiert und Striche gemacht hat.

d) Besprich mit einem Partner, was Anna hätte besser machen können.

6 Überarbeite deine eigene Mitschrift aus Aufgabe 4. Beachte dabei die *Lernbox*.

7 Lies erneut Punkt 3 der *Lernbox*. Überlege dir weitere Abkürzungen und lege dafür eine Tabelle an.

Abkürzung	Bedeutung
z. B.	zum Beispiel
XXXXXX	XXXXXX

Interview mit Herrn Feinschmecker

Ich: Welchen Schulabschluss brauche ich für die Ausbildung?

Herr Feinschmecker: Es gibt keine rechtlichen Bestimmungen, ~~aber~~ wir setzen einen ~~Mittelschulabschluss~~ Quali oder ___XXXXXXXX___ einen erfolgreichen Mittelschulabschluss voraus.

Jonas: Wie lange dauert die Ausbildung?

Herr F.: Die Ausbildungszeit beträgt drei Jahre.

Carina: Wo kann man als Koch nach der Ausbildung arbeiten?

Herr F.: Da gibt es versch___XXXXXXXX___: Ich arbeite ja in einem Restaurant, aber auch Kantinen oder Catering-Betriebe brauchen Köche. Natürlich kann man auch ??? Manche Köche machen sich später auch selbstständig.

Louis: Arbeiten Sie jedes Wochenende?

Herr F.: Ich arbeite oft ___XXXXXXXX___ vor Weihnachten. Wenn alle heiraten ♥, muss er arbeiten.
                                                    Anna

Lernbox

Sich bei einem Interview Notizen machen

1 Notiere, **worum es geht** (*Experteninterview Koch*) und **wen du befragst** (*Interview mit Herrn Feinschmecker, Küchenchef*).

2 Notiere **Stichwörter**, keine vollständigen Sätze.

3 Verwende **Abkürzungen**:
zum Beispiel → *z. B.*   das heißt → *d. h.*
Auszubildender → *Azubi*
-lung → *-lg.* (Versammlung = *Versammlg.*)
-lich → *-l.* (gefährlich = *gefährl.*)

4 Verwende **Symbole:**
+ gut   − schlecht   = bedeutet   ! wichtig
→ daraus folgt   ↔ im Gegensatz zu
↑ wird mehr   ↓ wird weniger
? nicht verstanden, noch mal nachfragen!

1.1 (1) den Inhalt von Gehörtem und Gesehenem erfassen und zusammenfassen · 1.3 (4) Gespräche auf einer situationsangemessenen und an der jeweiligen Gesprächspartnerin bzw. am jeweiligen Gesprächspartner orientierten Sprachebene führen · 4.1 (3) Merkmale von gesprochener und geschriebener Sprache unterscheiden und beide Sprachvarianten sachgerecht anwenden

279

5-Schritt-Lesemethode für Sachtexte

Mit der 5-Schritt-Lesemethode kannst du einen Sachtext erschließen, indem du wichtige Informationen erkennst und herausschreibst. Nach dieser Vorbereitung erstellst du eine Zusammenfassung mit eigenen Worten. Bearbeite den Text auf Seite 281 mithilfe der folgenden Anleitung (Schritte 1–5).

Schritt 1: Feststellen, wovon ein Text handelt

1 a) Lies die Überschrift und sieh dir das Bild an. Überlege dir, worum es in dem Text geht und was du schon zu dem Thema weißt.

b) Notiere Fragen zum Text:
Was sind akute Symptome? …

c) Lies dir den Text aufmerksam durch und beantworte deine Fragen, soweit möglich.

Schritt 2: Unbekannte Wörter klären

2 a) Schreibe dir unbekannte Wörter aus dem Text heraus oder unterstreiche sie auf einer Kopie des Textes (→ COPY 36).

b) Versuche, die Bedeutung der Wörter aus dem Textzusammenhang zu erklären:
Antibiotika = Medikamente, die gegen krankmachende Bakterien wirken.

c) Schlage die Wörter, die du dir noch nicht erklären konntest, im Wörterbuch nach oder nutze dafür das Internet.

Schritt 3: Schlüsselstellen im Text markieren

3 Schlüsselstellen sind die Stellen im Text, die dir deine Fragen beantworten oder besonders wichtige Informationen enthalten. Markiere nur die wichtigsten Wörter.

Schritt 4: Den Text in Sinnabschnitte gliedern

4 Ein Sinnabschnitt ist ein Abschnitt des Textes, der inhaltlich zusammengehört.

a) Lies dazu deine markierten Schlüsselstellen und gehe den Text erneut durch.

b) Lege dann eine Tabelle nach folgendem Muster an und ergänze sie.

Sinnabschnitt	Zeilen	Überschrift
1	1 – 7	*Gefahr Borreliose*
2	8 – XXX	*XXXXXXXX*

c) Überlege dir zu jedem Sinnabschnitt eine Überschrift und trage sie in die Tabelle ein.

Schritt 5: Die Informationen zusammenfassen

5 Fasse den Text mithilfe der Schritte 1 bis 4 in eigenen Worten zusammen. Fachbegriffe darfst du aus dem Text übernehmen.

In dem Text „Gefährliche Blutsauger" von Britta Pawlak geht es um gesundheitliche Gefahren durch Zeckenstiche. Zecken sind …

2.1 (1) auch komplexere pragmatische Texte informationsentnehmend, sinnkonstruierend, zügig und exakt lesen · 2.3 (3) komplexere themengleiche Texte vergleichen und mithilfe von Lesestrategien (z. B. selektives, antizipierendes und hypothesenüberprüfendes Lesen) wesentliche Textaussagen aus anspruchsvollen Texten herausarbeiten

Gefährliche Blutsauger
Von Britta Pawlak

Zeckenstiche sind nicht nur lästig, sondern auch nicht ungefährlich. Die Zahl an infizierten Tieren nimmt weiter zu. Am weitesten verbreitet ist die Borreliose, eine bakterielle Infektion. Nach einer Übertragung kommt es meist zur starken Hautrötung rund um die Einstichstelle – das ist aber nicht immer der Fall. Akute
5 Symptome sind häufig Kopfschmerzen und Fieber. Im schlimmsten Fall kommt es zu einer Hirnhautentzündung. Da es sich bei Borrelien um Bakterien handelt, wird eine Borreliose mit <u>Antibiotika</u> behandelt.

Die blutsaugenden Spinnentiere können auch noch weitere Krankheiten übertragen. Nach Borreliose ist FSME (Frühsommer-Meningoenzephalitis) die zweit-
10 häufigste. Es handelt sich um eine Virus-Erkrankung, bei der das Nervensystem angegriffen wird. FSME kann unterschiedlich verlaufen. Kam es bereits zu einer Ansteckung, können Medikamente nur die Symptome und Ausprägungen der Krankheit lindern.

Die Zeckenimpfung ist eine vorbeugende Maßnahme, um sich gegen FSME zu
15 schützen. Es gibt aber Kritiker, die von einer FSME-Impfung abraten. Sie sagen, dass auch dabei ein gesundheitliches Risiko bestehe. Generell kannst du dich vor Zecken mit speziellen Cremes und Insektensprays schützen. Allerdings helfen solche Mittel gegen Insekten nur für einige Stunden und sind leider kein vollkommen sicherer Schutz.

20 In Risikogebieten empfiehlt es sich, lange Kleidung zu tragen. Hast du dich in Wäldern, hohen Wiesen, an Waldrändern oder im Gebüsch aufgehalten, ist es ratsam, anschließend den Körper genau abzusuchen. Zecken beißen nicht sofort zu. Du solltest dich also nach solchen Ausflügen möglichst schnell umziehen und am besten auch abduschen. Danach solltest du deinen Körper genau auf Zecken
25 überprüfen. Findest du eine Zecke, bevor sie wirklich zugebissen hat, besteht noch kein Risiko. Hat sie schon zugebissen, solltest du sie so schnell wie möglich entfernen.

Bei einem Zeckenbiss empfiehlt es sich, zum Arzt zu gehen. Man kann das Tier auch selbst entfernen, muss dabei aber Folgendes beachten: Falsch ist der Rat-
30 schlag, Klebstoff, Nagellack, Öl oder Ähnliches auf die Zecke zu geben. Ebenso sollte die Zecke nicht zerquetscht oder ausgebrannt werden. Die Zecke muss dicht am Körper gerade herausgezogen werden. Es ist wichtig, dass sie ganz entfernt wird und nicht etwa noch ein Teil in der Wunde zurückbleibt. Nach der Entfernung der Zecke sollte der Biss noch einige Zeit beobachtet werden. *

F: Was sind akute Symptome?

Antibiotika = …

2.1 (1) auch komplexere pragmatische Texte informationsentnehmend, sinnkonstruierend, zügig und exakt lesen ·
2.3 (3) komplexere themengleiche Texte vergleichen und mithilfe von Lesestrategien (z. B. selektives, antizipierendes und hypothesenüberprüfendes Lesen) wesentliche Textaussagen aus anspruchsvollen Texten herausarbeiten – * verändert

281

Richtig zitieren

1 a) Lies den folgenden Text.
   b) Besprecht in der Klasse, worum es geht.

Was ist der Treibhauseffekt?

Die Erdatmosphäre hat die Wirkung einer Schutzhülle. Kurzwellige Sonnenstrahlen dringen in die Atmosphäre ein und wandeln
5 sich in Wärme um. Nur ein Teil der Wärmeenergie wird wieder ins Weltall zurückgeworfen, sodass auf der Erde relativ warme Temperaturen herrschen. Die schädlichen Abgase, die nach oben steigen, sorgen al-
10 lerdings dafür, dass immer weniger Wärmestrahlen zurück ins All gelangen.
Auf diese Weise heizt sich das Klima weiter auf.
Weil dies vergleichbar mit der Funktion
15 eines Treibhauses für Pflanzen ist, spricht man auch von einem Treibhauseffekt: Die Sonnenstrahlen dringen in das Glashaus ein, die Wärmestrahlen können jedoch nicht wieder entweichen.*

---

2 a) Lies Punkt 1 in der *Lernbox*. Zitiere dann den Satz in den Zeilen 3–5 wörtlich.
   b) Prüft zu zweit, ob ihr richtig zitiert habt.

3 a) Lies die folgenden Sätze (A und B) genau und benenne den Unterschied.
   A. „Kurzwellige Sonnenstrahlen dringen in die Atmosphäre ein und wandeln sich in Wärme um." (Zeilen 3–5)
   B. „Kurzwellige Sonnenstrahlen dringen [...] ein und wandeln sich in Wärme um." (Zeilen 3–5)
   b) Überlegt gemeinsam, was die eckigen Klammern bedeuten könnten. Vergleicht anschließend mit Punkt 2 in der *Lernbox*.

4 a) Zitiere den Satz in den Zeilen 8–11. Lass dabei den Relativsatz („die …") aus.
   b) Kontrolliere mithilfe der *Lernbox*.

5 a) Zitiere einen weiteren Satz aus dem Text. Lass dabei etwas aus oder stelle den Satz um. Lies dazu in der *Lernbox* Punkt 3.
   b) Überprüft zu zweit eure Lösungen.

6 a) Suche einen interessanten Artikel in der Zeitung oder im Internet. Zitiere schriftlich daraus und bringe den Artikel mit.
   b) Tauscht zu zweit eure Texte und überprüft gegenseitig, ob ihr richtig zitiert habt.

Lernbox

Richtig zitieren

Wenn du ganze Sätze oder wichtige Formulierungen wörtlich aus einem Text übernimmst, musst du sie als Zitat kennzeichnen. Beachte dabei folgende Punkte:
1 Wenn du aus einem Text zitierst, setzt du die Stelle, die du übernimmst, in **Anführungszeichen** und setzt die **Zeilenangabe** dahinter. (Dabei kannst du Zeile auch abkürzen: Z.) Beispiel: *„Die Erdatmosphäre hat die Wirkung einer Schutzhülle."* **(Zeilen 2 – 3)**
2 Wenn du wörtlich aus einem Text zitierst, aber Wörter, Sätze oder ganze Abschnitte weglässt, werden diese **Auslassungen** mit [...] markiert. *„Nur ein Teil der Wärmeenergie wird […] ins Weltall zurückgeworfen […]."* (Z. 5 – 6)
3 Wenn du eine Textstelle wörtlich zitierst, aber Wörter hinzufügst oder den Satzbau umstellst, stehen die Ergänzungen in eckigen Klammern. *Die Folge ist: „[A]uf der Erde [herrschen] relativ warme Temperaturen"* (Z. 7 – 8).

3.1 (3) weitgehend selbstständig passende Zitate formgerecht und zweckentsprechend in eigene Texte integrieren · 4.3 (6) erweitertes Regelwissen zur Zeichensetzung zur Strukturierung von Texten und zur Kennzeichnung von Zitaten nutzen
* verändert

Beleglesen

1 Lies den Text der 14-jährigen Luisa, die im
Internet über den Klimawandel schreibt.

Klimawandel – nach uns die Sintflut
Von Luisa
Die Klimakatastrophe, sie wird in einem Atem-
zug mit der Apokalypse, dem Weltuntergang
5 und dem Ende der Zivilisation genannt. Alles
Wörter, die sich zwar beunruhigend anhören,
doch nicht wirklich etwas mit der Realität zu
tun haben – so glauben zumindest die meisten.
10 Umweltschutz, das ist eine Tugend, genauso
wie Bio-Produkte zu kaufen. Und genauso, wie
sich die wenigsten für ökologischen Landbau
interessieren, haben auch die wenigsten Lust,
etwas zum Umweltschutz beizutragen. Zu
15 teuer, zu umständlich und zu neu. Wir haben
jahrelang unser altes Auto gefahren, warum
sollte das jetzt schlecht sein? Warum mein
Haus isolieren und so Energie sparen? Das
feuchte Holz, das ich verbrenne, wärmt im
20 Winter genauso.
Doch wieso ist uns die Wandlung des Klimas
eigentlich so egal? Ich denke, dass es an der
weit verbreiteten Lebenseinstellung liegt: „Ich
lebe im Heute – was interessiert mich das
25 Morgen?"
Die Menschen sind mit sich selbst beschäftigt.
Ihr eigenes Wohlergehen ist ihnen wichtig,
IHNEN muss es gut gehen. Was ihr Handeln für
Auswirkungen hat, das interessiert sie nicht.
30 So war es in der Vergangenheit, und so wird
es wahrscheinlich auch in der Zukunft bleiben.

2 a) Erkläre, was die Wörter *Apokalypse* (Z. 4).
und *Zivilisation* (Z. 5) bedeuten.
b) Notiere für beide Begriffe ein anderes
Wort mit der gleichen Bedetung
(= ein Synonym).

3 Zitiere aus Luisas Text Gründe, warum vermutlich die wenigsten Menschen Lust haben,
etwas zum Umweltschutz beizutragen.

4 Gib die Zeilen an, in denen Luisa eine heute
weit verbreitete Lebenseinstellung erwähnt.

5 a) Suche aus den drei Sprichwörtern (A–C)
das heraus, das zum letzten Absatz passt.
A. Viele Köche verderben den Brei.
B. Jeder ist sich selbst der Nächste.
C. Neue Besen kehren gut.
b) Belege deine Meinung, indem du die Zeilen
im Text angibst, auf die du dich beziehst.

6 Was wirft Luisa vielen Menschen vor? Lies die
Lernbox und belege deine Antwort am Text.

Lernbox

Beleglesen

1 Beim Beleglesen suchst du in einem
Text die Antwort auf bestimmte Fragen.
Du gibst eine Textaussage mit eigenen
Worten wieder und nennst als Beleg die
Zeilen im Text: *Die meisten Menschen
interessiert nur, dass es ihnen selbst gut
geht (Z. 26 – 28).*
2 Um deine Antwort zu belegen, kannst du
die Zeilen auch wörtlich zitieren.

4.3 (6) erweitertes Regelwissen zur Zeichensetzung zur Strukturierung von Texten und zur Kennzeichnung von Zitaten nutzen
· 2.1 (3) selbstständig verschiedene Lesetechniken und -strategien zur Erschließung von Inhalt und Intention kontinuierlicher
und diskontinuierlicher Texte sowie zum Textvergleich verwenden

283

Im Internet recherchieren

Wusstest du schon ...?

1 a) Besprecht zu zweit, welche Informationen ihr zuletzt im Internet gesucht habt.
b) Welche Suchmaschinen verwendet ihr normalerweise? Wie findet ihr sie? Sprecht zu zweit darüber.
c) Erstellt eine Liste mit Informationen, die man im Internet suchen kann. Erstellt dazu eine Tabelle:

private Informationen	schulische Informationen
XXX	XXX

d) Sprecht in der Klasse darüber und erstellt eine Klassenliste mit den Eintragungen in der rechten Spalte.

2 Arbeitet zu zweit. Bearbeitet eine der folgenden Aufgaben.
a Sucht eine Information im Internet, die euer Partner dann auch finden muss. Beispiel: *Wie hoch ist die Zugspitze?*
b Formuliert eine Frage, die man nicht sofort durch Eingabe in eine Suchmaschine klären kann, weil man erst weitere Seiten öffnen oder die Frage präziser stellen muss. Beispiel: *Wo liegt Frankfurt?*

3 Mache den folgenden Faktencheck im Internet. Notiere dabei jeweils den richtigen Buchstaben und bilde das Lösungswort.

Faktencheck im Internet

1 Wie hoch ist der Watzmann?
R 2713m **F** 2613m **W** 2813m

2 Welche Postleitzahl hat Zirndorf?
A 90514 **E** 90513 **O** 90515

3 Seit wann besteht in Deutschland Schulpficht?
H 1818 **R** 1717 **C** 1919

4 Was passierte am 20. Juli 1969?
L John F. Kennedy wurde ermordet.
T Helmut Schmidt wurde Bundeskanzler.
H Der erste Mensch landete auf dem Mond.

5 Welcher Wochentag war der 20. Juli 1969?
E Sonntag **F** Mittwoch **G** Freitag

6 Welche Währung gilt in Indien?
E Dinar **R** Rupie **H** Rubel

7 Wie heißt die Hauptstadt von Estland?
C Tallinn **W** Tartu **H** Türi

8 Wie groß ist ein Hektar in km²?
O $0,1 \text{ km}^2$ **H** $0,01 \text{ km}^2$ **L** 1 km^2

9 Wie lang ist ein Blauwal?
T ca. 22 m **R** ca. 44 m **E** ca. 33 m

10 Wann begann im Jahr 1939 der Zweite Weltkrieg?
N 01.09. **T** 09.10. **L** 09.01.

Suchanfragen präzise stellen

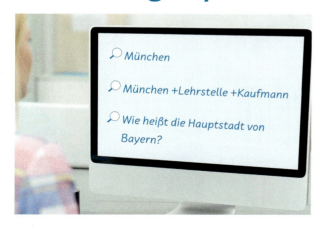

1 a) Lest zu zweit die Suchanfragen oben. Wonach wird jeweils gesucht?

b) Welche Suchanfrage würdest du nutzen, um etwas über deine Heimat zu erfahren?

2 Die folgenden Suchanfragen links und die Suchstrategien rechts gehören zusammen. Schreibe die Tabelle ab und ordne dabei richtig zu. Die *Lernbox* kann dir dabei helfen.

Eingabe	Suchstrategie
A *„mittlere Reife"*	**1** Einschränkung der Suche
B *Lehrstelle München -Landkreis*	**2** Verwendung eindeutiger Suchbegriffe
C *Lehrstelle München*	**3** zusammenhängende Namen/ Begriffe
D *München +Kaufmann*	**4** Eingabe einer vollständigen Frage
E *Wo gibt es Lehrstellen als Kaufmann in München?*	**5** Ergänzung der Suchwörter

3 a) Hast du Ideen zur Verbesserung der Suchanfragen A bis F? Notiere sie.

A *Wie finde ich ein Dokument zum Referat?*
B *Sehenswürdigkeiten Fürth -Rathaus*
C *Haudärzde + Nürnberg*
D *lebensdaten mozart*
E *Öffnungszeiten Pizzeria*
F *Gibt es Suchmaschinen für Jugendliche?*

b) Besprecht eure Ergebnisse zu zweit.

4 a) Findet mindestens drei Suchmaschinen für Kinder und Jugendliche. Probiert sie aus.

b) Sprecht über eure Erfahrungen und Suchergebnisse in der Klasse.

Lernbox

Suchstrategien im Internet

1 Gib wenige **eindeutige Wörter** ein. Die Suchmaschine findet dann Seiten, die eines der Wörter enthalten: *München Hauptstadt Bayern*

2 Um die Suche genauer zu machen, kannst du vor einzelne Wörter ein **Plus** setzen. Dann findest du Seiten, die alle Wörter enthalten: *München +Hauptstadt +Bayern.* (Manche Suchmaschinen verknüpfen automatisch alle Eingaben mit +.)

3 Du kannst die Suche auch einschränken, indem du vor einzelne Wörter ein **Minus** setzt. Diese Wörter kommen dann auf den Seiten nicht vor: *München -Fußball*.

4 Namen, die zusammengehören, kannst du in **Anführungszeichen** setzen: *„Wilhelm Busch" München*. Die Suchmaschine findet dann nur Seiten mit dieser Wortfolge.

5 Weitere **Recherchetipps** findest du im Internet (Suchbegriff: *Suchoperatoren*).

6 Beachte: **Rechtschreibung** ist bei der Suche wichtig! Kleinschreibung ist immer erlaubt.

2.4 (4) geeignete Medien zur Freizeitgestaltung sowie zum Mediengenuss nutzen · 2.4 (7) für Präsentationen und zur kreativen Produktion selbstständig und zielorientiert technische Hilfsmittel und Programme nutzen

285

Suchmaschinen verstehen

🔊 **Wie arbeiten eigentlich Suchmaschinen?**

Marco Fileccia

Die Mutter aller Suchmaschinen im WWW hieß The Wanderer und wurde 1993 veröffentlicht.

5 Seitdem kann man Internetseiten mit Suchwörtern finden. Eine Suchmaschine wird oft mit einer Mitarbeiterin in einer Bücherei verglichen. Sie hilft dir, aus der riesigen Menge an Internetseiten die richtigen zu finden.

10 Dafür durchsuchen, vereinfacht gesagt, kleine Programme (Bots) ständig das Internet und speichern in einer großen Liste alles, was sie gefunden haben. Diese Liste nennt man Index. Aus diesem Index werden die Suchanfragen

15 beantwortet. Eine Suchmaschine durchsucht bei deiner Anfrage also nur den eigenen Index und nicht das ganze Internet. Wie eine Bibliothekarin, die nur die Bücher in der eigenen Bücherei findet und nicht alle Büchereien

20 durchsuchen kann.

Dass ein Inhalt im Internet gut gefunden wird, kann man als Seitenanbieter zum Teil selbst beeinflussen. So ist es beispielsweise sinnvoll, jeder Seite einen guten und einzigartigen Titel

25 zu geben, denn dieser wird bei einem Suchtreffer in der ersten Zeile angezeigt. Qualitativ hochwertige und interessante Inhalte haben sich im Internet stets bewährt – also Texte, die sich gut lesen lassen und die sauber

30 strukturiert sind. In welcher Reihenfolge die Ergebnisse deiner Suche angezeigt werden, entscheidet die Suchmaschine nach einer geheimen Regel. Es ist wie eine Bibliothekarin, die nach ihren eigenen Vorstellungen

35 Bücher zuteilt, ohne dass du weißt, warum sie das Buch für dich herausgesucht hat. Die Informationen, die dir an erster Stelle in den Suchergebnissen angeboten werden, müssen deshalb nicht die richtigen sein – auch wenn

40 es im ersten Moment so erscheint.*

1 a) Überfliege den Text links und sieh dir das Bild oben an.
b) Welche Fragen hast du an den Text?
c) Kann der Text deine Fragen beantworten? Sprecht zu zweit darüber.

2 a) Lies den Text genau.
b) Überlege dir eine andere Überschrift.

Bot
Index
Bibliothekarin
qualitativ
Informationen

3 a) Erkläre die Bedeutung der Fremdwörter auf dem Bildschirm in einer Tabelle.

Fremdwort	Zeile	Bedeutung
Bot	Z. *XXX*	*XXX*

b) Finde heraus, aus welcher Sprache die Wörter stammen. Ergänze die Tabelle.

2.1 (1) auch komplexere pragmatische Texte informationsentnehmend, sinnkonstruierend, zügig und exakt lesen ·
2.4 (1) die Wirkungsabsichten unterschiedlicher Medien erkennen · 4.1 (5) die Herkunft, Bedeutung und Verwendung gängiger
Fremdwörter und Internationalismen erklären, um den aktiven und passiven Wortschatz zu erweitern – * verändert

4 Entscheide bei den Aussagen A bis I, ob sie wahr (**w**), falsch (**f**) oder nicht im Text (**n**) sind. Schreibe richtige Aussagen ab, stelle falsche Aussagen richtig.

		w	f	n
A	Die erste Suchmaschine hieß „The Walker".	X	X	X
B	Suchmaschinen sind wie Mitarbeiter in Büchereien.	X	X	X
C	Kleine Programme durchsuchen häufig das Internet.	X	X	X
D	Suchmaschinen gibt es von zahlreichen Internetfirmen.	X	X	X
E	Suchmaschinen durchsuchen bei einer Anfrage alle Indexe.	X	X	X
F	Das Suchergebnis kann man als Seitenanbieter beeinflussen.	X	X	X
G	Internet-Suchmaschinen werden weltweit sekündlich benutzt.	X	X	X
H	Die Suchmaschine entscheidet über die Ergebnisreihenfolge.	X	X	X
I	Informationen an erster Stelle der Suchmaschine sind richtig.	X	X	X

5 a) Schreibe aus dem Text Schlüsselstellen heraus, die für das Verstehen wichtig sind.
b) Wie viele Formulierungen hast du? Vergleicht eure Ergebnisse zu zweit.
c) Sprecht darüber in der Klasse.

6 Bearbeite eine der folgenden Aufgaben:
 a Schreibe eine Textnachricht mit 160 Zeichen, in der du den Inhalt des Textes zusammenfasst.
 b Erstelle ein kurzes Erklärvideo, das die Funktionsweise einer Suchmaschine zusammenfasst.

7 Der Text enthält zahlreiche Wörter mit Doppelkonsonanten.
a) Schreibe die Wörter heraus. Gib dazu jeweils auch die Zeile an.
b) Welche Strategien fallen dir ein, um die Wörter richtig zu schreiben.
c) Vergleicht zu zweit eure Ergebnisse.

8 Der erste Satz des Textes steht in einer anderen Zeitform.
a) Erkläre, warum hier eine andere Zeit verwendet wird als im Rest des Textes.
b) Erstelle eine Tabelle, in der du zehn Verben aus dem Text in mindestens drei Zeitformen aufschreibst. Beispiel:

Verb	Präteritum	Präsens	Futur I
heißen	*sie hieß*	*sie heißt*	*sie wird heißen*

2.1 (1) auch komplexere pragmatische Texte informationsentnehmend, sinnkonstruierend, zügig und exakt lesen ·
2.4 (1) die Wirkungsabsichten unterschiedlicher Medien erkennen · 4.3 (3) Rechtschreibstrategien und -prinzipien sicher und weitgehend selbstständig bei der Überarbeitung von eigenen und fremden Texten anwenden

287

Informationen zu Sehenswürdigkeiten finden

1 a) Betrachte das Bild. Kennst du die abgebildete Sehenswürdigkeit? Sprich darüber mit einem Partner.

b) Erstellt ein Cluster mit Sehenswürdigkeiten in eurem Ort oder in der Nähe.

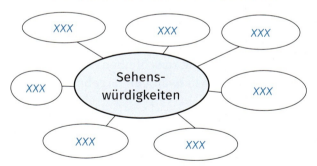

2 a) Entscheidet euch für eine Sehenswürdigkeit, die für Jugendliche attraktiv und geeignet ist. Was könnt ihr über sie herausfinden? Recherchiert im Internet.

b) 💡 In welche Kategorien, die einem Besucher eurer Sehenswürdigkeit nutzen, könnt ihr eure Informationen einteilen?

c) Sprecht darüber in der Klasse.

3 Bearbeitet in Gruppen eine der Aufgaben.

a Erstellt ein **Plakat**, auf der die wesentlichen Informationen zu eurer Sehenswürdigkeit zusammengefasst sind.

b Erstellt einen **Flyer**, der die wesentlichen Informationen zu eurer Sehenswürdigkeit in strukturierter Form präsentiert.

4 Ergänzt für eure Sehenswürdigkeit aus der Aufgabe 2 ein paar Sätze oder Hinweise, warum diese für Jugendliche attraktiv ist und unbedingt besucht werden sollte.

Tipp

💡 **zu 2 b)** Mögliche Kategorien:

Adresse, Alter, Anfahrt, Bedeutung, Besucher, Eignung, Eintritt, Highlights, Hinweise zur Kleidung, Homepage, Beschreibung, Öffnungszeiten, Telefonnummer, Veranstaltungen, Zeit, Zustand.

2.4 (4) geeignete Medien zur Freizeitgestaltung sowie zum Mediengenuss nutzen · 2.4 (7) für Präsentationen und zur kreativen Produktion selbstständig und zielorientiert technische Hilfsmittel und Programme nutzen

Personen und Zitate richtig zuordnen

1 Auf dieser Seite siehst du Bilder und Zitate von bekannten Personen. Immer ein Zitat und ein Bild gehören zusammen.
  a) Lies die Texte und betrachte die Bilder.
  b) Erkennst du spontan einzelne Personen? Kannst du einem Bild ein Zitat zuordnen?

2 Recherchiere im Internet und ordne die Zitate und Bilder einander richtig zu. Notiere die Lösung folgendermaßen:
Person A – Martin Luther – Zitat 5.

3 Besprecht die Lösungen in der Klasse.

A

4 *Nehmt aus der Welt die Elektrizität, und das Licht verschwindet.*

B

8 *Die beste Art, Gott kennenzulernen, ist, viele Dinge zu lieben.*

G

6 *Leben heißt singen und lieben.*

3 *Den größten Fehler, den man im Leben machen kann, ist, immer Angst zu haben, einen Fehler zu machen.*

F

C

D

1 *Ich kann die Verhältnisse nicht ändern. Ich nehme sie einfach hin, ohne wegzusehen.*

2 *Jedes Lächeln, das du aussendest, kehrt doppelt zu dir zurück.*

5 *Von Arbeit stirbt kein Mensch, aber vom Müßiggehen kommen die Leute um Leib und Leben.*

H

7 *Wer im Dunkeln sitzt, zündet sich einen Traum an.*

E

2.4 (4) geeignete Medien zur Freizeitgestaltung sowie zum Mediengenuss nutzen · 2.4 (7) für Präsentationen und zur kreativen Produktion selbstständig und zielorientiert technische Hilfsmittel und Programme nutzen

289

Ein Deckblatt gestalten

1 a) Überlege, wann und wofür du ein Deckblatt benötigst.

b) Welche Elemente sollte ein Deckblatt für deine Bewerbung enthalten? Halte deine Ergebnisse in einem Cluster fest.

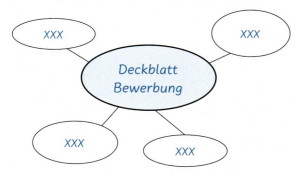

c) Tauscht euch zu zweit über eure Ideen und Überlegungen aus.

2 a) Lies die *Lernbox* und sieh dir die Beispiele für Deckblätter unten an.

b) Überlegt zu zweit, welches Deckblatt den Kriterien in der *Lernbox* entspricht.

c) Notiert Verbesserungsvorschläge für das weniger gelungene Deckblatt.

3 a) Fertige eine Skizze für ein Deckblatt deiner Wahl an (z. B. für eine Praktikumsbewerbung oder für deinen Ordner).

b) Überlege dir, welches Bild für dein Deckblatt passend wäre.

Bewerbung …

… um einen Ausbildungsplatz als Einzelhandelskauffrau

Mira Mustermann
Musterstraße 12
90425 Nürnberg

Telefon: 0123 – 55 66 77
Mail: m.mustermann@mail.de

Anlagen

Lebenslauf

Zeugnisse

Praktikumsbeurteilungen

**Einzelhandelskauffrau
Mira Mustermann**

Musterstrass 12
9/42/Nürnberg
Tel: 0123556677
Mail: sweetmira@mail.de

2.4 (7) für Präsentationen und zur kreativen Produktion selbstständig und zielorientiert technische Hilfsmittel und Programme nutzen · 3.2 (9) in Kooperation mit dem Fach Wirtschaft und Beruf und den berufsorientierenden Wahlpflichtfächern formalisierte, berufsorientierende Texte unter Berücksichtigung zeitgemäßer Medien verfassen, auch für das Berufswahlportfolio

4 a) 💡 Sucht zu zweit ein Bild aus und probiert verschiedene Positionen und Größen des Bildes aus. Nutzt dafür ein Textverarbeitungsprogramm.

b) Wie wirken die Bilder jeweils auf euch? Sprecht zu zweit darüber.

5 Bei welchen Gelegenheiten musst du Bilder bearbeiten? Sammelt in der Klasse Beispiele.

6 Gestalte ein Deckblatt am Computer. Nutze als Grundlage dafür deinen handschriftlichen Entwurf aus Aufgabe 3.

Lernbox

Ein Deckblatt erstellen

1 Diese **Elemente** sollte ein Deckblatt enthalten:
- Überschrift, zum Beispiel: *Bewerbung*,
- Bezeichnung des Berufs, zum Beispiel: *Bewerbung um eine Ausbildungsstelle als Kauffrau im Einzelhandel*
- Name und Adresse,
- passendes Foto,
- Hinweis auf die Anlagen.

2 Das solltest du **unbedingt beachten**:
- Gib nur relevante, im Zusammenhang wichtige Informationen.
- Überprüfe deine Kontaktdaten.

3 Bei der **Gestaltung** darfst du kreativ sein. Das Deckblatt soll aber seriös und übersichtlich wirken.
- Verwende daher nur Fotos in sehr guter Qualität und passender Größe.
- Wähle wenige, passende Farben.
- Prüfe, wie das Deckblatt ausgedruckt aussieht. Drucke die Endversion dann in sehr guter Qualität aus.

Tipp

💡 **zu 4a)**

Mit Bildern arbeiten

1 Du kannst die Größe und die Position von Bildern in einem Textverarbeitungsprogramm ändern, wenn du die Bilder anklickst.
Mit der **rechten Maustaste** öffnet sich dann ein Fenster mit Optionen.

2 Du kannst das Bild aber auch mit der **linken Maustaste** anklicken und mit dem Cursor an den Ecken größer oder kleiner ziehen.

3 Mit einem Bildbearbeitungsprogramm kannst du Bilder auch zuschneiden und auf vielfältige andere Weise bearbeiten.

2.4 (7) für Präsentationen und zur kreativen Produktion selbstständig und zielorientiert technische Hilfsmittel und Programme nutzen · 3.2 (9) in Kooperation mit dem Fach Wirtschaft und Beruf und den berufsorientierenden Wahlpflichtfächern formalisierte, berufsorientierende Texte unter Berücksichtigung zeitgemäßer Medien verfassen, auch für das Berufswahlportfolio

291

Ein Inhaltsverzeichnis erstellen

> *Eigentlich wäre meine Projekt-mappe jetzt fertig, aber wie soll ich das alles nur sinnvoll ordnen?*

1 a) Betrachte das Bild und lies die Sprech-blase. Vor welchem Problem steht der Schüler. Notiere Vermutungen.
  b) Überlege gemeinsam mit einem Partner, wie er das Problem lösen könnte.
  c) Sammelt eure Ideen in der Klasse.

Inhaltsverzeichnis

1. Aufgabenverteilung	2
2. Arbeits- und Zeitplan	3
3. Rezepte	4
3.1 Vorspeise „Linsensuppe"	5
3.2 Hauptspeise „Moussaka"	6
3.3 Nachspeise „Griechischer Joghurt"	7
4. Organisationsplan	8
5. Abrechnung	9
6. Tätigkeitsbericht	10
7. Menükarte	13
8. Quellenangaben	14
9. Begleittext zur Präsentation	15
10. Reflexion	16
11. Erklärung	18
12. Anlagen und Fotos	19

2 a) Lies die *Lernbox* und sieh dir unten links das Inhaltsverzeichnis einer Projektmappe aus dem Fach *Ernährung und Soziales* an.
  b) Prüft zu zweit, ob dieses Inhaltsverzeich-nis alle genannten Kriterien erfüllt.

Lernbox

Ein Inhaltsverzeichnis erstellen

Ein Inhaltsverzeichnis ist eine Übersicht der Materialien und Inhalte, die dann folgen. Es sollte folgende Elemente enthalten:

1 eine **Überschrift**, z. B. *Inhaltsverzeichnis*

2 eine **Auflistung** der Materialien oder Kapitel, mit **Nummerierung** und Unterüberschriften:
  1. Aufgabenverteilung
  2. Arbeits- und Zeitplan
  3. Rezepte
    3.1 Vorspeise „Linsensuppe"
    3.2 Hauptspeise …

3 Angabe der **Seitenzahl** am Ende der Zeile:
  1. Aufgabenverteilung   *1*
  2. Arbeits- und Zeitplan   *2*

4 Folgende Tipps helfen bei der **Gestaltung**:
  – Setze alle Überschriften und Nummern genau untereinander.
  – Schreibe die Seitenangaben ganz rechts untereinander. Nutze dafür die Tabulatortaste.

5 Diese Tipps helfen bei der **Formulierung**:
  – Formuliere alle Überschriften auf ähnli-che Weise (z. B. mit oder ohne Artikel, in Stichworten oder ganzen Sätzen:
    1. Aufgabenverteilung
    2. Arbeits- und Zeitplan oder
    1. Die Verteilung der Aufgaben
    2. Der Arbeitsplan und der Zeitplan.
  – Prüfe am Schluss, ob die Überschriften im Inhaltsverzeichnis genau den Über-schriften auf den Seiten entsprechen.

3.2 (1) Planungsübersichten auch zu komplexeren inhaltlichen Zusammenhängen erstellen (z. B. in Form von Mindmaps oder einer numerisch differenzierten Gliederung) und über deren Funktionalität reflektieren

3 Beantwortet folgende Fragen in der Klasse:
a) Wo begegnen dir in der Schule oder im Alltag Inhaltsverzeichnisse?
b) Welchen Nutzen haben Inhaltsverzeichnisse?

4 Im folgenden Inhaltsverzeichnis hat jemand nicht genau auf die Formulierungen geachtet.

1. Aufgabenverteilung

2. Arbeits- und Zeitplan

3. Mit dieser Skizze wird geplant

4. Stückliste

5. Technische Zeichnung

6. So geht man beim Bau vor

7. Diese Werkzeuge werden gebraucht

8. Quellenangaben

9. Begleittext zur Präsentation

10. Das hat gut geklappt/nicht gut geklappt

11. Erklärung

12. Anlagen und Fotos

a) Formuliere die Überschriften einheitlich.
b) Erstelle aus den Überschriften ein Inhaltsverzeichnis am Computer (mit Seitenzahlen). Beachte dabei die Hinweise in der *Lernbox* auf S. 292.

5 a) Tauscht zu zweit eure Inhaltsverzeichnisse aus Aufgabe 4 und kontrolliert gegenseitig, ob ihr alle wichtigen Punkte beachtet habt.
b) Gebt einander Feedback.
— *Was ist gut gelungen?*
— *Was könnte man noch verbessern?*

6 Erstelle ein Inhaltsverzeichnis zu einem der folgenden Bereiche:
A. Praktikumsbericht
B. Fach deiner Wahl
C. Portfolio
D. Projektmappe

Tipp

 zu 4b)
Ein Inhaltsverzeichnis mit einem Textverarbeitungsprogramm erstellen

1 Viele Textverarbeitungsprogramme bieten fertig formatierte Inhaltsverzeichnisse zur Auswahl an. Du kannst sie als Vorlage nutzen und mit deinen Inhalten füllen.

2 Wähle für das Inhaltsverzeichnis eine gut lesbare Schrift in der passenden Größe. So kannst du Schriftart und -größe ändern:

3 So kannst du Zeilenabstände, Einzüge und Absätze formatieren:

4 Weitere Möglichkeiten der Formatierung lernst du im Fach *Informatik* kennen.

3.2 (1) Planungsübersichten auch zu komplexeren inhaltlichen Zusammenhängen erstellen (z. B. in Form von Mindmaps oder einer numerisch differenzierten Gliederung) und über deren Funktionalität reflektieren

293

Ein Handout entwerfen

1 Tauscht euch zu zweit darüber aus, was ein Handout ist. Wann und wofür braucht ihr es?

2 a) 💡 Notiere in Stichpunkten, welche Inhalte ein Handout enthalten sollte.

b) 💡 Was sollte man bei der Erstellung eines Handouts beachten?

3 a) Vergleiche die Handouts unten. Begründe, welches du gelungener findest.

b) Sammle Verbesserungsvorschläge.

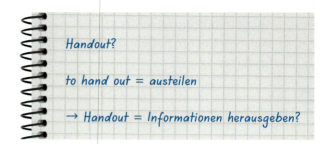

Handout?

to hand out = austeilen

→ Handout = Informationen herausgeben?

4 💡 Erstellt zu zweit ein Handout zu einem Thema eurer Wahl. Nutzt dafür ein Textverarbeitungsprogramm.

Fach: WiB   Referent: Maiko Mustermann   15.04.20XX

Thema: Der Beruf „Koch" – ein Traumjob?

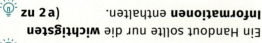

1. Die Ausbildung
- Dauer: 3 Jahre
- <u>Lernorte:</u> Ausbildungsbetrieb und Berufsschule (duale Ausbildung)
- <u>Geforderter Schulabschluss:</u> qualifizierender Abschluss der Mittelschule oder mittlerer Bildungsabschluss
- <u>Anforderungen:</u> organisatorische Fähigkeiten, Teamfähigkeit, Sorgfalt, Verantwortungsbewusstsein, Geschicklichkeit, Belastbarkeit, Kreativität
- <u>Wichtige Schulfächer:</u> Mathematik und Chemie
- <u>Verdienst in der Ausbildung:</u>
  1. Ausbildungsjahr: 620 € bis 775 €
  2. Ausbildungsjahr: 675 € bis 880 €
  3. Ausbildungsjahr: 775 € bis 1000 €

2. Der Beruf „Koch"
- <u>Arbeitsaufgaben:</u> Speiseplan erstellen, Zutaten einkaufen und einlagern, Arbeitsabläufe organisieren, Speisen zubereiten (vorbereiten, kochen, backen, garnieren)
- <u>Arbeitsorte:</u> in Küchen von Restaurants, Hotels, Kantinen, Krankenhäusern, Pflegeeinrichtungen und Catering-Firmen

3. Vor- und Nachteile des Berufs

Vorteile:	Nachteile:
+ kreativer Beruf	– Nacht- und Feiertagsarbeit
+ abwechslungsreiche Aufgaben	– manchmal sehr stressig
+ selbstständiges Arbeiten	– Verdienst stark schwankend (je nach Arbeitsort)
+ viele Beschäftigungsmöglichkeiten (Hotel, Kantine, Krankenhaus)	– körperlich anstrengend

Quelle: planet-beruf.de, zuletzt aufgerufen am 14.04.20XX

WiB   Datum: XX.XX.20XX

<u>Koch</u>

1. In der Ausbildung muss man auch noch in die Berufsschule und lernen. Die erste Zeit darf man nur Hilfsarbeiten machen und nicht richtig kochen, das darf man erst später irgendwann.

2. Es gibt keinen bestimmten Schulabschluss, den man haben muss, aber meistens reicht der Quali.

3. Geld: nicht viel, zwischen 600 € und 1000 €.

4. Wenn man mit der Ausbildung fertig ist, kann man verschiedene Sachen machen. Meistens kocht man aber. Dabei muss man immer eine Schürze und eine Mütze tragen.

5. In Hotels verdient man mehr Geld als in Krankenhäusern.

Hier ein paar Bilder:

Eine Kochmütze   Ein Koch

Quelle: Internet

Tipp

💡 **zu 2 a)**

Ein Handout sollte nur die **wichtigsten Informationen** enthalten.

💡 **zu 2 b)**

Das Handout sollte wichtige Angaben wie **Name, Thema, Quellen** sowie **Bilder** zur Veranschaulichung enthalten.

Tipp

💡 **zu 4)**

– Nutze **Formatvorlagen, Aufzählungszeichen** und **Kopfzeilen**, um ein Handout am Computer übersichtlich zu gestalten.

– **Themenideen:** Beruf, Sportart, Lieblingsbuch.

3.1 (1) komplexe Sachverhalte in Form von kontinuierlichen und diskontinuierlichen Texten strukturieren und gestalten und dabei begründet die Möglichkeiten der elektronischen Datenverarbeitung nutzen (z. B. Textverarbeitungs- und Präsentationsprogramme)

Einen Lebenslauf schreiben

Lebenslauf

Persönliche Daten:

Name:	Mira Mustermann
Geburtsdatum:	26. April 2006
Geburtsort:	Nürnberg
Anschrift:	Musterstraße 12
	90425 Nürnberg
Telefonnummer:	0123/55 66 77
E-Mail:	m.mustermann@mail.de

Schulbildung:

Grundschule	2012–2016 Grundschule Nürnberg
Mittelschule	seit 2016 Mittelschule Nürnberg
Voraussichtlicher Abschluss	Juli 2021, mittlerer Bildungsabschluss

Praktische Erfahrung:

Praktika:	15.04.–26.04.2019
	Einzelhandelskauffrau, Textilbörse Nürnberg
	8.11.–22.11.2019
	Einzelhandelskauffrau, Modehaus
Fürth	

Kenntnisse und Interessen:

Kenntnisse:	Englisch – gute Kenntnisse
	Griechisch – sehr gute Kenntnisse
	Textverarbeitung – Grundkenntnisse
	Präsentationsprogramm – Grundkenntnisse
Hobbys:	Tanzen, Mode

Nürnberg, 27.01.20XX

Mira Mustermann

Lebenslauf

Zur Person

Name	Maiko Muster
Geburtsdatum	10. Januar 2005
Geburtsort	Fürth
Anschrift	Am Musterberg 4
	90431 Nürnberg
Telefonnummer	0123/33 44 55
E-Mail	m.muster@mail.de

Schulbildung

09/2011–08/2015	Grundschule Fürth
seit 09/2015	Mittelschule Nürnberg
Juli 2020	voraussichtlich mittlerer Bildungsabschluss

Praktika

April 2018	einwöchiges Praktikum als Koch, InnHotel Nürnberg
November 2018	zweiwöchiges Praktikum als Koch, Gesund-Klinik Nürnberg

Persönliche Fähigkeiten und Interessen

Kenntnisse	Computer (Office-Programme)
Sprachkenntnisse	Deutsch, Englisch
Hobbys	Sport, Fahrrad fahren

Nürnberg, 13.02.20XX

Maiko Muster

---

1 Es gibt verschiedene Möglichkeiten, einen Lebenslauf zu erstellen (siehe auch S. 177). Vergleiche die beiden Lebensläufe oben:
 — *Welche Unterschiede erkennst du?*
 — *Welche Gemeinsamkeiten stellst du fest?*

2 Lies die *Lernbox* und kontrolliere, ob beide Lebensläufe die Kriterien erfüllen.

3 a) 💡 Erstelle einen Lebenslauf am Computer.
 b) Tauscht zu zweit eure Lebensläufe und gebt euch gegenseitig Feedback.

Tipp

💡 **zu 3a)** Weitere Tipps für die Erstellung eines Lebenslaufs findest du auf S. 177.

Lernbox

Einen Lebenslauf erstellen

Folgende Kriterien sollte dein Lebenslauf erfüllen:

1 Unterteile den **Inhalt** in Abschnitte: *Angaben zur Person, Schulbildung, praktische Erfahrungen, Fähigkeiten und Interessen*.

2 Schreibe in **Stichpunkten** und gliedere den Lebenslauf durch **Zwischenüberschriften**.

3 Füge ein geeignetes **Foto** ein (→ S. 177).

4 Wähle eine **gut leserliche Schriftart** in einer **normalen Schriftgröße** (11 bis 13 Punkt).

5 Verwende **Absätze** und **Zeilenabstände**.

6 Gliedere den Text in **zwei Spalten** (tabellarischer Aufbau). Verwende dafür „Tabstopps", nutze die **Tabulatortaste**.

3.2 (9) in Kooperation mit dem Fach Wirtschaft und Beruf und den berufsorientierenden Wahlpflichtfächern formalisierte, berufsorientierende Texte unter Berücksichtigung zeitgemäßer Medien verfassen, auch für das Berufswahlportfolio (z. B. Bewerbungsanschreiben, Praktikumsmappe)

295

Wichtige Begriffe und Arbeitstechniken

Miteinander arbeiten und lernen

Ein Projekt planen und durchführen

Bei einem Projekt arbeitet ihr über längere Zeit in Gruppen eigenständig an einem Thema. Am Schluss stellt ihr eure Ergebnisse der ganzen Klasse vor.

1 **Schritt 1:** Überlegt, welches Thema euch so interessiert, dass ihr euch in der nächsten Zeit damit beschäftigen wollt.

2 **Schritt 2:** Plant eure Arbeit gemeinsam. Legt fest,
   – welche Fragen und Aufgaben ihr bearbeiten wollt,
   – wie viel Zeit ihr dafür braucht,
   – welche Informationen ihr einholen müsst,
   – wo und von wem ihr Informationen bekommt,
   – welche Materialien ihr braucht,
   – wie euer Ergebnis aussehen soll und
   – wie ihr es präsentiert (Beispiele: eine Aktion, ein Lernplakat, eine Zeitung, ein Hörspiel, eine Aufführung).
   Legt auch fest, wer mit wem zu welchem (Unter-)Thema arbeitet.

3 **Schritt 3:** Teilt die Arbeit in der Gruppe untereinander auf und führt eure Gruppenarbeit wie geplant durch.
   Besprecht und prüft regelmäßig, ob ihr im Zeitplan seid und ob eure Arbeiten zum Ziel führen.

4 **Schritt 4:** Stellt eure Ergebnisse der Klasse vor.

5 **Schritt 5:** Überlegt und bewertet eure Arbeit. Überlegt im Rückblick,
   – was eure Fragen waren,
   – wie ihr vorgegangen seid,
   – was euch gut gelungen ist,
   – wo es Schwierigkeiten gab und
   – womit ihr vielleicht noch nicht zufrieden seid.
   Ergänzt eure Ergebnisse, wo es nötig ist.

Cluster und Mindmaps anlegen

1 In einem **Cluster** sammelst du spontane Ideen. Schreibe das Thema in die Mitte und notiere ringsherum alles, was dir dazu einfällt.

2 In einer **Mindmap** kannst du deine Gedanken zu einem Thema ordnen. Notiere deine Gedanken, Ideen und Informationen in Stichworten. Ordne sie dabei Oberbegriffen zu.

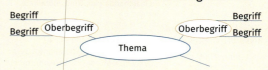

3 Eine **Mindmap** kann auch helfen, den Inhalt eines Textes übersichtlich zusammenzufassen. Schreibe dafür die Überschrift in die Mitte, Jeder Hauptast steht für einen Sinnabschnitt. Notiere daran zentrale Schlüsselbegriffe.

Think – Pair – Square – Share
Ich – Du – Wir – Alle

1 **Think/Ich:** Ich erarbeite meine Aufgaben und mache mir Notizen. Niemand spricht.

2 **Pair/Du:** Ich bespreche das Ergebnis mit einem Partner. Wir prüfen, ergänzen, verbessern und einigen uns auf eine Lösung.

3 **Square/Wir:** Wir gehen in eine (Vierer-) Gruppe, vergleichen unsere Ergebnisse und erstellen eine gemeinsame Lösung für die Präsentation vor der Klasse.

4 **Share/Alle:** Wir stellen die Ergebnisse der Klasse vor, diskutieren darüber und kommen zu einem gemeinsamen Ergebnis.
   Die Schritte **3** und **4** können auch zusammengefasst werden (Think – Pair – Share).

Mündlich kommunizieren

Kommunikation verstehen

Was ist Kommunikation?

1 Kommunikation ist die **Verständigung** von Menschen untereinander.
2 Es gibt dabei immer einen, der **Informationen** sendet, und einen, der sie empfängt.
3 Kommunikation geschieht oft durch **Sprache**: Jemand spricht und ein anderer hört zu. Oder jemand schreibt und ein anderer liest.
4 Beim Sprechen spielen die **Körpersprache**, die **Mimik** und die **Gestik** eine Rolle.
5 Kommunikation geht auch über **Bilder** und **Zeichen** (z. B. Verkehrszeichen, Emojis).

Kommunikations- und Nachrichtenwege

1 Jede **Nachricht** wird von einem **Sender** ausgesendet und ist an einen **Empfänger** gerichtet.
2 Je nach **Medium** verläuft die Kommunikation einseitig (nur vom Sender zu dir) oder beidseitig (du kannst reagieren, Fragen stellen oder deine Meinung sagen).
3 Manchmal **kennst du den Sender** einer Nachricht (z. B. Freunde, Eltern, Lehrkräfte oder eine seriöse Tageszeitung). Daher kannst du der Nachricht wahrscheinlich vertrauen.
4 Oft ist aber der **Sender unbekannt** oder unseriös. **Dann ist Vorsicht geboten.**

Feedback geben

1 Beobachtungen in der Ich-Form beschreiben:
Ich finde, dass … Ich erkenne, dass …
2 Konkrete und umsetzbare Verbesserungsvorschläge machen (in der Du-Form):
Du könntest … Das nächste Mal …
3 Einander ausreden lassen und zuhören.
4 Verallgemeinerungen vermeiden:
Das ganze Plakat ist hässlich.
5 „Killerphrasen" vermeiden. Sie beenden ein Gespräch, ohne es zu einer Lösung zu führen.
Das klappt ja eh nicht. So wird das morgen nichts!

Eine Umfrage durchführen

1 **Den Rahmen festlegen**
– In welchem Zeitraum und an welchem Ort soll die Umfrage stattfinden?
– Wie viele Personen sollen befragt werden?
– Soll eine bestimmte Gruppe befragt werden (z. B. Schüler, Eltern, Senioren)? Oder sind Alter, Geschlecht, Beruf usw. egal?
2 **Einen Fragenkatalog anlegen**
– Verwende vor allem geschlossene Fragen. Das erleichtert dir später die Auswertung. Du kannst *Ja*, *Nein* oder *Ich weiß nicht* als mögliche Antworten vorgeben oder Antworten zur Auswahl stellen, z. B. *jeden Tag, mehrmals pro Woche, manchmal, nie*.
– Offene Fragen geben mehr Informationen, lassen sich aber auch schwerer auswerten.
3 **Die Durchführung**
Stelle dich vor und erkläre dein Vorhaben. Macht die Umfrage zu zweit: Einer stellt die Fragen, der andere notiert die Antworten. Bedanke und verabschiede dich am Ende.

Sich bei einem Interview Notizen machen

1 Notiere, **worum es geht** *(Anforderungen und Einstellungsvoraussetzungen)* und **wen du befragst** *(Interview mit Frau Meyer, Personalchefin der Firma XY).*
2 Notiere **Stichwörter**, keine vollständigen Sätze.
3 Verwende **Abkürzungen**:
zum Beispiel → *z. B.* das heißt → *d. h.*
Auszubildender → *Azubi*
-lung → *-lg.* (Versammlung = *Versammlg.*)
-lich → *-l.* (gefährlich = *gefährl.*)
4 Verwende **Symbole**:
+ gut   – schlecht   = bedeutet   ! wichtig
→ daraus folgt   ↔ im Gegensatz zu
↑ wird mehr   ↓ wird weniger
? nicht verstanden, noch mal nachfragen!

Mündlich eine Geschichte erzählen

1 Plane die Geschichte
- Überlege, was wichtig ist, damit die Zuhörer die Geschichte verstehen.
- Lass weg, was nicht dazugehört.

2 Lege dir eine Erzählkarte an. Notiere darauf
- *die Personen, die vorkommen,*
- *wann und wo die Geschichte spielt,*
- *was nacheinander passiert,*
- *den ersten Satz, um die Zuhörer zu „packen".*

3 Erzähle anschaulich und spannend
- Verwende treffende Ausdrücke und Wörter, die Spannung erzeugen (*Da! Plötzlich ...*).
- Nutze wörtliche Rede, Ausrufe, Gedanken.
- Kurze Sprechpausen erhöhen die Spannung.

4 Sprich deutlich für deine Zuhörer
- Schaue deine Zuhörer an.
- Begleite den Vortrag mit Mimik und Gestik.

Szenisch spielen

Pantomime

1 Eine Pantomime ist ein Theaterspiel **ohne Sprache und Geräusche**.

2 Der Inhalt wird dem Zuschauer nur durch die **Mimik** und die **Körpersprache** mitgeteilt.

3 Profis haben oft ein weiß geschminktes Gesicht, damit man die Mimik deutlich sieht.

Improvisationstheater

1 Improvisationstheater ist ein **spontanes Theaterspiel** ohne vorgegebenen Text oder festgelegte Rollen.

2 Wenn Schauspieler improvisieren, setzen sie **spontan** Ideen um, die ihnen gerade in den Sinn kommen. Sie können sich auch abwechseln, schnell in **neue Rollen** schlüpfen und zum Beispiel eine begonnene Szene ganz anders und **überraschend** fortsetzen.

Einen Kurzvortrag halten

A. Den Vortrag vorbereiten

1 Suche ein **Thema** aus, stelle dir Fragen dazu.

2 Hole die nötigen **Informationen** ein.

3 Halte Wissenswertes auf **Vortragskarten** fest. Kläre die nötigen **Fachbegriffe**.

4 Erstelle eine **Gliederung** für deinen Vortrag.

5 Schreibe die Überschrift, den Einleitungs- und den Schlusssatz auf. Lerne sie auswendig.

6 Übe den Vortrag.

B. Den Ablauf strukturieren

1 Einstieg: Mache die Zuhörer **neugierig** und gib ihnen einen **Überblick** über den Vortrag.

2 Hauptteil: Informiere die Zuhörer mit deinem Vortrag. Setze Anschauungsmaterial ein.

3 Schluss: Beende deinen Vortrag mit einem eigenen Gedanken, z. B. einem Fazit.

4 Gib die **Quellen** an, die du verwendet hast (Bücher, Medien, Internetseiten).

5 Lass **Fragen** zu und beantworte sie.

C. Medien für die Präsentation nutzen

1 Überlege dir, welche Überschrift, welche Stichpunkte und Bilder du zeigen willst.

2 Überlege dir, wie du die Teile anordnen willst. Du kannst dazu eine Skizze anfertigen.

3 Gestalte ein Plakat (DIN A2), Folien oder eine Präsentation am Computer. Schreibe groß, arbeite mit Farben und Unterstreichungen.

D. Den Kurzvortrag halten

1 Stell dich vor die Klasse, halte **Blickkontakt**.

2 Nimm **Vortragskarten** und **Gliederung** dazu.

3 Sprich möglichst frei, ohne abzulesen.

4 Sprich **langsam**, **laut** und **deutlich**.

5 Lege Sprechpausen ein, blicke die Zuhörer an.

6 Verweise an passender Stelle auf deine **Bilder** und **Materialien**.

Sachtexte erschließen

Sachtexte unterscheiden

Sachtexte (pragmatische Texte) lassen sich nach ihrer **Intention** (nach ihrem Ziel) unterscheiden:

1 **Informierende Texte** behandeln ein Thema und vermitteln Fakten. Sie stellen Wissen und mögliche Argumente sachlich dar, damit sich alle eine eigene Meinung bilden können.

2 **Appellative Texte** formulieren eine **Bitte**, einen **Wunsch**, einen **Befehl** oder eine **Aufforderung**. Typische appellative Texte sind Werbeanzeigen für ein Produkt oder für eine Idee (Klimaschutz, Wahlwerbung), aber auch Verordnungen (Schulordnung) oder Gesetze.

3 **Instruktive Texte** geben dem Leser eine **Anleitung**. Instruktive Texte sind z.B. **Rezepte, Gebrauchsanweisungen** zu einem Gerät oder **Bastelanleitungen**. Auch die **Anleitung zum Lösen einer Aufgabe** oder eine **Versuchsbeschreibung** ist ein instruktiver Text. Leser sollen damit eine Handlung nachmachen oder selbst ausführen können.

Nachrichten in der Zeitung

1 Nachrichten sind die wichtigsten Beiträge in Zeitungen. Sie informieren über Neuigkeiten. Das Wichtigste steht gleich am Anfang des Textes. Schon die Überschrift weist darauf hin.

2 Eine Nachricht enthält Antworten auf alle wichtigen W-Fragen: *Wer? Wo? Wie? Was? Wann? Warum? Woher kommt die Information? Wer ist für den Artikel und das Bild verantwortlich?*

3 Nachrichten in der Zeitung haben einen bestimmten Aufbau:
   1. **Kern** der Nachricht: *Worum geht es?*
   2. **Quelle:** *Von wem stammt die Information?*
   3. **Einzelheiten:** *Was sind die wichtigsten Fakten zum Thema?*
   4. **Weiterführende Informationen** und Hintergründe: *Was ist darüber hinaus wissenswert?*

Reportage

1 Es gibt Reportagen in **Zeitungen** und **Zeitschriften**, aber auch im Fernsehen und im Radio (oft z.B. von Sportereignissen).

2 Eine Reportage in der Zeitung ist ein **informativer Text**, der den Lesern das Gefühl gibt, ein **Ereignis selbst mitzuerleben**. Dabei stehen im Text auch **persönliche Eindrücke und Meinungen** des Autors/der Autorin.

3 Die Reportage **beantwortet die W-Fragen**: **Was? Wer? Wo ? Wann? Wie? Warum? Welche Folgen?**

4 Ein Reportage hat meist eine **Schlagzeile**, die Interesse weckt. Ein **Lead/Vorspann** gibt eine kurze Information zum Thema, eine **Einleitung** „packt" den Leser. Im **Hauptteil** sind informierende Abschnitte und Eindrücke und Anmerkungen gemischt.

5 Die **Sprache der Reportage** ist informierend und fängt erzählend die Atmosphäre ein. Das gelingt durch **bildhafte Sprache** (starke Verben, anschauliche Adjektive, Vergleiche), die Beschreibung von **Sinneseindrücken** (Farben, Gerüche, Geschmack und Geräusche), wörtliche **Zitate** und die Zeitform **Präsens**.

Kommentar

1 Ein **Kommentar** informiert nicht in erster Linie, sondern gibt die **Meinung des Verfassers** wieder. In Zeitungen stehen deshalb stets der Name und meist auch ein Bild dabei.

2 Ein Kommentar **bezieht sich** meist auf eine **Nachricht** oder eine **Reportage**, die in der Zeitung auf derselben Seite stehen.

4 Der **Autor**/Die **Autorin** des Kommentars schreibt, worum es geht (**Thema**), gibt die eigene **Meinung** dazu wieder und nennt **Gründe** für seine/ihre Meinung.

5 Oft werden im Text auch mögliche **Gegenargumente** genannt und **entkräftet**.

Einen Sachtext erschließen
(5-Schritt-Lesemethode)

1 **Schritt 1:** Schau dir **Überschrift**, **Bilder** und **Grafiken** an. Vermute, worum es geht, und notiere dir Fragen dazu. Lies dann den Text.

2 **Schritt 2:** Kläre **unbekannte Wörter** aus dem Zusammenhang oder schlage nach.

3 **Schritt 3:** Finde **Schlüsselstellen** im Text, die dir Antworten auf deine Fragen geben.

4 **Schritt 4:** Finde **Sinnabschnitte** im Text, meist helfen die Absätze. Gib jedem Abschnitt eine Überschrift; notiere die Fachbegriffe dazu.

5 **Schritt 5:** Schreibe eine **Zusammenfassung**.
   - Verwende dazu deine Notizen.
   - Nenne in der Einleitung den Titel des Textes und den Verfasser. Notiere auch, woher der Text stammt.
   - Gib den Inhalt des Textes in der Reihenfolge der Sinnabschnitte mit eigenen Worten wieder.
   - Schreibe sachlich, ohne persönliche Wertungen und im Präsens.

Einen Sachtext zusammenfassen

1 Nenne in der Einleitung den **Titel**, den **Autor**, die **Quelle**, die **Textsorte** (z. B. Reportage, Interview, Zeitungsnachricht), **das Erscheinungsjahr** und das **Thema**. (Mit „Thema" ist gemeint, womit sich der Text insgesamt auseinandersetzt, hier z. B. *Ausgrenzung behinderter Menschen*.)
   Der/Die/Das ... (Textsorte) „..." (Titel) von ... (Autor) wurde ... (Jahr) in ... (Quelle) veröffentlicht. In dem Text geht es um ... (Thema).

2 **Fasse im Hauptteil** den Text **abschnittsweise zusammen**. Nutze deine Notizen.

3 Formuliere **mit eigenen Worten**, schreibe sachlich und vermeide persönliche Kommentare. **Zahlen, Fachbegriffe** und **Namen** darfst du aus dem Text übernehmen.

4 Schreibe im **Präsens**.

5 Schreibe am Schluss deine **Meinung** zum Text. (Du kannst zum Beispiel schreiben, was der Text bei dir bewirkt hat, was du über ihn denkst oder wie du ihn findest.)

Ein Schaubild/Diagramm auswerten

1 Lies die **Überschrift** und überlege dir, um welches Thema es geht.

2 Betrachte das Schaubild und überlege:
   - **Was weißt du schon** über das Thema?
   - Welche **Fragen** hast du zu dem Thema, welche werden dir in den **Aufgaben** gestellt?

3 Versuche nun, das Schaubild zu verstehen:
   - Was bedeuten die **Begriffe**, die neben oder unter dem Schaubild stehen? Schlage nach.
   - Was kannst du den **Zahlen** entnehmen?
   - Wie können dir die unterschiedlichen **Farben** oder die **Bilder** helfen?

4 **Beantworte** nun die Fragen zum Thema.

Aus einem Text zitieren

1 Beim Zitieren gibst du wörtlich eine Textstelle wieder und setzt sie in Anführungszeichen.

2 Dazu nennst du die Zeile, in der das Zitat steht: *„Die Erdatmosphäre hat die Wirkung einer Schutzhülle." (Z. 1–2)*

3 Du kannst ein Zitat auch in die Antwort einfügen: *Die zentrale Aussage steht in Zeile 1–2: „Die Erdatmosphäre hat die Wirkung einer Schutzhülle."*

4 Wenn du beim Zitieren etwas weglässt, machst du die **Auslassung** mit [...] kenntlich: *Nur ein Teil der Wärmeenergie wird [...] ins Weltall zurückgeworfen [...]. (Z. 4–5)*

5 Wenn du etwas hinzufügst oder den Satzbau umstellst, stehen die Ergänzungen in eckigen Klammern. *Die Folge ist: „[A]uf der Erde [herrschen] relativ warme Temperaturen" (Z. 4–5).*

Literarische Texte untersuchen

Literarische Gattungen unterscheiden

Literarische Texte kann man in drei große Gruppen einteilen. Man nennt sie Gattungen.

1 **Lyrik:** Gedichte, Balladen und Lieder bestehen aus **Versen**, die häufig **Strophen** bilden. Lyrische Texte **reimen sich** häufig, haben einen regelmäßigen **Rhythmus** (Versmaß) und enthalten viele **sprachliche Bilder**.
2 **Epik:** Ein **fortlaufender Text in ganzen Sätzen** (das nennt man **Prosa**) erzählt, was die **Hauptfigur** erlebt, denkt, fühlt und tut. Beispiele für epische Texte sind Märchen, Sagen, Fabeln, Erzählungen und Romane.
3 **Dramatik:** Theaterstücke (Dramen) bestehen vor allem aus **wörtlicher Rede**. **Regieanweisungen** beschreiben das Bühnenbild und geben den Schauspielern Tipps, wie sie den Text sprechen sollen.

Gedichte

1 Gedichte bestehen manchmal aus einer, oft aber aus mehreren **Strophen**.
2 Jede Strophe hat mehrere Verse (= Zeilen).
3 Verse können sich **reimen**.
4 Verse im Gedicht haben oft einen bestimmten Rhythmus. Der **Rhythmus** entsteht durch den Wechsel von betonten und unbetonten Silben: *„Ich reime mich auf Zuckerbäcker", sagt der alte Rasselwecker.*
5 Viele Gedichte haben ein klares Reimschema. Es gibt zum Beispiel den ...

Paarreim	Kreuzreim	umarmenden Reim
a sechs	a Dingen	a beschritten
a Hex	b fort	b Mineral
b sieben	a singen	b allemal
b Rüben	b Zauberwort	a verbitten

Balladen

Eine Ballade erzählt eine dramatische Handlung in Versform. Balladen gelten als Gedichte, sind aber eigentlich eine **Mischung aus Gedicht, Erzählung und Theaterstück**. Balladen vereinen also Merkmale aller *drei Literaturgattungen*:

1 Balladen sind in **Strophen** eingeteilt, die einzelnen **Verse reimen sich**. → *Lyrik*
2 Balladen **erzählen** eine spannende **Geschichte**. Ein außergewöhnliches Ereignis und eine (**heldenhafte**) **Hauptperson** stehen im Mittelpunkt. → *Epik*
3 Balladen enthalten **Dialoge** zwischen den Figuren in wörtlicher Rede. Die Handlung läuft auf einen **Höhepunkt** zu. → *Dramatik*

Erzählungen

Eine Erzählung ist eine **Geschichte** – ähnlich wie der Roman, nur kürzer und nicht so verschachtelt. Es gibt meist nur eine Handlung, die zeitlich nacheinander abläuft (ohne Rückblenden, Erinnerungen, Nebenhandlungen). Der Erzähler nutzt die **Ich-Form** oder die **Er-/Sie-Form**.

Romane

1 Romane sind Bücher, die eine Geschichte erzählen (z. B. Kinder- und Jugendbücher). Die Handlung dreht sich um eine **Hauptperson** oder um eine **Gruppe von Menschen**, z. B. Freunde.
2 Dabei kann es im Verlauf der Geschichte **mehrere Nebenhandlungen** geben sowie **Rückblicke** in die Vergangenheit und den überraschenden Einbezug neuer Personen.
3 Das Geschehen im Roman umfasst eine größere **Zeitspanne**, geht oft über Tage oder Wochen.

Kurzgeschichten

1 **Umfang:** Eine Kurzgeschichte ist relativ kurz. Der Umfang ist gering, die Handlung beschränkt sich auf das Wesentliche.

2 **Anfang und Ende:** Statt mit einer Einleitung zu beginnen, „springt" eine Kurzgeschichte mitten ins Geschehen. Das Ende ist meist offen und manchmal überraschend.

3 **Erzählte Zeit:** Die erzählte Handlung dauert oft nur Minuten oder wenige Stunden.

4 **Themen und Personen:** Es geht um Personen und Themen aus dem Alltag.

5 **Orte und Personen:** Handlungsorte und Personen werden meist nicht genauer beschrieben oder vorgestellt.

6 **Ein besonderes Ereignis:** Im Mittelpunkt steht ein Ereignis, das das Leben des Protagonisten verändert/verändern kann.

7 **Sprache:** In einer Kurzgeschichte gibt es meist viele Dialoge.
Die Sätze sind kurz und einfach.
Es gibt nur wenige Beschreibungen.

Theaterstück (Drama)

Ein Theaterstück besteht in der Regel aus folgenden Elementen:

1 **Dialoge:** In wörtlicher Rede steht der Text, den die Schauspieler sprechen.

2 **Regieanweisungen:** Regieanweisungen sind meist kursiv gedruckt und geben Hinweise für die Inszenierung auf der Bühne.

3 **Akte:** Was im Roman ein Kapitel ist, heißt bei Theaterstücken Akt. Am Ende eines Aktes schließt sich meist der Bühnenvorhang.

4 **Szenen:** Eine Szene ist kürzer als ein Akt. Mehrere Szenen ergeben einen Akt.

Parodien

Eine Parodie ist eine **komische Nachahmung** eines bekannten Textes, Liedes oder Filmes.

Einen literarischen Text erschließen

1 Lies die **Überschrift** und schau dir die Bilder an, wenn welche dabei sind. Mache dir **erste Gedanken** über die Geschichte.

2 Lies den **Text** und überlege, **worum es geht**. Gehe ihn in Gedanken noch einmal durch.

3 Kläre **unbekannte Begriffe** und Textstellen.

4 Beantworte die **W-Fragen**:
  – **Wer** spielt in der Geschichte mit? *(Hauptfiguren)*
  – **Wann** und **wo** spielt die Geschichte? *(Zeit/Ort)*
  – **Was** geschieht? (*Ausgangssituation – Problem/Aufgabe/Wunsch – Lösungswege*)
  – **Wie endet** die Geschichte?

5 Bilde dir eine Meinung zu der Geschichte.

Eine literarische Figur beschreiben

1 Einen Text, der eine literarische Figur genau beschreibt, nennt man **Charakterisierung**.

2 Du beschreibst darin das **Aussehen**, das **Verhalten** und die **Gefühle**, **Gedanken** und **Absichten** einer Figur, so wie man sie der Geschichte entnehmen kann.

3 Beim Lesen musst du also darauf achten, was über die Figur gesagt wird und wie sie sich verhält. Oft kannst du auch die Gefühle einer Figur aus ihrem Verhalten erschließen.

Die Erzählform untersuchen

Man unterscheidet zwei Erzählformen:

1 **Ich-Erzähler:** Die Erzählung ist in der Ich-Form geschrieben. Beispiel: *Wenn ich es nicht mache, schlagen sie mich wieder zusammen […].*

2 **Er-/Sie-Erzähler:** Der Text steht in der Er- oder Sie-Form: *Rolf kniet auf dem Boden des Klassenzimmers, unbeweglich, erstarrt.*

Außer der Erzählform kann man auch die **Erzählperspektive** bestimmen (Innensicht/Außensicht): Wird das Geschehen nur *von außen* beschrieben oder wird auch deutlich, was *in den Personen* vorgeht (Gefühle und Gedanken)?

Sprachliche Mittel untersuchen

Sprachliche Mittel regen die Fantasie der Leser an: Man kann sich dadurch besser **einfühlen** und sich leichter **vorstellen**, worum es in einem Gedicht oder einem Text geht.

1 **Metapher:** Die Metapher ist ein sprachliches Bild und ersetzt oft eine lange Beschreibung. Die Aussage ist nicht wörtlich zu verstehen, sondern hat eine **übertragene Bedeutung**.
   Beispiel: *Es trieft der Wald von Sonnengold.*
   → Die Sonne lässt die Blätter der Bäume leuchten und wie Gold glänzen.

2 **Vergleich:** Zwei Personen oder Dinge, die etwas gemeinsam haben, werden durch *wie* verbunden und verglichen. Dem Leser ist auf diese Weise sofort klar, was gemeint ist.
   Beispiel: *Lukas ist stark wie ein Bär.*

3 **Personifikation:** Dinge oder Tiere werden beschrieben, als wären sie Menschen.
   Beispiel: *Die Sonne lacht.*

4 Das „Ich" im Gedicht ist nicht unbedingt der Autor selbst. Wenn jemand im Gedicht „ich" sagt, geht es oft um allgemeine Erfahrungen: Statt „ich" könnte dann auch „man" stehen.

5 **Alliteration:** Mehrere Wörter beginnen mit dem gleichen Buchstaben. Das sorgt für Aufmerksamkeit und betont die Aussage. Daher ist das Mittel in der Werbung beliebt.
   Beispiel: *Milch macht müde Männer munter.*

Ein Buch vorstellen

1 Nenne allgemeine Informationen: den Buchtitel, den Autor, den Verlag und die Art der Geschichte (z. B. *Krimi, Abenteuerroman*).

2 Beschreibe den Inhalt: Wer sind die Hauptpersonen der Geschichte? Wo und wann spielt sie? Worum geht es? (Verrate aber nicht zu viel, vor allem nicht den Schluss.)

3 Lies einen Ausschnitt vor. Erkläre zuvor kurz, was vorausgegangen ist.

4 Überlege dir für deine Vorstellung einen Anfangs- und einen Schlusssatz.

5 Beantworte am Schluss Fragen der Zuhörer.

Eine Textanalyse schreiben

1 **Einleitung:** Nenne am Anfang die Textsorte, den Verfasser/Autor, den Titel und das Thema des Textes, über den du schreibst.
   Beispiele: *XXX ist eine Kurzgeschichte/eine Erzählung/ein Gedicht ... von ...*
   Darin geht es um .../Das Thema ist ...

2 **Hauptteil:** Im Hauptteil der Analyse fasst du die Handlung der Geschichte zusammen und schreibst über die Personen und ihre Beziehung zueinander. Bei einem Gedicht machst du Angaben zu den besonderen Merkmalen (Form, Rhythmus, Reim ...) und beschreibst den Inhalt des Gedichts genau. Du kannst auch auf die Spannung im Text und auf die Wirkung sprachlicher Mittel eingehen.
   Beispiele: *Die Hauptfiguren sind ... Sie haben ein ... Verhältnis zueinander. Die Spannung entsteht dadurch, dass ... Das Gedicht enthält sprachliche Mittel: ... Dadurch wirkt es ...*

3 **Schluss:** Am Ende schreibst du, welche Botschaft der Text vermittelt, was der Text bei dir bewirkt hat, was du über den Text denkst oder wie du ihn findest.
   Beispiele: *Der Text macht deutlich, dass ... Ich verstehe den Text so, dass ... Für mich wirkt der Text so, als ob ... Ich halte den Text für ... Ich empfehle den Text, weil ...*

Fachbegriffe zur Textanalyse verwenden

1 Die handelnden Figuren in einer Geschichte nennt man **Protagonisten** (oder auch: Hauptfiguren, Hauptpersonen).

2 Die Zeit, die nötig ist, um einen Text zu lesen, nennt man **Erzählzeit** (z. B. 10 Minuten).

3 Der Zeitraum, über den sich die Handlung der Geschichte erstreckt, nennt man **erzählte Zeit**. Das können Minuten, Stunden, Tage, Wochen, Monate, Jahre oder sogar Jahrhunderte sein.

Texte verfassen

Erzählen

A. Eine Geschichte planen

Erstelle zuerst einen Schreibplan, in dem du festhältst, wer deine Hauptpersonen sind, wo und wann deine Geschichte spielt, wie sie beginnt, was der Höhepunkt wird und wie sie endet. Wenn du einen Geschichtenanfang fortsetzt, plane den Anschluss an die Geschichte.

B. Eine Geschichte schreiben

1 Der Anfang führt in die Ausgangssituation ein: Überlege dir einen einleitenden Satz, der die Leser neugierig macht.
2 Schreibe von den Personen, die du dir ausgedacht hast. Was macht sie so interessant? Schreibe auch, wann und wo die Geschichte spielt.
3 Erzähle Schritt für Schritt, in der richtigen Reihenfolge, was passiert. Achte darauf, dass du alles schreibst, was man wissen muss, um die Geschichte zu verstehen.
4 Lass an der wichtigsten Stelle, dem Höhepunkt, etwas Außergewöhnliches, Überraschendes passieren.
5 Bleibe bei der Ich-Form oder Er-/Sie-Form.
6 Bleibe bei einer Zeitform, schreibe im Präteritum.
7 Schreibe zum Abschluss, wie deine Geschichte ausgeht (Auflösung der Geschichte).

C. Eine Geschichte überarbeiten

Prüfe die Geschichte mit der Checkliste im Buch (S. 159). Arbeite dabei allein oder mit anderen in einer Schreibkonferenz oder in einem Schreibkarussell.

1 Ist die Geschichte verständlich aufgebaut?
2 Sind Personen, ihre Gefühle, Orte der Handlung treffend beschrieben?
3 Steigert sich die Spannung (z. B. durch wörtliche Rede, Gedanken, Gefühle, Spannungswörter)?
4 Hast du Wiederholungen vermieden (z. B. durch abwechslungsreiche, treffende Wörter oder durch Umstellungen im Satz)?

Berichten

A. Aufbau eines Berichts

Ein Bericht besteht aus drei Teilen:

1 **Einleitung:** Die Einleitung beantwortet bereits die wichtigsten Fragen und gibt dem Leser einen Überblick. Sie enthält Angaben zu den Fragen: *Wo? Wer? Wann?* und allgemein zu der Frage: *Was?*
2 **Hauptteil:** Der Hauptteil enthält ausführliche Informationen darüber, was passiert ist. Wichtig ist, dass dabei die zeitliche Abfolge der Ereignisse eingehalten wird. Im Hauptteil stehen Angaben zu den Fragen: *Was? Wie? Warum?*
3 **Schluss:** Der Schluss gibt Antworten darauf, welche Folgen das Ereignis hatte oder wie das Problem am Ende gelöst wurde.

B. Einen Bericht planen

Beantworte dazu die 7 W-Fragen:

1 *Was ist passiert?*
2 *Wer ist beteiligt?*
3 *Wann ist es geschehen?*
4 *Wo ist es geschehen?*
5 *Wie ist es passiert?*
6 *Warum ist es passiert?*
7 *Welche Folgen hatte das Ereignis?*

C. Einen Bericht schreiben

1 Bleibe bei einem Ereignis.
2 Berichte in der richtigen zeitlichen Reihenfolge.
3 Schreibe im Präteritum.
4 Berichte wahrheitsgemäß.
5 Verwende keine wörtliche Rede, sondern nur die Redewiedergabe mit *dass* („Er sagte, dass er sich freut") oder die indirekte Rede.
6 Verzichte auf Kommentare und Wertungen.

D. Einen Bericht überarbeiten

Prüfe deinen Bericht mithilfe der oben genannten Kriterien (in den Abschnitten A, B und C). Arbeite allein oder mit anderen (Schreibkonferenz oder Schreibkarussell).

Beschreiben

Du kannst etwas beobachten, zum Beispiel einen Versuch, und den Vorgang beschreiben. Beschreibungen können aber auch Spielanleitungen, Kochrezepte oder Wegbeschreibungen sein.

A. Eine Vorgangsbeschreibung planen

1 Notiere in Stichpunkten das benötigte Material und die Arbeitsmittel.
2 Notiere die Arbeitsschritte oder sichtbare Wegmarken.
3 Ordne die Arbeitsschritte in der richtigen Reihenfolge.

B. Eine Vorgangsbeschreibung verfassen

1 Wähle eine passende Überschrift.
2 Beginne deinen Text mit dem benötigten **Material** und den **Arbeitsmitteln**.
3 Schreibe anschließend den **Ablauf in der richtigen Reihenfolge** auf.
4 Schreibe bei einem Versuch dazu, was du **beobachtest** und wie du es dir **erklärst**.
5 Bleibe in der Zeitform **Präsens**.
6 Verwende die „Man-Form" oder die „Du-Form".
7 Schreibe **abwechslungsreiche Sätze**, die den Ablauf zeigen: *zuerst, anschließend …*

C. Eine Vorgangsbeschreibung überarbeiten
Prüfe deine Beschreibungen mit der Checkliste im Buch (→ S. 167). Arbeite allein oder mit anderen (Schreibkonferenz oder Schreibkarussell).

Meinungen und Anliegen darlegen

1 Mündlich und schriftlich geht es häufig darum, die **eigene Meinung** darzustellen und zu vertreten (z. B. in Gesprächen oder in Briefen).
2 Ein **Anliegen** kann ein Wunsch sein, eine Bitte um Hilfe oder um Erlaubnis.
3 Du kannst deine Meinung oder dein Anliegen als **Aussage** oder Behauptung aufschreiben.

Dann nennst du **Gründe**, warum du etwas für gut oder schlecht hältst oder möchtest, dass etwas getan oder unterlassen wird. Zu den Gründen solltest du auch **Beispiele** nennen.

4 Begründungen beginnen oft mit den Wörtern *denn* oder *weil*.
5 Eine Aussage zusammen mit einer Begründung und mit Beispielen heißt **Argument**. Suche für deine Meinung möglichst viele Argumente und ordne sie nach der Wichtigkeit.
6 Überlege, mit welchem Argument du deine Leser vermutlich am besten erreichst. Bringe deine schwächeren Argumente zuerst, deine besten eher am Ende des Textes.

Aufbau eines Arguments

Mit Argumenten stützt du deine Meinung. Ein vollständiges Argument besteht aus einer Behauptung, einer Begründung und einem anschaulichen Beispiel (B-B-B).

1 **Behauptung:** *Auch eine kleine Spende ist ein wichtiger Beitrag, …*
2 **Begründung:** *… weil es viele Menschen gibt, die spenden; so kommt viel Geld zusammen.*
3 **Beispiel:** *Im Supermarkt kann man Pfandbons spenden. So wurden letztes Jahr für das Jugendzentrum 2 500 € gesammelt.*

Einen Aufruf schreiben

1 Informiere sachlich über die **Hintergründe** und überzeuge durch **Fakten** und **Zahlen**.
2 Fasse deine Forderungen in **kurze und prägnante Sätze**.
3 Sprich den Leser direkt an (*du/wir*).
4 Verwende **Verben**, die deine **Aufforderung** unterstreichen, zum Beispiel: *müssen, sollen, fordern, verlangen, raten, darauf bestehen.*
5 Verwende den **Imperativ**: *verzichten → verzichte! geben → gib!*
6 Nutze **Bilder**, **Symbole** und **Slogans**, damit der Aufruf einprägsam und verständlich wird.

Ein Bewerbungsanschreiben erstellen

1 Orientiere dich beim Aufbau des Anschreibens an dem Muster auf S. 175. (Offizielle Vorlagen findest du auch in der DIN-Norm 5008.)
2 Wähle für dein Anschreiben eine **gut lesbare Schrift** (z.B. Arial, Calibri, Größe 11 oder 12). Lass **Rand an den Seiten** und mache **Absätze**.
3 Beginne mit dem **Absender** (deine Adresse). Schreibe rechts oben **Ort und Datum**. Dann folgt die **Anschrift des Unternehmens**.
4 Nutze **höfliche Anrede- und Grußformeln**.
5 Mache im Brief deinen **Berufswunsch** und die Gründe dafür deutlich. Begründe die Wahl des Unternehmens. Gib auch deinen (erwarteten) **Schulabschluss** und den Zeitpunkt an.
6 Bitte zum Schluss um einen Termin für ein **Vorstellungsgespräch**.

Einen Lebenslauf schreiben

Dein Lebenslauf informiert in knapper Form über dich, über deine bisherigen Erfahrungen, deine Leistungen, Fähigkeiten und Interessen.
1 Der Lebenslauf beginnt mit der **Überschrift** (fett gedruckt) und einem **Foto** (oben rechts).
2 Dann folgen **persönliche Daten**: *Name, Adresse, Telefon, E-Mail, Geburtsdatum.*
3 Weitere Angaben werden jeweils durch **Zwischenüberschriften** eingeleitet:
   – *Schulbildung* (Schulform mit Zeitraum, erwarteter Schulabschluss mit Zeitpunkt)
   – *Praktische Erfahrungen* (z.B. Praktika mit Zeitraum und Arbeitgeber)
   – *Besondere Kenntnisse* (passend zum Beruf, z.B. Sprachen, PC-Kenntnisse)
   – *Hobbys oder Interessen*, die einen guten Eindruck hinterlassen.
4 Am Schluss stehen **Ort und Datum** (= Datum des Anschreibens) und die Unterschrift.

Texte überarbeiten

Schreibkonferenz

A. Vorbereitung
In einer Schreibkonferenz arbeitet ihr in Gruppen zusammen. Erstellt zunächst drei Prüflisten: a) zum Aufbau und Inhalt, b) zur Sprache, c) zur Form (Absätze, Rechtschreibung, Schrift).

B. Ablauf der Schreibkonferenz
1 Jeder Schüler bekommt eine Kopie des Textes.
2 Der Verfasser liest seinen Text vor. Die anderen geben erste Eindrücke wieder: Wie gefällt ihnen der Text? Was ist gut gelungen?
3 Jeder Schüler übernimmt nun eine der Prüflisten und prüft die einzelnen Punkte. Er notiert dabei in Stichpunkten, was gut gelungen ist und was man verbessern könnte.
4 Nun werden die Tipps dem Verfasser mitgeteilt und mit ihm besprochen. Er entscheidet dann selbst, wie er seine Geschichte überarbeitet.

Schreibkarussell

A. Vorbereitung
Im Schreibkarussell arbeitet ihr zu sechst in einer Gruppe zusammen. Erstellt drei Prüflisten: a) zum Inhalt (grün), b) zur Sprache (blau) und c) zur Rechtschreibung (rot). Jedes Zweierteam übernimmt eine Liste und korrigiert mit dem entsprechenden Farbstift in Grün, Blau oder Rot.

B. Ablauf des Schreibkarussells
1 Klebt den zu bearbeitenden Text (DIN A4) zum Korrigieren in die Mitte eines DIN-A3-Blattes. Ihr könnt gleichzeitig drei Texte bearbeiten.
2 Lest den Text sorgfältig, prüft ihn mit eurer Prüfliste und schreibt Anmerkungen mit eurer Farbe neben den Text.
3 Gebt die Texte reihum weiter. Sind alle drei Farben bearbeitet, bekommt der Verfasser seinen Text zurück und kann ihn überarbeiten.

Über Sprache nachdenken

Wortfamilien und Wortfelder

1 Wörter, die einen gemeinsamen Wortstamm haben, bilden eine **Wortfamilie**. Bei verwandten Wörtern bleibt der Wortstamm fast immer gleich, z. B. bei Wörtern mit Dehnungs-h wie *fühlen, Gefühl, gefühllos, (du) fühlst* oder mit Doppelkonsonanten wie *Wasser, wässrig, Mineralwasser, Wasserscheide*. Es gibt aber auch Ausnahmen wie *essen, (du) isst, (er) aß*.

2 Ein **Wortfeld** ist eine Gruppe von Wörtern mit gleicher oder ähnlicher Bedeutung. Wortfelder können helfen, Wiederholungen zu vermeiden, z. B. *sehen (schauen, beobachten, betrachten ...)*.

3 **Oberbegriffe** fassen mehrere Begriffe zusammen: *Gewässer*. **Unterbegriffe** haben eine engere Bedeutung: *Bäche, Flüsse, Seen ...*

Wortarten erkennen

1 Es gibt Wörter, die man flektieren (beugen) kann. Sie können z. B. im Singular (Einzahl) und im Plural (Mehrzahl) stehen:
   a) Nomen: *der Tag, die Verkäuferin, das Spiel*
   b) Artikel: bestimmte Artikel *der, die, das* und unbestimmte Artikel: *ein, eine*
   c) Verben, z. B.: *rennen, spielen, schreiben*
   d) Pronomen: Personalpronomen: *ich, du, wir ...* und Possessivpronomen: *mein, dein, unser ...*
   e) Adjektive: *klug, schwach, mutig, ehrlich*.

2 Es gibt **Wörter**, die man **nicht flektieren** (beugen) kann, z. B.:
   a) Konjunktionen: *und, weil, denn, als, dass*
   b) Präpositionen: *auf, in, zu, nach*
   c) Adverbien: *heute, morgen, hier, dort, jetzt*.

Artikel

1 Artikel gibt es als bestimmte Artikel *(der, die, das)* und als unbestimmte Artikel *(ein, eine)*.

2 Der bestimmte Artikel wird verwendet, wenn etwas bekannt ist oder im Text schon erwähnt wurde.

Nomen

1 Nomen bezeichnen **Namen, Lebewesen, konkrete Dinge**, die man anfassen oder wahrnehmen kann und **Gefühle und Gedanken**.

2 Nomen schreibt man groß.

3 So kannst du Nomen erkennen:
   a) **Artikelprobe:** *der, die, das* oder einen unbestimmten Artikel *(ein,-e)* davorsetzen, z. B. *ein Heft, die Freude.*
   b) Es gibt in der Regel eine **Singular- und** eine **Pluralform**: *das Buch – die Bücher.*
   c) Viele Nomen haben die **Endung** *-heit, -keit, -schaft, -ung, -nis* oder *-tum.*
   d) Es stehen **Signalwörter** davor:
   – **Artikel** oder Präpositionen mit verstecktem Artikel, z. B. *die Pizza, am Abend,*
   – **Zahlwörter**, z. B. *drei Spieler, viele Bälle,*
   – **Pronomen**, z. B. *mein Pullover, unser Dorf,*
   – **Adjektive**, z. B. *frische Salate, feines Gemüse.*

4 Nomen können **in vier Fällen** auftreten. Mit W-Fragen kannst du den Fall erkennen: Nominativ (*Wer oder was?*), Genitiv (*Wessen?*), Dativ (*Wem?*), Akkusativ (*Wen oder was?*).

Pronomen

1 **Personalpronomen** ersetzen Nomen. So kannst du Wiederholungen vermeiden: *ich, mir, mich/du, dir, dich/er, ihm, ihn/sie, ihr/wir, uns/ihr, euch/sie, ihnen.*

2 **Possessivpronomen** geben an, wem etwas gehört: *mein, dein, sein, ihr, unser, euer, ihr.*

3 **Relativpronomen** *(der, die, das)* leiten einen Relativsatz ein und beziehen sich auf ein Nomen im Hauptsatz: *Hans schreibt die Bewerbung, die er heute abschicken will.*

4 **Demonstrativpronomen** weisen auf etwas zurück oder voraus. Sie können für ein Wort oder einen ganzen Satz stehen: *Üben lohnt sich. Das ist meine Erfahrung.* Demonstrativpronomen können auch ein Nomen begleiten: Ich hätte gern dieses Buch. Weitere Demonstrativpronomen sind *solcher/solche, jener/jene, derjenige/diejenige.*

Verben

Verben bezeichnen Tätigkeiten. Sie bilden verschiedene Zeitformen. Man unterscheidet regelmäßige und unregelmäßige Verben. Die unregelmäßigen Verben muss man lernen (→ S. 313).

1 Im **Präsens (Gegenwart)** drückst du aus, dass etwas regelmäßig oder gerade im Moment geschieht: *Lena füttert jeden Morgen die Fische. Gerade lese ich ein spannendes Buch.* Man kann das Präsens auch für die Zukunft verwenden: *Morgen gehe ich zum Sport.*

2 Das **Präteritum (1. Vergangenheit)** verwendest du, wenn du schriftlich berichtest oder erzählst, was schon geschehen und abgeschlossen ist. Es gibt regelmäßige Formen: Sie werden mit *-te* gebildet (*hoffen – er hoffte*). Bei den unregelmäßigen Formen wechselt der Vokal (*rufen – sie rief, lesen – sie las*).

3 Das **Perfekt (2. Vergangenheit)** verwendest du, wenn du mündlich berichtest oder erzählst, was schon vorbei ist: *Ich bin gefahren. Ich habe gehört.* Das Perfekt bildest du mit einem der Hilfsverben *sein* oder *haben* und dem Partizip: *Wir sind nach Hause gegangen. Sie haben sich beschwert.*
Unregelmäßige Verben verändern ihren Wortstamm im Präteritum und auch im Perfekt: *ich finde – ich fand – ich habe gefunden.*

4 Das **Plusquamperfekt** verwendest du, wenn etwas noch vor anderen Ereignissen in der Vergangenheit geschah. Man bildet das Plusquamperfekt mit dem Präteritum der Hilfsverben *sein* oder *haben* und mit dem Partizip: *Wir waren nach Hause gegangen, bevor es losging. Sie hatten sich oft beschwert, bis er es änderte.*

5 Das **Futur I** verwendest du, wenn du über die Zukunft schreibst. Es wird mit dem Hilfsverb *werden* und dem Infinitiv (= Grundform des Verbs) gebildet: *Ich werde es dir morgen sagen.* Das Futur wird häufig auch verwendet, um Vermutungen, Hoffnungen oder Wünsche auszudrücken: *Es wird schon nicht regnen. Er wird sicher noch kommen. Das wird toll!*

6 Das **Futur II** drückt aus, dass eine Handlung zu einem bestimmten Zeitpunkt in der Zukunft (vermutlich) abgeschlossen sein wird. *Morgen werde ich in Amerika gelandet sein. Nächste Woche wird sie ihn abgeholt haben.* Das Futur II wird mit *werden*, dem Partizip und den Hilfsverben *haben* oder *sein* gebildet.

7 Viele Verben sind aus Vorsilbe und Verb zusammengesetzt: *ver-lieren, mit-bringen.* Die Verben mit Vorsilben sind trennbar, wenn beim Sprechen die Vorsilbe betont wird, z. B. Verben mit *ab-, an-, auf-, ein-, mit-, vor-*. Bei diesen Verben wird im Präsens und im Präteritum die Vorsilbe abgetrennt: *mitbringen → Sie bringt ein Buch mit.* Wenn die Vorsilbe unbetont ist, bleibt das Verb zusammen, z. B. *bei be-, er-, ent-, ver-, vor-: erzählen → Sie erzählt von dem Buch.*

Verben im Konjunktiv

1 Der **Konjunktiv I** kommt oft in der **indirekten Rede** vor: *Mein Freund sagt, das Spiel sei sehr spannend. Er sagt, es stehe gerade unentschieden. Das habe er im Radio gehört.*

2 Mit dem **Konjunktiv II** kann man ausdrücken, wenn etwas **nicht wirklich** eintreten wird: *Am Samstag muss ich arbeiten. Sonst käme ich zur Party./Sonst würde ich zur Party kommen.*

3 Man kann auch **einen Wunsch** ausdrücken: *Dieses Wetter! Wäre es doch etwas wärmer!*, eine **besonders höfliche Bitte** äußern: *Könnte ich bitte noch ein Brötchen bekommen?*, etwas **vermuten**: *Das Spiel noch zu gewinnen, dürfte schwierig werden*, etwas **empfehlen**: *Diese Jacke würde ich nicht kaufen!* oder über etwas **staunen**: *Ich hätte nicht mehr an den Sieg geglaubt.*

4 Der **Konjunktiv II** wird mit dem Wortstamm des Präteritums gebildet. Bei den unregelmäßigen Verben (→ S. 313) kommen ein *-e* und oft ein Umlaut (ä, ö, ü) hinzu: *ich begänne, er stände/ er stünde.* Mündlich nutzt man meist die würde-Form: *ich würde beginnen, er würde stehen.*

Indirekte Rede

1 Die **indirekte Rede wird mit dem Konjunktiv I gebildet**. Man kann damit wiedergeben, was jemand anderes gesagt hat, ohne selbst Stellung zu beziehen. Indirekte Rede findest du oft in Nachrichten und Zeitungsartikeln. Die **Formen** des Konjunktivs I im Präsens: *ich spiele, du spielest, er/sie/es spiele, wir spielen, ihr spielet, sie spielen.*

2 In der indirekten Rede gibt es nur eine Vergangenheit. Sie wird mit *sein* und *haben* gebildet: Sie sagte: „Ich bin gerannt." → *Sie sagte, sie sei gerannt.* / Er sagte: „Ich habe mich beeilt." → *Er sagte, er habe sich beeilt.*

Aktiv und Passiv

1 Das **Aktiv** betont den „Täter": Das Subjekt handelt aktiv. Dadurch wirkt der Satz lebendig: *Der Schiedsrichter zeigt die Rote Karte.*

2 Das **Passiv** betont das Geschehen. Das Subjekt im Satz ist die Person oder die Sache, mit der etwas geschieht: *Die Rote Karte wird gezeigt.*

3 So bildest du das Passiv: Subjekt + *werden* + Partizip Perfekt (oft mit Vorsilbe *ge-*).

Adjektive

1 Mit Adjektiven kannst du genau beschreiben. Du findest das Adjektiv mit der Frage: *Wie?* Beispiel: *Er ist mutig. Wie ist er? Mutig.*

2 Mit Adjektiven kannst du auch vergleichen. Dazu kann man viele Adjektive steigern.
   a) Grundstufe (Positiv): *Ali springt weit.*
   b) Vergleichsstufe (Komparativ): *Lena springt weiter.*
   c) Höchststufe (Superlativ): *Larissa springt am weitesten.*

3 Wenn etwas gleich ist, verwendet man *wie*. Beispiel: *Elias ist so flott wie Ben.*
   Will man Unterschiede benennen, verwendet man *als*. Beispiel: *Mike ist jünger als Lea.*

4 Viele Adjektive enden auf *-lich, -isch, -sam, -ig, -los, -bar: wunderbar, königlich, furchtsam ...*

Konjunktionen

1 Konjunktionen (Bindewörter) verbinden Wörter (Es gibt Äpfel *und* Birnen) und Sätze (Ich zieh die Jacke an, *denn* es ist kalt).

2 Konjunktionen können verschiedene Funktionen haben: begründend *(weil, da, zumal, denn)*, zeitlich *(nachdem, als, wenn, bevor)*, einschränkend *(obwohl, während)*, entgegensetzend *(aber, doch, hingegen, jedoch)*, aneinanderreihend *(und, sowie, weder ... noch, sowohl ... als auch)*, auf ein Ziel hin *(damit, dass, um ... zu, sodass)*, bedingend *(falls, wenn, sofern)*.

Präpositionen

1 Präpositionen sind zum Beispiel folgende Wörter: *an, auf, unter, mit, nach, über, in.*

2 Präpositionen geben an, wie sich etwas zueinander verhält. Sie beziehen sich ...
   - auf den **Ort** *(auf dem Sofa, neben der Tür)*,
   - auf die **Zeit** *(während der Ferien)*,
   - auf die **Art und Weise** *(mit Genauigkeit)*
   - oder auf den **Grund** *(wegen des Regens)*.

3 Präpositionen stehen immer mit einem bestimmten Fall:
   - mit dem **Genitiv** *(trotz, während, wegen; Beispiel: trotz des Regens)*,
   - mit dem **Dativ** *(außer, bei, mit, seit; Beispiel: nach dem Spiel)* oder
   - mit dem **Akkusativ** *(bis, durch, ohne; Beispiel: gegen die andere Klasse)*.

4 Einige Präpositionen können mit Akkusativ oder mit Dativ stehen. Damit ändert sich die Bedeutung: *Der Dachdecker klettert auf das Dach.* (Wohin?) *Er steht auf dem Dach.* (Wo?)

Adverbien

Adverbien (Singular: **Adverb**) sind nicht veränderbare Wörter, die beschreiben, **wo, wann, wie und warum** etwas geschieht. Sie helfen dabei, genaue Informationen zu geben und Wiederholungen zu vermeiden: *Die Jungs spielen in der Halle. Dort waren sie auch gestern.*

Sätze mit Proben untersuchen

1 Die **Umstellprobe** zeigt, welche Wörter im Satz zusammengehören. Sie bilden die **Satzglieder**. Sie können aus einem Wort oder aus mehreren Wörtern bestehen:
Sascha/trainiert/jeden Montag/in der Halle.
Jeden Montag/trainiert/Sascha/in der Halle.
In der Halle/trainiert/Sascha/jeden Montag.
Meist besteht ein Satz aus mehreren Satzgliedern. Das Satzglied am Anfang des Satzes wird besonders betont. Die Umstellprobe kann dir helfen, abwechslungsreich zu schreiben.

2 Mit der **Weglassprobe** findest du in einem Satz das **Subjekt** und das **Prädikat**: *Laura geht im Herbst am Abend, wenn ihre Freundin kommt, gerne ins Kino.* Wenn du alles andere weglässt, bleibt der Satz: *Laura geht.*

3 Mit der **Ersatzprobe** kannst du Wiederholungen in Texten vermeiden, indem du einzelne Wörter oder Satzglieder durch andere ersetzt. *Laura geht heute ins Kino. Laura freut sich schon aufs Kino. Ersatzprobe: Laura geht heute ins Kino. Sie freut sich schon darauf.*

4 Mit der **Erweiterungsprobe** kannst du Texte anschaulicher gestalten: *Laura geht ins Kino.*
→ *Laura geht heute Nachmittag, weil ein toller Film läuft, ins Kino im City-Palast.*

Subjekt und Prädikat

1 Das **Prädikat** gibt an, was geschieht oder was jemand tut: *Was tut der Spieler?* → *Er trainiert.*
Das Prädikat wird mit Verben gebildet.
Es richtet sich nach dem Subjekt:
Ein Schüler rechnet. Alle Schüler rechnen.
Im Aussagesatz steht das Prädikat an der zweiten Stelle: *Gestern/ging/ich ins Kino.*
Im Perfekt und bei Modalverben ist das Prädikat zweiteilig: *Ich bin gestern in die Stadt gelaufen. Er will das Spiel gewinnen.*

2 Das **Subjekt** gibt an, wer oder was etwas tut: *Die Lehrerin verteilt die Arbeitsblätter.*
Das **Subjekt** erfragst du mit dem Prädikat:
Wer oder was lässt uns Zeit? → *die Lehrerin.*

Objekte

Viele Verben verlangen im Satz eine oder mehrere weitere Ergänzungen: die **Objekte**.

1 **Objekte** ergänzen Verben, die nicht alleine stehen können (z.B. *schenken, leihen, geben, nehmen*). Sie geben dem Satz zusätzliche Informationen. Das macht Texte anschaulicher.

2 Das **Dativobjekt** gibt Antwort auf die Frage **Wem?** *Ben schreibt seiner Freundin Klara.*
Wem schreibt Ben? → *seiner Freundin Klara.*

3 Das **Akkusativobjekt** gibt Antwort auf die Frage: **Wen oder was?**
Klara nimmt ein Erdbeereis.
Was nimmt Klara? → *ein Erdbeereis.*

4 Manche Verben verlangen **beide Objekte** (Akkusativobjekt und Dativobjekt):
Ben schenkt seiner Freundin ein Erdbeereis.

5 Manche Verben sind fest mit einer Präposition verbunden, z.B. achten auf: *Der Fahrschüler achtet auf den Querverkehr.* Diese Satzglieder nennt man **Präpositionalobjekte**.

6 Manchmal steht ein Nebensatz für ein Objekt:
Ben schreibt, dass er Klara einlädt. Solche Nebensätze nennt man **Objektsätze**.

Adverbialien

1 **Adverbialien** liefern zusätzliche Informationen und machen Sätze und Texte anschaulicher. Je nach Art der Information unterscheidet man:
  – **Temporaladverbialien** (Zeit: *Wann? Wie lange? Seit wann? Bis wann?*)
  – **Lokaladverbialien**: (Ort: *Wo? Woher? Wohin?*)
  – **Modaladverbialien** (Art und Weise: *Wie?*)
  – **Kausaladverbialien** (Grund oder Bedingung: *Warum? Weshalb?*)
  – **Finaladverbialien** (Zweck oder Ziel: *Wozu?*)

2 Oft passen im Satz zwei oder mehr Adverbialien gut zusammen: *Am Nachmittag* schreibt Ben *in seinem Zimmer eine Mail an seine Freundin Klara, um sich mit ihr zu verabreden.*

Subjektsätze und Objektsätze

1 **Nebensätze**, die für ein Subjekt stehen, heißen Subjektsätze. Nebensätze, die für ein Objekt stehen, heißen Objektsätze.
2 Nach **Subjektsätzen** fragt man mit: *Wer oder was?* Beispiel: *Ob das stimmt, ist unklar.*
3 **Objektsätze** ersetzen Objekte im Genitiv, Dativ oder Akkusativ. Man fragt danach mit: *Wessen?, Wem?* oder *Wen oder was?* Beispiel: *Ich weiß nicht, wem das gehört.*
4 Subjekt- und Objektsatze beginnen mit **Konjunktionen** (*dass, ob*) oder mit Fragepronomen (*wer, wessen, wem, wen, wie*).
5 Zwischen dem Subjektsatz oder Objektsatz und dem Hauptsatz steht ein **Komma**.

Sätze miteinander verknüpfen

1 Man kann zwei oder mehr Sätze verknüpfen. So entstehen *Satzreihen* oder *Satzgefüge*.
2 **Satzreihe** wird die Verknüpfung von zwei Hauptsätzen genannt: *Es ist schon ziemlich kühl, aber wir spielen noch im Freien.* Typische Konjunktionen in einer Satzreihe sind: *aber, und, denn, doch, oder.*
3 **Satzgefüge** nennt man die Verknüpfung von einem Hauptsatz mit einem Nebensatz: *Es ist schon spät, als wir nach Hause kommen.* Typische Konjunktionen im Satzgefüge sind: *da, als, weil, bevor, bis, damit, dass, indem, nachdem, obwohl, sodass, solange, während, wenn.*
4 Verknüpfte Sätze werden fast immer durch ein Komma getrennt. Nur vor *und* bzw. *oder* muss kein Komma stehen.
5 Nebensätze, die mit der Konjunktion *dass* beginnen, werden mit einem Komma vom Hauptsatz getrennt. Sie stehen oft nach Verben des Denkens, Sagens oder Fühlens: *Ich hoffe, dass ich eine gute Note bekomme.*
6 Nebensätze, die mit dem Relativpronomen *der, die, das* oder *welcher, welche, welches* beginnen, werden mit einem Komma vom Hauptsatz getrennt: *Erinnerst du dich an die Frau, die ich dir gezeigt habe?*

Attribut und Attributsatz

1 **Attribute** („Beifügungen") gehören immer zu einem Nomen. Sie erläutern es genauer.
2 **Links vom Nomen** stehen **Adjektivattribute** (*das rote Fahrrad*) und **Partizipialattribute** (*das glänzende Fahrrad*).
3 Meist **rechts vom Nomen** stehen Attribute im **Genitiv** (*das Rad meiner Freundin*) oder mit Präposition (*das Rad am Zaun*).
4 Auch **Adverbien** wie *dort, hier, oben, gestern* können ein Nomen näher bestimmen. Beispiel: *das Fahrrad dort.*
5 Ein Relativsatz, der ein Nomen näher beschreibt, wird auch **Attributsatz** genannt. Attributsätze können Adjektive oder Partizipien ersetzen (*das rote Fahrrad → das Fahrad, das rot ist; das reparierte Fahrrad → das Fahrrad, das repariert wurde.* Um Missverständnisse auszuschließen, stehen Attributsätze immer nahe beim Nomen.

Richtig schreiben

Satzzeichen bei der wörtlichen Rede

1 Die wörtliche Rede wird durch **Anführungs- und Schlusszeichen** gekennzeichnet.
2 Ein **Redebegleitsatz** gibt an, wer etwas sagt. Er kann vor der wörtlichen Rede stehen. *Ben sagte: „Mathe schaff' ich auch noch."*
3 Der Redebegleitsatz kann auch nach der wörtlichen Rede stehen: *„Du musst mehr üben", sagte der Trainer. „Hast du noch die Kraft dazu?", fragte er. „Spiel den Ball schneller ab!", rief er.* Folgt ein Redebegleitsatz, steht am Ende der wörtlichen Rede kein Punkt. Ein Ausrufe- oder ein Fragezeichen bleibt jedoch stehen.
4 Der Redebegleitsatz kann zwischen der wörtlichen Rede stehen: *„Ich komme", kündigte die Oma an, „bald zu Besuch."*

Rechtschreibstrategien nutzen

Mit den folgenden Strategien kannst du prüfen, wie ein Wort geschrieben wird.

1 **Wörter deutlich sprechen:** Sprich die Wörter deutlich in Silben. Die meisten schreibt man, wie man sie spricht: *fra-gen, Na-me, Scho-ko-la-de*. In jeder Silbe ist ein Vokal.

2 Wird der Vokal lang oder kurz gesprochen? Danach richtet sich in den meisten Fällen die Schreibung der folgenden Konsonanten.

  a) Viele Wörter nach einem lang gesprochenen Vokal werden geschrieben, wie man sie spricht: *sagen, kleben, toben, kluge.* Wörter mit einem lang gesprochenen *-i* schreibt man meist mit *-ie: Liebe, siegen.* Wörter mit *–h* muss man auswendig lernen: *Nä-he* (silbentrennendes -h), *nehmen, Lohn, Bahn* (Dehnungs-h).

  b) Nach einem kurz gesprochenen Vokal folgen fast immer zwei Konsonanten: *fest, Hemd.* Hört man nur einen, wird er verdoppelt: *offen, Stelle, Himmel, Tanne, Treppe, knurren, Wasser, Kette.* Für den k-Laut schreibt man *-ck*, für den z-Laut *-tz: Decke, Hitze.*

3 **Wörter verlängern:** *b, d, g* am Wortende klingen wie *p, t, k*. Um die Schreibung zu klären, bilde zu Nomen den Plural *(Hand – Hände)*, zu Verben den *Infinitiv (schrieb – schreiben)* und steigere Adjektive oder verwende sie mit Nomen: *lieb – lieber; gelb – das gelbe Auto.*

4 Verwandte Wörter suchen: Oft helfen Wörter aus der Wortfamilie weiter:

  a) Wörter mit *-ä* und mit *-äu: kälter – kalt, ängstlich – Angst; säubern – sauber.*

  b) Wörter mit Dehnungs-h: *fuhr – fahren.*

  c) Wörter mit Doppelkonsonanten: *verkümmert – Kummer, himmlisch – Himmel.*

5 Ersatzprobe bei *das* und *dass*: Das Relativpronomen *das* kannst du durch *dies, dieses* oder *welches* ersetzen. Die Konjunktion *dass* steht oft nach Verben des Denkens, Fühlens und Sagens: *Ich hoffe, dass … Wir glauben, dass …*

Getrennt- und Zusammenschreibung

1 Ausdrücke aus **Nomen und Verb**, aus **Adjektiv und Verb** oder aus **zwei Verben** schreibt man in der Regel auseinander: *mit dem Rad fahren, einen Aufsatz schreiben, liegen bleiben, spazieren gehen, gut essen, schön schreiben.*

2 Verwendet man diese Ausdrücke aber als Nomen, werden sie zusammengeschrieben: *beim Radfahren, beim Aufsatzschreiben, beim Spazierengehen, das Liegenbleiben, beim Schönschreiben.*

3 Bekommt ein Ausdruck eine neue Bedeutung, schreibt man ihn zusammen: *schwerfallen. Er ist beim Wandern* <u>schwer</u> <u>gefallen</u>. *Mathe ist mir* <u>schwergefallen</u>.

4 Adjektive plus *sein* schreibt man auseinander: *glücklich sein, traurig sein.*

5 Verwendet man diese Ausdrücke aber als Nomen, werden sie zusammengeschrieben: *das Glücklichsein.*

Groß- und Kleinschreibung

1 **Großschreiben** musst du Nomen, als Nomen gebrauchte Verben und Adjektive, Satzanfänge und das erste Wort der Überschrift sowie die Höflichkeitsanrede *Sie, Ihr, Ihre.*

2 **Nomen** erkennst du an der Bedeutung (Lebewesen, Dinge, Gefühle). Außerdem geben Signalwörter Hinweise auf ein Nomen oder auf ein als Nomen gebrauchtes Verb oder Adjektiv: *der Ball, ein Anzug, das Schwimmen, beim Spielen, ihr Lächeln, etwas Neues, das Blau.*

3 Nomen erkennst du auch an den Endungen *-heit, -keit, -nis, -schaft* oder *-tum.*

4 **Adjektive** erkennst du oft an der Endung: *-ig, -lich, -isch, -sam, -bar.* Adjektive musst du kleinschreiben: *lustig, haltbar, ängstlich.*

Unregelmäßige Verben

Infinitiv	Präteritum	Perfekt	Infinitiv	Präteritum	Perfekt
befehlen	befahl	hat befohlen	reiten	ritt	ist geritten
beginnen	begann	hat begonnen	rennen	rannte	ist gerannt
beißen	biss	hat gebissen	riechen	roch	hat gerochen
biegen	bog	hat gebogen	rufen	rief	hat gerufen
bitten	bat	hat gebeten	scheinen	schien	hat geschienen
blasen	blies	hat geblasen	schieben	schob	hat geschoben
bleiben	blieb	ist geblieben	schießen	schoss	hat geschossen
brechen	brach	ist gebrochen	schlafen	schlief	hat geschlafen
bringen	brachte	hat gebracht	schlagen	schlug	hat geschlagen
denken	dachte	hat gedacht	schleichen	schlich	ist geschlichen
erschrecken	erschrak	ist erschrocken	schließen	schloss	hat geschlossen
essen	aß	hat gegessen	schneiden	schnitt	hat geschnitten
fahren	fuhr	ist gefahren	schreiben	schrieb	hat geschrieben
fallen	fiel	ist gefallen	schreien	schrie	hat geschrien
fangen	fing	hat gefangen	schweigen	schwieg	hat geschwiegen
finden	fand	hat gefunden	schwimmen	schwamm	ist geschwommen
fliegen	flog	ist geflogen	schwören	schwor	hat geschworen
fließen	floss	ist geflossen	sehen	sah	hat gesehen
fressen	fraß	hat gefressen	sein	war	ist gewesen
frieren	fror	hat gefroren	singen	sang	hat gesungen
geben	gab	hat gegeben	sinken	sank	ist gesunken
gehen	ging	ist gegangen	sitzen	saß	hat gesessen
gelingen	gelang	ist gelungen	sprechen	sprach	hat gesprochen
geschehen	geschah	ist geschehen	springen	sprang	ist gesprungen
gewinnen	gewann	hat gewonnen	stehen	stand	hat gestanden
gießen	goss	hat gegossen	stehlen	stahl	hat gestohlen
greifen	griff	hat gegriffen	steigen	stieg	ist gestiegen
haben	hatte	hat gehabt	sterben	starb	ist gestorben
halten	hielt	hat gehalten	streichen	strich	hat gestrichen
hängen	hing	hat gehangen	streiten	stritt	hat gestritten
heben	hob	hat gehoben	tragen	trug	hat getragen
heißen	hieß	hat geheißen	treffen	traf	hat getroffen
helfen	half	hat geholfen	treten	trat	hat getreten
kennen	kannte	hat gekannt	trinken	trank	hat getrunken
klingen	klang	hat geklungen	vergessen	vergaß	hat vergessen
kommen	kam	ist gekommen	verlieren	verlor	hat verloren
können	konnte	hat gekonnt	verzeihen	verzieh	hat verziehen
laden	lud	hat geladen	wachsen	wuchs	ist gewachsen
lassen	ließ	hat gelassen	waschen	wusch	hat gewaschen
laufen	lief	ist gelaufen	werden	wurde	ist geworden
leihen	lieh	hat geliehen	werfen	warf	hat geworfen
lesen	las	hat gelesen	wissen	wusste	hat gewusst
liegen	lag	hat gelegen	ziehen	zog	hat gezogen
nehmen	nahm	hat genommen	zwingen	zwang	hat gezwungen
raten	riet	hat geraten			
reißen	riss	hat gerissen			

Textsortenverzeichnis

Stichwortverzeichnis

Fett gedruckte Ziffern verweisen auf eine *Lernbox*.

Textquellen

14 Mirjam Pressler: Das war das Schlimmste. Aus: Dies.: Nun red doch endlich. Weinheim / Basel: Beltz Verlag 1988. S. 14 – 16

15 Josef Reding: er ist „in". Aus: Mit 13 ist alles anders. Hg. v. Jutta Modler. Wien: Herder Verlag 1990. S. 70

20 Irena Lauxen: Der Zweite Weltkrieg (Orginalbeitrag)

24 – 25 Julia Engelmann: Kein Modelmädchen. Aus: Dies.: Poesiealbum. Text: Julia Engelmann. © Songreiter Musikverlag Alexander Zuckowski / Budde Music Publishing GmbH / Fly Edition / Universal Music Publishing GmbH, Berlin

31 Aufgaben von „Ärzte ohne Grenzen". Aus: https:// www.aerzte-ohne-grenzen.de/aufgaben © Ärzte ohne Grenzen e. V., Berlin

34 Humanitäre Prinzipien. Aus: Im Einsatz mit Ärzte ohne Grenzen © MSF 2010

47 Gehe. Aus: http://www.die-klimaschutz-baustelle. de © DKB, Mai 2007

51 Rainer Maria Rilke: Der Panther. Im Jardin des Plantes, Paris. Aus: Ders.: Sämtliche Werke. Hg. von Ernst Zinn. Frankfurt / Main: Insel 1951. S. 505

52 Joanne K. Rowling: Auf der Suche nach Nicolas Flamel. Aus: Dies.: Harry Potter und der Stein der Weisen. Aus dem Englischen von Klaus Fritz. Hamburg: Carlsen 2018. S. 214 – 216

54 – 55 Lutz Hübner: 3. Szene. Aus: Ders.: Das Herz eines Boxers. Ein Jugendtheaterstück. © Hartmann & Stauffache Verlag, Köln 1996

57 Irena Lauxen: Ein mitreißender Theaterabend (Originalbeitrag)

63 Fitzgerald Kusz: mei kindheid. Aus: Ders.: Nämberch-Blues. Gedichte. Cadolzburg: Ars Vivendi 2017. S. 13 – 15. © 2017 by ars vivendi verlag GmbH & Co. KG

74 – 76 Julya Rabinowich: [9. Spiegelscherbe. Echos hinter Glas.] Aus: Dies.: Hinter Glas. München: Hanser Verlag 2019. S. 83 – 87 © 2019 Carl Hanser Verlag GmbH & Co. KG, München

79 – 81 Tina Baier: Rund eine Million Arten vom Aussterben bedroht. Aus: Süddeutsche Zeitung, 07.05.2019, S. 2

82 – 83 Hanno Charisius: Lasst uns Milliarden Bäume pflanzen. Aus: Süddeutsche Zeitung, 07.07.2019

86 Pia Klaaßen: Eine „Schulstunde", an die man sich gewöhnen kann (Originalbeitrag)

89 Pia Klaaßen: Ein Paradies für Schüler (Originalbeitrag)

91 Clauß, Ulrich: Leben ohne Medien ist wie Entzug. Aus: WELTonline 05.01.2011 (https://www.welt.de/ print/welt_kompakt/vermischtes/article11978397/ Leben-ohne-Medien-ist-wie-Entzug.html)

98 Videospiele – das Urteil eines Gerichts. Amtsgericht Bad Hersfeld, Beschluss vom 27.10.2017 – 63 F 290/17 SO. Aus: www.rechtsindex.de © 2019 Rechtsindex

99 Ballerspiele machen auf Dauer immer aggressiver. Aus: WELTonline 11.10.2012 (https://www.welt.de/ gesundheit/psychologie/article109762301/Ballerspiele-machen-auf-Dauer-immer-aggressiver.html)

102 Beatrix Ruffertshöfer: Die Mittelschule (Originalbeitrag)

104 – 105 Angelika Bickel: School's out – und dann? (Originalbeitrag)

108 Beatrix Ruffertshöfer: Stellenanzeige „Ausbildung Mediengestalter / -in Digital und Print" (Originalbeitrag)

109 Ausbildung Mediengestalter / -in Digital und Print der Fachrichtung Gestaltung. Aus: BERUFENET (http://arbeitsagentur.de). Stand: 02.09.2019

110 Bettina Weis: Auf Wolken. Aus: Martina Feldhues u. a.: Klartext 8. Sprach-Lesebuch Deutsch. Differenzierende Ausgabe. Braunschweig: Westermann 2017. S. 181

111 Harald Schwiewagner: Meine Liebste (Originalbeitrag)

112 Harald Schwiewagner: Wochenende, Kärwa, Natur, Sport, Schule (Originalbeiträge)

114 Johann Wolfgang von Goethe: Wandrers Nachtlied. Aus: Ders.: Sämtliche Werke. Die Gedichte der Ausgabe letzter Hand. Zürich: Artemis und Winkler 1977

114 Rose Ausländer: Gemeinsam. Aus: Dies.: Noch ist Raum. Gedichte. Duisburg: Gilles und Francke 1976

114 Bertolt Brecht: Die Maske des Bösen. Aus: Ders.: Werke. Große kommentierte Berliner und Frankfurter Ausgabe. Band 15: Gedichte 1941 – 1947. © Suhrkamp Verlag, Frankfurt am Main 1993

115 Christian Morgenstern: Schauder. Aus: Ders.: Gesammelte Werke in einem Band. 8. Auflage. München / Zürich: Piper 2003. S. 83

115 Hermann Hesse: Glück. Aus: Ders.: Sämtliche Werke in 20 Bänden. Hg. von Volker Michels. Band

10: Die Gedichte. Frankfurt am Main: Suhrkamp 2002 © Suhrkamp Verlag Frankfurt am Main 2002. Alle Rechte bei und vorbehalten durch Suhrkamp Verlag Berlin.

115 Clemens Brentano: Wiegenlied. Aus: Echtermeyer. Deutsche Gedichte. Von den Anfängen bis zur Gegenwart. Düsseldorf: August Bagel Verlag 1968. S. 345

117 Max und Moritz (bairisch). Aus: Alfons Schweiggert: Der bayerische Max und Moritz. Eine Bubngschicht mit sieben Lumpereien nach Wilhelm Busch. Pfaffenhofen: Ludwig 1989

117 Max und Moritz (schwäbisch). Aus: Hugo Brotzer: Max ond Moritz em Obrland : schlemme Buabastroich en sieba Gschichtla. Neckarsteinach : Edition Tintenfaß 2011

117 Gerhard Langer: Max und Moritz (fränkisch). Nach: Willy R. Reichert: Max und Moritz fränkisch. Wilhelm Buschs Bubengeschichten in 7 Streichen in unterfränkische Mundart übertragen. Marktbreit: Siegfried Greß 1984

118 Else Lasker Schüler: Meine Mutter. Aus: Dies.: Die Gedichte 1902–1943. Hg. Von Friedhelm Kemp. Frankfurt am Main: Suhrkamp 1997. S. 333

118 Else Lasker Schüler: Es kommt der Abend. Aus: Dies.: Die Gedichte 1902–1943. Hg. Von Friedhelm Kemp. Frankfurt am Main: Suhrkamp 1997. S. 342

119 Else Lasker Schüler: Mein blaues Klavier. Aus: Dies.: Die Gedichte 1902–1943. Hg. Von Friedhelm Kemp. Frankfurt am Main: Suhrkamp 1997. S. 337

119 Else Lasker Schüler: Ich liebe dich. Aus: Dies.: Die Gedichte 1902–1943. Hg. Von Friedhelm Kemp. Frankfurt am Main: Suhrkamp 1997. S. 364

120–121 Gabriele Wohmann: Ein netter Kerl. Aus: Dies.: Habgier. Erzählungen. Rowohlt Verlag. Reinbek bei Hamburg 1978. S. 68–69

123–126 Max von der Grün: Masken. Aus: Ders.: Fahrtunterbrechung und andere Erzählungen. Frankfurt am Main: Europäische Verlagsanstalt 1965. S. 106–112

128 Klappentext zu Kathrin Schrocke: „Freak City“. Hamburg: Carlsen 2013.

129 Klappentexte zu Carolin Philipps: „Die Mutprobe“. Garching bei München: Hase und Igel Verlag 2011; Rainbow Rowell: „Eleanor & Park“. Übersetzt aus dem Englischen von Brigitte Jakobeit. Deutscher

Taschenbuch Verlag / Reihe Hanser: München 2016; Susanne Fülscher: „Dann kauf's dir doch“. Hamburg: Carlsen 2018; J. K. Rowling: „Harry Potter und der Stein der Weisen“. Aus dem Englischen von Klaus Fritz. Hamburg: Carlsen 2018.

132 Susanne Fülscher: Dann kauf's dir doch. Hamburg: Carlsen 2018. S. 44–45

134 Carolin Philipps: Die Mutprobe. Garching bei München: Hase und Igel Verlag 2011. S. 86–88

136 Kathrin Schrocke: Freak City. Hamburg: Carlsen 2013. S. 7–8

138 Rainbow Rowell: Eleanor & Park. Übersetzt aus dem Englischen von Brigitte Jakobeit. Deutscher Taschenbuch Verlag / Reihe Hanser: München 2016. S. 11–16

140 Joanne K. Rowling: Harry Potter und der Stein der Weisen. Aus dem Englischen von Klaus Fritz. Hamburg: Carlsen 2018. S. 101–103

145 Bilbo Beutlin und Gandalf. Auszüge aus: John Ronald Reuel Tolkien: Der kleine Hobbit. Aus dem Englischen von Walter Scherf. München: Deutscher Taschenbuch Verlag 1997. S. 9–11 © dtv Verlagsgesellschaft, München

146 „Kurz vor der Teezeit …“. Aus: John Ronald Reuel: Der kleine Hobbit. Aus dem Englischen von Walter Scherf. München: Deutscher Taschenbuch Verlag 1997. S. 17 © dtv Verlagsgesellschaft, München

156 Feuerwehr zerlegt das falsche Auto (dpa). Aus: Braunschweiger Zeitung, 20.05.2005

158 Polizei verfolgt Skelett am Steuer (dpa). Aus: Braunschweiger Zeitung, 07.06.2005

158 Autodieb meldet Auto als gestohlen (dpa). Aus: Braunschweiger Zeitung, 09.05.2005

158 Nathalie Thanh Thuy Schwertner: Bär schwimmt in Hotel-Pool. Aus: www.reisereporter.de © 2020 Madsack Travel GmbH & Co. KG

163 Dorothée Hechenberger: Korbleger von rechts (Originalbeitrag)

173 Manuel Petereit: Stellenanzeigen „Bäckereifachverkäufer/-in“; „Kaufmann im Einzelhandel“; Bauleiter/-in, Buchhalter/-in, Trockenbauer/-in; „Ihre Energie wollen wir haben“ (Originalbeiträge)

179 Manuel Petereit: Schülerpraktikumsplätze „Friseur/-in“, „Kfz-Mechatroniker/-in“ (Originalbeiträge)

197 Bernhard Meyer: Das Internet sorgt für Einheits-

Illustrationen

Abbildungen

|akg-images GmbH, Berlin: 289; © Heirs of Josephine N. Hopper/ VAGA at ARS, NY/VG Bild-Kunst, Bonn 2019 63. |alamy images, Abingdon/Oxfordshire: 67photo 194; AF archive 145; NASA Photo 249; Newill, Andrew 97; Peter Horree 96; Photo 12 145; Pictorial Press Ltd 145; Realy Easy Star/Masci, Giuseppe 219; Shawshots 289; Zoonar 258. |Art Explosion, Calabasas, CA: 123. |Art Licensing Int. GmbH, Tübingen: James Rizzi: MY KIND OF TOWN 151. |Ärzte ohne Grenzen e.V. / Médecins Sans Frontières, Berlin: 33, 34, 35; NOOR/Kurzen, Benedicte 31; © D.R. 35; © Valéry Kloubert 33. |Baaske Cartoons, Müllheim: 90. |Battenberg Gietl Verlag GmbH, Regenstauf: Klaus Schwarzfischer: „Max und Moritz af Bairisch" 117. |bpk-Bildagentur, Berlin: Deutsches Historisches Museum 96. |Bulls Pressedienst GmbH, Frankfurt am Main: 64. |Carl Hanser Verlag GmbH & Co. KG, München: Cover zu Rainbow Rowell: Eleanor & Park. Aus dem Englischen von Brigitte Jakobeit, © München 2015 128, 130; Julya Rabinowich, Hinter Glas © 2019 Carl Hanser Verlag GmbH & Co. KG, München 77. |Carlsen Verlag GmbH, Hamburg: J. K. Rowling: Harry Potter und der Stein der Weisen 128; Kathrin Schrocke: Freak City 128; Susanne Fülscher: Dann kaufs dir doch 128, 130. |Druwe & Polastri, Cremlingen/Weddel: 32, 36, 95, 201. |Ehls, Irmgard, Hofgeismar: 10. |Evelyn Neuss Illustration, Hannover: 233. |fotolia.com, New York: 285, 288; Andrey Popov 159; Arcurs, Yuri 167; BildPix. de/R.-Andreas Klein 255; chungking 33; contrawerkstatt 268; Dierks, Janina 192; FM2 195; Gina Sanders 169; graphixmania 48; Grinvalds, Kaspars 179; Ideenkoch 151; Kneschke, Robert 89, 185; marb, markus 74, 75, 207; Mojzes, Igor 106; Monkey Business 228; Oleksandr Delyk 101; pure-life-pictures 120; Sashkin 33; T. Michel 38; ZR 216. |Fotostudio Henke, Paderborn: 182. |Getty Images, München: Blazquez Dominguez, Pablo 28; Digital Vision 199. |Getty Images (RF), München: Westend61 Titel. |Granderath, Pamela, Düsseldorf: 151. |Grauert, Christiane, Milwaukee, WI: 156. |Hase und Igel Verlag GmbH, München: Carolin Philipps: Die Mutprobe 128, 130. |Interfoto, München: Friedrich 153; Groth-Schmachtenberger 289. |iStockphoto.com, Calgary: Anja W. 107; Antonio Diaz 91; AntonioGuillem 192; Christopher Futcher 229; damircudic 235; Debenport, Steve 160; DoraZett 66; doug4537 241; Dunt, Gavin 111; EricGerrard 292; estt 148; freestylephoto 192; gilaxia 104; hadynyah 33; Hiraman 34; Karl-Friedrich Hohl 158; Ljupco 241; macroworld 57, 294; MarioGuti 232; Mercedes Rancaño Otero 231; monkeybusinessimages 95; studiocasper 294; sturti 172; Stígur Már Karlsson /Heimsmyndir 105; Tim Davis/Corbis/VCG 158; Trish233 286; walik 153. |Jüdischer Verlag im Suhrkamp Verlag, Berlin: 119. |König, Werner, Augsburg: 241. |Kranz, Sabine, Frankfurt am Main: 110, 190. |Lauxen, L., München: 162. |mauritius images GmbH, Mittenwald: Enzinger, Peter 102; imagebroker/Michael Weber 156; Rischel 294. |Microsoft Deutschland GmbH, München: 33, 34, 291, 291, 293. |mpfs - Medienpädagogischer Forschungsverbund Südwest c/o Landesanstalt für Kommunikation Baden-Württemberg (LFK), Stuttgart: 92. |MSF, Berlin: 35. |Musée d'Orsay, Paris Cedex 07: Vincent van Gogh: Selbstbildnis, 1889/Musee d'Orsay Paris 289. |NASA, Washington: 237. |Picture-Alliance GmbH, Frankfurt/M.: A. Franke 8, 256; Christandl, Juerg 25; dieKLEINERT.de/Jan Rieckhoff 90; dpa 102, 259; dpa/M. Bein 257; dpa/NASA/ESA 250; dpa/Nestor Bachmann 95; dpa/Reichel, Michael 253; EPA/A. Haider 34; Globus 5335 101; Image Source/HBSS, Frankfurt/M. 94; photononstop/Broze, P. 289; Ralf Hirschberger 82; Scheidemann, Roland 125; Steffen, Peter 86; Warnecke, A. 98. |plainpicture, Hamburg: Maskot 247. |Reuter, Christoph, Detmold: 33. |Schwarwel, Leipzig: 90. |Shutterstock.com, New York: 135; BoxerX 33; EFECREATA.COM 163; Elias, Josie 148; Matej Kastelic 184; Nejron Photo 148; Nico-ElNino 10; sbko 33; SSokolov 148; ThomasDeco 26; tristan tan 79. |stock.adobe.com, Dublin: Alvov 255; Antonioguillem 94; auremar 234, 243; Banana Republic 51; bluedesign 280; Bormann, Markus 295; Christian Schwier 220; contrastwerkstatt 41; Cookie Studio 32; creative studio 41; David 53, 287; Dietlinde DuPlessis 68; drubig-photo 197; elden 97; Erwin Wodicka 242; fotohansel 283; goodluz 87; Graul, Mirko 260; hakinmhan 286; industrieblick 172; JackF 172; Jan Will 26; kab-vision 172; Kostic, Dusan 230; Kristin Gründler 32; luanateutzi 97; made_by_nana 98; maxcam 232; momius 45; Monkey Business 9, 23, 73; motortion 22; New Africa 254; Oleksandr 32; pressmaster 86; Puravidaniel 47; Race, Dan 179; Racle Fotodesign 254; rdnzl 148, 241; rolffimages 7, 214; Sergey 94; Smileus 113; Tiumentseva, Iryna 99; Tupungato 151; twindesigner 161; Volodymyr Burdiak 34; WavebreakmediaMicro 41; yurolaitsalbert 41; © Photographee.eu 67. |Südverlag GmbH/ UVK Verlagsgesellschaft, Konstanz: Aus: e. o. plauen, „Vater und Sohn", Gesamtausgabe Erich Ohser 226, 227. |Tom Pingel Fotografie, Hamburg: „Das Herz eines Boxers" Produktion JES Stuttgart 2007 55, 56. |ullstein bild, Berlin: 52; CARO/Oberhäuser 294. |vario images, Bonn: 109, 165; Hill Street Studios/blend 60. |Verlagsgruppe Random House GmbH, München: Fabio Geda: Im Meer schwimmen Krokodile (Cover) 207. |Wefringhaus, Klaus, Braunschweig: 38, 39, 40, 40, 42, 43, 44, 106, 154, 157, 171, 173, 174, 177, 180, 181, 186, 187, 189, 196, 198, 213, 275, 278, 284, 287, 290, 295. |wgr-zitat, Braunschweig: J.R.R. Tolkien: DER HOBBIT / III. David Wenzel. Adaption: Charles Dixon. Imprint: [edited by: Hartmut Klotzbücher]. Hamburg: Carlsen. ISBN 978-3-551-76101-9 145, 146; Standbilder aus: „Der Hobbit. Eine unerwartete Reise" © Warner Bros. Entertainment Inc. 146. |wikimedia.commons: 118. |© dtv Verlagsgesellschaft mbH & Co. KG, München: J.R.R. Tolkien: Der kleine Hobbit Coverabbildung von Max Meinzold © J.R.R. Tolkien: Der kleine Hobbit. Aus dem Englischen von Walter Scherf. © für die vorliegende Übersetzung der Taschenbuchausgabe: 1997 dtv Verlagsgesellschaft, München. 144.

Wir arbeiten sehr sorgfältig daran, für alle verwendeten Abbildungen die Rechteinhaberinnen und Rechteinhaber zu ermitteln. Sollte uns dies im Einzelfall nicht vollständig gelungen sein, werden berechtigte Ansprüche selbstverständlich im Rahmen der üblichen Vereinbarungen abgegolten.